Tax and Corporate Bankruptcy

事業再生と課税

コーポレート・ファイナンスと
法政策論の日米比較

長戸貴之
Takayuki Nagato

東京大学出版会

本書は末延財団の助成を得て刊行された

Tax and Corporate Bankruptcy
Takayuki NAGATO
University of Tokyo Press, 2017
ISBN978-4-13-036150-7

はしがき

　本書は，2015年2月に東京大学大学院法学政治学研究科に提出した筆者の助教論文「事業再生と課税」に加筆・修正を加えたものである。

　近年，事業再生が，経済社会における効率的な資源配分手法として，その重要性を増していることに争いはないであろう。そして，倒産法学，会社法学においては，多くの研究者・実務家の間で，重要な研究が積み上げられてきた。その一方で，租税法学においてこの事象への接近を試みたものはそれほど多くない。このことは，租税が，経済社会におけるあらゆる取引に付随して問題となるものであることに鑑みると，不思議なことである。このことが，筆者を本書の執筆に至らしめた直接の動機である。

　一租税法研究者としてこの題材への接近を試みた結果，本書には次の2点の特徴がある。

　第1に，事業再生と課税について論じるため，倒産法学・会社法学上の議論の咀嚼に努め，さらには，コーポレート・ファイナンスをはじめとする基礎的な経済学の知見を参照している。このことは，租税法という法学の一分野が，公法・私法を問わず，法学のあらゆる分野や，さらには法学以外の隣接諸分野への関心を必要とする総合科目であることのあらわれである。そのため，本書においても，企業再生税制について，倒産法・会社法との相互作用を意識した分析を行うことになった。もちろん，筆者は，倒産法や会社法の専門家ではないし，経済学者としての修練を積んだわけでもない。しかし，だからといってこれらの諸分野について一切の立ち入りを避けていれば，事業再生と課税について，租税法学の観点から論じるのは難しかったことは確かである。

　第2に，本書は，事業再生と課税について，わが国の事業再生実務とはあえて距離をとった形で論じている。しかし，このことは，実務を無視した議論をしていることを意味しない。本書では，比較法研究を行った第2編で，アメリカにおいて展開された事業再生と課税の実務を丹念に追い，そのうえで理論的な検討を施すことを試みている。このことは，アメリカにおける企

業再生税制の法形成に実務家が果たした役割に鑑みれば自然なことである。そして，この点において，本書は自ずと実務的な側面を有することになった。アメリカの実務がただちにわが国に波及するとは思わないが，中長期的な視点を持って基礎的な研究をしておくことは，実務への貢献を考える研究者として微力ながらできることの1つであろう。

　このような事情から，筆者は，本書を，租税法を専門とする研究者に限らず，広く，倒産法・会社法を専門とする研究者や，事業再生実務に携わる実務家の方々にも手にとって頂き，さらにはご指導頂けることを望んでいる。

　本書の刊行に至るまでに多くの方々の助けを得たので，この場を借りて感謝を申し上げたい。指導教官である増井良啓先生には，法科大学院での講義を受講して以来，今日に至るまで，厚くご指導頂いている。増井先生の，自主性を最大限尊重してくださる指導方針の下，その優しいお人柄に日々ふれながら研究に打ち込める環境に恵まれたことは，筆者にとって最大の財産である。これまでの学恩に感謝申し上げるとともに，引き続きご指導をお願い申し上げる。金子宏先生には，本書や助教論文の執筆にあたり，ことあるごとに温かい励ましの言葉を頂いた。また，筆者が所属する学習院大学の蔵書をはじめ，現在の研究環境の下地を作ってくださったことにも感謝せずにはいられない。中里実先生にも，学生の頃から温かいご指導を頂いている。学部4年次に中里先生の講義を聴講し，租税法という知的興奮に満ちた学問分野の存在を知ったときのことを今でも鮮明に覚えている。J.マーク・ラムザイヤー先生には，東京大学での研究休暇中に大変お世話になった。助教論文の執筆にあたり，ラムザイヤー先生に相談に乗って頂いたことは本書に大きな影響を与えている。渕圭吾先生，浅妻章如先生，吉村政穂先生，藤谷武史先生，神山弘行先生には，研究生活を始めた当初から，世代の近い先輩研究者として，常日頃，面倒をみて頂いている。藤谷武史先生，藤岡祐治氏，行岡睦彦氏からは，本書の草稿への詳細なコメントを賜った。当然のことながら，本書に残る誤りは筆者の責に帰す。その他，個別にお名前を挙げることは差し控えるが，租税法研究会，租税判例研究会その他の研究会でお世話になっている先生方にも感謝申し上げる。最後に，小さな頃から自発的に学習できる環境を当然のように整えてくれていた両親・長戸明と美恵子，そして，新たに筆者の研究生活にあきた顔もせずにつきあってくれることになった

妻・小夜子に感謝の言葉を贈りたい。

　本書の出版にあたっては，東京大学出版会の山田秀樹氏の多大なる尽力を得た。感謝申し上げる。本書の土台となった助教論文の執筆は，公益信託山田学術研究奨励基金奨励金，野村財団社会科学助成を得て行われた。また，本書の執筆は，科学研究費若手研究 (B) 15K20926 に基づく。本書の刊行は，公益財団法人末延財団の出版刊行助成を得て行われた。

　2016 年 11 月

　　　　　　　　　　　　　　　　　　　　　　　　　長戸貴之

目　次

はしがき　i

序　「事業再生と課税」という問題領域 …………………………… 1
第1節　本書の目的　1
第2節　本書の考察対象　2
第1款　課税局面としての「事業再生局面」とその外延　2
第2款　被課税主体としての「再生企業」　4
第3款　考察対象としての「課税関係」　5
第3節　本書の分析視点　6
第1款　「コーポレート・ファイナンス」の視点　6
第2款　「政策論」の視点　9
第4節　本書の構成　15

第1編　日本法の分析と問題設定

第1章　現行法における課税上の取扱い ………………………… 19
第1節　資本再構成方式　20
第1款　法的整理　20
第2款　私的整理　23
第2節　第二会社方式　25
第1款　資産の含み損益　25
第2款　債務消滅益と欠損金額　26
第3款　租税債権の取扱い　26
第3節　小括　27

第2章　沿革と制度理解 …………………………………………… 28
第1節　会社更生法制定期　31

　　　　第 1 款　企業破綻処理制度　32
　　　　第 2 款　企業再生税制　37
　　　　第 3 款　小　括　46
　　第 2 節　倒産法制の全面的見直し以降　47
　　　　第 1 款　企業破綻処理制度　48
　　　　第 2 款　企業再建支援税制の整備　57
　　　　第 3 款　小　括　62
　　第 3 節　学説の評価と検討課題の析出　63
　　　　第 1 款　企業再生税制の基本構造　63
　　　　第 2 款　個別の資本再構築手法　75
　　　　第 3 款　小　括　80

第 3 章　問題設定………………………………………………………………　82
　　　　――事業再生の近時の潮流に即した検討の必要性

　第 2 編　アメリカ企業再生税制の法形成過程

第 1 章　コーポレート・ファイナンス，企業破綻処理制度，
　　　　法人課税……………………………………………………………　88
　　第 1 節　社債中心の資金調達　89
　　　　第 1 款　社債による資金調達と情報の非対称性——Baskin & Miranti　89
　　　　第 2 款　銀行貸付に対する社債の優位——Roe　90
　　第 2 節　エクイティ・レシーバーシップ　91
　　第 3 節　法人課税導入　96
　　　　第 1 款　1894 年所得税法における法人課税　96
　　　　第 2 款　1909 年法における法人税の位置づけ　98
　　第 4 節　大恐慌とチャンドラー法　101
　　第 5 節　小　括　105

第 2 章　Kirby Lumber 判決とその後の立法……………………………　107
　　第 1 節　債務消滅から所得が生じるか　107
　　　　第 1 款　Kirby Lumber 判決と債務超過の例外——資産解放理論　109

第2款　Rail Joint 判決――借入元本理論　112
　　　第3款　Bittker による倒産局面の位置づけ　113
　第2節　立法対応　116
　　　第1款　債務消滅益の総所得不算入と財産ベイシス引下げ　117
　　　第2款　学説の評価――Darrell と Surrey　119
　第3節　小　括　120

第3章　判例による法形成と立法対応 …………………………… 122
　第1節　事業再生の方式と課税上の論点　122
　　　第1款　2つの方式　122
　　　第2款　課税上の論点　123
　第2節　資本再構成方式――Stock-for-debt exception　124
　　　第1款　判例法の形成　124
　　　第2款　考察――原則ルールの不存在　128
　第3節　第二会社方式――COI　130
　　　第1款　投資持分継続性（COI）の法理　131
　　　第2款　債権者による組織再編成における COI　133
　　　第3款　立法との関係　139
　　　第4款　事業再生実務と解釈論上の問題点　143
　　　第5款　会社法学における倒産局面の議論　146
　第4節　小括――1954 年内国歳入法典における整理　147
　　　第1款　小　括　147
　　　第2款　1954 年内国歳入法典における整理　147

第4章　租税属性引継ルール ……………………………………… 150
　第1節　租税属性引継ルール　150
　第2節　債権者による組織再編成との関係　152
　　　第1款　E&P　152
　　　第2款　NOL　155
　第3節　小　括　162

第5章　1980年倒産租税法と1986年内国歳入法典改正 ……… 163

第1節　1978年連邦倒産法　164
- 第1款　改正の概要　164
- 第2款　チャプター11の問題点　165

第2節　1980年倒産租税法とその影響　166
- 第1款　立法過程　166
- 第2款　第二会社方式　168
- 第3款　資本再構成方式　172
- 第4款　租税属性引継とその制限　180

第3節　1986年内国歳入法典改正と新たな問題　182
- 第1款　NOL引継制限に係る改正　182
- 第2款　事業再生局面の例外　184

第4節　小括　188

第6章　資本再構築と課税 ……… 190

第1節　財務リストラクチャリングの背景　191
- 第1款　インフレの影響　191
- 第2款　Fisherの金利理論と課税の影響　192

第2節　財務リストラクチャリングと課税　194
- 第1款　OIDルール導入前の裁判例　195
- 第2款　Debt-for-debt exchangeによる租税回避　199
- 第3款　債券保有者側の課税　206

第3節　デット・リストラクチャリングと課税　209
- 第1款　Debt-for-debt exchange　210
- 第2款　Stock-for-debt exceptionの廃止　229
- 第3款　考察——効率性への配慮　234

第4節　小括　239

第7章　クレーム・トレーディングと租税属性の引継制限 ……… 241

第1節　クレーム・トレーディング　241
第2節　§382との関係　245
- 第1款　倒産法学における議論　245

第2款　租税実務の対応　249
　　第3節　考察——倒産政策と租税政策の（不）整合性　254
　　第4節　小　括　258

第8章　金融危機への政府の対応 …………………………………… 260
　　第1節　デット・リストラクチャリングの促進と§108 (i)　261
　　　第1款　§108 (i) の創設　261
　　　第2款　租税支出としての財政法的統制　263
　　第2節　Too-big-to-fail 企業の救済と§382　267
　　　第1款　§382をめぐる財務省の対応　267
　　　第2款　論　点　272
　　第3節　小　括　282

第9章　アメリカ企業再生税制のまとめ ……………………………… 284
　　第1節　企業再生税制の法形成過程　284
　　第2節　企業再生税制の特徴　286
　　　第1款　法形成過程面　286
　　　第2款　法内容面　287
　　第3節　次編以降の検討課題　289

第3編　企業再生税制の機能的分析

第1章　欠　損 ……………………………………………………… 293
　　第1節　リスク・テイキングへの課税の中立性　293
　　　第1款　前提条件としての完全還付　293
　　　第2款　「次善の策」としての法人間移転／繰越・繰戻？　296
　　第2節　欠損の取扱いに係る制度比較　299
　　　第1款　Nussim & Tabbach の問題提起　299
　　　第2款　検　討　305
　　第3節　事業再生局面への含意　313
　　　第1款　倒産局面における期限切れ欠損金の利用　313
　　　第2款　平時と倒産局面との異なる規律　315

第3款　投資家レベルへの着目　316
　　第4節　BEITモデルからみる法人・投資家二段階課税と欠損　318
　　　第1款　BEITモデル　319
　　　第2款　事業体レベルでの欠損の取扱い　319
　　第5節　小　括　321

第2章　株式と負債……………………………………………………………322
　　第1節　静的トレードオフ・モデルとMiller均衡　323
　　　第1款　静的トレードオフ・モデル　323
　　　第2款　Miller均衡　324
　　　第3款　租税政策上の含意　326
　　第2節　ペッキング・オーダー理論　326
　　　第1款　ペッキング・オーダー理論　326
　　　第2款　租税政策上の含意　327
　　第3節　エージェンシー理論　329
　　　第1款　エージェンシー理論　329
　　　第2款　租税政策上の含意　331
　　第4節　小　括　339

第3章　機能的分析のまとめ……………………………………………………341

第4編　評　価

第1章　企業再生税制の基本構造………………………………………………345
　　第1節　法形成過程の動態　345
　　　第1款　アメリカ法の法形成過程の動態　345
　　　第2款　日本法の法形成過程の動態　347
　　第2節　今後の展望と政策論的正当化の必要性　348
　　　第1款　事業再生の在り方の変化　348
　　　第2款　企業再生税制に対する認識の変化の可能性　349
　　　第3款　租税政策上の対応　351

第2章　個別の資本再構築手法 …………………………………… 355
　第1節　企業再生税制の適用対象の区切り　355
　第2節　交換募集・DDSにおける取扱い　357

第3章　結　論 ………………………………………………………… 360
　　――わが国の企業再生税制の評価と本書に残された課題

判例索引　363
事項索引　366
英文要旨・目次　370

序　「事業再生と課税」という問題領域

第1節　本書の目的

　本書は、「事業再生局面」における、「再生企業」の「課税関係」について考察することを目的とする。考察にあたっての分析の視点として「コーポレート・ファイナンス」の視点と、「政策論」の視点を採用する。このような目的及び視点を設定したのは、事業再生という、近年、ますます重要になってきている経済的資源の効率的な配分手法について、企業法との関係を十分に意識した上で、政策論にまで踏み込んで課税関係を論ずるものがなく、基礎的な研究をしておく必要性が高いからである。このことを「事業再生と課税」をめぐる先行研究やこれまでの実務との関係で敷衍すれば次のようになる。

　これまで、「事業再生局面」における「再生企業」の「課税関係」について、学説における中心的な論点の1つとなってきたのは、事業再生の際に債務者である再生企業に対して行われる債務免除等から生じる債務消滅益について、課税上どのように取り扱うべきか、という問題であったといえる。この問題についての現時点での理論面の落ち着きどころを多少乱暴にまとめると、「事業再生局面において債務消滅益に課税することになれば、事業再生を妨げることになりかねない。かといって、債務消滅益も理論上所得を構成する以上、一切課税対象から外すことも問題である。そこで、便宜的に、既に繰越可能期間を経過した期限切れ欠損金を以て債務消滅益と通算させることで債務消滅益が生じることによる即時の課税を軽減すべきである」というものだったと思われる[1]。そして、事業再生実務においては、上記のような落ち着きどころを所与として、「法人税法上、いずれの企業破綻処理制度を用いるか、どのような事業再生スキームをとるかで課税上の取扱いが異なるため、

---

1) そして、このような問題意識の下、比較法研究は、債務消滅益への即時の課税の回避と、課税繰延の方法に注目してきた。第1編第2章第3節第1款。

税負担まで考慮に入れた事業再生手法を考える必要がある」とされてきたものと推測される。かかる認識が正しいとすれば，それは，日々生起する事案を解決する上で理論と実務が練り上げてきた1つの到達点として高く評価されるべきである。

その一方で，現況の事業再生の在り方が今後も継続する保証はない。むしろ，事業再生局面は，企業財産に対する支配権移転市場の一局面としての性格を有し，経済的資源の効率的な配分手法としての事業再生の在り方が意識されるようになってきている。このことは，事業再生について考えるにあたって，これまで以上に市場を意識した分析が求められることを意味する[2]。そこで，本書は，わが国で行われている事業再生実務の細部からはあえて距離をとり，市場メカニズムを最大限活用した事業再生手法を念頭に，再生企業の課税関係について政策論的な考察を行う。先行研究は，倒産後の事後処理という事後の (ex-post) 観点から，事業再生を阻害せず，かつ，税負担の公平にも一定程度配慮する，という形でどのように再生企業を取り扱うかに照準を絞り，いわば平時における規律から括り出された企業再生税制の在り方を構想してきた。これに対し，本書では，事業再生局面が，企業財産に対する支配権移転市場の一局面であるとの視座の下，平時における規律との連続性や，倒産に至る前の企業やその背後にいる株主や債権者への税のインセンティブという事前の (ex-ante) 観点からの分析まで考察の射程を広げ，いわば平時における規律の延長線上に位置づけられるものとしての企業再生税制の在り方を構想する。

第2節　本書の考察対象

まずは，以上のように設定された本書の目的について，考察対象を明確化するために，中心的な用語の本書における意味（前節でも同様の意味で用いている。）と合わせ，3点述べる。

第1款　課税局面としての「事業再生局面」とその外延

第1に，本書では，「事業再生局面」を中心的な考察対象とする。それと同

---

[2] 冨山和彦ほか「事業再生と市場経済」松嶋英機古稀『時代をリードする再生論』38頁，70-71頁（商事法務，2013）。

時に,「事業再生局面」の外延が,実のところそれほど明確でないことを踏まえ,平時における企業の一般的な資本構成の変更である「財務リストラクチャリング」との連続性を意識する。したがって,必要に応じてそちらにも考察対象を拡張する。

　まず,「事業再生」との語については,倒産法学における一般的な理解に倣い,「現在の事業組織によるものであれ,また新たな事業組織によるものであれ,利益分配が可能になる前提としての収益力回復ないしその合理的見込みが立てられること」[3] を意味する語として用いる。類似の概念に「企業再生」との語があるが,会社更生法及び民事再生法がその「事業」の維持更生（会社更生法（以下,「会更法」という。）1条）ないし再生（民事再生法（以下,「民再法」という。）1条）を図ることを目的[4]としており,また近年の倒産法学における中心的な用語法に合わせる意味で,基本的には「事業再生」の語に統一する。「企業再生」との語については,かつて,事業そのものの存続よりも,事業主体（同一法人格）である企業の維持が強調される傾向にあった[5]ことに鑑み,誤解を避けるべく使用を控える。但し,もともとの「企業」という概念自体が必ずしも債務者であった既存の事業主体（同一法人格）のみに着目するものではなく,「企業再生」との語も誤ったものではないので,たとえば「企業再生税制」のように,租税法学において一般的になっている場合はそのまま使用する。この場合も,既存の法人格の維持を強調する趣旨ではない。

　次に,本書が意味するところの「事業再生局面」は,「事業再生」が行われる局面をいい,具体的には,会社更生法,民事再生法等の対象となる法的整理[6]の局面,「私的整理に関するガイドライン」（以下,「私的整理ガイドライン」という。）や事業再生ADR等の手続を利用した私的整理の局面[7],さらには,そのようなソフトな手続を用いない純粋な私的整理の局面も含みうるものとする。他方,事業再生が行われる局面にはない場合,たとえば,企業価値最大化のために「財務リストラクチャリング」を行う局面は「事業再生局面」

---

[3]　参照,伊藤眞『会社更生法』9頁（有斐閣,2012）。
[4]　民事再生法では,債務者の「経済生活の再生を図ること」も併せて目的となっている。
[5]　伊藤・前掲注3）9頁。
[6]　実務上,会社更生手続,民事再生手続といった再生型手続と,破産手続,特別清算手続といった清算型手続とに分類するのが一般的である（藤原総一郎監修『企業再生の法務（改訂版）』552頁（きんざい,2012））。
[7]　さらに,私的整理の円滑化・関係者間の利害調整のために,公的機関である整理回収機構（RCC）,企業再生支援機構等が関与する仕組みがとられている。

とは区別される。

　上に例示して列挙したような，法的整理や，私的整理に関する裁判外の手続も含めた法制度を，併せて「事業再生法制」と呼ぶ[8]。さらに，「事業再生法制」と，法人であればその清算が念頭に置かれる破産法とを併せて，企業については「企業破綻処理制度」と呼び，個人も合わせたものを「倒産法制」と呼ぶ。

　このように定義するところの「事業再生局面」を中心的な考察対象とするのは，そのような局面の区切り方自体がはっきりしないことによる。後述するように[9]，わが国では，「事業再生局面」のうちでも「企業再生税制」の対象となる場合に，それ以外の局面，すなわち平時及び「企業再生税制」の適用対象とならない事業再生局面とは異なる法人税の規律に服する。したがって，そのような人為的ともとれる区切り及びそのような区切りに応じた異なる取扱いをいかなる理由で正当化できるか(あるいはできないのか)が，租税政策の観点[10]から重要な論点として浮上してくる。

第2款　被課税主体としての「再生企業」

　第2に，本書は，被課税主体としての「再生企業」に焦点を当てる。ここでの「再生企業」には，「事業再生局面」において法形式的に債務者として債務免除等を受ける法的主体(典型的には法人であるため，便宜上，以下では法人について述べる。)だけでなく，事業再生のために新たに設立された法人や，再生する事業を引き継ぐ法人も含む。事業再生手法としては，債務者たる法人が存続したまま，同一法人格内で資本構成の変更を図る手法(資本再構成方式)に加え，債務者たる法人から資産や事業を切り離して新法人を設立したり，既存法人に移転したりする手法(第二会社方式)[11]も頻繁に(むしろ中心的な手法として)用いられるため，債務者たる法人にのみ着目するのでは不十分だからである。

　他方，法人税法は，法形式的には「法人」を納税義務者としており(法人税法(以下，「法税」という。)4条)，法人格のない物的な「事業」それ自体は納税

---

8)　伊藤・前掲注3)13頁の「実質的な意味での事業再生法制」に対応する。
9)　第1編第1章第3節。
10)　その本書における内容につき，序第3節第2款参照。
11)　たとえば，藤原・前掲注6)28-29頁。

義務者として立ち現れてこない[12]。そのため，終局的に租税債権債務という法律関係に帰着させて考えるためには，「事業」にのみ着目するのでも不十分である。

そこで，本書では，被課税主体を適切に把握するため，当初の債務者であった法人と併せて，第二会社方式における新法人・受皿法人も含めた形で総体的に「再生企業」と定義し，双方を考察対象とする。また，資本再構成方式，第二会社方式を問わず，事業再生局面に入る直前に債務者であった法人を「債務者法人」又は「旧法人」と呼ぶ。第二会社方式において資産及び事業が移転される移転先法人のことを，当該法人が新設されたものであるか，既存法人であるかを問わず「新法人」と呼ぶ。個人事業者についても「企業」とみうるが，個人事業者の再生については，別途の政策的考慮を要するため[13]，考察対象から外す。併せて，論理必然のものではないが，本書では市場を意識した検討を行うため，大企業・上場企業を中心的な再生企業として念頭に置く。現実の倒産件数等に占める中小企業の割合に鑑みれば，実務的にはむしろ中小企業が中心的となるのであろうが，この点には深く立ち入らない。

第3款　考察対象としての「課税関係」

第3に，本書は，事業再生局面における再生企業を中心的な考察対象とするのであるが，その中でも特に，事業再生に伴う取引により生じる法人所得課税の「課税関係」に焦点を当てる。これは，倒産法と租税法との交錯領域におけるもう1つの重要論点である，倒産手続内における租税債権の優先性という問題を考察対象から外すことを意味する。この問題は，租税「債権者」としての国家を考える上で重要であり[14]，本来的には，「課税関係」とも統合

---

12) 私法上，法人格のない場合，法人税法上は，法人と擬制して（法税3条），あるいは別の者に（法税4条の7柱書括弧書）納税義務を負わせるという手法によって，「法人」税という形式は維持している。なお，現行法人税法が「法人税」というよりも「エンティティー税」と呼ぶべきものであるとの指摘として，増井良啓「多様な事業組織をめぐる税制上の問題点」フィナンシャル・レビュー69号95頁，105頁（2003）。

13) 伊藤眞『破産法・民事再生法（第3版）』28頁（有斐閣，2014）は，債務者を経済活動主体のみならず，生活の主体としても位置づけ，生命，自由，幸福追求に対する権利の保障の必要性を掲げる。

14) この点に係る先行研究として，倒産法学では，伊藤眞「倒産実体法の立法論的研究(4)」民商法雑誌114巻6号1034頁（1996），租税法学では，佐藤英明「破産手続における租税債権の扱い」ジュリスト1222号191頁（2002）（破産手続外における実体法上の優先権を基本的には尊重する形で破産手続における租税債権の取扱いを考えるべきとの視点を提示し，さらに，破産手続内に

した形で[15]発展させていく余地がある。しかし，本書で採用する分析視点とは異なる視点・アプローチ[16]が別途必要となるので，議論の拡散を避けるべく，今後の課題として留保しつつ，考察対象から外した。

第3節　本書の分析視点

次に，本書の目的達成のために，いかなる視点を設定して分析を進めるかを予め示しておくことが，本書の意図するところの理解に資すると思われるため，以下述べる。

第1款　「コーポレート・ファイナンス」の視点

本書は，事業再生局面における再生企業に生じる課税関係を分析するのであるが，その分析にあたっては，「コーポレート・ファイナンス」の視点を1つの軸として設定する。ここでの，「コーポレート・ファイナンス」とは，広く，企業の資金調達のことを指す。この軸は，資金の出し手としての「株主」・「債権者」と，資金の受け手としての「企業」との関係性を浮かび上が

おけるその修正の可能性について考察する）；同「破産法改正と租税債権」租税法研究33号68頁（2005）（租税債権の優先性について，「租税の公共性」という正当化理由の弱さを指摘し，改めて，一般私法上，租税債権が徴収確保の上で「脆弱性」を有することを根拠に挙げる）；同「『租税債権』論素描」金子宏編『租税法の発展』3頁（有斐閣，2010）等がある。*See also* Frances R. Hill, *Toward a Theory of Bankruptcy Tax: A Statutory Coordination Approach*, 50 TAX LAW. 103, 148-177 (1996).

15)　事業再生過程で発生した租税債権の優先の度合いにより，他の債権者の取り分が左右される点で統合的に考察する必要がある。なお，アメリカ連邦倒産法上，倒産手続申立後に生じた債権については基本的に共益費用（administrative expense, 11 U.S.C. § 503）とされる点では日本法と類似する。

16)　たとえば，事前の観点から，国は，私人の債権者と異なり，自衛や倒産リスク分散の手段を欠くこと等から，非自発的債権者に近いものとみて，機能的に租税債権の優先性を基礎づけようとの議論が存在する。*See* Hill, *supra* note 14, at 148-151; Shu-Yi Oei, *Taxing Bankrupts*, 55 B.C.L. Rev. 375 (2014); *see also* Wolfgang Schön, *Tax and Corporate Governance: A Legal Approach*, *in* TAX AND CORPORATE GOVERNANCE 31, 37-39 (Wolfgang Schön ed., 2008).

　また，アメリカ倒産法学の中心的問題であるチャプター11の正当化に関する議論において租税債権の優先性を考慮するものとして，see Douglas G. Baird et al., *The Dynamics of Large and Small Chapter 11 Cases: An Empirical Study* (Yale Int'l Ctr. for Fin., Working Paper No. 05-29, 2007), http://ssrn.com/abstract=866865（チャプター11の有効性を判断する上で，中小企業の事業再生では，租税債権の優先性のために一般債権者がほとんど配当に与れていないとの実証データから，チャプター11は事実上自衛できない債権者の保護機能すら果たしていないと論ずる）。

らせる点で有用であり[17]，次款で述べるような政策論を展開する上での基礎となる。コーポレート・ファイナンスの視点については，具体的に，理論的側面と歴史的側面からその有用性を説明できる。

まず，理論的側面については，第1に，コーポレート・ファイナンスと課税が密接に関係していることが挙げられる。たとえば，MM理論においては，法人所得課税及び倒産コストが存在しないと仮定した場合，情報の非対称性のない完全市場の下では，企業価値に，企業の資本構成は無関係だとされる[18]。しかし，法人所得課税と倒産コストが存在する場合には，一方で，支払配当については法人所得からの控除が認められず，支払利子についてはこれが認められることにより法人税負担減少分だけ企業価値が増大し，他方で，負債比率の上昇に伴う財務困難コスト等の逓増分だけ企業価値が減少し，双方の効果の均衡点が最適資本構成となるとの理論モデル（静的トレードオフ・モデル）が広く知られている[19]。このように，最適資本構成の理論モデル自体に租税が組み込まれていることがある。そのような理論モデルとその実証的な妥当性，他の理論モデルとの関係への理解は，再生企業の資本構成と課税の関係を考察するにあたって有用である。

第2に，租税が，コーポレート・ファイナンスの分野で論じられる事象に作用することがある。たとえば，いわゆるプリンシパルとエージェントとの間に利害の不一致がある場合に生じる非効率性の問題であるエージェン

---

17) 「企業」を考える上では，資金の拠出者である株主・債権者と，人的資本の拠出者である経営者・労働者それぞれの主体に対し，法制度・契約・交渉が及ぼすインセンティブ効果に着目する視点が有用である。See Zenichi Shishido, Introduction, in ENTERPRISE LAW: CONTRACTS, MARKETS, AND LAWS IN THE US AND JAPAN 1 (Zenichi Shishido ed., 2014) [hereinafter ENTERPRISE LAW].

また，法人課税の課税ベースの青写真を考える上で，物的資本と人的資本へのリターンをいかに取り扱うかは重要論点である（たとえば，中里実「法人課税の再検討に関する覚書——課税の中立性の観点から」租税法研究19号1頁，25-26頁（1991）；神山弘行「法人課税とリスク」金子宏ほか編『租税法と市場』321頁，322-325頁（有斐閣，2014））。

しかし，本書では，現行法上の法人所得課税を中心的な題材とし，同じ資金の出し手である株主と債権者とで異なる取扱いをしていることの重要性に鑑み，これら資金の拠出者（及び関連する限りで経営者）に課税が及ぼすインセンティブ効果を中心的に検討するにとどまり，被用者へのインセンティブ効果は基本的に検討の対象から外す点で限界がある。また，人的資本を法人課税の枠組みにおいていかに位置づけるか，という問題（たとえば，中里実『タックスシェルター』35-37頁（有斐閣，2002）；渡辺智之「課税における人的資本の位置付け」金子ほか・前掲注17）109頁，121-122頁）についても検討対象としない。

18) Franco Modigliani & Merton H. Miller, *The Cost of Capital, Corporation Finance and the Theory of Investment*, 48 AM. ECON. REV. 261 (1958).

19) 第3編第2章第1節。

シー・コストの問題(エージェンシー問題)との関係を指摘できる[20]。株主と経営者との間で生じる株式のエージェンシー・コストへの対処方法の1つとして，たとえば，固定利払いの負債は，経営者の自由にできるフリー・キャッシュ・フローを減らすことにつながる側面がある[21]。他方で，株主(及びその企業の経営者)が有限責任制度の下で，債権者の犠牲の下にリスクの高い事業に投資するインセンティブを有することで生じる負債のエージェンシー・コストの問題[22]が考えられる。これらの問題との関係で，デット・ファイナンスをエクイティ・ファイナンスよりも相対的に優遇する法人税の作用をどう考えるかが問題となる[23]。

以上の2つの例証のような，平時における企業の資本構成(所有構造)と課税の問題は，事業再生の前後における再生企業の資本構成と課税の関係と連続性を有する。すなわち，事業再生は倒産局面において行われるが，倒産という現象は負債の存在に起因する。また，一旦事業再生局面に入れば，再生企業の資本再構築を考える必要がある。したがって，事業再生局面における課税を平時と連続的に考えるにあたって，コーポレート・ファイナンスの理論が有用である。

さらに，コーポレート・ファイナンスの視点を設定することはその歴史的側面からも有用であり，かつ，必要である[24]。事業再生は，再生企業の資本構成の変更を伴うところ，その手法の選択にあたっては，所与の，各地域・時代における企業の中心的な資金調達手法が大きな影響を及ぼす。たとえば，わが国では，歴史的に銀行からの融資による資金調達が中心的であったため，事業再生においても，法的整理によらず，主力行による債権放棄の手法が主流だったが，バブル崩壊後の不良債権処理を経て，事業再生手法も資本市場

---

20) Michael C. Jensen & William H. Meckling, *Theory of the Firm: Managerial Behavior, Agency Costs and Ownership Structure*, 3 J. FIN. ECON. 305 (1976). 参照，第3編第2章第3節。
21) 第2編第6章第3節第1款2。
22) わが国で有限責任の問題を論じた代表的なものとして，松下淳一「結合企業の倒産法的規律(1)–(4・完)」法学協会雑誌107巻11号1761頁，12号2022頁(以上，1990)，110巻3号295頁，4号419頁(以上，1993)；金本良嗣=藤田友敬「株主の有限責任と債権者保護」三輪芳朗ほか編『会社法の経済学』191頁(東京大学出版会，1998)；藤田友敬「株主の有限責任と債権者保護(1)(2)」法学教室262号81頁，263号122頁(2002)；後藤元『株主有限責任制度の弊害と過少資本による株主の責任』(商事法務，2007)等。
23) 第3編第2章第3節。
24) 参照，増井・後掲注49) 77頁(税制内外の他のシステムとの関係に着目した理論的・歴史的研究の必要性を訴える)。

を活用するものへと変貌を遂げつつある[25]。他方，本書で比較法研究の対象とするアメリカにおいては，19世紀半ば以降の資本主義発展過程の当初から証券を通じた資金調達の比重が相対的に大きかったため，事業再生手法も自ずとそれと密接に関連して発展してきた[26]。このように，事業再生実務が当時の中心的な資金調達手法を前提に発展してきたものであることに鑑みれば，その課税上の取扱いを考えるにあたって，コーポレート・ファイナンスの歴史的側面に着目した分析が要請されるのは自然なことである。

第2款 「政策論」の視点

第2の分析視点として，「政策論」の視点を軸に据える。ここでの「政策論」は，税制（及び社会保障制度）全体について，たとえば厚生経済学の知見を用い，あるべき税制としての包括的なグランド・デザインを提供するような形（いわゆる最適課税論）の租税政策論[27]とは性格をやや異にすることに注意されたい。本書では，厚生経済学の知見は参照するものの，「企業法と租税法の統合的な政策論（=「租税『立』法と私法」論と呼ぶ。）」として，次のような形の政策論を試みる。

まず，租税の果たしている機能といった場合に，伝統的には，①公共サービス提供のための資金調達（税収調達），②富の再分配，③マクロ経済に関する景気調整といった機能が念頭に置かれる[28]。また，租税が私人に対する金銭的負担の強制的賦課装置であるという特質に着目し，特定の対象に軽（重）課する租税特別措置や，あるいはヨリ精密に，ミクロ経済学的な観点から，私人の行動に対するインセンティブ効果を活用した矯正税といった[29]，④特定の政策目的実現のための誘導的手法としての租税の機能にも着目されてきた[30]。「租税政策」といった場合，①と②を念頭に，適正な税負担の配分と，その効率的な徴収が中心的に論じられる傾向にある[31]。国際的には1960年代

---

25) 第1編第2章第2節第1款2(2)。
26) 第2編第1章。
27) LOUIS KAPLOW, THE THEORY OF TAXATION AND PUBLIC ECONOMICS (2008); JAMES MIRRLEES ET AL., TAX BY DESIGN: THE MIRRLEES REVIEW (2011) がその代表例である。
28) 金子宏『租税法（第21版）』1-8頁（弘文堂, 2016）。
29) 中里実「環境政策の手法としての環境税」ジュリスト1000号122頁（1992）。
30) 中里実「経済的手法の法的統制に関するメモ（上）（下）——公共政策の手法としての租税特別措置・規制税・課徴金」ジュリスト1042号121頁, 1045号123頁（1994）。
31) 増井良啓『租税法入門』20頁（有斐閣, 2014）（税引き後の分配状況について，具体的な制度

までは所得概念論がその柱となり，1970年代以降は，最適課税論がその強力な分析手法として発展してきた[32]。他方，③と④に関しては，租税は，租税特別措置という形で経済政策の手法と考えられたり[33]，あるいはヨリ広く，一定の国家目的を設定した上での，公共政策の実現手段の1つ[34]と位置づけられたりする傾向にある。

そして，本書における「政策論」では，①から④のいずれの機能にも着目するのであるが，その力点の置かれ方には強弱がある。まず，法人税を題材とする関係で，②は附随的に扱うにとどまり，租税政策論としては，現行の法人所得課税の存在を所与とした上で，①の点，特に効率的な税収調達の点に力点を置く。他方，③の機能に関しては，倒産という事象が，マクロ経済状況と密接に関連し，さらには，のちにみるように，まさに企業破綻処理制度及び企業再生税制が，その時々のマクロ経済状況と密接に関連して形成されてきたことにも現れているように，コーポレート・ファイナンスの歴史的側面から重要である[35]。また，④に関しては，環境税をはじめ，公共政策の実現手段としての租税という研究領域を最も発展させてきたものであり，この点は，コーポレート・ファイナンスの理論的側面から着目すべき機能となる。

ところで，倒産法や会社法といった企業法は，典型的な「私法」に分類さ

に即して内容を充填していくことこそ，租税政策の課題であるとする）。なお，近年では，①と②が一体として論じられていることもあり（藤谷武史「市場介入手段としての租税の制度的特質」金子宏編『租税法の基本問題』3頁，3頁（有斐閣，2007）），財政目的と政策目的という伝統的な分類（中里実「『環境税』と『租税』概念」『企業の多国籍化に伴う法的諸問題に関する研究』13頁，21-23頁（NIRA研究報告書960090号，1997））ときれいには一対一対応しない形となってきた。

32) 伝統的な所得概念と最適課税論の関連について，参照，渡辺智之「最適課税論と所得概念」金子・前掲注14) 297頁。

33) 金子宏「経済政策手段としての租税」『租税法理論の形成と解明（上）』139頁，139-140頁（有斐閣，2010）〔初出1974〕（マクロ経済的政策に着目）；中里（上）・前掲注30) 122頁（ミクロ経済学的機能を重視）。

34) 中里実「誘導的手法による公共政策」岩村正彦ほか編『岩波講座 現代の法4 政策と法』277頁（岩波書店，1998）；同「経済的手法の意義と限界」森島昭夫ほか編『環境問題の行方』53頁，（有斐閣，1999）。さらに，経済的手法の一種である「租税」に固有の法的性格に着目するものとして，参照，藤谷・前掲注31)。

35) アメリカにおいてマクロ経済学的観点の意義を強調するものとして，Yair Listokin, *Equity, Efficiency, and Stability: The Importance of Macroeconomics for Evaluating Income Tax Policy*, 29 YALE J. ON REG. 45 (2012)；Yair Listokin, *Law and Macroeconomics: The Law and Economics of Recessions*, http://papers.ssrn.com/abstract=2828352. なお，マクロ経済学の理論の観点からの分析は，現時点での筆者の能力を超える。

れ，公的な「政策論」の対象とすることに疑問が呈されることが想定される[36]。この点に関して，形式上「私法」であることは，その法制度が公共政策実現のための国家による介入手段に分類されないことをただちには意味しない，ということに注意する必要がある[37]。

倒産政策については，市場への公的介入の程度という視点から政策的な立場の違いを指摘できる。たとえば，アメリカにおいては，自然発生的に形成されたエクイティ・レシーバーシップの制度に対して，ニューディール期には，裁判所やSECといった公的な主体が事業再生計画の内容等の実体面まで監視するというように，（市場への）公的介入を強めた[38]。また，1980-90年代にかけて，アメリカで，いわゆる「倒産法の目的」論として議論されたように[39]，かつては日米ともに，倒産法の外における私法上の優先劣後関係を軽視し，企業の存続が優先されるとの観念があったといわれる[40]のに対し，継続企業価値が清算価値を上回る場合のみ企業を存続させ，その手法も市場メカニズムを最大限尊重するという立場もあり，両者のいずれの立場をとるかは倒産（見方によってはマクロの労働[41]）政策の一環に位置づけられる。また，1990年代から観察されるようになった裁判所手続外でのデット・リストラクチャリングによる事業再生手法[42]や，2000年代以降，顕著な特徴となったクレーム・トレーディングという事業再生手法[43]に対する評価の違いは，市場メカニズムへの公的介入の程度に係る政策的立場の違いとして理解できる。

また，倒産法の「外」にあるものと観念される会社法についても，近年では，効率性を評価基準とすることに一定の共通見解がある点で，いわゆる非

---

36) この点は，本書の土台となった助教論文の報告会（2015年3月2日）における松下淳一教授と藤田友敬教授の御指摘から示唆を受けた。感謝申し上げる。
37) 参照，中里実「国家目的実現のための手法」市原昌三郎古稀『行政紛争処理の法理と課題』47頁，59頁（法学書院，1993）。
38) 第2編第1章第4節。
39) 水元宏典『倒産法における一般実体法の規制原理』39-81頁（有斐閣，2002）。
40) 日本について，第1編第2章第2節第1款1。アメリカについて，see Douglas G. Baird, *Bankruptcy's Uncontested Axioms*, 108 Yale L. J. 573, 582-583 (1998).
41) *See* Thomas H. Jackson & David A. Skeel, *Bankruptcy and Economic Recovery*, U. of Penn., Inst. for Law & Econ. Research Paper No. 13-27, http://papers.ssrn.com/abstract=2306138; Zachary Liscow, *Counter-Cyclical Bankruptcy Law: An Efficiency Argument for Employment–Preserving Bankruptcy Rules*, 116 Colum. L. Rev. 1461 (2016).
42) 第2編第6章第3節第1款2。
43) 第2編第7章。

厚生主義的な政策論はあまりみかけなくなっているものの，政策性を帯びていること自体は否定できない。その典型が，有限責任制度である。有限責任制度は，まさに，多様なリスク配分を私的約定によって行わせるよりも低い費用で実現可能にするため[44]の経済政策や，リスク・マネジメント政策[45]と捉えることができ，その弊害が（特に厚生経済学的な視点から）政策論として論じられてきた[46]。

租税政策として論じる対象領域の中に，公共政策実現手段としての租税の在り方も含むことにした結果，ある重大な問題が生じる。それは，租税政策と企業法上の政策の優先関係をいかに決するかという問題である[47]。本書は，この問題について，暫定的ながら次のような立場をとることを予め示しておく[48]。まず，①②についての租税政策上の原則だと考えられている課税制度について，その理論的な強固さを判断する。特に，ここでの判断基準として，第1に，当該租税政策上の原則自体の内在的な一貫性を吟味する。第2に，外在的な評価基準として課税の中立性[49]の観点ないし厚生主義的な思考を導入する。そして，これらの判断基準の下，当該租税政策上の原則が必ずしも強固でないと判断される場合には，企業法上の政策に一定程度譲ることを許容する。この場合，そのようにして後景に退かされた租税法上の措置は，③④における租税特別措置と位置づけられ，企業法上の政策実現を効果的に促進ないし補完しうるかによって評価される。逆に，①②の観点からは望ましくないと評価される課税制度上の取扱いについては，ただちにそれを否定的に評価することはしない。そうではなく，租税が私法や市場に不可避的に生じさせる影響・効果に着目し，そのような影響・効果が，③④の観点から正

---

44) 藤田（1）・前掲注22) 82頁。
45) 第3編第2章第3節第2款1。
46) 神山弘行「不確実性の下での財政と市場の役割――リスク再分配政策の観点からの導入的検討」フィナンシャル・レビュー113号21頁, 28頁 (2013) は, 有限責任制度を「普通法」に対する「制定法」(中里実「制定法の解釈と普通法の発見（上）（下）」ジュリスト1368号131頁, 1369号107頁 (2008)) と性格づける。
47) 中里実「経済政策と租税政策の整合性」税研91号78頁, 80頁 (2000)。
48) 租税が, 企業法上の効率性を阻害しないために当然に譲らなければならないわけではないのではないかとの助教論文報告会における藤田友敬教授の御指摘から示唆を受けた。感謝申し上げる。
49) 本書では, 平時にある企業と事業再生局面にある企業との間や, 企業破綻処理制度間の「限定的中立性」(参照, 増井良啓「法人税の課税単位――持株会社と連結納税制度をめぐる近年の議論を素材として」租税法研究25号62頁, 65-67頁 (1997)) を問題とすることになる。

当化できないかを考察することで，最善・最適の公共政策の実現手段として位置づけられないかという点まで検討する。仮に，そのような正当化が困難である場合には①②の観点からの評価を維持する[50]。

このような方針の下，企業法と租税法の統合的な政策論を展開していくが，第1款と合わせると，次の2つのアプローチ手法をとる。

第1に，現に在る租税法上の制約を，政治過程における可変性・実現可能性の限界に鑑み，ある程度所与として受け入れた上で[51]，なぜそのような法制度が形成されたのか[52]を，各アクターの動きに注目しながら観察する（法形成過程の観察）[53]。このようなアプローチ手法をとるのは次の理由による。すなわち，過不足なく事象を説明できるに至っていない暫定的な法的ドグマに満足することなく，機能的分析を行っていくことは法学を豊かにするものであり，必要不可欠である。特に租税法に関しては，たとえば最適課税論という極めて強力なツールによって青写真を描くことができる。しかし同時に，我々の直面する法的問題は既存の法制度を所与として生じているのであり，そこからの移行には，典型的には租税法律主義のために（民主的）政治過程を経る必要があるのが通例である。そこで，既存の法制度が生じた原因を探求し，現行制度ができるに至るまでのプレッシャー・ポイントを析出させると

---

50) ④について同様の視角に立つものとして，see David M. Schizer, *Tax and Corporate Governance: The Influence of Tax on Managerial Agency Costs*, in THE OXFORD HANDBOOK ON CORPORATE LAW AND GOVERNANCE (online ver., July 2015)（租税がコーポレート・ガバナンスを改善する側面と悪化させる側面があることから，コーポレート・ガバナンス研究における租税の影響と，租税政策における社会厚生改善のために租税が及ぼしうる影響へのさらなる理解が必要であると指摘）.

51) *See* Alex Raskolnikov, *Accepting the Limits of Tax Law and Economics*, 98 CORNELL L. REV. 523, 527, 550–560 (2013)（租税法においては，他の法と経済学の分野と異なり，現実の租税制度が最適な租税制度からかけ離れているため，最適な租税制度への改善を主張する議論は弱いと述べる）.

52) 金子宏「租税法と私法――借用概念及び租税回避について」『租税法理論の形成と解明（上）』385頁，416-417頁（有斐閣，2010）〔初出1978〕（租税法における法形成の在り方として，もっと立法が重視されるべきではないかと論じ，わが国でも租税立法が法律問題の解決の受け皿として使われるようになると，各種関係者のアクション・リアクション・インターアクションの連続によって租税法律が複雑化したアメリカと同様の道を辿ると予想）.

53) *See* Raskolnikov, *supra* note 51, at 588（アメリカ租税法学における法と経済学の在り方について，法学者は，公共経済学者に比べ，不可避的に，歴史的・哲学的・政治的・教義的な多様な分析にさらされるが，現実の政策決定が，政治的・経済的・歴史的その他の考慮の総合によって決定される限りで，経済理論を非経済的な考慮と結びつける際に比較優位を有するとする）. 但し，Raskolnikovは，政策目的実現手段としての租税については，上記論文の目的との関係上，租税法研究の固有性を見出さずに議論の対象からあえて外している。*See id.* at 537.

いう準備作業を行う必要が出てくる。この作業により，検討対象（本書では企業再生税制）についての，租税政策に必ずしも限定しない種々の政策論上の論点を析出し，それらの論点を，場合によっては所与とした現行租税制度の正当性に疑問を投げかけるための素材とする。

第2に，租税法学において論じられる理論を整理した上で，そのような租税法理論が他の法分野における政策に及ぼす影響を，経済学の知見を参照した形で機能的に分析し，明らかにする。同時に，コーポレート・ファイナンスや倒産法学において論じられる理論についても分析を加え，①②の機能についての租税政策論に限らず，③④の機能について，租税を政策目的実現手段として用いる可能性まで踏まえて検討する。そして，このような機能的分析を施した上で，法形成過程の観察により析出したプレッシャー・ポイントを意識しつつ，制度形成に係る実現可能性への現実的な考慮を加え，現行制度からの漸次的な移行を模索する。

このようなアプローチ手法は，企業法と租税法の統合的な政策論の展開を目的とする中で，そのうち特に租税が関係する部分に焦点を当てるものといえる[54]。本書はこれを「租税『立』法と私法」論と呼ぶことにしたが，このように対象を租税に限定する必然性も実のところ存在しない。このような，種々の政策が混在する一定の問題領域において，いかに全体としてバランスをとるか[55]，という観点からの政策論を通じて，現実の法制度への示唆を得ることを試みる。

以上を前提に，具体的には次のような手法をとる。すなわち，事業再生局面という人為的に区切られた局面での課税が，事業再生に関する倒産政策や平時の企業の資金調達との関係でどう位置づけられるべきか，という観点を基軸に置く。そして，一方で，現行制度の歴史的沿革・法形成過程を踏まえつつ，他方で，理論的な観点から機能的分析を施すことによって，一定の制約条件の下でのありうる選択肢や考慮すべき事項を析出させる。もちろん，

---

54) 類似の視点に立つものとして，see David Gamage & Shruti Rana, *Taxation and Incentives in the Business Enterprise, in* ENTERPRISE LAW, *supra* note 17, at 277, 278-284（租税政策の目標として，効率的な税収調達・再分配・政策税制・マクロ経済政策を挙げ，これらと企業法（特に企業関係者のインセンティブ）の相互作用について考える必要性を論じる）。

55) 中里・前掲注47) 78-83頁（社会政策等をも含めた経済政策と租税政策が衝突する局面において，国家が公共政策を行うために存在する組織であるとの理解の下，公共政策の一環として，国家の目的関数の最大化をいかに図るかという視点を提示）。

このような形での複数にまたがる法分野(政策)の統合的分析という手法には，あるべき解釈論やあるべき立法論という形での具体的かつ一義的な当為や規範を容易に導くことはできないという欠点があることは否めない。しかし，このような対象への接近方法は，伝統的な法解釈論はもちろん，歴史学にも経済学にも回収しきれない形での法政策論を可能にすると思われる。

第4節　本書の構成

本節では，前3節を踏まえ，本書の構成と議論の展開の大枠を示す。

第1編では，日本法の確認・分析と問題設定を行う。はじめに，現行法上の事業再生局面における再生企業への課税上の取扱いを確認し，その特徴を明らかにする。次に，そのような課税制度の淵源及び沿革を，倒産法制の変化を踏まえた形で辿る。そして，日本の企業再生税制の基本構造が，その対象となる事業再生局面とそれ以外の局面とで取扱いを大きく異にするという特徴を有すること，また，個別の資本再構築手法について検討が不十分な事項があることを明らかにし，第2編以降で比較法研究をする上での問題設定を行う。

第2編では，アメリカ法を題材とした比較法研究を行う。アメリカ法を対象とするのは，次の2つの理由による。第1に，わが国の事業再生手法及び事業再生法制が，アメリカのものを一応のモデルにし，また，その影響を受けているため，その際に生じる課税問題についても参考になることが期待される。第2に，わが国における法人税，特に組織再編税制の比較法研究としてアメリカ法研究が盛んであるが，そこでは，法人一株主の関係に着目するものが多く，事業再生局面のように，債権者が主導的な役割を果たす場合の検討が欠けており，同時に，この局面ではアメリカ法人税の基本構造の脆さが露呈する点で，従来のアメリカ法研究にまた別の側面から光を当てることができることによる。比較法研究の結果，アメリカにおける企業再生税制は，平時の規律に，企業再生税制を接木していくという特徴を有することが明らかになる。そのため，日本に比べ，平時の規律との連続性があるが，同時に，株式と負債を峻別する現行の法人税の在り方との関係ではその接木が事業再生手法との関係で不整合を生じることになる点が明らかになる。

第3編では，事前の観点からの機能的分析を試みる。具体的には，租税政

策論上の重要論点であるリスク・テイキングへの課税の中立性の問題と，資金調達への課税の中立性の問題の延長線上に企業再生税制を位置づけることを試み，その政策論的な正当化の可能性を探る。特に，期限切れ欠損金の利用を認める企業再生税制の基本構造は，リスク・テイキングへの課税の中立性を部分的に確保するための制度的措置としての性格があるとの見方を提示し，同時に，投資家レベルでの課税まで踏まえるとそのような見方には問題もあることを指摘する。また，資金調達への課税の中立性の確保は，リスク・テイキングへの課税の中立性の達成に先立って行うべきことを論じる。

第４編では，第２編における比較法研究で得られた知見と，第３編における機能的分析で得られた知見を統合する形で，再度日本法に立ち戻って，その特徴の法的意味づけを行い，今後生じうる立法政策論上の要考慮要素の抽出と整理を行う。その結果，日本の企業再生税制の基本構造は，平時との取扱いの差異が大きく，今後，事業再生手法の発展に伴い，制度に対する認識に変化が生じ，否認規定の解釈適用をはじめ，法的不安定性を生じさせる可能性を孕んでいると指摘する。また，個別の資本再構築手法については，事業再生時の資本再構築手法に対して中立的な企業再生税制を構築すべきとの観点から具体的検討を行う。

本書の目指すところは２点に集約される。第１に，会社法・倒産法・租税法という隣接法分野の交錯領域における相互作用を，歴史的観察を通じて描き出すことである。第２に，企業再生税制という法人税における「例外的な」取扱いを，機能的分析を通じて平時における法人税理論の延長線上へと位置づけるための準備作業を行うことである。

第1編　日本法の分析と問題設定

本編では，わが国における企業再生税制の内容を確認（第1章）した上で，その法形成過程を辿り（第2章），第2編以降で検討すべき問題を設定する（第3章）。

　検討結果は次のようにまとめられる。第1に，わが国における企業再生税制の基本構造の特徴は，企業再生税制の対象となる「一定の私的整理」に該当するか否かで，期限切れ欠損金の利用をはじめ，平時とは大きく異なる課税上の取扱いを受けられるかどうかが左右される点である。第2に，そのようなわが国における企業再生税制の基本構造の特徴は，企業破綻処理制度自体が，アメリカの占領政策の一環として外部から移植されたものであるにもかかわらず，会社更生法の立法過程において大蔵省（当時）主税局のインプットによって，戦前からの通達上の取扱いを引き継いだものである。第3に，事業再生の近時における早期化・M＆A化・市場化の潮流の下では，そのようなわが国の企業再生税制の基本構造について，欠損の取扱いを中心に，平時との連続性を意識した検討が必要である。また，個別の資本再構築手法としてのDESやDDSについても，上記潮流を意識し，デット・リストラクチャリングの手段として，両者を包括的に検討していくことが必要である。

第1章　現行法における課税上の取扱い

　本章では，現行法における法人税法上の事業再生局面における再生企業の課税上の取扱いを確認する[1]。既に企業再生税制に詳しい読者は，第2章へと進んでいただいて問題ない。なお，現行法といった場合の基準時は，平成28年8月末である。

　課税上の取扱いを確認するにあたっては，事業再生手法として，2つの方式をモデルとして想定する。但し，現実の事業再生手法は事案に即したヨリ繊細なものであることに留意を要する。第1のモデルは，資本再構成方式であり，債務者法人が同一法人格を維持したまま，その資本構成の変更をする方式である。第2のモデルは，第二会社方式であり，債務者法人から資産及び事業を切り出して，新設した法人ないし既存法人に移転する方式である。それぞれの方式について，法的整理及び私的整理に分け，さらに法的整理については，倒産手続ごとに分けて主要な課税上の取扱いを明らかにする。特に取り上げるのは，①債務消滅益・私財提供益の取扱い，②債務者法人の資産の含み損益の取扱い，③債務者法人の欠損金額の取扱いである。

　なお，事業再生局面における課税上の取扱いは，平成17年度の税制改正以降「企業再建支援税制」と呼ばれることがあるが，事業再生局面における特別な課税上の取扱い自体は平成17年度税制改正前から存在しており，これを包含する意味で「企業再生税制」と呼ぶ[2]。

---

1) この点を俯瞰するものとして，藤曲武美「企業設立（起業）・再生支援税制」日税研論集66巻75頁（2015）。
2) 租税法学における中心的な基本書の1つである金子宏の『租税法』において，「企業再建支援税制」という項目が立てられたのは，平成18年4月発行の金子宏『租税法（第11版）』346頁（弘文堂，2006）からである。その後，金子宏『租税法（第19版）』380頁（弘文堂，2014）から，「企業再生税制」との名称が用いられるようになった。本書では，便宜上両者の使い分けを用いる。

第1節　資本再構成方式

第1款　法的整理

1　会社更生手続

更生手続開始決定（会更法41条）があったとき，債務者法人＝更生会社の事業年度は，その開始の時に終了し，これに続く事業年度は更生計画認可の時に終了する（会更法232条2項）。そして，法人税法上の事業年度についても，原則として同様の取扱いがなされるが，更生手続開始決定から更生計画認可までが1年を超える場合は，その更生手続開始決定により始まる事業年度開始の日以後1年ごとに区分した各期間がそれぞれ法人税法上の事業年度となる（会更法232条2項但書，法税13条1項但書）。

(1) 資産の評価損益

法人税法上は，原則として資産の評価換えによる帳簿価額の増減について損益を認識しない（法税25条1項・33条1項）。しかし，会社更生法においては，管財人は，更生手続開始決定後遅滞なく，更生会社に属する一切の財産について，開始決定時の時価により評定を行い，評定を完了したときは，更生手続開始決定時における貸借対照表及財産目録を作成し，裁判所に提出する必要があり（会更法83条1項〜3項），また，更生計画認可決定があったときは，更生計画認可決定時における貸借対照表及財産目録を作成し，裁判所に提出しなければならない（会更法83条4項）。そして，法人税法上，更生計画認可決定があったことにより会社更生の規定に従って行う評価換えをしてその帳簿価額を増減額した場合にはその増減額した部分につき，例外的に，評価換えをした日の属する事業年度において損益を計上する（法税25条2項・33条3項）。

(2) 債務消滅益・私財提供益と欠損金額

債務免除等により更生会社の債務消滅の効果が発生すると，当該債務消滅益は，法人税法の一般原則に従い，債務消滅の効果が生じる事業年度において益金算入される（法税22条2項）。さらに，資本再構築の手法として債権の現物出資によるデット・エクイティ・スワップ（DES）を行った場合も，新株発行の対価として給付を受けた資産その他の対価の価額の分だけ資本金等の額が増加し（法人税法施行令（以下，「法令」という。）8条1項1号），消滅した債権の額面と発行された株式の時価との差額が債務消滅益として計上される。

また，事業再生局面においては，実務上，特に中小同族会社について，同族の役員から私財提供を受けることが再生の事実上の条件となっており[3]，その場合には再生企業には私財提供益について益金が計上される。

　しかし，これらの債務消滅益の金額(法税59条1項1号)，更生手続開始決定があったことに伴い更生会社の役員等から私財の提供があった場合に生じる私財提供益(法税59条1項2号)，及び，(1)で述べた資産の評価益から評価損を控除した額(マイナスとなる場合は0)(法税59条1項3号)(以下，併せて「債務消滅益等」という。)の合計額の限度において，更生会社は，更生手続に入る前の各事業年度において生じた欠損金額で，政令で定めるものに相当する金額を損金算入することができる。ここにおいて，「欠損金額で政令で定めるもの」とは，法人税法59条1項の適用を受ける事業年度終了の時における前事業年度以前の事業年度から繰り越された欠損金額の合計額(法令116条の3)であり，「欠損金額」は，各事業年度の所得の金額の計算上当該事業年度の損金の額が益金の額を超える部分である(法税2条19号)。したがって，実務的には裁判例や通達上，実質的に異なる取扱いが認められている点が極めて重要であるものの[4]，法令上は，更生手続開始決定前に生じた各事業年度の欠損金額の累計額たる設立以来欠損金額を債務消滅益等の限度で控除することができ，ここには，法人税法上の繰越可能期間を超えたいわゆる期限切れ欠損金が含まれる[5]。このことは，事業再生局面になく，法人税法59条の適用がない法人であれば，欠損金額の損金算入には期間制限がかかること(法税57条1項・58条1項)に比べ，相対的にその適用がある債務者法人が有利に取り扱われていることを意味する[6]。

---

3) 事業再生研究機構税務問題委員会編『事業再生における税務・会計Q&A(増補補訂版)』392頁(商事法務，2011)〔植木康彦〕。
4) 大阪地判平成元年3月28日訟月35巻10号1964頁及びその控訴審判決である大阪高判平成2年12月19日訟月37巻8号1482頁は，設立一期から更生手続開始直前事業年度までの欠損金額及びそのうち繰り越されている部分の金額を確定することが事実上困難であること等を理由に，更生手続開始決定時に終了する事業年度の確定申告書に添付する法人税申告書別表五(一)「利益積立金額の計算に関する明細書」に翌期首現在利益積立金額の合計額として記載されるべき金額で，当該金額が負である場合の当該金額による，とする法人税基本通達(現在の法人税基本通達12-3-2)の扱いを合理的であるとし，当該金額をもって設立以来欠損金の額と事実上推定するほかないと判断した。そのため，実務的にはこの取扱いが基本となっている。
5) なお，期限切れ欠損金が優先的に利用される(法税57条5項，法令112条12項1号イ，2号)。
6) なお，欠損金の繰戻還付制度(法税80条)の制限にはかからない(租税特別措置法66条の13第1項柱書但書)。

(3) 租税債権の取扱い

仮に，適用事業年度において，益金の額が損金の額を上回り，租税債権が発生する場合，その租税債権に係る請求権は，共益債権となり（会更法127条2号），更生手続によらないで随時弁済され，かつ更生債権・更生担保権に先立って弁済される（会更法132条）[7]。なお，実務上は，債務消滅益等を欠損金の損金算入によって相殺できる範囲内で債務免除等をしているのではないかと推測される。

2 民事再生手続

(1) 資産の評価損益

民事再生手続においては，2つの時点で資産の含み損益計上の機会がある。第1に，再生手続開始決定により財産評定（民再法124条）がなされた場合に，「法的整理の事実」（法令68条1項柱書）があったものとして（法人税基本通達9-1-3の3），資産の評価損のみが認識され，損金算入される（法税33条2項，実務的に「損金経理方式」という）。第2に，再生計画認可決定時に，当該再生計画認可決定があった時の時価[8]（法令24条の2第3項1号・68条の2第2項1号。なお法人税基本通達9-1-3）で評価換えをし，評価損だけでなく，評価益も合わせて損益を認識する（法税25条3項・33条4項。実務的に「書類添付方式」という）（法税25条5項・33条7項参照）。書類添付方式による取扱いを受けた事業年度には，損金経理方式によることはできないので（法令68条2項），債務者法人はいずれかを選択することになる。

(2) 債務消滅益等と欠損金額

書類添付方式では，会社更生手続による場合と同様，債務消滅益（DESの場合を含む。）等を，期限切れ欠損金を優先的に利用する形での損金算入によっ

---

7) 岡正晶「四つの倒産処理手続（破産・特別清算・民事再生・会社更生）における租税債権の取扱い」租税法研究33号87頁，96-97頁（2005）。なお，更生会社に納税義務（租税債務）が発生するのは，事業年度終了の時であり（国税通則法15条2項3号），会社更生手続では，更生手続中の事業年度終了は，（更生手続開始決定から更生計画認可決定までの期間が1年を超える場合を除き）更生計画認可の時（会更法232条2項本文）である。

8) なお，民事再生手続での財産評定（民再法124条1項）では，原則として清算価値で評価し，必要があると認められる場合には，継続企業価値による評定の併用を認めている（民事再生規則56条1項）。基本的に清算価値で算定するのは，財産評定が，裁判所に提出する再生手続開始決定時の財産目録及び貸借対照表の基礎となるものであり，再生を果たせずに破産した場合に清算価値が保障されるかを判断するための指標として用いることによる（事業再生研究機構税務問題委員会編・前掲注3）414-415頁〔阿部崇〕）。

て打ち消すことができる (法税59条2項，法令117条の2柱書第2括弧書及び1号・112条12項1号ロ及び2号，期限切れ欠損金優先適用方式)。

これは，青色欠損金額及び災害損失欠損金額は翌事業年度以降にも繰り越しうるのに対し，期限切れ欠損金については繰越が認められないため，青色欠損金額及び災害損失欠損金額と期限切れ欠損金の適用順序によって，翌事業年度以降に利用できる青色欠損金額及び災害損失欠損金額が異なってくることから，期限切れ欠損金を優先的に利用する取扱いを，書類添付方式を選択した民事再生手続にも及ぼし，青色欠損金額及び災害損失欠損金額の翌事業年度への繰越を認める立法手当をしたものである[9]。

他方，損金経理方式では，青色欠損金額が先に利用され (法税59条2項，法令117条の2第1号・第2号，青色欠損金額優先適用方式)，事業再生事業年度の翌事業年度以降に期限切れ欠損金による損金算入を受けることはできない。なお，平成27年度税制改正によって，青色欠損金額優先適用方式の場合における青色欠損金額の控除制限規定との調整規定が廃止された。

(3) 租税債権の取扱い

基本的に会社更生手続の場合と同様，再生手続開始後に生じた租税債権に係る請求権は，共益債権 (民再法119条2号) となり，再生手続によらないで随時弁済し，再生債権に先立って弁済される (民再法121条1項・2項)[10]。再生手続の場合，再生手続開始によっても事業年度が区切られない点が会社更生手続の場合と異なる。

第2款　私的整理

1　私的整理ガイドライン等の一定の私的整理

(1) 一定の私的整理

私的整理であっても，再生計画認可決定があったことに準ずる事実 (法令24条の2第1項・68条の2第1項・117条4号) として政令で定められた事実に該当する私的整理 (以下，「一定の私的整理」という。) の場合，再生企業は，法的整

---

[9]　大阪高判平成2年・前掲注4) は，会社更生法 (平成14年法律第154号による改正前のもの) 上の会社更生欠損金と青色欠損金額との適用順序について，会社更生欠損金を優先するとしていた。
[10]　岡・前掲注7) 91-92頁。

理，特に民事再生手続におけるのとほぼ同様の[11]課税上の取扱い（法税25条2項・33条4項・59条2項）を受けられる。

一定の私的整理に当たるためには，①一般に公表された債務処理手続についての準則（公正かつ適正なもので，特定の者がもっぱら利用するためのものではないもの）に従って，再生計画が策定されていること，②公正な価額による資産評定が行われ，その資産評定に基づく実態貸借対照表が作成されていること，③上記貸借対照表に基づく債務超過等の状況等により債務免除等をする金額が定められていること，④2以上の金融機関が債務免除等をすることが定められていること（政府関係金融機関（法令24条の2第2項1号）及び協定銀行（法令24条の2第2項2号）は，単独による債権放棄でも可（法令24条の2第1項5号）），を満たす必要があり（法令24条の2第1項），①から③の要件に該当するかについては，第三者機関等が確認する必要がある（法人税法施行規則8条の6）。そして，上記一定の私的整理に該当するかについては，たとえば，私的整理ガイドライン及びそのＱ＆Ａに沿って策定した再生計画について④を満たしている場合，一定の私的整理に該当するものと解して差し支えない旨が，国税庁への文書照会に対する回答において明らかにされている[12]。

(2) 租税債権の取扱い

私的整理手続による場合，何ら倒産法制による規律を受けないため，租税債権は国税徴収法（以下，「国徴」という。）に従った優先権を付与される。すなわち，原則として，全ての公課その他の債権に先立って徴収される（国徴8条），という優先的地位を与えられる。

2 それ以外の私的整理

一定の私的整理に該当しない場合[13]，基本的には[14]企業再生税制の適用を

---

11) 資産の評価損益がある場合に期限切れ欠損金優先適用方式となり，ない場合には青色欠損金額優先適用方式となる（事業再生研究機構編・前掲注3）468-469頁〔香取雅夫〕）。民事再生手続による場合との差異として，資産の評価損益の評定基準が，一定の私的整理による再生計画成立の事実があった場合の，実態貸借対照表に計上されている価額とその事実が生じた時の直前の帳簿価額との差額とされている点（法令24条の2第5項2号・68条の2第4項2号）が挙げられる。
12) 国税庁「私的整理に関するガイドライン及び同Ｑ＆Ａに基づき策定された再建計画により債権放棄等が行われた場合の債務者側の税務上の取扱いについて 回答」（平成17年5月11日）。
13) 参照，国税不服審判所裁決平成21年6月24日裁決事例集77集303頁。
14) 但し，法令117条1号ないし4号に掲げる事実に準ずる事実があったと認められる場合には，

受けることはできない。すなわち，私的整理を行っても資産の評価損益の実現は認められず（法税25条1項・33条1項），債務免除等により生じた益金についても期限切れ欠損金の損金算入による相殺はできず，青色欠損金額及び災害損失欠損金額が利用できるにとどまる（法税57条・58条）。

発生した租税債権は一定の私的整理の場合と同様の優先的な地位を与えられる（国徴8条）。

第2節　第二会社方式

次に，第二会社方式による場合の課税上の取扱いを確認する。第二会社方式による場合の資本再構成方式による場合との差異は，債務免除等を受けるのは債務者法人であるのに対して，事業再生によって収益力が回復する事業は新法人に移転するのが通例であり，両者の法的主体ないし法人格にずれが生じる点である。この点に関し，法人税法は，債務者法人に資産の評価損益の実現による益金（差額分）と債務消滅益を計上した上で，当該法人の設立以来欠損金額と通算するという手法をとっている。ここでは重複を避けるため，法的整理と私的整理とを特に区分せずに述べる。

第1款　資産の含み損益

債務者法人については，事業譲渡に伴い資産の譲渡損益が生じる（法税22条2項・3項）。実務上，事業再生局面においては，資産に含み損が生じている場合が多く，それを課税上実現する手段として事業譲渡を用いることが多かったといわれる[15]。会社分割や現物出資による場合は，当該会社分割ないし現物出資が税制上の適格要件（法税2条12号の11・12号の14）を満たすかによって，資産の譲渡損益の実現の有無が異なる。

新法人の引き継いだ事業資産の取得価額は，債務者法人における実現の有

期限切れ欠損金の損金算入が認められる（法令117条5号）。なお，その解釈通達として，法人税基本通達12-3-1参照。
15) 西村総合法律事務所編『M&A法大全』433頁（商事法務研究会，2001）〔太田洋・小野美恵〕。なお，実務的には，資産の評価損の損金算入が会社更生手続以外でも認められるようになって以降も，現実に事業譲渡を行った場合には，その価額の適正性について課税庁から疑問が呈されることが少ないため，資産の評価損計上よりも事業譲渡による損金算入が好まれる傾向にあるようである。

無に応じて，その帳簿価額が引き継がれるか，時価となるかが決まる（法税 62 条～62 条の 4）。

第 2 款　債務消滅益と欠損金額

債務者法人は，事業の移転後に破産ないし特別清算（会社法 511 条）といった清算型法的整理を利用して清算するのが通例だとされる[16]。その場合，債務者法人については，それ以前の債権について消滅時に債務消滅益が計上されるのと同時に，その限度で期限切れ欠損金の損金算入が認められる（法税 59 条 2 項，法令 117 条 2 号・3 号）。また，債務者法人が解散する場合に，残余財産がないと見込まれるときは，期限切れ欠損金の額を損金に計上し，当該事業年度における（債務消滅益等の額に限らない）益金の額と通算できる（法税 59 条 3 項，法令 118 条）[17]。なお，債務免除額がそれほど大きくなく，事業再生後に青色欠損金額が大量に残る場合には，これを引き継ぐための取引が必要になり，場合によっては，資本再構成方式の方が好まれることになろう。

第 3 款　租税債権の取扱い

仮に債務者法人に課税が生じた場合，その租税債権は，破産手続においては，財団債権（破産法 148 条 1 項 2 号），会社更生手続，民事再生手続においては，いずれも共益債権となる（会更法 127 条 2 項，民再法 119 条 2 項）。

また，更生計画において新会社を設立することが定められ，当該会社が更生会社の租税等の請求権に係る債務の承継を定めたときは，当該会社がその債務を負い，債務者法人は当該債務を免れる（会更法 232 条 1 項）。なお，債務者法人が同族会社（法税 2 条 10 号）である場合，その判定の基礎となった株主等である個人（国税徴収法施行令（以下，「国徴令」という。）13 条 5 号）及び当該債務者法人を判定の基礎として同族会社に該当する会社（国徴令 13 条 6 号）は当該債務者法人の租税債務について第二次納税義務者となる（国徴 38 条）。したがって，債務者法人や債務者法人の既存支配株主が新会社の支配権を得るような場合には，第二次納税義務を負う可能性がある。

---

16)　藤原総一郎監修『企業再生の法務（改訂版）』456 頁（きんざい，2012）。
17)　これは，資産譲渡益等についても期限切れ欠損金との相殺を可能にするためである（事業再生研究機構編・前掲注 3) 12 頁〔植木康彦〕）。

第3節　小　括

　前2節より，現行法上の企業再生税制の特徴は以下のようにまとめられる。①企業再生税制の射程に入ることによって，資産の含み損益が原則として実現する[18]。②事業再生に伴う債務消滅益は，原則通り益金算入されるが，通常は損金算入が認められない期限切れ欠損金を含む設立以来欠損金額と通算される。③法的整理か私的整理か，及び，資本再構成方式か第二会社方式かのいずれによっても，少なくとも期限切れ欠損金の利用が認められるという構造には大きな差異が生じないよう平仄が合わせられている。但し，事業再生局面にあっても，私的整理であって，再生計画認可決定に準ずる事実として認められない場合は，企業再生税制の適用がなく，大きな差異が生じる。④仮に事業再生の過程で租税債権が発生すれば，当該租税債権は財団債権，共益債権という形で優先的な地位が与えられ，そのことが事業再生局面において課税が生じることを嫌う原因となっている可能性がある。

18）　第二会社方式において適格分割ないし適格現物出資がなされる場合は別である。また，民事再生手続や一定の私的整理においては選択可能である。

第2章　沿革と制度理解

　本章では，企業破綻処理制度及び企業再生税制がどう理解されてきたのかを観察する（第1節，第2節）。その後，企業再生税制に対する学説の評価を整理し，検討課題を析出する（第3節）。

　観察にあたっての時代区分としては，大まかに，①昭和27年前後の会社更生法制定期からバブル崩壊の時期まで，②平成8年10月に設置された法制審議会倒産法部会を通じた倒産法制の全面的見直し作業を経て以降の時期，に区分する。このような時代区分を設けるのは以下の理由による。まず①について，会社更生法制定過程に焦点を当てることは，現行法の原点を探るために有意義である。次に，②について，「企業再建支援税制」として企業再生税制が語られるようになったのは，一連の倒産法制の全面的見直しを経て以降だからである。なお，事業再生法制自体は，会社更生法制定以前から，大正12年に旧破産法と共に施行された旧和議法や昭和13年の商法改正に伴って新設された会社整理が既に存在した。しかし，税制との関係では，企業再生税制が，昭和27年制定の会社更生法において実定法上に根拠を有するようになった点に鑑み，そこを出発点とすることにした[19]。

　立法資料と学説を追う過程では以下の点に特に着目する。第1に，企業破綻処理制度については，①企業破綻処理制度相互の関係，②法的整理と私的整理の使い分け，に対する理解である。この2点に着目することは，企業再生税制と倒産政策の関係を考える上で重要である。なぜなら，第1点として，①企業破綻処理制度相互の関係が倒産政策上いかに理解されていたかに応じて，それぞれを課税上中立的に取り扱うべきか否かが変わりうるのであり，

---

[19] 旧和議法制定時や会社整理手続新設時の事業再生法制の在り方については，加藤哲夫「経済構造の変化と倒産処理法制の対応」『企業倒産処理法制における基本的諸相』241頁（成文堂，2007）〔初出1991〕；同「企業倒産処理法制の軌跡とその展望」同書262頁〔初出1999〕が，当時の経済環境に位置づけての概観を試みている。

また，それぞれの現実の課税上の取扱いに対する租税政策上の評価が異なってきうるからである。たとえば，（その妥当性はともかく）清算よりも再生ひいては企業の存続を積極的に推進するという倒産政策の下では，清算時より再生時を課税上有利に取り扱うことが倒産政策にかなうものとして肯定的に評価される余地が出てくる。また，会社更生手続が他の企業破綻処理制度と異なる倒産政策上の位置づけを与えられているのであれば，それを課税上どのように反映させるべきかが問題になる。他方，倒産政策上の評価に差異がない（あるべきではない）のであれば，租税法の側ではこれらを中立的に取り扱うべきことになろう。

　第2点として，②法的整理と私的整理の使い分けについても同様のことがいえる。倒産政策として法的整理手続を用いて債権者間の公平を確保していく必要性が高い状況にあるのであれば，法的整理を行った場合に課税上有利な取扱いをすることは，倒産政策との関係で肯定的に評価される可能性がある。他方，市場に委ねた私的整理によって手続コストを節減する事業再生が望ましいのであれば，租税法が市場による解決に介入するのは極力控え，両者を中立的に扱うべきとの方向が考えられる。

　第2に，企業再生税制については，平時の法人に課す法人税をベースラインとした場合，それに対する「特則」として理解されていたのか，それとも平時の法人税の枠内で理解されていたのかの点である。この点への着目は，企業再生税制が法人所得課税における原則的な課税ルールの枠内にあるものなのか，何らかの政策目的に基づく租税特別措置として理解されていたのかを明らかにするのに役立つ。原則ルールの枠内であるならば，どの点でそれが貫徹されていないのか，また，租税特別措置であるならば，その政策目的と手段は倒産政策にかなっているかが問われるべきことになろう。

　結論を先に述べれば，企業破綻処理制度については，倒産法学では，清算型と再生型[20]の差異や，事業再生法制内部の差異に着目しがちであったが，機能的分析，特に財産価値最大化の観点からの分析に基づき企業破綻処理制度に共通する理念を探究する，という方向に意識が向けられるようになった。また，実務的には，銀行による再生型私的整理と整理屋による清算型私的整理が中心だったが，民事再生法制定を契機に再生型法的整理が活用されるよ

---

20)　従来は，「再建」型との表記が多かったが，近年の用語法に合わせ，直接引用する場合を除き，「再生」の語を用いる。参照，伊藤眞『破産法・民事再生法（第3版）』27頁注43（有斐閣，2014）。

うになり，さらには，事業再生の早期化・M＆A化・市場化という形での再生型私的整理の潮流が生じつつある。このような財産価値最大化の観点や，市場を通じた効率的な事業再生の実施の観点からは，企業再生税制は，企業破綻処理制度や，法的整理か私的整理かの選択に対して中立的であるべきだとの基本的な方針が導き出される。その上で改めて問われるべきは，平時の場合との異なる取扱いの当否となる。

なお，当然だが，たとえこのような視点を提示したとしても，各手続の利用主体に応じて適切な手続的規律を考えていくことの倒産法学及び実務上の重要性が失われるわけではない。学問分野の理論的関心ごとに観察される現実認識は異なりうるものであり，各分野の理論的関心ごとに適切な規範命題を採用した上で，それに適した現実認識をとるべきだからである[21]。本書の関心に即していえば，倒産法学において，実定法の規律が(現にそうであるように)「異なる」ことを前提とすると，その手続の使い分けが現実に論点となる(当事者は所与の手続の使い分けに最大の関心を有する)以上，その現状認識は当然に正しいものである。他方，租税法学の関心からは，所得課税を論ずる以上，経済的実態が同じものについて，中立性を逸脱して手続ごとに取扱いを異にすることを正当化するためには，政策税制として独立の正当化理由及び手段としての適切性を論じる必要がある。しかし，本書では，少なくとも企業破綻処理制度の枠内では企業再生税制を論じる上で加味すべき，そのような独立の正当化理由となる倒産政策上の考慮事項は存しないと考えるため，経済的観点からみた場合の各手続の共通理念を探る視点に依拠することが，適切な企業再生税制の設計のために重要であるとの認識に至った。

次に，企業再生税制に関しては，沿革的に，会社更生法制定時に大蔵省(当時)主税局によるインプットがあったことが現行法の基礎となっており，もともと企業破綻処理制度の枠内では，清算型か再生型かで課税上の帰結にさほど差異が生じなかったこと，法人税法の建て付けとしても，両者のバランスが意識される方向で整備されたことを明らかにする。

企業再生税制に対する学説の評価としては，平時における規律と比べて，優遇であるとの見方と，当然であるとの見方に大別でき，双方においてさらなる要検討事項が残されていること，資本再構築手法の変化に応じ，課税上，

---

21) 参照，藤谷武史「非営利公益団体課税の機能的分析(4・完)——政策税制の租税法学的考察」国家学会雑誌118巻5＝6号487頁，559-564頁(2005)。

租税法学において今後議論されるべき問題が生じうることを明らかにする。

第 1 節　会社更生法制定期

会社更生法制定のための活動は，連合国軍による占領政策の一環として，破産法改正の勧告がなされたことに端を発する。破産法の改正は，当時，法務府法制意見第 4 局の法制意見参事官であった位野木益雄裁判官らが担当を命ぜられ，兼子一の配慮により，東京大学法学部から三ヶ月章が協力する形で進められた[22]。

具体的な破産法の改正作業は，法務総裁（現在の内閣法制局と法務省の権限を有する。）の下に昭和 24 年 2 月に設置された「破産法・和議法改正審議会」での調査・審議を経て，同年 8 月設置の「法制審議会」に諮問し，破産法部会に設けられた小委員会（菊井維大委員長）で中心的に調査・審議された[23]。昭和 24 年 7 月以降は連合国軍最高司令官総司令部（以下，「総司令部」という。）との交渉も行われるようになり[24]，その回数が 85 回にも上った点は，会社更生法が占領政策の一環として外部から移植された法制度[25]であることを物語っている。その後，国会の審議を経て，会社更生法は昭和 27 年 5 月 28 日に成立した。

本書では，立法資料として，位野木らのメモ及び法務事務官であった佐竹和世が位野木の手元にある資料を整理したものを編纂したものを参照する[26]が，断片的であり，必ずしも制定過程の細部が詳らかになるわけではない。これを補完するため，会社更生法の立案に深く関与した三ヶ月の学説や，その他の中心的な倒産法学説の理解も参照する。なお，学説における理解には論者の主観が強く反映されている可能性が高いが，どのような制度として理解されていたかを知る上では有用だと考える。実際にどのように機能してい

---

22)　位野木益雄編著『会社更生法〔昭和 27 年〕(1)　日本立法資料全集 47』3 頁（信山社，1994）。
23)　位野木・前掲注 22) 3-4 頁。
24)　位野木・前掲注 22) 5 頁。
25)　三ヶ月章「会社更生法の司法政策的意義」『会社更生法研究』215 頁，217 頁（有斐閣，1970）〔初出 1966〕は，一国における過去の法律生活の伝統と密接な連続関係を持たない法律制度が有効に機能することは期待できないとの認識から，会社更生法の制定を 1 つの社会的実験であったと振り返る。
26)　立法資料作成の経緯につき，参照，位野木・前掲注 22) 14-16 頁。

たかは別途実証研究[27]によるべき事柄である。

第1款　企業破綻処理制度

1　企業破綻処理制度相互の関係
(1) 三ヶ月章による理解

　会社更生法制定に深く関与した三ヶ月によれば，総司令部の占領政策の一環として，企業体制に関する法制のアメリカ化が図られる中，一方において，商法会社編の改正（昭和25年法律第167号）が企業の平時を規律する法のアメリカ化であったのに対し，会社更生法制定は，病理的状態に陥った企業の治療技術のアメリカ化と位置づけられるものであった[28]。具体的には，会社更生法は，アメリカのチャンドラー法による改正を受けてのチャプターX手続を継受している[29]。しかし，企業破綻処理制度としては，当時，既に母法を異にする複数の法制度があった。具体的には，企業の清算を目的とする手続として，破産・特別清算，企業の再生を目的とする手続として，和議・会社整理等[30]である[31]。そのため，会社更生法制定にあたっては，これら既存の法制度との関係性が問題になった。

　まず，清算型手続との関係では，その目的を異にすることが強く意識された。すなわち，三ヶ月によれば，清算型手続は，企業の解体(liquidation)を目的とするのに対して，会社更生法は，企業の更生(rehabilitation)，企業の存続・再組織(reorganization)を意図するものであり，対照的であるとされた[32]。

---

[27]　実証面に関しても，倒産法学では，早い段階から重要な研究が継続的になされてきた。霜島甲一ほか「図説会社更生法(1)-(4・完)」ジュリスト354号94頁，355号114頁，356号122頁，358号90頁(1966)（以下，〔図説〕という）；霜島甲一ほか「会社更生計画の分析(1)-(10・完)」ジュリスト378号84頁，380号55頁，383号92頁，385号143頁（以上，1967），388号163頁，390号107頁，392号114頁，394号107頁，396号90頁，399号94頁（以上，1968）（以下，〔分析〕という）；青山善充編『和議法の実証的研究』（商事法務研究会，1998）；山本＝山本編・後掲注128）。

[28]　兼子一＝三ヶ月章『條解會社更生法』1-2頁（弘文堂，1953）；三ヶ月章「会社更生法解説」・前掲注25) 183頁，185頁〔初出1952〕。なお，兼子＝三ヶ月の内容を，三ヶ月の見解として紹介するが，兼子の見解であることを否定するものではない。

[29]　兼子＝三ヶ月・前掲注28) 8頁；三ヶ月・前掲注28) 186-187頁。

[30]　和議，会社整理の他に，戦時補償の打切りによる混乱防止，損害の公平な分担のために，企業再建整備の手続があった（兼子＝三ヶ月・前掲注28) 37頁）。

[31]　破産法はドイツ法，和議法はオーストリア法，会社整理はアメリカのエクイティ・レシーバーシップに由来する。

[32]　兼子＝三ヶ月・前掲注28) 27, 35頁。

しかし，企業の解体か，企業の更生かの違いが本質的差異であるとされても，実のところ，「企業の更生」とは厳密には何を指しているかは必ずしも明確に解明されていなかったことを指摘できる。

　他方，会社更生以外の再生型手続との関係では，会社整理・和議とともに，会社更生は「裁判上の企業救済制度」と位置づけられ[33]，その差異に意識が向けられた。すなわち，和議が，破産防止という消極的な目的を有するにとどまるのに対し，会社更生は，積極的に企業を維持・更生させるものであるとして目的が区別された[34]。会社整理については，会社の維持又は更生を意図するものであるから，目的において会社更生と最も近いとしつつも，多数決制度による反対債権者の拘束ができない等の手続上の欠点を指摘し，会社更生はそれを補うものと位置づけられた[35]。また，会社整理と和議とは，会社（株主含む）が，債権者と対立する形でその債権の調整を懇願するものであるのに対し，会社更生は，会社を観念的に清算した上で，実体法上の優先順位に応じて権能が付与されるものであるという異なる性格づけがなされるにとどまった[36]。たとえば，会社整理と和議について，資本構成の変更＝企業財産の支配権者（株主）の変更が十分になされない点を問題視するといった方向への議論には向かわず，会社更生を類似する他の制度と区別していく方向で議論された。

(2) 青山善充による理解

　三ヶ月の後も，青山善充による会社更生の理解が示すように，会社更生は継続企業の維持のための手続であり，破産は企業を解体してその法律的な後始末に終始する手続であるとの性格づけは維持された[37]。ただ，青山においては，破産が総債権者の公平なる満足をはかるものであるのに対し[38]，会社更生が，企業維持を目的とするものであると整理され，その内容として「企

---

33) 三ヶ月章「会社更生法の運用に関する二，三の問題」前掲注25) 199頁，212-213頁〔初出1955〕。
34) 兼子＝三ヶ月・前掲注28) 29頁。
35) 兼子＝三ヶ月・前掲注28) 32-33頁。
36) 三ヶ月・前掲注33) 212-213頁。但し，会社更生法という新しい制度を外部から移植する作業においては，このように既存の法制度との関係性を整理する方向で議論することは当然のことでもあろう。
37) 青山善充「会社更生の性格と構造(1)」法学協会雑誌83巻2号135頁 (1966) は，アメリカ法を俯瞰したのち (147-176頁)，企業破綻処理制度を企業の解体清算を目的とする清算型と，企業の維持更生を目的とする和議型及び更生型とに分類し (177頁)，破産については，会社更生と対照的目的を有するものと整理した (186頁)。
38) 青山・前掲注37) 185頁。

業の解体による社会的損失の防止という公益的要請」[39] というものが明示的に観念されるようになった。ここでは，企業というのは，法人格の同一性や株主関係等の人的主観的側面にはとらわれず，「企業財産を中心として結合された労働関係及び取引関係を意味する」，「物的客観的なもの」であることが明確にされた[40]。これに対して同じ再生型手続である和議は「債務者の人的誠実性」に，会社整理は「会社の人的関係の維持」に，それぞれ重点を置くものであるという形で対照されたのである[41]。しかし，会社更生については物的客観的なものに着目すると学説が述べたところで，実際の会社更生計画においては，同一法人格を維持したままでの株主の変更は一般的だった[42]一方，第二会社方式のような形で事業が別法人に移転したり，抜本的な資本再構築が行われたりするケースは限られていた[43]。

　青山自身は，「社会的損失」という概念を明確に定義しておらず，必ずしもその意味内容は明らかでない。一方で，継続企業価値と清算価値の差額の大きさを会社更生の社会的必要性の判断において考慮すべきだとしつつ，他方で，破産になった場合の社会経済に及ぼす影響をも考慮すべきであると論じている[44]。そのため，社会的損失の防止というのは，債権者への返済原資の大きさに還元しきれない「公益的要請」が想定されていたのであろう。

　また，「債務者の人的誠実性に重点を置く」ものとされた和議について，青山は，「債権者の犠牲において債務者——株式会社の場合には株主——の利益をはかるもの」であるが，それが「存在理由を主張しうるのは，それが債権

---

39) 青山・前掲注37) 206頁。
40) 青山・前掲注37) 202頁。
41) 青山・前掲注37) 201-202頁。さらに，債権者の利益に奉仕する限度で債務者の事業の解体を防止する制度と理解された和議と，物的企業の維持更生と併せて利害関係人の権利保護を図り，企業解体による社会的損失防止という公益的要請に仕えるものと理解された会社更生とでは，その手続開始要件や更生計画認可要件に差異が生じると説明された（青山善充「会社更生の性格と構造 (2)」法学協会雑誌83巻4号483頁，529-530頁 (1966)；同「会社更生の性格と構造 (4・完)」法学協会雑誌86巻4号415頁，437-440頁 (1969))。
42) 霜島ほか〔分析 (3)〕・前掲注27) 96-97頁によれば，昭和28-40年度の更生計画において，同一法人格を維持して更生を図る「存続型」のうち，資本減少も新株発行も行わないものは約25%にとどまり，それ以外は何らかの資本構成の変更を伴った。
43) 霜島ほか〔分析 (2)〕・前掲注27) 55頁及び同〔分析 (3)〕・前掲注27) 94-99頁によれば，昭和28-40年度の更生計画において，企業が同一法人格を維持して更生を目指すものが全体の約85%を占める一方，新会社設立，合併，分割等企業主体を変える（支配権の移転を生じる）形のものは全体の約9%にとどまり，抜本的な企業再建技術を十分に活用していなかった可能性が指摘されている。
44) 青山 (2)・前掲注41) 538-539頁。

者一般の利益にもなることがあるという一事に基づく」と説明している[45]。しかし，営利企業等の合理的な債権者においては，債権全額の回収が見込めない場合には，清算価値よりも継続企業価値が上回るのであれば，既存の債権を，清算価値と継続企業価値との差額分として生じる余剰分に与かれる限度で放棄し，企業を維持させるのが通常であろうことに鑑みると，債務者の人的誠実性を重視して救済するという制度理解は機能的観点からは曖昧なものであったように思われる。

さらに青山は，一方で，和議においては，「債務者の提供する和議を債権者が同意するか否か」[46] が重要であり，「その本質に和解的要素がある」[47] としている。他方で，和議と対照される会社更生の性格について述べるくだりでは，清算的性格と和解的性格の対立を示しつつ，更生計画認可要件である「公正衡平」の解釈論として相対優先原則を支持する論拠に，和解的要素に基づくと説明したところの[48]多数決制度を持ち出している[49]。このような理解からは，各再生型手続の目的や性格の区別も不十分なものであったように見受けられる[50]。

のちに青山自身も，更生計画におけるいわゆる100％減資が許されるかを論ずる局面で，記述的分析として，和議について，債権者と債務者とがその間に存する債権債務関係を整理する手続であるとした上で，株主が債権者の犠牲において得をする可能性があることに公平性の観点から問題があると指摘している[51]。このように，和議と会社更生を「公益的要請」によって区別し，差異を正当化する形の議論をするよりも，会社更生と比べた場合の和議

---

45) 青山 (4)・前掲注41) 439 頁。なお，青山・前掲注37) 206 頁も債権者への弁済に有利であることが前提であることを否定しない。当時，和議が債務者救済の色彩を持つものと理解されていたこととの関係で，差異化を図ったものと思われる。しかし，そもそも和議においてはその損失が債権者と債務者のものであるのに対し，会社更生においてはそれが社会的損失であると対置する構図（青山・前掲注37) 201 頁）自体に問題があったように思われる。
46) 青山・前掲注37) 192 頁。
47) 青山・前掲注37) 192 頁。
48) 青山・前掲注37) 211 頁。
49) 青山 (4)・前掲注41) 463 頁。
50) 青山自身も会社更生の基礎理論そのものが，未だ十分解明され確立されているとはいえないとの認識を有していた。青山善充「改正会社更生法について——理論的検討と実務的要望」法律時報39巻11号49頁，54頁 (1967)。
51) 青山善充「更生計画における株主の権利の変更（上）」NBL 107 号 6 頁 (1976)。

の不十分な点を指摘する方向で議論を展開している[52]。青山も, 各論において各再生型手続の共通性を意識する姿勢を示していると理解できる[53]。

このように, 各再生型手続の目的や性格の区別が不十分な場合には, 企業再生税制が明示的に企業破綻処理制度ごとに異なる課税上の取扱いをすべき理由を見出すことは難しい。しかし, のちにみるように, その当時の企業破綻処理制度に対する理解は, 裁判において不完全な形で反映されることになる[54]。

2 法的整理と私的整理——田頭章一の分析

数字の上では, (清算型か再生型かを問わず) 私的整理の件数は, 法的整理のそれを大きく上回ると推測されていたが, その具体的な統計資料は存在せず, 実態は十分に明らかでない[55]。そのため, ここでも学説における (主観的な) 理解に依拠せざるをえない。ここでは, 和議法の立法担当者の認識に私的整理との同質性・連続性を見出した田頭章一の研究を参照する。田頭は, 和議の目的とするところの「破産予防」が消極的なものにとどまり, 和議法の立法担当者が, 当時において, 和議を「再建型」の手続とみていたかは疑問であるという見方を提示した[56]。そして,「再建」を積極的に推進することを目的とする会社更生と和議を対置し, むしろ和議と私的整理との間に, 破産に至らずに整理を達成する点で共通点を見出し, 両者は裁判所が手続に関与し, 最終的に多数決により少数反対者を拘束できるかが異なるにすぎないとみた。

---

52) 青山善充「民事再生法制定の意義と展望」金融・商事判例 1086 号 6 頁, 6 頁 (2000) (会社更生法制定により再生型手続としての和議法の限界は露わになったと述べる)。
　他方, 松田二郎『会社更生法 (新版)』6 頁 (有斐閣, 1976) のように,「社会的損失の防止」との語をもって会社自体の利益であることを正面から否定し, 企業の社会性を考慮すべきとの議論も当時は有力に展開された。
53) 青山善充「会社更生法の社会的機能」自由と正義 27 巻 12 号 2 頁, 6-7 頁 (1976) (担保権の制約や租税債権の優先性について会社更生法上の規律を他の倒産法制に及ぼす可能性を検討する必要性を指摘)。なお, 同 14 頁では, 会社更生手続の濫用的利用について, 他の倒産法制の欠陥を率直に認め, その立法的検討を試みる必要性を指摘している。
54) 第 1 編第 2 章第 1 節第 2 款 6。
55) 霜島ほか〔図説 (1)〕・前掲注 27) 99 頁。なお, 倒産件数から法的整理件数を控除し, さらに倒産状態が放置されたままの件数を控除することで私的整理件数を推計できる (上野久徳「私的整理の実情と問題点」鈴木忠一＝三ヶ月章監修『新・実務民事訴訟講座 13』331 頁, 332 頁 (日本評論社, 1981))。また, 現実には放置されるものが一番多かったとの実感として, 高木新二郎『事業再生』173 頁 (岩波書店, 2006)。
56) 田頭章一「和議手続きの機能について (1)——私的整理との同質性・連続性の観点から」民商法雑誌 100 巻 1 号 84 頁, 89-90 頁 (1989)。

その一方，会社更生については，私的整理との関係性はほとんど意識されることなく，典型的な法的手続として，私的整理の対極にあるものという理解が一般であったと評している[57]。このことは，近年において，社債を発行しているような大規模な会社について，社債権者集会による私的な処理が検討されるようになってきており[58]，大規模な事件においても私的整理の方法が論じられるようになりつつあることとは大きく異なる認識といえる。このように，会社更生と私的整理とは対極的なものと理解されていたことが確認できる。

3　評価とまとめ

会社更生法制定期における事業再生法制について，倒産法学におけるいくつかの代表的研究のサーベイから，以下の特徴を指摘できる。第1に，会社更生法制定に際して，母法の異なる複数の既存の企業破綻処理制度との関係性や目的の差異化が意識され，清算を目的とする破産・特別清算等との区別はもとより，再生型である和議との間でも目的の違いの探究に重点が置かれ，各制度への理解が形成された。しかし，これらの区別は機能的にみたときに必ずしも十分に明確とはいえなかった。第2に，田頭のように，私的整理と和議との間に同質性を意識するものもあったが，会社更生は私的整理の対極にあるものと位置づけられていた。しかし，そもそもの和議と会社更生の機能的区別が明らかでないことに鑑みれば，（現実はともかく）会社更生と私的整理との間にも連続性・同質性を見出す契機はあったといえる。

以下では，企業再生税制の出自を探る作業を行うが，そのために倒産法制について確認しておくべきことは，法制度に対する理解として，各企業破綻処理制度についてはその目的の違いが意識されていた点，法的整理としての会社更生と，私的整理との間に連続性・同質性は意識されていなかった点である。

第2款　企業再生税制

企業再生税制の沿革上の特徴は，第1に，法人税法や租税特別措置法では

---

57)　田頭章一「法的倒産処理手続と私的整理（私的交渉）」『企業倒産処理法の理論的課題』5頁，7頁（有斐閣，2005）。
58)　第1編第2章第2節第1款2(2)。

なく，当初は会社更生法の中に規定された点である。この点自体が，企業再生税制は，通常の法人税の枠内にあるものとは理解されていなかったことをうかがわせる。第 2 に，会社更生法は，総司令部の勧告によって立法され，その過程では当然にアメリカ法が参照されたが，企業再生税制に関しては，母法たる連邦倒産法や，内国歳入法典とは異なる型を採用した点である。その過程では，法務府の下に設置された法制審議会が作成した法務府原案に対し，大蔵省主税局側から反対意見が述べられ，総司令部もこれを支持する意見が有力だったため，法案中の租税関係条文については，三者を交えての会合が開かれたことが注目される[59]。そこで，立法資料から明らかになる範囲でその経緯を紹介する。

1 総司令部との交渉

ここでは，会社更生法（案）(昭和 26 年 1 月 20 日)（以下，「1 月 20 日案」という。）の内容と，それに対する総司令部の反応を紹介する。ただ，租税債権の取扱いについてはともかく，会社更生手続における課税上の取扱いについては中心的な議題となった形跡はうかがえない[60]。

1 月 20 日案では，その 262 条において，法人税法等の特例として課税上の取扱いが規定された。そこでは，「更生計画による会社の財産の譲渡又は評価換，債務の消滅，資本の減少に因る益金その他更生に因つて生ずる益金は，法人税法（昭和 22 年法律第 28 号）による各事業年度の所得，又は地方税法（昭和 25 年法律第 226 号）により事業税を課する場合に於ける各事業年度の所得の計算上これを益金に算入しない」と書かれ，また，その 263 条には登録免許税の免除の規定が設けられた[61]。

総司令部は，第 73 回会談（昭和 26 年 2 月 13 日）において，租税法以外の他の法律で租税法に手を加えることは好ましくないとして，262 条と 263 条を問題視し，租税法と会社更生法の双方で規定するのは可であるとした[62]。

---

59) 総司令部からは，総司令部経済科学局租税部（Internal Revenue Division）のモンロー，大蔵省主税局からは，主税局長平田敬一郎，同局調査課長忠佐市らが参加した（位野木・前掲注 22) 6 頁)。
60) 総司令部との第 61 回会談においてわずかに税金の取扱いについて議題に出たことがうかがえるが，その内容ははっきりしない（参照，位野木・前掲注 22) 268 頁)。
61) 位野木・前掲注 22) 350 頁。
62) 参照，位野木益雄編著『会社更生法（昭和 27 年）(2) 日本立法資料全集 48』3 頁（信山社，

2 主税局の意見

　大蔵省主税局は、1月20日案に対して、昭和26年2月12日付で意見を表明した。そこでは、会社更生法を制定する趣旨については了解し、「租税面においても、できるだけその趣旨に沿った運用を期することには敢て反対はない」としつつも、特に租税行政権の行使に関する事項については、全て会社更生法（案）から削除し、租税法規に規定すべきであるとの意見を表明した[63]。そして、1月20日案262条、263条については、その具体的な案をさらに検討した上で、租税法において研究するものとした[64]。特に、1月20日案262条については、対象となる益金はそのままで、益金不算入額を、会社更生手続開始と共に終了する事業年度以前の各事業年度の法人税額（利子税額を除く。）及び会社更生手続開始前から繰り越された損金のうち、法人税法（以下、「旧法税」という。）9条5項の規定の適用を受けない損金の額の合計額から更生手続開始時の積立金額（旧法税16条1項）を控除した金額に達する金額に限定する規定を設ける提案をしている[65]。これが現在の法人税法59条のもとになった規定である。

　このような提案がなされた背景を探るに、主税局が折衷案を提示したものと推測される。すなわち、他の資料においては、もともと、主税局意見として、1月20日案262条を指し、法人税法の免除には反対であり、特定の場合に免除の必要があるとすれば、「国税法において規定する」と表明されていた[66]。さらに、別の主税局意見として、更生計画による益金について法人税法上特例を設けることについても反対であるとの意見が述べられていた[67]。しかし、先にみたように、2月13日における総司令部との交渉では租税に関する事項が議題になっており、まだ2月12日付の主税局の意見が反映されていなかった後述の会社更生法案（昭和26年2月13日）に対して改めて上記のよ

1995）。他にも、滞納処分中止命令に関する56条や76条が同列に問題視されている。また、免責について規定した238条の2に関しても、税の減額問題は、総司令部でも後援するとした上で、租税法においても規定を設けることを要望している。
63)　位野木・前掲注62) 64頁。
64)　位野木・前掲注62) 65頁。
65)　位野木・前掲注62) 67頁。既に同旨の修正が昭和26年2月5日付で示されていた。位野木・前掲注62) 70頁。
66)　位野木・前掲注62) 68頁。
67)　位野木・前掲注62) 69頁。

うな修正を求めている[68]。そして，次にみるように，会社更生法案(昭和26年3月27日)(以下，「3月27日案」という。)には，これらの主税局意見が反映されたとみることができる。すなわち，当初，主税局は会社更生に係る法人税法上の取扱いの特例を認めることに反対だったが，おおよそ設立以来欠損金額の範囲内で益金不算入を認める方向へと譲歩したものと思われる。

そして，上記のような益金不算入限度額の提案の出自は，昭和15年改正法人税法についての取扱通達にあると思われる。すなわち，旧法人税取扱通達247(昭25直法1-100「247」)では，「法人の資産整理に当ってなされた重役その他の私財提供(債務免除含む。)又は銀行の預金切捨による益金であって法第9条第5項の規定の適用を受けない繰越欠損金(欠損金と積立金とを併有する場合はその相殺残額)の補てんに充当した部分の金額は，課税しない。」とされていた[69]。この取扱いについては，当時の国税庁直税部法人税課長であった吉國二郎によれば，私財提供又は債務免除が法人の従来の欠損の補填を行うためになされたものであるときは，これに課税することが苛酷にすぎるためと説明されていた[70]。したがって，主税局からすれば，旧法人税取扱通達247と平仄を合わせる形で会社更生法上の取扱いを規定すべく上記のような提案をしたのだと推測できる。

3 会社更生法案

会社更生法案(昭和26年2月13日)(以下，「2月13日案」という。)では，1月20日案263条に相当する2月13日案278条が，「更生手続による会社の財産の評価換及び債務の消滅による益金」について，なおも限度額なく益金不算入とすると規定していた[71]。さらに，同じく会社更生法案(昭和26年2月24日)277条でも相変わらず主税局の意見は反映されていなかった[72]。

この時点で主税局の意見が反映されていなかったこともあってか，その後の総司令部との会談においては，4回にわたって税務関係問題及び税務関係

---

68) 位野木・前掲注62) 70，75，78頁。
69) 大坪半吾編『改正法人税の取扱通達全文』82-83頁(税務経理協会，1951)。引用にあたって旧字体を新字体に改めた。
70) 吉國二郎『法人税法講義』155頁(大蔵財務協会，1954)。
71) 位野木・前掲注22) 413頁。なお，278条2項で事業年度の特則が規定された(同412頁)。
72) 位野木・前掲注62) 134頁。

条文修正案が会談事項となった[73]。そして，3月27日案が改めて提出された。その277条3項では，債務消滅益と資産の評価益の取扱いについて，主税局の意見が概ね反映された[74]。

4 会社更生法制定過程の特徴と立案担当者らによる解説

国会には，租税に関する事項に関しては，3月27日案がそのまま国会提出法案として提出された[75]。会社更生法案逐条解説では，277条につき，税法の特例であるとの説明がなされた[76]。そして，参議院修正案でも同じ説明がなされ[77]，同条はそのまま会社更生法269条として成立した[78]。

以上の経緯及び成立した法律の特徴は，次の2点にまとめられる。

第1に，総司令部は，会社更生法において租税に関する事項を規定すること自体には否定的でないものの，会社更生法のみで規定するのではなく，租税法令との調整を図ることを要望し，結果的に旧法人税法上の通達の取扱いと平仄を合わせる形の立法がなされた。これは，のちにみるように[79]，アメリカ法がチャンドラー法と内国歳入法典の双方に企業再生税制に係る規律を設けたことによる混乱を踏まえたものである可能性がある。

---

73) 位野木・前掲注62) 139-140頁。
74) 位野木・前掲注62) 195-196頁。
75) 位野木・前掲注62) 260-261頁。
76) 位野木・前掲注62) 325頁。
77) 位野木・前掲注62) 416-417頁。
78) 会社更生法269条の規定を一部掲げる。
   第269条
   ① 更生計画において新会社が会社の租税債務を承継することを定めたときは，新会社は，その租税を納める義務を負い，会社の租税債務は，消滅する。
   ② 更生手続開始の決定があつたときは，会社の事業年度は，その開始の時に終了し，これに続く事業年度は，計画認可の時又は更生手続終了の日に終了するものとする。但し，法人税法(昭和22年法律第28号)第7条第3項(事業年度の期間が一年をこえる場合)の規定の適用を妨げない。
   ③ 更生手続による会社の財産の評価換及び債務の消滅による益金で，更生手続開始の時までの各事業年度の法人税額(利子税額を除く。)と更生手続開始前から繰り越された損金(法人税法第9条第5項(青色申告書を提出した場合の繰越損金の損金への算入)の規定の適用を受ける損金を除く。)の額との合計額から更生手続開始の時における法人税法第16条第1項(積立金額)に定める積立金額と法人税(利子税額及び延滞加算税額を除く。)の引当金との合計額を控除した金額に達するまでの金額は，当該財産の評価換又は債務の消滅のあつた各事業年度の同法による所得の計算上益金に算入しない。
   (以下略)
79) 第2編第2章第2節。

第2に，規定の型として，当初の1月20日案では端的に全額について益金不算入とする型をとっていたが，主税局の意見を受けて設立以来欠損金額の範囲内で益金不算入とするとの型がとられるようになった。

上記の特徴を持つ会社更生法制定時の企業再生税制について，立法資料のみでは必ずしも位置づけが明らかでないが，制定時の立案担当者や実務家の解説書を参照すると，概ね以下のように理解されていたものとまとめられる[80]。

すなわち，①会社更生手続の開始に伴い財産の評価換えによる資産の評価益の実現及び債務の消滅があると，法人税法上は益金算入されるのが「原則」である。しかし，②原則通り益金算入されてしまうと多額の課税が生じ，更生会社にとって酷であり，また，債権者の譲歩にもかかわらず，課税が生じると会社更生が困難となる。そこで，③「例外」的に，課税の「軽減」を認める。但し，④資産の評価益・債務消滅益の全ての益金不算入を認めることは，競業者との関係で不当に更生会社を利することになるので，更生手続開始前から繰り越された欠損を塡補する額の範囲内で益金不算入とする。

ここからは，企業再生税制は，会社更生という「政策目的」を達成するために，課税の「軽減」を認める「例外的取扱い」であり，他方で，競業者と比べた場合の過度の優遇を避けるため，設立以来欠損金額の限度で益金不算入を認めることにされたことがわかる。

5　会社更生法以外の企業破綻処理制度

会社更生法上の法人税法の特例の土台となったのは旧法人税取扱通達247であるが，それ自体には明示の法令上の根拠規定がなかったため，昭和38年12月の税制調査会答申において，会社更生法269条をもとり入れ法人税法上の根拠を規定することとされた[81]。また，債務免除益について，債務超過ないし支払不能の場合には，破産の場合とのバランスを考慮しつつ，課税軽減措置をとる方向で具体的方法につき検討することとされた[82]。そして，昭和40年の法人税法全文改正（昭和40年法律第34号）によって，法人税法及び同法

---

80) 兼子＝三ヶ月・前掲注28) 520頁；位野木益雄『会社更生法要説』264頁（学陽書房，1952）；山本嘉盛＝庄司隆治『会社更生法の解説』729-730頁（法務調査会，1952）；打田畯一＝上田章『会社更生法』221-222頁（布井書房，1953）。
81) 税制調査会『所得税法及び法人税法の整備に関する答申』37-38頁（1963）。
82) 税制調査会・前掲注81) 38頁。

施行令上に根拠規定が置かれることになった（法税59条1項，法令117条・118条）[83]。規定の仕方としては，会社更生法とは異なり，債務消滅益等の額に当たる額の分だけ設立以来欠損金額の範囲内で損金算入する形がとられた。なお，私的整理についても，文言上，昭和40年改正当時の法人税法施行令117条4号の適用可能性はあったであろうが，当時は，私的整理ガイドラインのような明確な基準となるものはなく，現実の利用は多くなかったと推測される。

ここで，破産の場合とのバランスに言及されていることは注目に値する。それは以下の理由による。すなわち，当時，法人の破産の場合には清算所得課税の対象となり，財産法により残余財産の価額からその解散時の資本等の金額を控除した金額が零以下となる場合には清算所得課税が最終的には生じない扱いであった。そして，清算所得課税は，通常の所得と切り離して，異なる課税方式を採用するものであった。それにもかかわらず，破産とのバランスに触れるということは，清算型と再生型とは中立的ないし公平に扱うべきことが念頭に置かれたと解することも不可能ではないからである。

また，再生型に対しては，法人所得課税の本質からくる帰結ではなく，課税「軽減」という認識があった点にも注意すべきである。

6　下級審による受容

このような企業再生税制の位置づけを裁判所はどう受け止めたのか。関連する下級審判決をみていく。

第1に，福岡地判昭和42年3月17日行集18巻3号282頁は，会社更生法（昭和40年法律第36号による改正前）269条3項の「更生手続開始の時までの各事業年度の法人税額」の解釈において，「法人税額」に未納法人税額のみが含

---

[83] このときの法人税法59条1項の規定を掲げる。
　59条1項
　内国法人について商法の規定による整理開始の命令があつたことその他これに準ずる政令で定める事実が生じた場合において，その内国法人が，当該事実が生じたことに伴いその役員若しくは株主等である者若しくはこれらであつた者から金銭その他の資産の贈与を受け，又は当該事実の生じた時においてその内国法人に対し政令で定める債権を有する者から当該債権につき債務の免除を受けるときは，その受ける日の属する事業年度前の事業年度において生じた欠損金額で政令で定めるものに相当する金額のうち，その贈与を受けた金銭の額及び金銭以外の資産の価額並びにその債務の免除を受けた金額の合計額（当該合計金額がこの項の規定を適用しないものとして計算した場合における同日の属する事業年度の所得の金額をこえる場合には，そのこえる部分の金額を控除した金額）に達するまでの金額は，当該事業年度の所得の金額の計算上，損金の額に算入する。

まれるか，既納分も含めるかの判断の前提として，同条の趣旨につき，上記4と同様に論じた。特に，債務免除については，会社債権者の犠牲において課税が生じること，評価益については，実質的利益が存在しないとして，益金計上することが酷であると論じた[84]。

さらに同事件の控訴審判決である福岡高判昭和43年5月23日税資52号946頁[85]では，前記「法人税額」が未納法人税額に限られると判断するにあたって，「法人税の滞納を続ける会社の方が，会社更生の実を挙げさせるためには益金不算入の必要度がより高い」として正当化した。このことからは，事業再生を「支援」するという政策目的のために課税を「軽減」するという性格が強く読み込まれていることを指摘できる。

第2に，大阪地判平成元年及び大阪高判平成2年・前掲注4)は，繰越期間制限のある青色欠損金額の規定(法税57条)と会社更生法269条3項における益金不算入規定との適用順序が争われた事案であり，当時の課税実務(平成3年12月改正前法人税基本通達14-3-1の6)の取扱いと異なり，期限切れ欠損金の優先利用を認めた判決である。そこでは，会社更生法269条3項について，同様に会社の更生を支援する趣旨が述べられた。

しかし，法人税法59条と会社更生法269条3項との関係については対照的な捉え方をした。すなわち，会社整理，破産，及び和議をその適用対象とする法人税法59条，同法施行令117条においては，その規定の仕方から青色欠

---

[84] 判旨を引用する。「本来法人の評価益または債務消滅益は法人の課税所得の計算に当つては益金の額に算入される建前である。しかし，更正手続を開始した会社においては欠損金の可及的解消のために債権者の犠牲において債務免除の措置がとられ，あるいは実質的には価値の増大が現実化していない財産について特別例外的な財産評価の方法(更生法第182条参照)によって評価益を計上するものである。右のように欠損金解消の目的で発生した債務消滅益等がそのまま税法上益金として課税の対象とされるならば，会社債権者の犠牲において（債務免除の場合）あるいは何ら実質的利益なくして（評価益の場合）課税されるという酷な結果をもたらし，引いては会社の更正計画遂行もそれだけ困難となる。ただ右消滅益等を無制限に益金に算入しないものとすれば，更生会社を他の法人に比して不当に優遇することになるので更生法同条項においては右債務免除等をなす目的から考慮して右消滅益等のうち更生手続開始前からくり越された欠損金（法人税法第9条第5項または第6項の規定の適用を受ける損金を除く）および実質的には損金と同視し得べき更生手続開始の時までの各事業年度の法人税額の補填に充当するまでの金額だけを所得計算上益金に算入しないことにしたものと解せられる（なお，会社に更生手続開始時に法人税法第16条第1項に定める積立金額や法人税の引当金などの内部留保がある場合は，まずこれらを取り崩して右損金，法人税の補填に充てるべきであるから，右損金等から引当金額を控除した額が益金不算入の限度となる（更生法同条項参照）。）。」

[85] 文理解釈の観点から同判決に反対するものとして，中川一郎「判批」シュトイエル76号44頁(1968)。

損金額を先に利用することが明らかであるから，同様に会社の整理・再生を図る手続である会社更生においても，同一の趣旨・目的が及ぶとの国側の主張は採用しなかった。大阪高判平成2年・前掲注4)が引用する大阪地判平成元年・前掲注4)は，そのような判断の文言上の根拠として，会社更生法における「益金の額に算入しない」との規定の仕方に着目し，法人税法59条と全く同趣旨に解することには無理があると論じていた。また，法人税法59条の適用対象となる他の企業破綻処理制度との関係では，まず，清算型と再生型の違いを理由に破産と区別し，同じ再生型である会社整理及び和議との関係では，会社更生が担保権への制約が強いこと等，企業再生のために徹底して会社の保護を図っていることを挙げて差異を正当化した。大阪高判平成2年・前掲注4)では，さらに，会社更生法制定時の立法・改正経緯を踏まえつつ，一貫して「益金の額に算入しない」との文言が用いられているとの理由づけが付加された。この判決により，それまで，学説上，会社更生法269条3項を非課税規定と解するか，欠損金額の繰越控除の特例規定とみるかによって，当時の課税実務を肯定するか[86]否定するか[87]の立場が分かれる傾向にあったが，否定説を採用する形で決着し[88]，これを受けて上記通達も改められた[89]。

　しかし，事案の解決としてはおさまりがよくとも，その判旨の理由づけにおいて，事業再生法制と企業再生税制との関係について問題を残すことになったと評価できる。すなわち，清算型と再生型という軸に加えて，さらに，会社更生とそれ以外の事業再生法制という軸が導入された点である。担保権への制約等，会社更生に認められている規律から，会社の保護を重視することを見出し，課税上有利に取り扱う解釈を導いた点は，企業破綻処理制度についての倒産法学説の理解でみたように，会社更生を他の企業破綻処理制度と

---

[86]　渡辺淑夫「更生会社に対する法人税の特例」商事法務663号425頁，428頁(1974)；宮脇幸彦ほか『注解会社更生法』973頁(1986)；松田安正「更生手続と税務処理」金融・商事判例719号251頁，253頁(1985)。但し，兼子一ほか『条解会社更生法（下）』943頁(弘文堂，1974)は，非課税規定説を採用しつつ，法人税法59条とのバランス論から肯定説をとった。また，水野忠恒「判批」判例評論385号20頁，25頁(1991)は，設立以来欠損金額の把握の確実性及び法人税法59条とのバランス論から肯定説をとった。

[87]　山田二郎「更生手続と税法の特例」金融・商事判例554号187頁(1978)；金子宏『租税法（第3版）』265頁(弘文堂，1990)。

[88]　植垣勝裕「判批」判例タイムズ790号266頁(1992)。

[89]　田中正昭監修『コンメンタール法人税基本通達（新訂版）』830-831頁(税務研究会出版局，1994)。

差異化する傾向があったのと類似の構図である[90]。そして，会社更生とそれ以外の事業再生法制との間の課税上の取扱いの差異は，平成17年度税制改正で部分的な改善がなされるまで続いた。

　第3款　小　括

　本節では，会社更生法制定過程とその後の関連する立法及び裁判例を，企業破綻処理制度と企業再生税制のそれぞれについて観察した。そこから明らかになった点は以下の通りである。

　まず，法形成過程について。企業破綻処理制度に関しては，会社更生法が既存の法的実践から自生的に制度化されたのではなく，占領政策の一環として，外部から突如移植されたものであった点が特徴的である。また，企業再生税制に関しては，会社更生法において初めて法令上の根拠が置かれたのであるが，その立法過程には，主税局から既存の通達による運用と平仄を合わせる形でのインプットがあり，それが会社更生法において採用され，のちに法人税法にも規定が置かれたという経緯を辿った点に特徴がある。しかし，下級審判決においては，(おそらくは事案の結論を見据えて) 法人税法の適用対象となる企業破綻処理制度と，会社更生法により規律される会社更生手続とで，課税上異なる取扱いをすることが，制度の目的の違いを理由に正当化され，その後も課税上の取扱いの差異が残った。

　次に，法制度の目的や内容との関係について。企業破綻処理制度に関しては，占領政策の一環として外部から移植されたものであったため，会社更生法と既存の企業破綻処理制度との間の目的の差異が強く意識されたが，少なくとも機能的観点からは，その差異は必ずしも明確とはいえなかった。また，企業再生税制に関しては，既存の法人税法上の取扱いとしては，清算時には清算所得課税，再生型手続を利用した場合は通常の法人所得課税がなされる点で，異なる構造がとられていたにもかかわらず，会社更生法の制定を機に両者を実質的に同様に取り扱う方向での規定が設けられ[91]，それが法人税法

---

[90] 北野弘久「会社更生と税法」商事法務1087号384頁，386頁 (1986) は，裁判所の監督の下で，会社を清算せずに，維持・更生を目的とする会社更生法の趣旨からは，そもそも益金不算入の限度額すら撤廃すべきと論じた。

[91] 但し，細部には重大な差異があった。法人税法の規定上，清算所得が清算結了時に確定する残余財産の価額から，解散時の資本等の金額と利益積立金の額を控除する形で規定されていることにより，通常の法人所得課税方式に服すべきもの (たとえば，役員給与や交際費の取扱い) ま

にも及んだ。しかし，会社更生法と法人税法とで規定の仕方に微妙な差異があったため，裁判を契機として，いずれの適用対象となるかによって課税上の取扱いに差異が生じることとなった。

　以上の観察からは，次の点を指摘できる。すなわち，企業破綻処理制度が，占領政策に基づき法制度の変更を余儀なくされ，既存の法制度との関係性について混乱をみせたのと対照的に，企業再生税制に関しては，会社更生法以前からの通達上の取扱いを主税局によるインプットを通じて引き継ぎ，法令に「昇格」させた[92]，という点である。本来的に各企業破綻処理制度の目的が異なるのであれば，それに応じて課税上の取扱いが大きく異なってもおかしくなかったところ，それらを中立的ないし公平に取り扱う視点を採用した背後には，一定の租税政策上の判断があったと評価できる。しかし，その租税政策の理論的根拠は明示されていなかったため，規定の文言の差異もあり，当時の企業破綻処理制度に対する理解に影響され，その後の判決[93]によってずれが生じてしまったとみることができる。

第2節　倒産法制の全面的見直し以降

　本節では，わが国の事業再生法制が大きく転換したといわれる法制審議会倒産法部会を通じた倒産法制の全面的見直し以降の時期を中心に，企業破綻処理制度に対する理解とそれに伴う企業再建支援税制の整備の過程を俯瞰する。分析軸は，前節同様，企業破綻処理制度相互の関係，法的整理と私的整理との関係である。そして，これらの軸における変化が，事業再生の早期化・M&A化・市場化と関連していることを明らかにする。

　なお，昭和42年には会社更生法が大きく改正された。同改正は，三ヶ月によれば，外部から移植された会社更生法が日本における具体的事例における運用を通じて，企業の法主体にこだわらずに，「物的」存在としての企業体の

　　で清算所得課税に服することになることへの批判として，岡村忠生「法人清算・取得課税におけるインサイド・ベイシスとアウトサイド・ベイシス」法学論叢148巻5＝6号193頁，201-202頁（2001）。
92)　増井良啓「租税法の形成における実験」中山信弘編集代表『ソフトロー研究叢書　第3巻　政府規制とソフトロー』185頁（有斐閣，2008）〔初出2006〕の指摘する，通達が税制改正を機に法律へと「昇格」した事例の1つに位置づけられようか。
93)　また，会社更生法制定時には，通達が法令に昇格するという経緯を辿った一方，裁判所は，通達の取扱いを否定した点は興味深い。

維持,そのための資本構成の変更,ひいては支配権者の移転,が図られるようになった点で,アメリカ法に接近したと評価されるものであった[94]が,本節では検討対象とはしない。

第1款　企業破綻処理制度

バブル経済の崩壊に引き続く長期の不況に伴い倒産法制見直しの機運が生まれ,倒産法制が大きく再編された。具体的には,和議法の廃止と民事再生法施行(平成12年),私的整理ガイドラインの策定(平成13年),会社更生法改正(平成14年),産業再生機構の設立(平成15年),破産法改正(平成16年)等が挙げられるが,そこに至る過程で,企業破綻処理制度はどう理解されるようになったか。ここでは,この改正期の以前から清算型と再生型の相対性や私的整理と法的整理との連続性を指摘してきた伊藤眞の学説を中心的に取り上げる。同時に,現実の事業再生を理解するため,倒産実務家による著作と,経済学者による企業倒産処理制度の機能的分析・実証分析を参照し,潮流の把握に努める。

1　共通理念の探究——伊藤眞による理解

伊藤眞は,企業倒産処理制度の機能について,早い段階から理論面・実証面双方の分析を行ってきた。ここでは,その一部を本章における分析軸である企業破綻処理制度相互の関係,私的整理と法的整理の軸に分けて紹介・検討する。

(1) 清算型と再生型

伊藤は,従来の学説及び実務が,破産・和議・会社更生・整理・特別清算といった種々の法的整理手続の目的の差異や手続の違いに基づく使い分けに重点を置いてきたことから一歩発展させ,むしろ(私的整理も含めた形で)倒産法制としての共通の目的・理念の探究が必要であることを強調してきた[95]。

まず,伊藤は,清算型と再生型との関係について次のように整理した。す

---

94)　参照,三ヶ月章「会社更生法改正の実践的評価」前掲注25) 325頁,335-337頁〔初出1968〕。青山・前掲注50) も参照。
95)　棚瀬孝雄=伊藤眞『企業倒産の法理と運用』2頁(有斐閣,1979);伊藤眞「破産と他手続との関係」法学教室66号51頁(1986) (以下,〔手続〕という);同『破産』29頁(有斐閣,1989) (以下,〔破産〕という);同「会社更生手続の意義」判例タイムズ1132号6頁(2003) (以下,〔会社更生〕という)。

なわち，アメリカの Thomas Jackson の理論[96]を参考に，私企業についての企業破綻処理制度に共通する理念として，債権者全体への弁済原資となる財産価値の最大化(財産価値最大化)と債権者平等を掲げ[97]，清算型と再生型との関係については，基本的に継続企業価値が清算価値よりも大きい場合に再生型手続を用いるべきであることを明示した[98]。それまで，企業再生によって得られる社会的利益という側面を強調して再生型手続の優位性を説く考え方が有力であり，また，無条件に再生は清算に勝るという社会通念があったことに対して疑問を呈するものであった[99]。伊藤のこのような理解は，同じ再生型である和議と会社更生の関係について，従来和議においては必ずしも強調されてこなかった，債権者平等を重視すべきとの解釈論へとつながった[100]。このように，Jackson の影響を受けた伊藤の理解は，企業破綻処理制度を機能的に分析する上で重要な視点を明示し，のちのわが国の倒産法学説にも影響を及ぼした[101]。

---

96) THOMAS H. JACKSON, THE LOGIC AND LIMITS OF BANKRUPTCY LAW (1986). なお，Jackson の議論の早い時期の紹介として，神田秀樹=小林秀之『「法と経済学」入門』147-160 頁 (弘文堂，1986)。
97) 伊藤〔破産〕・前掲注 95) 30-37 頁，161 頁以下。
98) 伊藤〔破産〕・前掲注 95) 58 頁。
99) 伊藤眞「企業再建は誰のためのものか」金融・商事判例 792 号 2 頁 (1988)；伊藤〔破産〕・前掲注 95) 59 頁。また，上野久徳「倒産法制における更生手続の特質」金融・商事判例 719 号 12 頁，14 頁 (1985) は，昭和 30 年代後半から昭和 40 年代前半には，再建のためなら債権者の犠牲もやむをえないという考え方があったことをうかがわせる。
　　なお，伊藤以前にも，既に三ヶ月は，会社更生が「物的」企業の再建のために，資本構成の変更を中核とする「手段」であるにもかかわらず，それが「目的」に置き換わってしまっていたことを指摘し，昭和 42 年改正をアメリカ法への接近と評していた。但し，会社更生を，機能的分析なしに他の再生型手続と峻別する視点はなおも垣間見られる (三ヶ月・前掲注 94) 335-340 頁)。
100) 伊藤〔手続〕・前掲注 95) 53 頁。
101) 田頭章一「企業倒産処理における『再建型手続』の特質と機能分担」岡山大学法学会雑誌 39 巻 3 号 411 頁，441 頁以下 (1990) (会社更生法の性格について述べられる，清算的性格と和解的性格といった再建手続検討の基準が，実体法上の優先関係がどこまで手続内で尊重されるかの点についてしか利用価値を有しないとして，改めて倒産手続全体を視野に入れることのできる「財産価値最大化」目的の観点から各再建型手続の特質を検討し，和議・会社整理には限界があると指摘)；山本慶子「再建型倒産手続に関する一考察」金融研究 24 巻法律特集号 207 頁，215 頁以下 (2005) (Jackson らの財産価値最大化目的を受け入れた上で，再建型倒産手続における固有の問題は，企業価値の算定に係る不確実性だとして，アメリカの学説を紹介)。なお，個別執行と対比した場合の倒産法制の特徴を対象債権者と対象財産の両方における包括性に見出し，全債権者への比例平等の弁済を第 1 の目的，債務者財産の価値の最大化 (及び異なる優先順位の債権者間の差等の確保や債務者の事業・経済活動の再生) をその次に重要な倒産法制の目的だと位置づけるべきだとの見解として，松下淳一『民事再生法入門 (第 2 版)』2 頁注 1 (有斐閣，2014)。

(2) 法的整理と私的整理

このように，企業破綻処理制度の理念に自覚的であることで，法的整理と私的整理の連続性を意識した制度設計・政策論の視点の導入にもつながった。かつては，私的整理が企業倒産処理に占める割合は高かったにもかかわらず，いわゆる整理屋[102]が跋扈し，法律家による[103]適正な運用がなされていなかったとの評価が一般的である。このような状況に対し，伊藤は，私的整理について，財産価値最大化の観点から，低廉な手続費用の点に法的整理に対する優位性を見出し，その法的構造を分析して合理化のための提案をした[104]。さらに，かつての整理屋が跋扈する私的整理が姿を消した後も，事業再生 ADR，中小企業再生支援協議会，地域経済活性化支援機構等の制度化された私的整理の枠組みが整う中，この潮流に対応し，法的整理との架橋を図るべく，私的整理の合理化のための原理原則を明らかにしようとしている[105]。

2　企業破綻処理制度と事業再生手法の変化

わが国の倒産法制は民事再生法制定とそれに伴う和議法の廃止や私的整理ガイドラインの策定に代表されるように，2000年代前半に大きな変化を遂げた。そこで，それ以前と以後 (以下，それぞれ「以前」・「以後」という。) の特徴の変化を把握する。特徴の変化を分析するにあたっての分析軸は，同様に，企業破綻処理制度相互の関係の軸と，法的整理と私的整理の関係の軸である。

(1) 再生型手続の整備

わが国で，以前は，法的整理による再生が活発とはいえなかった背景として以下のような事情が指摘されている。

第1に，大企業を念頭に置いて導入された会社更生法については，担保権の制約が強く認められる等，事業再生のために債権者の権利を大きく制約することが可能であったので，濫用防止のため，裁判所の受付処理ルールが極

---

102) 整理屋の具体的な行動様式について，参照，上野・前掲注55) 337-338頁；高木・前掲注55) 180-181頁；田原睦夫「整理屋の時代と弁護士の倒産実務」松嶋英機古稀『時代をリードする再生論』270頁 (商事法務，2013)。
103) 財産価値最大化目的達成との関係であれば，アプリオリに法律家が整理屋よりも優れているとはいえないが，実態としては整理屋は財産価値最大化や債権者平等という目的達成にとって最適な担い手ではなかったと見受けられる。
104) 棚瀬＝伊藤・前掲注95) 189頁以下；伊藤眞「私的整理の法理 (上) (下)」判例タイムズ440号5頁，441号23頁 (1981)。
105) 伊藤眞「『私的整理の法理』再考」金融法務事情1982号30頁 (2013)。

めて厳格であった[106]。さらに，会社更生においては経営者の交替がなされるため，経営者による申立ての阻害要因があった[107]。また，債権者からしても，法的整理に入ることは資産劣化を招き，企業価値を毀損するとの心理があった[108]。

第2に，中小企業による利用が念頭に置かれていた和議については，手続開始原因が厳格で，破産手続と同要件（支払不能又は債務超過）に加え，和議の見込みがあることが要求されたため，申立て時には既に再生が困難になっていることが多く[109]，さらに和議成立の見込みも運用上厳格に要求されていたと指摘されている[110]。また，会社整理については，多数決により少数反対債権者を拘束できない点に限界があった[111]。

以上のような事情から，全般的に法的整理による再生は活発とはいえず，再生は，大企業の場合，借入先銀行の同意を得て支払猶予や債務免除等を受ける形[112]の私的整理が中心で[113]，合意が得られなければ清算型法的整理あるいは清算型私的整理に移行するという流れがあった[114]。このうち清算型私的整理について，バブル崩壊前には土地価格の値上がりを前提に担保付融資がなされるのが通例であったため，いざ清算型私的整理に入った場合，主な担保権者である銀行の関与はほとんどなく，企業間信用に基づく債権者が中心となった[115]が，既述の通り，整理屋の関与が問題視されていた[116]。そして，

---

106) フランク・パッカー＝マーク・ライザー「日本における経営破綻処理のメカニズム」フィナンシャル・レビュー 28 号 1 頁，15 頁 (1993)。
107) 柳川範之ほか「倒産処理法制の機能と企業金融上の諸問題に関する再検討」CARF ワーキングペーパー CARF-J-012, 7 頁 (2005)。
108) 山本和彦「『無限後退』からの脱出を目指して」NBL 800 号 91 頁 (2005)。
109) 田中亘「借り手企業の破綻法制と銀行危機」池尾和人編『バブル／デフレ期の日本経済と経済政策第 4　不良債権と金融危機』109 頁，123 頁 (慶應義塾大学出版会，2009)；柳川ほか・前掲注 107) 7 頁。
110) 高木・前掲注 55) 174 頁。
111) パッカー＝ライザー・前掲注 106) 14 頁。
112) なお，私的整理による再生のうち，いわゆる大企業のメインバンクによる「救済」が，統計データ上記録に残らないことにつき，参照，パッカー＝ライザー・前掲注 106) 4-5 頁; Jean Helwege & Frank Packer, *Determinants of the Choice of Bankruptcy Procedure in Japan*, 12 J. FIN. INTERMEDIATION 96 (2003).
113) 社債については，受託会社による一括買取りの上，会社更生の申立てをすることがあった（松尾順介「社債デフォルトとディストレスト証券市場」『日本の社債市場』193 頁，195-200 頁（東洋経済新報社，1999)〔初出 1998〕)。
114) Helwege & Packer, *supra* note 112; 柳川ほか・前掲注 107) 7 頁。
115) 棚瀬＝伊藤・前掲注 95) 196-198 頁。
116) パッカー＝ライザー・前掲注 106) 24-26 頁。

平成8年10月に法務大臣の諮問 (第41号) を受け，法制審議会に倒産法部会 (竹下守夫部会長) が設置され，倒産法制の全面的見直し作業が行われることになった[117]。

ここでは，この時期の一連の流れのうち，特に企業再建支援税制の設計と深く関係する私的整理ガイドラインの策定と産業再生機構の設立，民事再生法施行それぞれの影響に着目する。

私的整理ガイドライン策定と産業再生機構の設立　まず，バブル崩壊による地価下落に伴い，銀行の貸付債権に係る担保が担保割れを起こすようになると，法的整理では申請自体によって企業価値に毀損が生じてしまう状況であり，また，ヨリ費用が少なく済むため，私的整理による再生が試みられた。そして，平成13年に全国銀行協会と経団連が中心となって私的整理ガイドラインを策定したが，そこでは，当時の社会通念が反映され，大口債権者が小口債権者よりも多くの損失負担を負うことが想定されていた (いわゆる「メイン寄せ」)。そのため，大口債権者であった銀行が，小口債権者のフリーライドにより，過重な負担を負う傾向があり[118,119]，利用実績は乏しかった[120]。そこで，メイン寄せを防ぐことを1つの目的として，時限で産業再生機構が設けられた[121]。同機構は主力行とそれ以外の債権者との関係を中立的な立場から調整して債権を買い取り，再生を果たすための仕組みとして機能した[122]。

---

117) 各改正につき，参照，青山・前掲注52)；青山善充「新会社更生法の制定と今後の展望」法律のひろば56巻4号45頁 (2003)；同「新破産法制定の意義と特徴」法律のひろば57巻12号50頁 (2004)。
118) 福田慎一＝鯉渕賢「主力行の債権放棄比率：誰が多く負担するのか？」経済学論集70巻2号55頁 (2004)；同「不良債権と債権放棄」経済研究57巻2号110頁 (2006) (メインバンクが債権放棄前融資比率を上回る債権放棄負担を被ったことを明らかにする)；胥鵬「企業債務リストラにおける私的整理と法的整理の選択」RIETIディスカッション・ペーパー・シリーズ 05-J-012 (2005) (筆頭銀行の無担保融資割合が高く，その他の小口債権者の融資割合が低いときに私的整理が選択されやすいとする)。
119) 山本慶子「私的整理の成立を巡る交渉の法的考察」ソフトロー研究19号1頁 (2012) (私的整理において，「交渉決裂時の取り分」と「交渉の対象たる企業価値」について2当事者間で共通認識を有するとの前提の下で，各債権者は法的整理における取り分以上の利得が得られるのであれば，たとえ債権者間で平等な配分がなされていなくても，自発的に私的整理に応じることを明らかにし，現実にはそうなっていない理由として2つの前提についての不確実性を挙げ，私的整理促進に向けた方策を検討)。
120) 高木新二郎「私的整理ガイドラインの運用実績と問題点」事業再生研究機構編『事業再生の担い手と手法』265頁，266頁 (商事法務，2003)。
121) 田作朋雄「産業再生機構の機能と展望」ジュリスト1265号22頁 (2004)。
122) 福田＝鯉渕 (2006)・前掲注118) 117-118頁 (産業再生機構による支援企業では，債権放棄負担比率は，ほぼ融資比率に対応する比例配分法になっていたことを観察)。

なお，そもそも主力行が主導する私的整理については，債権放棄等による対応[123]が問題先送りにとどまり，必ずしも収益性の回復につながらない非効率なものであった可能性が指摘されている[124]。

民事再生法施行　次に，平成12年の民事再生法施行を機に，わが国の再生型法的整理には傾向の変化がみられた。具体的には，民事再生法施行後，再生型法的整理手続の申立処理件数の顕著な増加が観察されている[125]。民事再生手続の特徴としては，手続開始原因の緩和，部分的な担保権の制約，債務者自身が手続開始後も経営者の地位に留まることのできるDIP (debtor-in-possession)制度が導入されたこと，再生計画の可決要件が緩和されたことが挙げられる[126]。さらに，民事再生法施行後に，法的整理手続に入るタイミングが早期化したとの実証分析も存在する[127]。また，別の実証研究によれば，民事再生手続の利用は，株式会社による利用が多数を占めるが，そのうち資

---

123) ここでは，銀行が債務者企業の債務減免に応じるという事実のみを指し，いわゆるメインバンクが危機時のための暗黙の保険を提供していたという説明にコミットするわけではない。なお，本書では，「メインバンク」との語が独特のニュアンスを帯びることに鑑み，引用部分を除き，「メインバンク」との語は用いず，「主力行」と表現している。暗黙の保険理論への批判としては，see J. Mark Ramseyer, *Explicit Reasons for Implicit Contracts: The Legal Logic to the Japanese Main Bank System, in* THE JAPANESE MAIN BANK SYSTEM 231 (Masahiko Aoki & Hugh Patrick eds., 1994); YOSHIHIRO MIWA & MARK RAMSEYER, THE FABLE OF THE KEIRETSU: URBAN LEGENDS OF THE JAPANESE ECONOMY 78-88 (2007).

124) 秋吉史夫＝広瀬純夫「銀行のエクスポージャーと債権放棄における企業銀行間交渉」RIETIディスカッション・ペーパー・シリーズ06-J-037 (2006)（特定債務者企業に対するメインバンクの自己資本に対する当該債務者企業への貸出残高の比率が高い場合や，結果的に複数回の債権放棄がなされたような場合のサンプルにおいて，メインバンクが，倒産処理による損失確定による自己資本比率低下や自らの信用力低下を恐れて，非効率な債権放棄に応じるものと市場で予測されるために，債権放棄の要請時にメインバンクの株価低下，債務者企業の株価上昇の動きが生じることをイベント・スタディにより確認）；柳川ほか・前掲注107) 24-29頁（問題先送りの可能性を示唆する実務家へのヒアリング）；田中・前掲注109) 148-149頁（貸し手である金融機関が，不良債権の開示や償却・引当を嫌って先送りするインセンティブがあったため，企業破綻処理制度の整備が遅れたとの仮説を提示）。しかし，三輪芳朗「『不良債権』『不良債権処理の遅れ』『追い貸し』と『失われた20年』：日本の経験からの教訓？(1)」経済学論集77巻2号2頁，15-29頁 (2011) は，銀行は合理的に追加融資の決定をしていたと主張する。

125) 柳川ほか・前掲注107) 5頁；田中・前掲注109) 132-133頁。

126) 田中・前掲注109) 124頁。

127) 広瀬純夫＝秋吉史夫「倒産処理法制改革による企業倒産処理効率化の検証」経済研究61巻3号193頁 (2010)（法的整理手続に入ったという事後的な事実から，財務データを用いて，倒産の原因となった事実を推定し，当該業績悪化時から法的整理手続の申立てに至るタイミングまでの期間を，民事再生法施行の前後で比較した結果，施行前には平均5年程度だったものが，施行後には1年程度に短縮されていることを明らかにし，その要因として，従来であればメインバンクとの間での私的整理の交渉に委ねていたところ，経営者が自己保身のために早期に法的整理手続に移行することが可能となったことによるとの解釈を示す）。

本金額 5000 万円以上，従業員 50 人以上の規模の会社による利用も少なくない割合 (21.1%) で存在し，資本金額 50 億円以上や従業員数 500 人以上といった規模の大きな会社が会社更生手続ではなく，民事再生手続を用いていることが観察されている[128]。

法的整理手続申立てが企業価値に及ぼす影響も重要である。ある実証研究は，民事再生法施行前は，会社更生だと企業の存続のために大幅な譲歩を要求する運用があったために，法的整理手続への申請が当該債務者のメインバンクの株価に有意にマイナスの影響を与えていたところ，民事再生法施行後には，そのようなマイナスの影響が観察されなくなりつつあると報告し，この現象について，早い段階での倒産処理手続開始が可能となり，早期事業再生が事後的な効率性の改善に寄与しているとの評価が市場に生じたからだと説明している[129]。このように，民事再生法施行を機に，早い段階での法的整理による再生の数は増加傾向にある。

(2) 早期化・Ｍ＆Ａ化・市場化

最後に，以後の事業再生手法の潮流について (互いに独立ではなく密接に関係しており，あくまで傾向にとどまるが) 3 点にまとめる。

第 1 点として，事業再生の早期化が挙げられる。事業再生は，早期に着手することが事後的効率性の観点からは望ましく，そのために，早い段階での私的整理への着手が検討されるようになってきている[130]。その際の資本再構

---

128) 山本研「再生債務者」山本和彦＝山本研編『民事再生法の実証的研究』38 頁，40 頁 (商事法務，2014)。
129) 広瀬純夫「倒産処理法制の改革と金融システム」フィナンシャル・レビュー 86 号 44 頁 (2006)。その一方で，同論文及び柳川範之ほか「破綻法制・事業再生の制度設計」林文夫編『経済制度設計 経済制度の実証分析と設計 第 3 巻』209 頁，246 頁 (勁草書房，2007) は，事前の観点からは，中堅・中小規模の会社に対する金融機関の貸出姿勢が消極化した可能性を指摘している。それに対して，企業側の資金調達手法の多様化等，他の要因が影響を与えている可能性を指摘し，このような解釈には慎重であるべきだとするものとして，田中・前掲注109) 136 頁。
130) 参照，高木新二郎「英米独仏の早期迅速事業再生スキームの最近の展開」NBL 957 号 10 頁 (2011)。また，破綻前であっても早期に生産要素が生産性のより高いところへ回っていくべきであるが，現実の法的ルールが破綻前と破綻後とで非連続的になっていることが指摘されていた (柳川範之「事業再生・不良債権処理に関する経済学」事業再生研究機構編『事業再生の担い手と手法』161 頁，174-175 頁 (商事法務，2003)；同「事業再生に関する経済学的分析」ジュリスト 1265 号 16 頁，21 頁 (2004))。近年では，両者が連続的に考えられるようになりつつあるが，さらなる研究の必要性が訴えられている (参照，同「企業再建のプロセスに必要な法律とは」宍戸善一編著『「企業法」改革の論理』195 頁 (日本経済新聞出版社，2011))。但し，経営者が法的整理よりも私的整理を望む理由が粉飾の発覚を嫌っているからである場合には，私的整理が望ましくないことにつき，田中 (2・完)・後掲注135) 26 頁。

築手法としても，主にアメリカにおける実務を参考にして[131]，たとえば，事業再生後の収益に与れるようにするため債権放棄よりも私的整理に応じやすいDESの手法が1990年代末以降活用されるようになっている[132,133]。また，私的整理の合理化や，主力行を前提とした私的整理ガイドラインとは異なり，必ずしも金融機関を前提としない事業再生ADRのような形での制度化が図られてきている。

第2点として，事業再生のM&A化が挙げられる。ここでのM&Aは，企業財産・事業に対する支配権の移転ということを含意する。近年では，倒産という現象が，理論的には債務超過を契機とする企業資産ないし事業に対する支配権の移転（但し，株式にはオプション・バリューがある[134]。）であることが明確に意識されるようになり[135]，資源配分の効率性の観点からM&A（それに伴う経営者の交替）を積極的に活用していくことが意識されるようになりつつある[136]。これに伴い，同一法人格の維持や従前の経営者の留任よりも，新たな効率的な投資家及びその者により選任された経営者に事業の支配権（経営

---

[131]　早い時期にアメリカの実務を紹介したものとして，田作朋雄「デット・エクイティ・スワップとは何か」金融法務事情1557号30頁（1999）；神田秀樹「債務の株式化（デット・エクイティ・スワップ）」ジュリスト1219号30頁（2002）。

[132]　帝国データバンク「債務の株式化企業実態調査（第1-3回）」https://www.tdb.co.jp/report/watching/index.html によれば，2002-2004年のDESの件数は，それぞれ20, 23, 46（件）である。DESに応じる債権者は，主力行であることがこの時期のわが国の特徴である。但し，日本の実務におけるDESを行う段階は，アメリカにおけるのと比べて，財務状況がかなり悪化した段階であることにつき，田中（1）・後掲注135）28頁。

[133]　逆に，これまでの民事再生法の運用では，DESはほとんど用いられていない（高田賢治「再生手続における倒産処理スキーム」山本＝山本編・前掲注128）154頁，158頁）。これには，平成16年度改正前は，非公開会社について再生計画において募集株式を発行するためには，たとえ再生債務者が債務超過であっても株主総会の特別決議（平成17年改正前商法280条の5の2第1項参照）を要したことが影響している可能性がある（高木新二郎「DIPファイナンスとデット・エクイティ・スワップ」金融法務事情1627号19頁，27-28頁（2001））。平成16年民事再生法改正により，裁判所の許可があれば，募集株式の発行が可能になったため（民再法166条の2），これまでよりはDESが増加する可能性がある。

[134]　*See* Merton H. Miller, *The Wealth Transfers of Bankruptcy: Some Illustrative Examples*, 41 LAW & CONTEMP. PROB. 39 (1977).

[135]　神田＝小林・前掲注96）147-160頁；池尾和人＝瀬下博之「日本における企業破綻処理の制度的枠組み」三輪芳朗ほか編『会社法の経済学』253頁（東京大学出版会，1998）；柳川範之『契約と組織の経済学』127-151頁（東洋経済新報社，2000）；田中亘「事業再生から見た会社法の現代化（1）（2）・完」NBL822号20頁，823号22頁（2005）；柳川範之『法と企業行動の経済分析』148-167頁（日本経済新聞出版社，2006）。

[136]　但し，かねてより会社更生については，M&Aであることが実務家の間で意識されてきた（参照，古曳正夫ほか「M&Aと会社更生（上）（下）」NBL404号6頁，406号14頁（1988））。

権) を移転し，新たな経営者の下で事業を継続させる事業再生手法の重要性が高まりつつある[137]。ある実証研究によれば，この流れは，（従前の経営者の留任を許容する）DIP 型を可能にした民事再生法の下での事業再生においても観察されている[138]。

第3点として，事業再生の市場化が挙げられる。すなわち，事業再生手法として資本市場を活用していく方向性である。この点については，バブル崩壊後の不良債権処理の過程で，ファンドによる不良債権化した銀行貸付債権の買取りが多く観察されたこと[139]が象徴的である。さらに，リーマン・ショック以降，社債発行会社の破綻も相次ぎ，私的整理の枠組みで，社債権者集会での多数決による社債の元金減免の可否や，交換募集（exchange offer）という形で旧社債と異なる劣後化した新社債を旧社債権者に発行する手法が検討され，わが国でも実施事例が出てきている[140,141]。将来的には，投資適格

---

137) 実務家の実感としては，経営者の交替こそが事業再生の要だと受け止められている（参照，柳川範之ほか「〈座談会〉企業再生と資本市場」月刊資本市場 4 頁，9-13 頁（2004））。特に近年では，事業譲渡を通じた第二会社方式の手法が盛んであることが観察されている（参照，河崎祐子「再生手続における事業譲渡，会社分割・合併」山本＝山本編・前掲注 128) 251 頁。
138) Peng Xu, *Corporate Governance in Financial Distress: The New Role of Bankruptcy, in* CORPORATE GOVERNANCE IN JAPAN 179, 195 (Masahiko Aoki et al. eds., 2007)（民事再生法施行後 3 年間の事例をもとに，89％の事例で再生手続申立て 4 年前以降に「非通常的な」社長交代（社長退任後，会長に就任しないもの）が起きたことを観察）。また，田中亘「再生手続における株主と役員」山本＝山本編・前掲注 128) 225 頁，230-231 頁は，民事再生法施行後から平成 16 年以前の申立て事件と，平成 17 年以後申立て事件とを比較し，後者では再生債務者の株主と経営者が交替する割合が顕著に高くなっていることを発見している。その要因として，既存株主や既存経営者（既存株主である割合が高い）が留任する再生計画は再生債権者の支持を得ることが難しくなっていると推測し，制度的要因として，平成 16 年改正によって非公開会社においても株主総会決議を経ずとも，裁判所の許可を得た再生計画によって増資を行うことができるようになったこと（民再法 166 条の 2 参照）が影響を与えている可能性を指摘する。株主の地位の変動が起こる事例については，再生債務者の法人格が消滅するタイプでは，「事業譲渡＋解散」型が，存続するタイプでは，「既存株式の全部無償取得＋増資」型が多いようである（同 232-234 頁）。
139) Noriyuki Yanagawa, *The Rise of Bank-Related Corporate Revival Funds, in* CORPORATE GOVERNANCE IN JAPAN, *supra* note 138, at 205, 208-209（日本におけるバイアウトファンドの増加を示す）。
140) 事業再生研究機構編『事業再生と社債』（商事法務，2012）；商事法務研究会「事業再生に関する紛争解決手続の更なる円滑化に関する検討会報告書」（2015 年 3 月）を参照。なお，早い時期の検討として，藤田友敬「社債権者集会と多数決による社債の内容の変更」鴻常夫古稀『現代企業立法の軌跡と展望』217 頁（商事法務研究会，1995）。
141) 既存の債権を劣後化するものとして，わが国にはデット・デット・スワップ（DDS）という手法が活用されるようになったが，交換募集における Debt-for-debt exchange とは性格を異にする（第 2 編第 6 章）。

の社債流通市場[142]や、さらには、投資不適格のハイ・イールド債の流通市場が発展する可能性もないとはいえず[143]、ヘッジ・ファンド等が社債を通じて企業を買収するという形が出てくる可能性もある[144,145]。

3 評価とまとめ

このように、倒産法学において、企業破綻処理制度の共通理念が探究され、法的整理と私的整理の連続性が指摘されるようになり、また、倒産法制の全面的見直しにより事業再生法制が整備され、事業再生実務も、市場をヨリ意識したものへと変化を遂げつつある中で、企業再生税制としては、基本的には手続の選択に対して中立的であることが求められよう。その上での残る問題は、企業再生税制が、平時における規律と異なる課税上の取扱いをしている点をいかに評価すべきか、ということである。この問題について考えるための準備作業として、この時期の企業再生税制の変容を辿る。

第2款 企業再建支援税制の整備

事業再生手法及び事業再生法制の変化に応じて、企業再生税制も変容を遂げてきた。そして、「企業再建支援税制」として、民事再生法施行や私的整理ガイドライン策定に対応する形で、制度化された私的整理も含めた再生型手続ごとの課税上の取扱いの法的構造を、(不完全であるものの) 基本的に統一する方向での改正がなされてきた。さらには、清算時の課税についても再生型

---

142) 日本の社債市場の有担保原則や社債受託制度とその緩和の歴史につき、胥鵬「金融自由化と社債市場の発展」同編『社債市場の育成と発展』1頁、6-11頁 (法政大学出版局、2007)；松尾・前掲注113。
143) 参照、日本証券業協会 社債市場の活性化に関する懇談会「社債市場の活性化に向けて」(2010年6月22日)。なお、現時点で日本にはハイ・イールド債の流通市場は存在しない。
144) バブル崩壊後の不況については、資本市場が未発達であって家計にとって銀行預金以外の運用先が乏しい点が過度の銀行救済へとつながったとして、銀行の役割を相対化すべきだとの提言があった。See Merton H. Miller, *Financial Markets and Economic Growth*, 11 J. APPL. CORP. FIN. 8 (1998).
145) ファンドの関与を意識し、会社法と倒産法の垣根を越えて事業再生を論ずべきだとするものとして、伊藤眞「事業再生とM&A」NBL 821号4頁、5-6頁 (2005)。既に1990年代末から、ファンドがスポンサーとなって事業再生を主導する事例がみられるようになった (参照、杉浦慶一「日本における事業再生型バイアウトの市場動向」日本バイアウト研究会編『〈日本企業のバイアウト〉事業再生とバイアウト』103頁 (中央経済社、2011))。ヘッジ・ファンドの関与により弁済率の上昇がみられたことにつき、丸山宏「バイアウトファンド主導の会社更生が更生債権弁済率に与えた影響の計測」RIETI ディスカッション・ペーパー・シリーズ 06-J-039 (2006)。

と中立的に取り扱われる方向へと移行した。時系列順には，主に以下の 8 点が挙げられる。

　第 1 に，平成 17 年度税制改正により，会社更生法（平成 14 年法律第 154 号）232 条 3 項に規定されていた債務消滅益等の益金不算入規定に相当する規定が，法人税法 59 条 1 項に移され，生じる益金を期限切れ欠損金まで含めた設立以来欠損金額で控除するという法人税法の規定の型に合わせられた[146]。そして，経団連や事業再生研究機構の要望[147]に沿う形で，民事再生法及び私的整理ガイドラインに基づく再生の場合にほぼ[148]同様の取扱いが受けられることが明示された（法税 59 条 2 項，法令 117 条）。さらには，これらの手続でも，評価益を計上した場合には，会社更生同様，期限切れ欠損金を青色欠損金額に優先して利用することとされた。これは，それまで会社更生法とそれ以外の再生型手続とで取扱いに差異があったことに対する批判[149]に部分的に対応するものと思われる。

　第 2 に，同じく平成 17 年度税制改正により，民事再生法及び私的整理ガイドライン等に基づく場合の資産の評価損計上が明文化された。従来，資産の評価損計上が可能であるかが文言上明らかでなかった[150]ために，現実の売却がなされることが多かった。これに対し，事業再生研究機構と経団連が固定資産の評価損計上を求める要望書を提出し[151]，平成 17 年度改正において実

---

146) 役員等による私財提供益についても規定された。もともと，法人税基本通達 14-3-1 の 4 で，私財提供益も会社更生法 269 条 3 項の債務消滅益に含める取り扱いをしていた（野田秀三「欠損金の繰越制度」日税研論集 26 号 103 頁，127-128 頁（1994））。
147) 日本経団連「近い将来の税制改革に向けて」（2003 年 5 月 29 日），https://www.keidanren.or.jp/japanese/policy/2003/052/index.html；事業再生研究機構税務問題委員会「事業再生に関わる税制改正要望」（2003 年 8 月 4 日）。
148) 法人税法 59 条 1 項 3 号と同 2 項 3 号の文言の違い（「控除する」と「減算する」）から，資産の評価損が評価益を上回る場合に，民事再生は会社更生よりも不利になり，また，評価損益がない場合，民事再生においては青色欠損金額が先に利用される点で微細かつ実務上重要な差異がある（中村慈美「事業再生等の税務（その 2）」租税研究 694 号 74 頁，78 頁（2007））。
149) 知原信良「民事再生手続における課税上の諸問題」中里実＝神田秀樹編著『ビジネス・タックス』162 頁，168 頁（有斐閣，2005）〔初出 2004〕。しかし，なお残る差異に対しては，差異の正当化の説明を要するとの指摘（成道秀雄「会社更生等による債務免除等があった場合の欠損金の損金算入制度」日税研論集 59 号 91 頁，120 頁（2009））や，廃止すべきであるとの指摘がある（髙橋・後掲注 215）424-425 頁；藤曲・前掲注 1）103 頁）。
150) 岡正晶「民事再生法と所得税」税務事例研究 58 号 51 頁，74 頁（2000）（民事再生手続による場合も「会社整理に準ずる特別の事実」（法令 68 条）に当たると解すべきだとする）。
151) 事業再生研究機構税務問題委員会「事業再生に関わる税制改正要望」5 頁（2004 年 8 月 31 日）；日本経団連「平成 17 年度税制改正に関する提言」（2004 年 9 月 21 日），https://www.keidanren.or.jp/japanese/policy/2004/072/honbun.html#part2

現した。この改正は，現実の資産売却を待たずに評価損の計上を可能にし，早期の事業再生を可能にするためのものと説明された[152]。但し，私的整理でも，私的整理ガイドライン等に基づかなければ，相変わらず期限切れ欠損金の利用可能性につき不確実性を伴い，資産評価損の計上もできないため，実務上，第二会社方式により譲渡損を実現し，清算所得課税を利用する手法へのバイアス[153]となっていた可能性がある。

第3に，平成18年度税制改正により，法人税法59条の適用対象となるDESについて，券面額と評価額との差額につき債務消滅益が生じることが明示され，かつ期限切れ欠損金と相殺されることが規定された。実務上，DESが資本再構築手法として普及する中，解釈論上DESは資本等取引であって益金計上されないのではないかという点につき争いがあった[154]が，法人税法59条の対象となる場合について立法手当がなされた。この取扱いに対しては，その後，実務から非公開会社について，一定の事業再生局面では，課税繰延を認めることを求める改正要望が出されている[155]。なお，企業再生税制そのものに関する立法ではないが，このときに法人税法57条の2が新設され，株式取得を通じた租税属性の移転に制限が設けられたが，企業再生税制の射程内と位置づけられる場合はこの制限にかからないこととされた[156]。

第4に，平成22年度税制改正により，清算所得課税制度が廃止され，清算中も通常所得課税がなされるようになった。同時に，清算時に「残余財産がないと見込まれるとき」[157]には，期限切れ欠損金を清算に伴い生じる益金と相殺することが可能となった(法税59条3項)。清算所得課税に対しては，これまで，破産時の予納法人税申告義務[158]に対する批判はあった[159]ものの，財産法による所得把握の方法が，事業を終了する場合の残余財産の処理と親和性があったため採用されていた。しかし，第二会社方式のように他の法人に

---

152) 大蔵財務協会編『改正税法のすべて (平成17年版)』181頁 (大蔵財務協会，2005)。
153) 知原・前掲注149) 171頁。
154) 第1編第2章第3節第2款1。
155) 事業再生研究機構税務問題委員会「事業再生に関わる税制改正要望」15-16頁 (2007年7月25日);同「事業再生に関わる税制改正要望」23-24頁 (2008年7月25日)。
156) 後掲注203及びそれに対応する本文。
157) 国税庁「平成22年度税制改正に係る法人税質疑応答事例」問10では，「裁判所若しくは公的機関が関与する手続，又は，一定の準則により独立した第三者が関与する手続において，法人が債務超過の状態にあることなどをこれらの機関が確認している場合」も含まれるとされている。
158) 最判平成4年10月20日訟月39巻7号1378頁。
159) 谷口安平「破産管財人による財団の換価と課税」法学論叢116巻1-6号258頁，263頁 (1985)。

おいて同一事業を継続する事例も観察されるようになり，組織再編成の活発化に対応しつつ，経済実態に即した課税を実現する観点から，解散の前後で課税関係が整合的になるよう通常の所得課税方式に移行したものと説明されている[160]。

第5に，平成23年12月改正により，法人税率引下げの代替財源措置として，青色欠損金額の各事業年度における損金算入可能額に当該事業年度の所得の金額の80％までとする限度が設けられた（繰越可能期間は9年に延長）。この措置に伴い，期限切れ欠損金優先適用方式においては，期限切れ欠損金利用後に利用できる青色欠損金額に制限を受けるおそれがあった。しかし，事業再生研究機構の提案もあり，従来通りの取扱いがなされるよう立法手当がされた[161]。同時に，これにより債務消滅益等以外による所得がある場合の欠損金額による相殺の可否については，青色欠損金額優先適用方式が相対的に有利となったため，平成25年度税制改正において，青色欠損金額優先適用方式についても期限切れ欠損金優先適用方式とのバランスから控除制限が設けられた[162]。

また，更生計画認可決定後の事業年度における青色欠損金額の利用制限についても，平成24年4月1日前に更生手続開始決定を受けた場合等には認可決定後，（改正前の繰越可能期間と同じ）7年を経過する日までの事業年度について青色欠損金額の繰越控除を100％認める経過措置を認めた[163]。これに対しては，事実上，適用対象企業が特定少数であることについて，透明性の観点から批判があった[164]。しかし，平成27年度税制改正により新制度が導入されることで，これらの措置は廃止された。

第6に，平成25年度税制改正により，時限で，中小企業者の一定の私的整理について，2つ以上の金融機関が事業再生ファンドに債権譲渡した上で行われる債務免除も，一定の要件の下で企業再生税制の適用対象となることとされた（租税特別措置法（以下，「租特法」という。）67条の5の2，租税特別措置法施

---

160) 『平成22年度　税制改革の解説』276頁（2010）〔佐々木浩ほか〕。
161) 植木康彦「平成23年度税制改正による欠損金の利用制限が倒産税制に与える影響について」NBL946号15頁，17頁（2011）；『平成24年度　税制改革の解説』125-127頁（2012）〔椎谷晃ほか〕。
162) 『平成25年度　税制改正の解説』353頁（2013）〔松代孝廣ほか〕。
163) 椎谷ほか・前掲注161) 128-129頁。
164) 第1編第2章第3節第1款1 (3)。

行令 (以下,「租特令」という。) 39条の28の2)[165]。事業再生の早期化・市場化の流れに沿うものであった。

　第7に,平成26年度税制改正により,個人所得税についても立法手当がなされた。すなわち,居住者については,①破産法に基づく免責許可決定又は再生計画認可決定があった場合その他資力を喪失して債務を弁済することが著しく困難である場合にその債務の免除を受けた場合には,原則として当該免除による経済的利益相当額を総収入金額に算入せず (所得税法 (以下,「所税」という。) 44条の2第1項),例外的に,所得区分ごとに,債務免除を受ける年に生じる各所得区分について生じた損失の金額及び純損失の繰越控除が可能な額の限度においては上記規定の適用がないこととされた (同2項)。また,②青色申告者について,所得税法44条の2第1項の適用がない場合には,債務処理に関する計画で一般に公表された債務処理を行うための手続に関する準則に基づき作成されていることその他の要件を満たすものに基づいて債務免除を受けた場合で,一定の準則に基づいて減価償却資産及び繰延資産等の評定を行った場合には資産の評価損の必要経費算入を認めることとなった (租特法28条の2の2, 租特令18条の6)。

　これまで,「債務免除益の特例」(旧所得税基本通達36-17) として,法令ではなく通達において,「債務者が資力を喪失して債務を弁済することが著しく困難であると認められる場合」には,上記①のように純損失の繰越控除と債務免除を受ける年における損失の額の限度で収入金額に算入しないとの取扱いがなされていた。しかし,この取扱いに対しては,学説が,租税法律主義の観点から立法の必要性を指摘していた[166]。この点につき,事業再生の一環として債務免除がなされた事例において,所得税法36条の解釈として,伝統的な課税実務の立論[167]に従い,上記通達36-17の合理性を肯定する大阪地判平成24年2月28日訟月58巻11号3913頁[168]も出ていたところ,要件を明確

---

165) また,資産評価益の計上の対象が拡大された (法令24条の2第4項第5号)。
166) 岡・前掲注150) 64頁;髙橋祐介「企業再生と債務免除益課税」総合税制研究12号162頁, 190頁 (2004);佐藤英明「破産手続と租税」税務事例研究91号31頁, 53頁 (2006);増井良啓「債務免除益をめぐる所得税法上のいくつかの解釈問題 (上)」ジュリスト1315号192頁, 196-199頁 (2006)。
167) 後藤昇ほか編『平成24年版所得税基本通達逐条解説』283頁 (大蔵財務協会, 2012)。
168) 同判決の評釈として,渡辺徹也「判批」ジュリスト1449号8頁 (2013);増井良啓「判批」重要判例解説平成24年度 (ジュリスト臨時増刊1453号) 208頁 (2013) 等。

化する形で通達を法令に昇格させ，立法的解決が図られた[169]。但し，所得税法44条の2の規定振りからは，未だに，免責許可決定，再生計画認可決定があった場合以外のいかなる場合に「資力を喪失して債務を弁済することが著しく困難である場合」に当たるかについては，解釈問題が残っているといえる[170]。この点については，所得税基本通達44の2-1が，申立てをしたなら免責許可決定又は再生計画認可決定がされると認められるであろう場合をいうとの解釈を示しており，下級審判決との関係が問われることになろう[171]。以上のように，平成26年度税制改正により，個人についても，債務免除益に係る規定が整備されたといえるが，同時に，事業再生局面の外延の曖昧さは未だに残っている。

第8に，平成27年度及び平成28年度税制改正により，青色欠損金額の損金算入可能限度額のさらなる段階的引下げ及び繰越可能期間の延長がなされた。しかし，企業再生税制としては，更生手続開始決定や，再生手続開始決定があったこと等の事実が生じた法人については，更生計画認可決定，再生計画認可決定等の日以後7年間は毎課税年度の控除制限にかからないこととされた。但し，再上場等の事由が生じた場合には，もはや配慮する必要が乏しいものとして上記の通常の制限にかかる[172]。また，これらの規定の新設に合わせ，平成23年12月改正で認められた経過措置や平成25年度税制改正による措置は廃止された。

第3款　小　括

本節では，わが国の事業再生法制が大きく転換したといわれるバブル崩壊後の倒産法制の整備の時期を中心に，企業破綻処理制度に対する理解及びそ

---

169) 参照，国税庁「平成26年度税制改正に伴う所得税基本通達等の主な改正事項について」1頁（平成26年7月8日）。これに伴い，旧所得税基本通達36-17は削除された。
170) 仙台高判平成17年10月26日税資255号順号10174（最判平成19年10月2日税資257号順号10795で上告不受理）は，事業再生のための債務免除について，「収入金額に算入されないこととするのは，財産を売却するなどして保有資産がなくなり，収入を得ているとしても生計を維持する程度の最低限の収入にとどまる場合であり，事業の継続のために必要な資産等の保有が認められ，残債務等の弁済が可能な程度に債務免除を受けた場合には，その債務免除益は収入金額に算入する扱いとされていることが認められ」ている課税実務上の運用を適切であると判示したが，当該判示部分は傍論と読むべきだとする立場（増井・前掲注168）209頁）や，未決だとする立場（渡辺・前掲注168）9頁）がある。
171) 参照，国税庁・前掲注169) 2-3頁。
172) 『平成27年度　税制改正の解説』333頁（2015）〔藤田泰弘ほか〕。

れに引き続く企業再建支援税制の整備の経過を俯瞰した。

　企業破綻処理制度に対する理解については，各制度の共通理念が自覚的に探究されるようになり，事業再生に早期化・M＆A化・市場化の潮流が観察されるようになってきている。

　企業再建支援税制については，この時期に，細かな差異はあるものの，大まかに，①（個人も一部含み）企業再生税制の対象として括られたものについて，②資産評価損益の実現，③債務消滅益等の期限切れ欠損金も含む欠損金額との通算，というわが国の企業再生税制の大枠に沿って整理されてきたことを確認した。

第3節　学説の評価と検討課題の析出

　本節では，企業再生税制の基本構造 (第1款) と個別の資本再構築手法 (第2款) に分け，従来の学説を確認した上で，検討課題を析出する。

第1款　企業再生税制の基本構造

　本款では，企業再生税制の基本構造に対する学説の評価を俯瞰し，検討を加える。大きく①優遇説，②当然説に分類し，代表的論者の見解を取り上げる。

1　優遇説
(1) 髙橋祐介 (2004)

　企業再生税制を，事業再生をする企業に対する過度の優遇であると評価する立場 (優遇説) の代表として，髙橋祐介の2004年の論稿[173]（以下，「髙橋 (2004)」という。）がある。髙橋 (2004) は，アメリカにおける企業再生税制の変遷と構造を参照しつつ，倒産政策と租税政策の調和を図ることを提唱する。具体的には，①企業再生 (＝収益力回復と定義する。)，②納税者間の平等，③簡素・明確で執行可能であること，の3つを評価基準に設定し，わが国の企業再生税制 (平成16年度税制改正前) について次のような評価を下す[174]。すなわち，企業再生税制において期限切れ欠損金の損金算入により債務消滅益等と相殺で

---

173)　髙橋・前掲注166)。
174)　髙橋・前掲注166) 172-176頁。

きる取扱いは，第1に，債務消滅益等に対する非課税を定めたものと評価できるが，収益力回復という目的達成のためには，非課税まで認める必要はなく，即時の課税を避けて課税繰延を認めつつ，かつ事業再生に際して新規投資家や債権者の利益を害さない範囲で租税を回収するのが望ましい。第2に，収益力回復という目的達成との関係で，非課税額を欠損金額の限度とすることの合理性が不明である[175]。第3に，期限切れ欠損金の優先利用によって，青色欠損金額を翌事業年度以降に繰り越し，事業再生後の所得をシェルタリングできることは，本来非効率的な企業の継続を許してしまうおそれがある。以上に加え，プランニングコストの観点から，法的整理と私的整理の中立的取扱いがなされていることは肯定的に評価し，細かいプランニングコストが生じる点は問題視する[176]。

そして，立法政策として次のような案を提示する。すなわち，租税法が阻害すべきでない企業再生が(債務免除による)収益力回復(のみ)を指すのかを問い，その一例として，再生手続中に生じる所得は全て債務超過状態の解消や再生手続終結の役に立つにもかかわらず，現行法は，債権者による債務消滅益等，直接的な外部からの支援のみを欠損金額という限度内で非課税とすることによって企業再生を支援していると指摘し，それで十分かを問う[177]。さらに，期限切れ欠損金の利用という実質的な非課税の手法が事業再生に適しているかに疑問を呈し，代わりに，債務超過解消や再生手続終結時まで全ての課税を繰り延べ(納付・徴収猶予)，利子税も組み合わせる形にすれば，租税の平等も図ることができ，さらには事業再生手法に対して税制が中立的になればプランニングコストも低下する，という[178]。そして，新規設立法人との同等取扱いの観点から，従前の青色欠損金額の引継を事業再生後に認めるべきかの点について，所有変化アプローチに基づく引継制限の導入を検討すべきだと論じていた[179]。

---

175) 北野・前掲注90) 386頁の立場は，益金不算入額の限度額は撤廃すべきだとする点で髙橋(2004)と一部共通する。
176) 髙橋・前掲注166) 176-177頁。
177) 髙橋・前掲注166) 178頁。
178) 髙橋・前掲注166) 179頁。
179) 髙橋・前掲注166) 179頁。当時はまだ法人税法57条の2は創設されていなかった。なお，知原・前掲注149) 169頁も，再生後に再生前に生じた欠損金額を利用できなくすることを提案する。また，加藤哲夫「アメリカにおける欠損金の引継ぎにみる会社更生の理念」前掲注19) 66頁〔初出1998〕はアメリカ法におけるNOLの引継規定と所有変化による制限を紹介する。

(2) 増井良啓

増井良啓は，個人所得税に関する下級審判決の分析を通じて，債務免除益の課税が問題になる局面について，租税実体法の問題であるというよりも，むしろ徴収法[180]や倒産立法政策[181]の課題であることを指摘した。そして，基本的に髙橋 (2004) の見解を参照しつつ，倒産立法政策上，債務免除時の即時課税を避ける必要があるとしても，債務免除益を永遠に非課税にすることは当該企業に過大な恩恵を与え，他の企業との平等取扱いに反すると批判し，課税繰延あるいは徴収猶予にとどめる立法措置が望ましいと論じる[182]。その際，立法提案をするにあたって，個人と法人とで峻別することなく，「企業」に対する債務免除益への課税を考える姿勢を示している[183]。

(3) 中里実 (2014)

中里実は，2014 年の政策税制に関する論稿[184]（以下，「中里 (2014)」という。）の中で，会社更生手続に係る課税上の取扱いを政策税制に位置づけた。具体的には，第 1 に，会社更生手続において資産の評価換えと期限切れ欠損金の利用が認められること，第 2 に，資産の評価損益の計上と期限切れ欠損金の優先適用について，平成 23 年 12 月改正による青色欠損金額の利用制限にもかかわらず，会社更生中の会社についてはこの制限にかからないこと，第 3 に，平成 24 年 4 月 1 日前に更生開始手続決定等があった企業については，平成 23 年 12 月改正に対する経過措置が 7 年という長期にわたり認められること，を挙げ，法人税法本法に規定されていても，明らかに租税特別措置であると評価し，特に適用対象がごく限られている場合には，恩恵を受けた企業名とその額について公表する措置を提案している[185]。

---

180) 増井良啓「判批」ジュリスト 1455 号 132 頁，135 頁 (2013)。
181) 増井・前掲注 166) 199 頁；増井・前掲注 168) 209 頁。
182) 増井・前掲注 168) 209 頁。なお，増井・前掲注 166) 199 頁の時点では，法人税法 59 条の規定とアメリカにおける課税繰延の仕組み双方を参考にしつつ，所得税法上の設計を考えるのが望ましいとしており，髙橋の掲げる評価基準を援用していたものの，いずれの立場を支持するかは必ずしも明らかでなかった。
183) この思考は，増井良啓「所得税法上の純損失に関する一考察」日税研論集 47 号 65 頁 (2001) からもうかがえる。
184) 中里実「総括」海外住宅・不動産税制研究会編著『欧米 4 か国における政策税制の研究』225 頁（日本住宅総合センター，2014）。
185) 中里・前掲注 184) 228 頁。このような長期にわたる経過措置が設けられたのは，更生計画において更生計画認可決定後の青色欠損金額の繰越分まで加味して更生計画が決定されており，これが認められなくなれば，更生計画の実施に大きな影響を与える可能性があるという配慮があったと想像される。

中里 (2014) は，企業再生税制についての，資産の評価損益の計上と設立以来欠損金額による債務消滅益等の相殺という構造を，通常の企業の取扱いとの関係で優遇する租税特別措置であると評価するにとどまらず，経過措置についてみられるように，事実上適用対象者が限られる立法について，その財政法的統制の手法を提案している点で興味深い。

2 当然説
(1) 岡正晶

企業再生税制において，期限切れ欠損金を利用できるのは，むしろ法人所得課税の原則からして当然だと考える立場 (当然説) の代表的論者として岡正晶がいる。曰く，「企業に発生した真の欠損金であれば，永久に繰越しを認めるのが理論的」(傍点引用者) であり，欠損金額の繰越に制限を設けていることは，税収確保・事務手続削減という政策的理由以外の何ものでもないと論ずる[186]。岡は，次に述べる中里 (1994) と異なり，リスク・テイキングへの中立性の観点から完全還付を認めるべきことまでは主張しておらず，あくまで，所得課税の原則から欠損金額を捉え，青色欠損金額の繰越控除を特典とみる最判昭和 43 年 5 月 2 日民集 22 巻 5 号 1067 頁 (以下，「最判昭和 43 年」という。)[187] とは異なり，欠損金額についていずれかの段階で控除を認めるのが当然だとしている[188]。そして，立法提案として次のように述べる[189]。まずは，欠損金額の繰越可能期間のさらなる延長を求め[190]，現行の期間制限を前提とした場合でも，事業再生局面においては「実質的な担税力のない (債務免除) 益金」に現実の課税を強行することは妥当でないとして，これを認めるべきだとする。このような取扱いは，「本来使えるものを使えるように戻すだけ」

---

[186]　岡正晶「倒産税務／倒産会計」高木新二郎＝伊藤眞編集代表『講座　倒産の法システム　第 4 巻　倒産手続における新たな問題・特殊倒産手続』53 頁，67 頁 (日本評論社，2006)。
[187]　矢野邦雄「最判解」最高裁判所判例解説民事篇昭和 43 年度 (上) 395 頁，397 頁 (1969) も参照。
[188]　岡は，ここで武田昌輔「使途秘匿金課税制度及び欠損金繰戻制度の特例の延長について」税研 115 号 46 頁，49 頁 (2004) を引いており，武田はシャウプ勧告に依拠しているから，ここでの理論は人為的な課税年度に対する所得平準化が念頭に置かれていると考えられる。中里も，欠損金の繰戻や繰越を特典とみる考え方は，所得課税であることに反すると批判する (中里実『デフレ下の法人課税改革』117-120 頁 (有斐閣，2003))。
[189]　岡・前掲注 186) 70-71 頁。
[190]　武田昌輔「欠損金額の繰越し制度等の理論と実務 (総説)」日税研論集 59 号 3 頁，24 頁 (2009) は，繰越可能期間を無制限あるいは 15-20 年にすれば問題は解決する，という。

であり，窮境に陥った企業に等しく認められる措置で，平等かつ公正だという。さらに，税収確保の観点からも，債務者が破綻を免れ，再生すれば，新たな税収が期待できるという。但し，岡においても期限切れ欠損金と青色欠損金額との利用順序については，平成17年度税制改正前の民事再生法における取扱いのように，青色欠損金額を先に利用するのが法技術的には落ち着きがよいとしつつも，会社更生法上の扱いについては，会社更生手続の特質（裁判所主導による管財人方式，担保権や租税債権も取り込むこと，資本構成の変更を原則として図ることを挙げる。）を踏まえ，会社の更生に対する支援という意味で特に優遇措置を定めたものであるから，民事再生法と異なる取扱いをすることについては立法者判断であり尊重すべきだと論じる[191]。

岡は，髙橋（2004）の主張する債務免除益への課税繰延の提案を，上記の通り，欠損金額は損金算入できるのが原則だという理由から否定的に評価する。そして，基本的には，一定の私的整理を含む客観的・合理的な事業再生手続において，①固定資産等の評価損の損金算入，②金銭債権の貸倒れ・部分貸倒れ等の損金算入，③欠損金額の繰越可能期間の延長，④期限切れ欠損金の損金算入という改善策によって債務免除益への課税に対応すべきであり，これらの改善策が施され，さらには，事業再生研究機構が提案した課税繰延措置[192]がなされてもなお課税が生じる場合には，利子税つきの課税繰延の方策を最後の措置として導入することに賛成する[193]という。このような形であれば，実質的には髙橋（2004）の想定とは異なるものとなろう。

(2) 中里実（1994）

中里実の1994年の論稿[194]（以下，「中里（1994）」という。）は，直接に企業再生税制の当否について論ずるものではないが，法人所得課税における欠損の取扱いについて本質的な知見を示している。曰く，法人所得課税においては，課税所得算定が，事業年度と法人格からなる人為的な時間的・空間的単位（時

---

191) 岡・前掲注186) 71頁。
192) 事業再生研究機構税務問題委員会「事業再生に関わる税制改正要望」4頁（2004年8月31日）。一定の合理性が認められる再建計画において，再建計画上，将来無税化が見込まれる施策が明らかであるときは，債務免除益のうち将来無税化が見込まれる額に達するまでの金額を仮受金等の特別勘定として経理し，損金算入するが，債務免除益が計上された事業年度以後3年を経過する日の事業年度末に益金算入する，というものである。
193) 岡・前掲注186) 85-86頁。
194) 中里実「法人課税の時空間（クロノトポス）——法人間取引における課税の中立性」杉原泰雄退官『主権と自由の現代的課題』361頁（勁草書房，1994）。

空間 (chronotopos)) に基づいて行われるにもかかわらず，所得が黒字の場合は課税されるが，赤字の場合には還付が十分に行われないという非対称的な取扱いが存在していると指摘する。このような非対称的な取扱いは，課税の中立性に反するものであり，解決策として，事業年度と法人格の区切りを取り払い，法人部門全体を実質的に連結したような課税を認めることを提案する[195]。その具体的素材として，欠損金額の取扱いに関しては，リスク・テイキングに関する法人所得税の非対称的取扱いを緩和することができるとして，欠損金額の売買や合併による利用を認めることの他に，大阪高判平成2年・前掲注4) を挙げ，クロノトポスの通時的拡大の観点から，過去に生じた損失をできる限り将来生じた利益と相殺できるようにすることが望ましいとして，期限切れ欠損金を青色欠損金額に優先して利用することを認めた同判決を肯定的に評価する[196]。このような観点 (のみ) からは，期限切れ欠損金の利用を認める企業再生税制はごく自然に是認されることになろう。

3 検 討

以上を踏まえ，当然説，優遇説をそれぞれ評価し，未解明の問題を析出する。説明の便宜上，所得課税における欠損の取扱いという最も純化した形での議論を展開する当然説から検討する。

(1) 当然説

まず，当然説の中でも，岡は，所得課税の原則，課税年度の人為的区切りから生じる所得変動に対する所得平準化の観点から欠損金額をいずれかのタイミングで課税上反映させることを要求するにとどまるものと理解できる。そのため，青色欠損金額の優先利用を原則としつつ，例外的に，会社更生についての期限切れ欠損金の優先利用を，政策的に認めた規定と解する点で，リスク・テイキングへの中立性の観点から欠損金額の利用を最大限可能にすべきであるとする中里 (1994) とは立場を異にする[197]。岡の立場は，再生型手

---

195) 中里・前掲注194) 364-366 頁。
196) 中里・前掲注194) 367-369 頁。他に，リスク・テイキングへの中立性の観点から完全還付にできるだけ近づけるべきであり，期限切れ欠損金の利用では未だに不十分であると評価するものとして，古田美保「現行法人税制における欠損金の非対称的取扱いのタックス・インセンティブ」甲南経営研究53巻2号99頁 (2012)；同「事業再生過程における欠損金の控除制限の妥当性に関する検討」税経通信68巻5号25頁 (2013)；同「欠損金に係る課題」税務会計研究24号33頁 (2013)。
197) もちろん，両者は機能的に重なる部分もある (参照，岡村・後掲注198) 478 頁)。

続相互の関係について，各手続の差異に着目し，再生型手続に共通の理念の探究を十分にしてこなかった伊藤より前の事業再生法制への理解と類似し，民事再生と会社更生とで違いを設ける機能的な理由を示せていない。

他方，中里(1994)によれば，期限切れ欠損金を債務消滅益と相殺できることは，完全還付が認められないとの前提の下での次善の策として，租税政策的に正当化可能であることになろう。但し，完全還付が認められないのであればあらゆる方策を通じて欠損金額の利用を認めるべきであるとの中里(1994)の見解に対しては，次のような，所得振替による欠損金利用価値の法人間移転を題材とした増井の応答がある。すなわち，現行法人税法が真の経済所得を計測するものではなく[198]，法人税法上も「欠損金の完全還付が認められていない」という現状からすると，所得振替による欠損金利用価値の法人間移転等の方策によってその利用を認めることはあくまで次善の策にすぎず，所得振替の問題点[199]に鑑みれば，最善の方策である完全還付に比べて，法人間移転が資源配分の効率性を改善するかは実のところ疑わしい，というものである[200]。この応答については，改めて検討する[201]。

ところで，現行法では，欠損法人を株式取得により買収して利益の見込まれる事業を当該法人に移転する形での欠損金額の売買に制限を設ける法人税法57条の2[202]の適用対象から同59条の適用対象となる場合が除外されている（法税57条の2第1項第1括弧書，法令113条の2第5項2号）[203]。この建て付

---

198) 増井良啓「租税属性の法人間移転」『結合企業課税の理論』265頁，290頁（東京大学出版会，2002）。岡村忠生『法人税法講義（第3版）』477頁（成文堂，2007）も参照。この点からは，岡の議論の前提は成り立っていないことになろう。

199) 所得振替による価格形成への介入，所得振替による欠損金利用価値の法人間移転は関連当事者のみが利用可能であること，虫食い的移転が生じること，を挙げる（増井・前掲注198) 316頁）。

200) 増井・前掲注198) 316-317頁。

201) 第3編第1章第1節第2款。

202) 参照，大蔵財務協会編『改正税法のすべて（平成18年版）』352頁（大蔵財務協会，2006）。法人税法57条の2には所有変化アプローチの不徹底があり，事業継続性に軸足を置くものとの分析として，参照，酒井貴子『法人課税における租税属性の研究』133-136頁（成文堂，2011）〔初出2007〕。

203) また，ここで「特定支配関係」から除かれることになる債務処理計画には，純粋な私的整理は含まれないと解される（大江晋也「特定株主等によって支配された欠損法人の欠損金の繰越しの不適用」日税研論集59号231頁，242頁（2009）；佐藤信祐『組織再編における繰越欠損金の税務詳解（第4版）』218頁（中央経済社，2015））。但し，その場合でも適用事由のうち法人税法57条の2第1項3号について，取得された特定債権（法令113条の2第17項）につき債務免除やその現物出資（DES）（同9項）を行うことが見込まれている場合（同18項）は除外されている（法税57条の2第1項3号第3括弧書）。

けからは，事業再生局面においては，欠損金利用価値の法人間移転のための取引を許容しているとみることも不可能ではない[204]。その意味で，期限切れ欠損金の損金算入の制度は，欠損金額の繰越・繰戻の制度を平準化目的とみる最判昭和43年とは異なる原理によっていることになろう[205]。しかし，このような建て付けが，事業再生という目的と欠損金利用価値の法人間移転の規制という租税政策を，いかなる関係性の下に位置づけているかは必ずしも明らかではない。そのため，増井の応答からも，なぜ事業再生局面においては，期限切れ欠損金まで含め欠損金額の引継制限が一切なされないのかを十分に説明することができないのである。したがって，当然説やそれに対する応答を踏まえると，なぜ事業再生局面に限って，欠損金利用価値の無制限の移転が認められるのか，という問いとして問題を定式化することができる。この問いに答えるためには，欠損金額の引継について，髙橋(2004)が導入の検討の必要性を主張していた所有変化アプローチを基軸としているアメリカ法の参照が有益である。この点は，平成18年度税制改正によって法人税法57条の2が導入された後も，企業再生税制の適用対象となる場合にはその適用がないことから，検討の必要性は失われていない。同時に，租税欠損に係る事前の観点からの機能的分析も踏まえる必要がある。

(2) 優遇説

次に，優遇説に対しては以下のような指摘が可能である。

第1に，増井は，債務消滅に関する裁判で問題になったのは，倒産立法政策や徴収法上の問題であるとし，特に企業については課税繰延によるのが望ましいとしたが，その主張の背後には，現行租税実体法上，欠損金額の利用には，期間制限があるのが一般的である，という前提があるように見受けられる。しかし，この前提は，(所得のないところには課税すべきでないという理念からは当然として) 実のところ，現行法上の建て付けにおいてすらも自明ではない。なぜなら，これまでも，清算所得課税においては，効果の上では残余財産が見込まれない場合には課税が生じないとの取扱いがなされてきており，清算所得課税廃止後も，清算時には期限切れ欠損金の利用を認める手当がなされたからである (法税59条3項)[206]。特に法人税法59条3項のように，最

---

204) 参照，髙橋・後掲注215) 422-423頁注22。
205) なお，岡村・前掲注198) 478-479頁は，平準化と欠損金額の自由取引 (及び法税57条の2による制限) との違いは程度の問題だと評する。

終的な法人の清算時には過去の欠損金額を利用できる建て付けになっていることは，従来の学説では意識されてこなかった。このような観点からは，企業再生税制を租税特別措置として位置づける中里 (2014) をさらに発展させ，租税特別措置であることはその通りであるとして，期限切れ欠損金の利用については，その政策目的と適用対象範囲・特別措置の手法はいかに設定されるべきか，という問いが出てくる。具体的には，平時と倒産局面，さらには再生と清算の関係をいかに位置づけるべきかが問われることになる。そして，仮に欠損金額の繰越控除の期間制限に係る上記前提があったとして，それが強固な論拠に基づくものとはいえないのであれば，まさに租税実体法上の，法人の存続期間における欠損の取扱いという問題に帰着してくると捉え直すことができよう。

　第 2 に，優遇説 (特に髙橋 (2004)) は，事業再生をする企業が，それ以外の企業との関係で税制上の優遇措置を受けることになり，競合他社との関係で租税の平等[207]に反すると理解する[208]。このような理解は，近時の公的支援を受けた日本航空 (JAL) の事業再生における全日空の主張にも表れており[209]，政治的にも問題視された[210]。この種の批判に対しては，岡が，法人税法 59 条は，事業再生局面に入る前の企業に対しては公平にその適用の可能性があると反論している[211]。しかし，この反論は髙橋 (2004) への有効な反論とはならない。なぜなら，髙橋 (2004) においては，事業再生局面を経る企業と，それを経ない企業とで，前者にのみ事業再生時に期限切れ欠損金の利用が認めら

---

206)　第 1 編第 2 章第 2 節第 2 款。清算所得課税廃止に対する実務的評価については，参照，阿部泰久ほか「座談会　グループ法人税制・資本に関係する取引等に係る税制の実務上の留意点 (7)・了」国税速報 6155 号 16 頁 (2011)。
207)　髙橋・前掲注 166) 170, 178-179, 189 頁（平等 (equity) と水平的公平を指している）。なお，増井・前掲注 168) 209 頁は，「他の企業との平等取扱いに反する」とする。
208)　競争法の観点からは，税制を通じた公的支援は，国家による直接的な金銭の交付と比べた場合，再生に成功した場合しか優遇を受けることはできず，また，対象の選択性が狭くなる，と分析されている（公正取引委員会競争政策研究センター「EU 国家補助規制の考え方の我が国への応用について」18 頁 (2013)〔大久保直樹〕）。
209)　日本経済新聞 2012 年 6 月 10 日朝刊 9 頁〔全日空副社長篠辺修発言〕。
210)　参議院予算委員会 2013 年 2 月 18 日では，安倍晋三首相が JAL への法人税優遇について多くの課題と問題があるとの認識を示した。併せて，公的支援と競争との関係については，参照，競争政策と公的再生支援の在り方に関する研究会 (岸井大太郎座長)「競争政策と公的再生支援の在り方に関する研究会中間とりまとめ」(2014 年 12 月)；白石忠志「金融危機・事業再生と公的支援規制」金融研究 34 巻 3 号 101 頁 (2015) (金融危機以後の欧州 State aid 規制に関する資料を紹介する)。
211)　岡・前掲注 186) 70 頁。

れることについて，事業再生局面に入った時点で，いわば事後的な観点から期限切れ欠損金が利用できることの政策論的正当化が不十分だと主張しているのであり，事業再生局面に入る前の時点での公平性を論じたところで議論がかみ合わないのである。

　髙橋（2004）が，「再建型倒産処理法と税法の目的の調和点探求」を目的としていること[212]に鑑みるに，清算時に期限切れ欠損金の利用を認めることにまで明示的に反対するものではないであろう。そこで，企業の清算時にはいずれにしろ認められることになる期限切れ欠損金の利用が，なぜ，事業再生局面という最終的な事業の終了時点より早い段階で認められることになるのか，という欠損の利用時点に係る問いとして問題を定式化することが考えられる[213]。

　このような定式化の下では，事業再生目的達成のために，設立以来欠損金額の大きさにかかわらず，あらゆる債務消滅益等について課税繰延を認め，事後的に取戻し課税を行うという髙橋（2004）の提案は，現行法上の法人所得課税の構造からは大きく離れ，「企業再生税制」の，「政策目的」税制としての性格を強めるものと理解できる。すると，その政策税制としての政策目的の当否及び手段としての適切性の再検討が必要になる。髙橋（2004）は，アメリカ法を参照して課税繰延という方策の導入を提案しているが，欠損金額の取扱いについては所有変化に伴う青色欠損金額の利用制限の可能性を示唆していた[214]。しかし，所有変化アプローチの導入は，髙橋（2004）が評価基準として挙げる③簡素・明確性・執行可能性の観点からは大きな問題を孕みうる。よって，髙橋（2004）の提案の当否を判断するためにアメリカ法のさらなる分析が不可欠である。また，平時との関係を意識した機能的分析も必要である。そして，そこでの検討を踏まえ，改めて日本法の建て付けを法的に評価する必要がある。

(3) 髙橋祐介（2014）による立法提案

　髙橋祐介は，2014年の論稿[215]（以下，「髙橋（2014）」という。）で，従来の立場とは異なり，アメリカ法に囚われない独自の観点から企業再生税制の立法提

---

212)　髙橋・前掲注166) 163頁。なお，増井・前掲注168) 209頁は，事業再生時を念頭に述べる。
213)　佐藤・前掲注166) 55頁は，破産手続のみならず，再生型手続をも視野に入れた研究の必要性を指摘していた。
214)　髙橋・前掲注166) 179頁。

案を行った。具体的には、アメリカの企業再生税制に係る政策目標として掲げられる「新たなスタート (fresh start) は認めるが、有利なスタート (head start) は認めない」との規範を採用し、それを次のように具体化する。すなわち、①新設法人を基準として新設法人と再生企業との課税上の同等性 (tax parity) を確保する[216]。②青色欠損金額の繰越控除制度と、期限切れ欠損金の損金算入による債務消滅益等の非課税の制度について、前者を法人税法に内在する「恒常的かつ限定的な事業再生システム」、後者を、「法人税法上の一般原則から逸脱するいわば禁断の措置」と理解し、後者の措置は、前者が機能しなくなったところで、新設法人との同等性を確保するために必要な範囲でのみ与えられるべき非常手段であると評価する[217]。③各種再生型手続 (私的整理を含むが、どこまでを正当な私的整理と評価するかは検討対象外としている。) 間の税負担の中立性を達成すべきである[218]。そして、これら3つの観点から企業再生税制を総点検する。

　髙橋 (2014) については以下のコメントが可能である。①について、髙橋 (2014) が規範的な基準として設定する、「再生企業と新設法人との同等性」という基準の内容・根拠が十分に説明されておらず、またその妥当性にも疑問がある。第1に、純粋なスタート・アップ企業等が念頭に置かれる新設法人と、再生企業が事業再生手法の便宜上用いる新設法人とでは、事業の収益の安定性等で大きな差異があることが想定される。通常、事業再生は、過剰債務 (debt-overhang) を解消すると共に、既に存在するノウハウ・取引関係等の無形資産を中心に、会社財産を解体して売却した場合の清算価値を超える継続企業価値を保全するために行うものと観念される。これに対して、事業を開始して間もない新設法人については、設立当初は収益が安定せず、赤字が出ても還付を受けられず、また他に相殺できる所得を生ずる事業も持たない等の特徴の違いがかねてより指摘されている。それにもかかわらず、純粋なスタート・アップ企業の新設法人と、既に事業自体は収益性があることを前提とした第二会社方式を同列に扱う根拠が明らかでなく、(仮に髙橋 (2014) の立場が結果的に是認されるとしても) 上記基準を用いることの理論的・政策論的根拠に関する説明は不十分である。第2に、髙橋 (2014) が、JAL の再生を一

---

215)　髙橋祐介「事業再生と法人課税」金子宏ほか編『租税法と市場』414頁 (有斐閣、2014)。
216)　髙橋・前掲注215) 416頁。
217)　髙橋・前掲注215) 418-419頁。
218)　髙橋・前掲注215) 419-420頁。

例に出しつつ競争環境について論じていること[219]との関係では，むしろ事業再生局面になく，(仮に存在すれば) 青色欠損金額の繰越控除はできる競合関係にある成熟企業との関係を論じるべきだと思われ[220]，やはり新設法人を持ち出す根拠が明らかでない。

また，②について，髙橋 (2014) は，現行法における企業再生税制において，一定の場合に期限切れ欠損金の利用が許容されることをもって「債務免除益等非課税の非常手段性」[221]と呼び，これは新設法人との同等性を確保するのに必要な範囲でのみ与えられるべきだとする。しかし，このような理解は，新設法人との同等性確保という基準の根拠が曖昧である以上，それを認めるべき範囲については何もいっていないに等しく，「非常手段性」というレトリックは特段の示唆を与えてくれない。他方で，期限切れ欠損金の損金算入を認める，というわが国の法人税法が採用した基本構造の分析には積極的でなく[222]，既存の法制度からの改善を図る上では検討が不十分であろう。

③については，所得課税を行う法人税法には各種再生型手続を区別する論理を内在させておらず，政策税制としていずれかの手続を特に有利・不利に

---

[219]　髙橋・前掲注215) 415, 431 頁。

[220]　髙橋・前掲注215) 431 頁は，「新設法人との同等性，つまり競争環境への配慮」と言い換えている。なお，髙橋 (2014) が公的支援による JAL の再生を引き合いに出している点は論点を混乱させるおそれがある。すなわち，法人税法59条による期限切れ欠損金の利用の点については，JAL への公的支援に固有の問題ではなく，法人税法一般の倒産企業への課税の問題である。他方，平成23年12月改正における法人税法57条の青色欠損金額の繰越控除制限の特例は JAL の再生計画が念頭に置かれていると想像される。しかし，髙橋 (2014) では前者の検討が中心であり，後者への批判は特にない。そして，企業再生支援機構による3500億円の出資 (2010年12月1日) は，再上場 (2012年9月19日) によって3000億円超の売却益を計上したのであるから，このこと自体は，平成23年12月改正の控除制限の適用除外分による減損分を踏まえる必要はあるものの，政府 (国庫) の観点からは望ましいことである。この点で，租税法上の問題と競争法上の問題がうまく整理されていない印象を受ける。公的支援と課税の問題，特に，租税支出を通じたベイルアウトのみえにくさについては，参照，第2編第8章第2節。

[221]　髙橋・前掲注215) 426 頁は，「非常時であること，欠損金額は益金・損金不算入項目などを反映して」いないことを挙げて，「設立以来欠損金額の範囲内の債務免除益等非課税では，少なくとも債務超過の状態を非課税で抜け出すには不十分であると考えられる場面もある」として，「負の利益積立金額が債務超過状態を示している限りにおいて，事業再生の観点から望ましいかもしれない」と述べる。

[222]　但し，髙橋・前掲注215) 419頁注10は，「青色繰越欠損金制度が所得変動に対する中立性を完全に確保していない側面を，企業再生の場面に限って崩し，いわば上記中立性を完全に確保しようとしたともいえる」と述べるが，実務上，設立以来欠損金額の代わりに，負の利益積立金額が利用されていること (前掲注4) をもって，「欠損金額の範囲内での中立性の確保を超え，破綻状態解消をより積極的に税制を通じて支援するという課税庁の意図を読み取れなくもない」とする。

取り扱う政策論上の理由も見出せないため[223]，賛成である。

また，外在的には，髙橋 (2014) が，清算所得課税の廃止に言及しつつ[224]，清算型と再生型の関係や，資本再構成方式と第二会社方式の関係について一切考察していない点は，包括的な企業再生税制の検討として物足りない。

第 2 款　個別の資本再構築手法

本款では，具体的な事業再生手法との関係で，わが国の企業再生税制の構造を確認し，次編以降で比較法研究をするにあたっての着眼点を析出させる。特に検討するのは，事業再生において再生企業が資本再構築を行う際の中心的な手法である DES と DDS に関する論点である。

1　従来の DES に関する議論と課題

DES は，当初，関連会社間で不良債権化した貸付債権について，課税実務上，そのままでは債権者側で債権の評価損が計上できない (法税 33 条 1 項) ことから，債権券面額の現金払込みと弁済により債権を株式に転換して (金銭払込型 DES)，その後株式の譲渡損を計上する，という一種の租税回避スキームとして租税法上の議論に現れた[225]。そこでの議論は，大要，租税回避として否認の可能性があるが，本来的には債権の部分貸倒れについての評価損の損金算入を認めるべきである[226]というところに落ち着いている[227]。

---

[223]　北野・前掲注 90) 386 頁や，岡・前掲注 186) 71 頁は，会社更生を，倒産政策上，特別視するが，その適切性及び適切である場合にそれを租税政策上引き受けるべきことの論証はない。実務的には会社更生の利用が想定される大規模企業についても，数多く民事再生手続を利用していること (前掲注 128 及びそれに対応する本文) に鑑みると，特に手続の重い会社更生手続に税制上誘導する理由はないと思われる。北野や岡の思考方法には，倒産法制に対する理解が影響した可能性がある。

[224]　髙橋・前掲注 215) 414-415 頁。

[225]　中里実『タックスシェルター』191-192 頁 (有斐閣，2002)。親会社の子会社に対する不良債権化した貸付債権について，株式への転換を通じて株式譲渡損を計上したことが否認された裁判例として，東京地判平成 12 年 11 月 30 日訟月 48 巻 11 号 2785 頁とその控訴審である東京高判平成 13 年 7 月 5 日税資 251 号順号 8942 (3S 事件)。なお，福井地判平成 13 年 1 月 17 日訟月 48 巻 6 号 1560 頁とその控訴審である名古屋高裁金沢支判平成 14 年 5 月 15 日税資 252 号順号 9121 (相互タクシー事件) も参照。

[226]　金子宏「部分貸倒の損金算入」『租税法理論の形成と解明 (下)』94 頁 (有斐閣，2010)〔初出 2002〕；太田洋「『部分貸倒れ』の租税法上の取扱い」税経通信 56 巻 3 号 35 頁 (2002)。なお，岡村・前掲注 198) 361-363 頁は，実定法上，行為計算否認規定 (法税 132 条) によらない限り，譲渡損失を否認することはできないはずである，と論じる。

[227]　阿部泰久ほか「〈パネル・ディスカッション②〉企業再編と租税法」江頭憲治郎＝中里実編

他方で，事業再生の手法として1990年代末から銀行と債務者企業との間の私的整理において債権を現物出資するDESの手法 (現物出資型DES) が採用されるようになり，特に現物出資に係る検査役選任の要否や有利発行規制の問題が会社法上の論点となった。そこでの券面額説と評価額説の議論[228]が，租税法上債務消滅益が生じるかの議論に，金子宏の提唱した「混合取引」[229] に関する処理の公正処理基準 (法税22条4項) 該当性の問題と，混合取引の分解の可否の問題とを媒介する形で争われたのがDES事件[230]である。なお，金子も，混合取引における損益取引の要素について，損益の発生を認めるとしても，問題の解決は立法によってなされるべきであるという基本姿勢を示している[231]。そして，考慮すべき事項として金子が明示的に挙げるのは，①所

『企業組織と租税法』別冊商事法務252号93頁，128-129頁 (2002) 〔中里実発言〕；中里実「資産の評価損と貸倒損失の関係」税研158号27頁，31-32頁 (2011)。なお，中里論文はDES事件について，債権の混同消滅による債務免除益の計上を認めることで否認したものと評する。

228) 針塚遵「東京地裁商事部における現物出資等検査役選任事件の現状」商事法務1590号4頁 (2001) において，東京地裁民事八部 (商事部) が券面額説を採用したことが公にされた。その後の議論は，参照，針塚遵「デット・エクイティ・スワップ再論」商事法務1632号16頁 (2002)；草野耕一「ファイナンスの理論と法」西村ときわ法律事務所編『ファイナンス法大全 アップデート』3頁 (商事法務，2006)；藤田友敬「新会社法におけるデット・エクイティ・スワップ」新堂幸司＝山下友信編『会社法と商事法務』117頁 (商事法務，2008)。

229) 「混合取引」概念の提唱については，参照，金子宏「法人税における資本等取引と損益取引──『混合取引の法理』の提案」『所得税・法人税の理論と課題』135頁，136頁 (日本租税研究協会，2010) 〔初出2009〕(以下，〔理論と課題〕という)；金子宏「法人税における資本等取引と損益取引──『混合取引の法理』の提案 (その1. 現物配当)」金子宏編『租税法の発展』337頁 (有斐閣，2010)。

230) 東京地判平成21年4月28日訟月56巻6号1848頁，第一審判決を維持した東京高判平成22年9月15日税資260号順号11511。同事件については，参照，品川芳宣「判批」TKC税研情報18巻5号43頁 (2009)；中里実ほか「〈座談会〉会社法からみた租税法の意義──研究者の視点・実務家の視点」ジュリスト1445号12頁，27-32頁 (2012)；太田洋＝北村導人「デット・エクイティ・スワップ (DES) に関する租税法上の問題」経理研究55号307頁 (2012) 等。

231) 金子〔理論と課題〕・前掲注229) 146-147頁。また，金子宏『租税法 (第21版)』318頁 (弘文堂，2016) は，資本等取引と損益取引の峻別の立場と，混合取引の立場をいずれも解釈論として成り立ちうるとしている。そして，直後にDESについて述べる文脈では，会社法上の議論として評価額説が妥当であるとしている。なお，岡村・前掲注198) 363-364頁は，券面額説に沿った処理を課税上も認めることは，債務消滅益を資本金等の額に直入することになる点や非適格現物出資を時価譲渡とする原則から逸脱し妥当でなく，また，時価譲渡の原則自体は否定できないから債務免除益を計上するかどうか選択できることになり適当でないとする。

これに対し，太田＝北村・前掲注230) 315頁は，「資本等取引以外のもの」(法税22条2項) との文言から，少なくとも法人税法においては，資本等取引と混合取引についての明確な峻別があり，混合取引について益金計上するためには「別段の定め」(法税22条2項) を要し，解釈論としては益金計上できないとの立場をとる。

他に，DESの債務者側の課税について論じたものとして，原一郎「債務の株式化について」税務事例研究65号1頁 (2002)；西村善朗「デット・エクイティ・スワップ及びデット・アサンプ

得を包括的に構成する必要及び経済的歪みの防止と②租税回避防止である[232]。これらの要考慮事項については，基本的に賛成すべきものであり，その内容を具体化することが今後の議論の発展に資するであろう。たとえば，経済的歪みはいかなるものか，租税回避として具体的にいかなる態様のものがありうるか，といった点である。

そして，事業再生との関連でDESについて論じるのであれば，実は「DES」という名称を用いずとも，会社更生法が制定された当初から，債権者に更生会社の株式を交付する株式振替がなされてきたこと[233]に目を向ける必要があり，その意味で，平成18年度税制改正が，法人税法59条にDESに関する規定を設けたこと[234]は肯定的に評価できる。

しかし，未解決事項も残っている。平成18年度税制改正では，現物出資の場合，「金銭以外の出資資産の価額」(＝時価)が増加する資本金等の額を構成するものと規定されたため(法税2条16号，法令8条1項1号)，DESにより消滅した債務のうち時価を超える部分について混同によって消滅した利益として益金算入されることになる(法税22条2項)との理解が通常である[235]。また，会社更生や民事再生，私的整理ガイドライン等に沿った事業再生では，DESについて評価額説に親和的な取扱いがなされることが規定された(法税59条)ものと理解されている[236]。その一方で，DES事件では，適格現物出資に係る規定(法税62条の4)の適用により債務消滅益の発生を肯定して事案を解決しており，券面額説と評価額説との論争には立ち入っていない[237]。このことから，法人税法59条の適用対象外となるDESについては，会社法上券面額説に従って処理される限り，「別段の定め」がなく，課税上も券面額説を前提と

ションに係る税務上の留意事項について(上)(下)」租税研究637号87頁，638号47頁(2002)；水野恵子「デット・エクイティ・スワップの課税」村井正喜寿『租税の複合法的構成』221頁(清文堂，2012)(債権の現物出資に係る時価の算定の問題についてアメリカ法を参照)等。

232) 金子〔理論と課題〕・前掲注229) 146-147頁。なお，同箇所は，現物配当について述べる箇所であるが，DESと自己株式取得についても妥当すると述べる。

233) 霜島ほか〔分析〕(2)・前掲注27) 68頁(サンプル中，負債額の大きな会社上位30件のうち16件が株式振替の手法をとったことを観察)。

234) 大蔵財務協会編・前掲注202) 288頁。

235) 岡村・前掲注198) 364頁；岡村ほか『ベーシック税法(第7版)』240頁(有斐閣，2013)〔渡辺徹也〕。

236) 金子〔理論と課題〕・前掲注229) 141頁。なお，DESにより現物出資される債権の時価評価方法について，参照，「事業再生に係るDES (Debt Equity Swap: 債務の株式化)研究会報告書」(平成22年1月)。

237) 金子〔理論と課題〕・前掲注229) 141頁。

した処理が是認される可能性が皆無ではないとの見解もある[238]。そのため，DES 一般については未だに課税上の不透明性が解消しきれておらず，事業再生の早期化・市場化との関係で[239]，法的整理と私的整理の連続性の問題を伏在させている。

また，M＆A 化の観点からも考慮すべき事項がある。DES については，理論上，会社の支配権移転を伴う可能性があるが，現行法人税法上は，一定水準以上の支配権移転を基準に欠損金額の利用を制限している[240]にもかかわらず（法税57条の2）[241]，企業再生税制の射程に入ればその制限を免れる（法税57条の2第1項第1括弧書，法令113条の2第5項2号）。仮に社債市場や貸付債権市場の発展により債権を通じた企業買収が行われるようになった場合[242]，なおも企業再生税制における政策決定を維持するか再検討する必要が出てこよう[243]。

以上より，事業再生を法的整理と私的整理の軸で連続的に捉え，さらには事業再生の早期化・M＆A 化・市場化を意識する本書の立場からは，「DES」として特別に括り出して応急的手当をするにとどめるのではなく，既存の制度との整合性を考えていく必要がある。

2 従来の DDS に関する議論と課題

わが国の従来の実務では，上場企業は DES を用いやすいが，中小企業については，非上場であり株式の流動性が低く，また，所有と経営が分離していないため，銀行等の債権者が支配権を有することになるのは適さない[244]，という事情から，DES ではなく債権の劣後化（DDS）の手法を用いるのが通例で

---

238) 太田＝北村・前掲注230) 319頁。
239) 松尾・前掲注113) 194頁；田中(1)・前掲注135) 25-26頁（日本でも，早期の財務リストラとして履行期未到来の場合の交換募集による DES の可能性を見据える）。
240) 参照，前掲注203及びそれに対応する本文。
241) 無議決権優先株式については普通株への転換権等がついていない限り，ただちに支配権移転は生じないが，ここでは無議決権優先株式と普通株式は区別されていない。なお参照，渡辺徹也「税法における負債と株式の相対化および多様化に関する覚書」税法学563号429頁，435頁(2010)。
242) 第1編第2章第2節第1款2。
243) 第1編第2章第3節第1款3(1)。
244) なお，銀行法及び独占禁止法上の銀行による株式保有規制は，事業再生における DES について緩和されていく傾向にある（参照，藤原総一郎編著『DES・DDS の実務（第3版）』14-20頁（ぎんざい，2014))。

ある[245]。そして，DDS の課税上の取扱いは必ずしもはっきりしないが，既存債権との法的同一性が維持されているかが基準となると理解されており，実務では課税が生じない範囲で債権の劣後化を行っているもの[246]と思われる。

しかし，以上のような使い分けに変化が生じる可能性がないとはいえない。第 1 に，事業再生の市場化に伴い，交換募集の手法の活用が議論されていることは前述した[247]。交換募集は，社債が念頭に置かれており，社債を発行するのは大企業が中心であるから，DDS のように非上場会社・中小企業による利用が中心的に念頭に置かれているわけではない。すると，株式・社債共に市場性のある再生企業にとっては，DES と DDS（これは日本における従来の DDSとは性格を異にする。）は交換募集の際，代替関係に立つ可能性があり，そこにおいては，株式と負債を峻別する法人税法がバイアスを及ぼすことが予想される。

第 2 に，交換募集における旧社債の発行会社による取得と対価としての新社債の交付とでは[248]，両者の法的同一性は明らかに異なる。すると，課税上，債権者にとっては実現イベントとなり譲渡損の計上，債務者においては DES事件の論理によれば旧債務についての債務消滅額分ないし新社債との差額分について混同（民法 520 条）による債務消滅益が生じる可能性がある。

しかし，これらの想定される問題に対して，これまでの租税法学における研究は皆無に等しく[249]，アメリカ由来の交換募集の手法についてさらに研究する必要がある。なお，増井は DES の課税上の取扱いに関する立法的解決に際しての考慮事項として，①債権者側と債務者側の課税の問題，② DES に限らず，資本再構成（recapitalization）に際しての課税繰延の可能性，を挙げている[250]。これらは，事業再生局面を，コーポレート・ファイナンス一般に係る

---

[245] 藤原・前掲注 244）137-138 頁。
[246] 事業再生研究機構税務問題委員会編・前掲注 3）560 頁〔香取雅夫〕。長島・大野・常松法律事務所編『ニューホライズン　事業再生と金融』144 頁（商事法務，2016）〔黒田裕〕も参照。
[247] 第 1 編第 2 章第 2 節第 1 款 2 (2)。
[248] 対価として既発行社債を交付する場合は交換（民法 586 条），新たに社債を発行する場合は現物の払込みによる社債の発行であるとその法的性質が理解されている（坪山昌司＝門田正行「交換募集（Exchange Offer）」事業再生研究機構編・前掲注 140）133 頁，146 頁）。
[249] 髙橋・前掲注 215）425 頁注 28 が，「新設法人との同等性の観点からは，認時における債務消滅益（評価益）の計上が好ましい」と述べるのみである。
[250] 中里ほか・前掲注 230）31 頁〔増井良啓発言〕。

課税の領域へと接合する視点を提示するものである[251]。本書でも，①の点については債権者側の課税[252]に関する先行研究[253]も意識する形で，②の点については，増井の述べる課税繰延の点のほか，財務リストラクチャリングとして負債比率を高めていく方向の資本再構成についても射程に入れつつ，序で示した分析視点の下で発展させていく。

第3款　小　括

本節では，わが国の企業再生税制の基本構造に対する学説の評価を踏まえた上で検討課題を析出し（第1款），さらに近年における個別の資本再構築手法との関係で，次編以降に比較法研究をする上で着目すべき点を析出した（第2款）。

企業再生税制の基本構造については，これを優遇とみる学説と当然とみる学説とに大別できた。一方で，優遇説は，平時にある競合企業との同等取扱いを重視し，他方，当然説は，所得課税において，（真正なものであれば）欠損は控除できるべきであるという前提を置く。当然説の検討からは，①完全還付を行わないという租税政策を採用する現行法の下で，事業再生時の期限切れ欠損金の利用は当然に演繹されるものではないことを確認しつつ，現行法上，欠損金利用価値の法人間移転を制限する法人税法57条の2の対象から同59条の対象となる場合を除外していることをどう評価すべきか，という問題があることを析出した。これを受けての優遇説の検討からは，②所得課税における欠損の取扱いを，清算時までの企業の存続期間との関係でどう考えるか，清算前の時点で期限切れ欠損金の利用を認める企業再生税制をどう考えるか，という視点からの検討の必要性を見出した。

次に，近年の個別の資本再構築手法として，特にDESとDDSを取り上げた。③DESについては，法的整理と私的整理を連続的に捉え，事業再生の早

---

251) 一部の実務家からはそのような意識は既に示されていた。参照，田作朋雄「事業再生のための資本再構築」金融法務事情1641号6頁，10-11頁 (2002)。
252) 最判平成16年12月24日民集58巻9号2637頁（興銀事件）が最重要判例である。また，破綻法制の改革が90年代末まで始まらなかった原因として，貸し手金融機関の経営陣が，その責任を明らかにしないで済むよう破綻処理に消極的であったために改革の要望が出なかったとの仮説を示し，債権の回収不能または回収不能見込みとして行うべき企業会計上の債権の償却・引当を，税務上損金算入が認められる限度でしか行わなかったとの事情を挙げるものとして，田中・前掲注109) 148-149頁。
253) 太田洋「アメリカにおける貸倒損失の税務上の取扱い」税研158号46頁 (2011)。

期化・M＆A 化・市場化という潮流を踏まえた場合，いまだ取扱いや法制度上の位置づけが明らかでない部分が残されていることを指摘した。④ DDS については，従来の実務では中小企業向けのものとして，大企業向けの DES と使い分けられていたが，これが今後変化する可能性があることを指摘し，両者をデット・リストラクチャリングの手段として代替関係にあるものと捉え，その際の課税の影響を検討していく必要があることを指摘した。また，DDS の課税上の取扱いについては，交換募集等の場合に全く検討されていない事項があることを明らかにした。

第 3 章　問題設定
―― 事業再生の近時の潮流に即した検討の必要性

　第 1 編の締め括りとして，これまでの議論をまとめる。

　まず，事業再生手法として実務的に用いられる資本再構成方式と第二会社方式のそれぞれにつき，法的整理と私的整理に分けて現行法における課税上の取扱いを確認し，事実上，私的整理ガイドライン等の「一定の私的整理」を境に大きな違いが生じうるという特徴を抽出した (第 1 章)。

　次に，そのような制度が形成された沿革を辿りつつ，会社更生法制定期からバブル崩壊までの時期及び倒産法制の全面的見直し以降の時期，という時代区分の下，倒産法学説の企業破綻処理制度に対する理解の変遷と，租税法がそれにどのように向き合ってきたかを追った。その結果，理論面の関心として，企業破綻処理制度については，従来の倒産法学の関心からは，各手続の差異の説明に力が注がれていたものが，機能的な観点から企業破綻処理制度に共通する理念の探究が意識されるようになったことを確認した。また，実務的には，倒産法制の整備に伴い，事業再生が整理屋の跋扈する法外の領域から，事業再生ビジネスとして，早期化・Ｍ＆Ａ化・市場化の潮流の下で進化を遂げつつあることを確認した。これに対し，企業再生税制は，会社更生法制定時に主税局によるインプットがあり，それが他の企業破綻処理制度における課税上の取扱いに波及し，現行法の礎となっていることを発見した。また，再生型手続のみならず，清算型手続との関係でも中立的な制度が形成されるようになってきたことに光を当てた。そして，企業再生税制の基本構造に関する租税法学説を確認しつつ，事業再生の早期化・Ｍ＆Ａ化・市場化の潮流の下で，法人所得課税における欠損の利用時期に関する検討課題を，さらには，個別の資本再構築手法との関係での要検討事項をそれぞれ析出した (第 2 章)。

　以上の点を具体的に検討すべき問題として設定する。これらを貫く問題意識は，わが国の企業再生税制は，事業再生手法及び事業再生法制についてモ

デルとしてきたアメリカ法と比べた場合，事業再生の早期化・Ｍ＆Ａ化・市場化の潮流の下で，立法政策論としてどのように評価できるか，である。

第 2 編　アメリカ企業再生税制の法形成過程

本編では，アメリカにおける企業再生税制の法形成過程を観察し，わが国の企業再生税制を考える上での示唆を得ることを目的とする。その際には，アメリカにおけるコーポレート・ファイナンスや倒産法制の歴史を踏まえることになり，また，平時の組織再編税制との関係にも目を向ける。この点につき，先行研究との関係で2点付言する。第1に，アメリカのコーポレート・ファイナンスに関して租税法の視点からその歴史的側面を紹介した先行研究として，1980年代のLBOの隆盛を扱った吉村政穂の研究[1]や，2000年代前半のデリバティブ・転換社債を用いた租税回避を扱った橋本慎一朗の研究[2]があるが，本編はこれらの扱っていない時代を補完する。第2に，アメリカの法人税とりわけ組織再編税制に関しては多くの先行研究がある[3]が，本編は，事業再生局面をM&Aの一局面とみる点でそれらを補完する。

観察結果を予め述べる。第1に，アメリカの企業再生税制は，租税政策上の必ずしも強固な基盤を持たない平時の原則ルールに，随時，倒産政策上の(暗黙の)考慮に基づく微修正を加える形で判例法・立法を通じて形成されてきた。第2に，アメリカの事業再生手法・倒産政策は時代とともに変遷し，その時々で企業再生税制との関係性が問題になったが，事業再生手法と倒産政策との関係に応じて，企業再生税制が倒産政策を妨げたり，促進したりと双方向に作用した。但し，事業再生の早期化・M&A化・市場化との関係では，企業再生税制はこれを妨げる側面が強い。第3に，企業再生税制を租税優遇措置として位置づけ，倒産政策目的実現のために活用していく余地があるが，その場合は財政法上の手続的統制にも配慮する必要がある。

本編の構成は以下の通り。第1章では，アメリカの企業再生税制の前提となる資金調達手法との関係で企業破綻処理制度・法人課税の変遷を辿る。第2章では，アメリカの企業再生税制の特徴である債務消滅益(Cancellation of

---

1) 吉村政穂「出資者課税――『法人税』という課税方式(3)」法学協会雑誌120巻5＝6号877頁，881-900頁(2003)。
2) 橋本慎一朗「OIDルールのデリバティブへの拡張」国家学会雑誌118巻5＝6号600頁(2005)。
3) 代表的なものとして，金子宏「アメリカの連邦所得税における『株式配当』の取扱い」『所得概念の研究』189頁(有斐閣，1995)〔初出1973〕；水野忠恒『アメリカ法人税の法的構造』(有斐閣，1988)；岡村忠生「マッコンバー判決再考」税法学546号49頁(2001)(以下，〔マッコンバー〕という)；同「法人清算・取得課税におけるインサイド・ベイシスとアウトサイド・ベイシス」法学論叢148巻5＝6号193頁(2001)；渡辺徹也『企業取引と租税回避』(中央経済社，2002)；同『企業組織再編成と課税』(弘文堂，2006)；酒井貴子『法人課税における租税属性の研究』(成文堂，2011)。

Debt, COD) に対する課税繰延ルール (COD ルール) ができる以前の，債務消滅益に関する判例法と学説を辿りつつ，COD ルールの初期の型を確認する。第3章では，1954年内国歳入法典においてアメリカの企業再生税制の基本構造が整理されるまでを対象に，事業再生実務に着目しつつ，判例法と立法による法形成過程を追う。第4章では，1954年内国歳入法典において租税属性引継ルールが規定されたこととの関係で，債権者による組織再編成における租税属性引継ルールについて検討する。第5章では，1978年の連邦倒産法改正に伴う1980年倒産租税法の立法過程とその内容及び1986年の内国歳入法典の抜本的改正に伴う企業再生税制の改正内容をみる。第6章では，1970-90年代を対象に，企業再生税制に限定せず，平時における財務リストラクチャリングと，事業再生局面でのデット・リストラクチャリングを対照しながら課税問題を検討する。第7章では，1990年代からみられたクレーム・トレーディングという事業再生手法と，租税属性引継ルールとの関係を分析する。第8章では，2008年以降の金融危機 (以下，「金融危機」という。) への政府の対応を題材に，国家の事業再生への関与の在り方まで踏まえ，事業再生手法と企業再生税制の関係を論じる。第9章では，第2編全体についてまとめた上で，次編以降の検討課題を明らかにする。

第1章 コーポレート・ファイナンス，企業破綻処理制度，法人課税

　本章では，アメリカの企業再生税制を考察するにあたっての準備作業として，アメリカのコーポレート・ファイナンス，企業破綻処理制度，法人課税導入の動きを観察する。アメリカの資本主義の発展を考える上で，大規模な資本を必要とする19世紀以来の鉄道建設が重要な役割を果たしたことは広く知られている[4]。ここでは，本書の問題意識に沿った形での整理を試みる。具体的には，コーポレート・ファイナンスと企業破綻処理制度とを関連づけ[5]，さらには租税がコーポレート・ファイナンスに及ぼす影響にまで検討対象を広げる。その際に，主に依拠するのは，Jonathan Baskin と Paul Miranti による研究[6]や，アメリカ法人税の歴史研究で著名な Steven Bank の研究である。前者は，MM理論が成立するための前提条件である完全市場が成立していない場合のコーポレート・ファイナンスについて，情報の非対称性に着目することで，イギリス及びアメリカにおける歴史的変遷の説明を試みている。

　この作業により，わが国でこれまで主流であった銀行からの融資による資金調達と企業破綻時の債務免除による私的整理という事業再生手法とは異なり，証券中心の資金調達及びそれを前提とした裁判所の下での事業再生手法がとられることになった経緯を知ることができる。さらには，そのような事業再生手法や，法人所得課税の導入が資金調達手法に及ぼすようになった影響を歴史的側面から明らかにすることができる。

---

[4] 先行研究の紹介として，藤澤治奈「アメリカ動産担保法の生成と展開 (1)」法学協会雑誌125巻1号1頁，21-64頁 (2008)。

[5] アメリカ倒産法学においても，1980年代以降，事前の観点からの分析が盛んな会社法・証券取引法と，事後を取り扱う倒産法の連続性を意識するアプローチが盛んとなり，今では大きな潮流の1つになっている。See, e.g., Douglas G. Baird, Bankruptcy's Uncontested Axioms, 108 YALE L. J. 573, 576 n.11, 589–592 (1998).

[6] JONATHAN BARRON BASKIN & PAUL J. MIRANTI, JR., A HISTORY OF CORPORATE FINANCE (1997).

第1節　社債中心の資金調達

第1款　社債による資金調達と情報の非対称性——Baskin & Miranti

　アメリカの鉄道建設は，1820年代後半に始まるが，当初は，東部を中心に，地域的で短距離のものが中心であり，運河等と同様，地域経済の発展のための準公的性格を有していた。そのためか，主に沿線住民や地方自治体が，中心的には株式，部分的に社債を引き受ける形で，鉄道建設の資金は調達されていた[7]。

　しかし，鉄道輸送技術の完成に伴い，1840–50年代以降，中西部を中心に急速に建設が拡大したことで資金不足が顕著となり，ボストン資本やニューヨーク資本，さらに，南北戦争以降には，外国資本が中心的な資金供給者となった[8]。このとき，外国投資家への仲介役を果たしたのがJ. P. モルガンをはじめとする銀行家であった。東部の投資家や外国投資家は，主に社債を通じて投資したが，これは株式のリスクを嫌ったためだといわれる。この点について，当時まだ投資家への情報提供手段が不十分であったことが要因として挙げられている。すなわち，証券市場の発展のためには，投資家が適切に証券の価値を評価できることが必要条件となるが，当時はそれが不十分であった[9]。情報不足の問題は，鉄道会社の資金調達に専門性を有する，評判のある専門的な引受銀行の登場によって部分的に和らぎ[10]，また，政府によって企業情報が収集・提供されるようにもなっていったものの[11]，結局は情報の非対称性に伴うリスクを克服することができなかったといわれる[12,13]。

---

7)　WINTHROP M. DANIELS, AMERICAN RAILROADS: FOUR PHASES OF THEIR HISTORY 23–24 (1932); BASKIN & MIRANTI, supra note 6, at 132–133.　邦語文献として，鈴木圭介＝中西弘次「アメリカ資本主義の発展と鉄道業(2)」社会科学研究22巻5号50頁，59–60頁 (1971)；佐合紘一『企業財務と証券市場』24–28頁 (同文館，1986)。

8)　鈴木＝中西・前掲注7) 62–80頁；佐合・前掲注7) 28–30頁；A. D. チャンドラー (鳥羽欽一郎＝小林袈裟治訳)『経営者の時代 (上)』165–166頁 (東洋経済新報社，1979)。

9)　See BASKIN & MIRANTI, supra note 6, at 134–135.

10)　See id. at 138.

11)　See id. at 142–144.

12)　See id. at 145.

13)　経営者にとって企業価値最大化は事業体への支配権維持に比して二次的な目標にすぎなかったことの影響も指摘されている。See id. at 160–161.

そこで，外国投資家の投資対象となったのは，リスクが低く，利払額が確定している負債，とりわけ鉄道会社の財産を担保とするモーゲージ・ローンやリーエン付社債であった[14]。そのため，資本構成は種々の担保付社債からなる複雑なものとなり[15]，同時に鉄道会社は全体的に負債比率が高く，1893年の不況によって，その多くが社債の利払いができずに破綻するに至った[16]。当時は連邦レベルでの法人税導入前であり，株式と負債の選択に関する課税上のバイアスはとるに足らないものであったにもかかわらず負債による資金調達が優勢であったことを，ファイナンス理論の観点から説明できる点[17]は注目に値する。

第2款　銀行貸付に対する社債の優位——Roe

株式よりも負債による資金調達が中心的であったことは，資金調達主体と投資家との間の情報の非対称性によってある程度説明しうるとしても，同じ負債でも，銀行貸付ではなく，社債が中心的であった点は別途の検討を要する。

この点を直接論ずるものではないものの，Mark Roe の研究[18]が示唆を与える。同研究は，アメリカにおいて Adolf Berle と Gardiner Means の定式化した「所有と経営の分離」[19]が生じた原因を，経済学的観点からだけでなく，政治的・歴史的要因の影響も加味して考察する必要があると主張する。具体的には，大規模な資本を必要とする産業（自動車製造業が典型とされる）が資本を集めるためには，直接に証券市場から調達するだけでなく，銀行・保険会社・相互会社・年金基金等の大規模な金融仲介機関を媒介させるという方法もありえたところ，アメリカでそうならなかったのは，資本主義の黎明期から金融仲介機関が規制され，企業の大株主となることが妨げられてきたとい

---

14) *See id.* at 147-151; WILLIAM Z. RIPLEY, RAILROADS: FINANCE AND ORGANIZATION 106-109 (1915).
15) たとえば，1889 年の Atchison 社の再生の際には，41 種類もの社債があった。*See* STUART DAGGETT, RAILROAD REORGANIZATION 200 (1908).
16) 1897年までに合計資本額の25%以上，路線の総距離の40%以上に及ぶ鉄道会社がレシーバーシップの手続に入ったとされる。*See* BASKIN & MIRANTI, *supra* note 6, at 151.
17) *See id.*
18) MARK J. ROE, STRONG MANAGERS, WEAK OWNERS: THE POLITICAL ROOTS OF AMERICAN CORPORATE FINANCE (1994).
19) ADOLF A. BERLE & GARDINER C. MEANS, THE MODERN CORPORATION AND PRIVATE PROPERTY (1933).

う政治的・歴史的要因のためだと論じている[20]。

このRoeの研究のうち，本款の関心に合わせ，負債による資金調達に係る記述に着目すると次のように説明されている[21]。すなわち，銀行は，鉄道会社が，19世紀末に大規模な外部資本を必要とするようになった頃に中心的な金融仲介機関であったものの，規制のために資金を供給することが難しかった。具体的には，1800年代の早い段階から，連邦制の下で，他州の銀行の支店設置を排除する等して各州が銀行を認可し保護していたため，アメリカでは銀行業が分散するという特徴を有するようになっていた。そして，南北戦争中に連邦免許銀行（National Bank）が創設されても，1864年連邦免許銀行法（National Bank Act of 1864）は，連邦免許銀行を1か所での営業に限定するものと解釈されてきた。さらに，1895年にCleveland大統領が連邦免許銀行の支店設置を認める提案を支持したが，単店銀行側の組織的な団結によって，これが廃案にされるという経緯があった。その代わり，地域の連邦免許銀行の最低資本金額が引き下げられ，多数の銀行が設立されたものの，同時にそれが中小の弱体な地方銀行による支店設置反対運動を拡大させることにもなったという。このような背景から，大規模な資本を必要とする鉄道業やそれ以外の大規模産業においては，銀行貸付ではなく，証券が中心的な資金調達手段となったとの仮説が成り立とう[22]。

第2節　エクイティ・レシーバーシップ

1800年代だけでも，アメリカ連邦倒産法は1800, 1841, 1867, 1898（年）と幾

---

20) *See* ROE, *supra* note 18, at xiv; *see also* Charles W. Calomiris & Carlos D. Ramirez, *The Role of Financial Relationships in the History of American Corporate Finance*, 9 J. APPL. CORP. FIN. 52, 58-60（1996）.

21) *See* ROE, *supra* note 18, at 54-56. 但し，支店設置規制だけでは説明として不十分で，銀行が分散化していたから証券市場が発達したのか，既に拡大した証券市場があったから大銀行の成立が阻害されたのかをRoeが明言しておらず，仮に後者であるならその理由を考察すべきだとするものとして，松尾順介「アメリカ金融システムの分散化と企業統治」証券経済193号1頁，13頁（1995）。

22) なお，第二次大戦後には，社債の保有者は個人投資家から機関投資家に大きくシフトした。その要因としては，個人レベルでは高率の累進課税に服するのに対し，生命保険会社・貯蓄銀行などの機関投資家は低い限界税率・平均税率に服するにすぎない，又は完全に免税とされていたことが挙げられている。*See* Eli Shapiro, *The Postwar Market for Corporate Securities: 1946-1955*, 14 J. FIN. 196, 214（1959）. 機関投資家による社債保有率の上昇が，1990年代以降に，社債にかかる私的整理を容易にしたことにつき，参照，第2編第6章第3節，第2編第7章。

度も改廃されてきたが，これらの改正は，大企業の再生にはほとんど関係しなかった[23]。他方，鉄道会社は，1857, 1873, 1893 (年) と度重なる不況に襲われ，議会では，企業倒産に関する連邦倒産法の立法の必要性が叫ばれてきたが，連邦制の下で，州法の管轄・規制の下にある会社を連邦法によって扱うことへの反対等の事情のため，連邦倒産法上の整備は不十分なものであった[24]。そして，特に立法による解決が難しかった 1857 年や 1873 年の不況期には，経営陣や投資銀行はむしろ裁判所に企業破綻処理を求めることとなった[25]。こうして，アメリカの企業破綻処理制度は，鉄道会社の再生手続として用いられるようになったエクイティ・レシーバーシップ制度を起源として成立・発展し，のちに鉄道会社に限らない事業再生法制へと整備されるという経緯を辿った。そこで，本節では，エクイティ・レシーバーシップ制度の概略と，そこで行われる事業再生の特徴を紹介する。なお，同制度については，邦語でも豊富な紹介があるため，詳細はそちらに譲る[26]。ここでは，法的整理と私的整理との関係や，事業再生局面に限らず資金調達一般に及ぼした影響まで視野に入れる形で資本再構築手法を分析し，同時に，倒産政策との関係で，エクイティ・レシーバーシップにおいて主導的な役割を果たした主体に注目する。

　エクイティ・レシーバーシップとは，鉄道会社をはじめとする会社の再生に用いられる複数の手続や関係人の活動の総称であり，特に鉄道会社の再生においては，①一般債権者訴状 (general creditor's bill) に基づく一般債権者による債務者企業の財産管理及びレシーバーの選任の申立て，②社債の担保とされていた鉄道会社の財産についての担保権実行手続 (foreclosure)，③再生計画策定の役割を果たす，保護委員会 (protective committee) 及び最終的に複数の保護委員会の調整を行う再生委員会 (reorganization committee) の要素から

---

23) DAVID A. SKEEL, JR., DEBT'S DOMINION: A HISTORY OF BANKRUPTCY LAW IN AMERICA 48 (2001).
24) *See id.* at 52-54. 同時に，複数の州にまたがる鉄道について州が適切に倒産処理をすることもできなかった。*Id.* at 55.
25) *Id.* at 56.
26) 三ヶ月章「アメリカにおける会社更生手続の形成」『会社更生法研究』1 頁，3-8 頁 (有斐閣，1970)〔初出 1950〕；加藤哲夫「アメリカにおける鉄道更生」『企業倒産処理法制における基本的諸相』3 頁，3-20 頁 (成文堂，2007)〔初出 1990〕；村田典子「再建型倒産手続の機能 (1)」民商法雑誌 129 巻 3 号 346 頁，350-358 頁 (2003)；藤澤・前掲注 4) 21-64 頁；栗原伸輔「会社更生法における『公正かつ衡平』の意義について (2)」法学協会雑誌 130 巻 8 号 1865 頁 (2013) 等。

なる[27]。制定法による事業再生法制の不存在にもかかわらず,エクイティ・レシーバーシップを通じた再生が行われるようになった理由としては,鉄道会社の輸送手段としての公益性のために救済への社会的コンセンサスがあったこと[28],その事業の性質上,清算価値よりも継続企業価値の方が大きいとの理解があったこと[29],鉄道会社の資金調達に深く関与する投資銀行が,自らの評判を落とさぬよう鉄道会社の再生を強力に推進したこと[30]が挙げられている。

　エクイティ・レシーバーシップの下での事業再生手法の特徴は,大きく3点挙げられる。第1に,裁判所の下で,鉄道会社の再生が優先され,その結果,資本市場が未発達な中で資本再構築,特に短期の運転資金調達のために,実体法上の権利の優先関係が崩されることもあったこと,第2に,資本再構築に伴い,証券金融技術が著しく発展したこと,第3に,実質的に事業再生を主導したのは,ウォール・ストリートの投資銀行やその委任を受けた弁護士であったこと,である。

　第1点について,当時は,公募により外部投資家からの資金調達を図ろうにもディスカウントが大きくなってしまい[31],また,投資銀行が企業の支配権の変動を嫌ったため,既存株主から資金調達する必要性が高かった[32]。連邦レベルでの事業再生法制は存在せず,応急的にあくまで実体法上の権利実現手続としての担保権実行手続が用いられたから,債権者は自らの担保目的物の主観的評価額より不利な(あるいは債権者がリスク回避的であるとすると不確実性の伴う事業再生の成否に対するリスク・プレミアム分を付加した額に満たない対価しか受けられない)再生計画案には賛成せず,さらには,他の投資家の負担にフリーライドすることが合理的となるいわゆるホールドアウトの問題を生じやすかった。

---

27)　栗原・前掲注26) 1871頁。
28)　Skeel, *supra* note 23, at 52; *See also* David A. Skeel, Jr., *An Evolutionary Theory of Corporate Law and Corporate Bankruptcy*, 51 Vand. L. Rev. 1323, 1360 (1998) (裁判所が公的性格をもつ鉄道会社とそれ以外の企業を区別していたことを指摘)。
29)　Peter Tufano, *Business Failure, Judicial Intervention, and Financial Innovation: Restructuring U.S. Railroads in the Nineteenth Century*, 71 Bus. Hist. Rev. 1, 6-7 (1997); Douglas G. Baird & Robert K. Rasmussen, *Control Rights, Priority Rights, and the Conceptual Foundations of Corporate Reorganizations*, 87 Va. L. Rev. 921, 926 (2001).
30)　*See* Baird & Rasmussen, *supra* note 29, at 928-929.
31)　*See* Ripley, *supra* note 14, at 396.
32)　Baird & Rasmussen, *supra* note 29, at 932.

この点について，以下の仕組みがあった[33]。エクイティ・レシーバーシップの下では，申立てがあると，裁判所が債務者の財産管理をするレシーバーを選任し，同時に再生計画を策定する保護委員会が組織される。そして，保護委員会は再生のために新会社の資本再構築案を作成するが，そのために，従前の権利者に対して権利証券の寄託を求めていた。再生計画では，株主に対しても，追加支払金 (assessment) の払込みと引き換えに新会社の権利の割当を受ける選択権が与えられるのが通常であった。そして，再生計画案に賛成した投資家には，計画案通りの新会社の株式や社債が交付される。他方，反対する投資家に対しては，担保権実行による競売代金が支払われ担保権も消滅するが，このとき，現実には競売に参加して競落人となるのは保護委員会のみ[34]で，競落価額が低く抑えられていた[35]。そのため，裁判所が，広範な裁量の下で最低競売価額 (upset price) を極めて低額に設定することで[36]，事実上，反対社債権者に再生計画への賛成を強いる仕組みとして機能していた[37]。なお，このような仕組みは，一種の第二会社方式とみることができ，債権者による組織再編成 (Creditor's reorganization) の原型となっている。以上のような仕組みのため，必ずしも破綻に至る前の権利の優先関係に沿った資本再構築案は策定されず，当事者間の交渉力に応じて実体法上の優先関係が変更されていた。

第2点について，この時代には，実務的に1970-80年代に次いで証券についての著しい技術革新があったといわれる[38]。たとえば，優先株式 (preferred stocks)，収益社債 (income bonds)，金利繰延債 (deferred coupon debt instruments) 等が開発され，資本再構築に用いられるようになった。特に，優先株式は，投資家にとって普通株式よりも価格づけが容易で，かつ，経営者にとっては

---

33) *See* Tufano, *supra* note 29 at 11-19. Tufano は，仕組みについて主に，Joseph L. Weiner, *Conflicting Functions of the Upset Price in a Corporate Reorganization,* 27 COLUM. L. REV. 132 (1927) に依拠する。
34) Paul D. Cravath, *The Reorganization of Corporations, in* SOME LEGAL PHASES OF CORPORATE FINANCING, REORGANIZATION AND REGULATION 153, 204 (Francis Lynde Stetson ed., 1927).
35) Tufano, *supra* note 29, at 14; Douglas G. Baird & Robert K. Rasmussen, *Boyd's Legacy and Blackstone's Ghost,* 1999 SUP. CT. REV. 393, 404.
36) Tufano, *supra* note 29, at 18 では，裁判所が最低競売価額を設定するにあたって，再生委員会が助言していた事例が紹介されている。
37) Weiner, *supra* note 33, at 145.
38) Tufano, *supra* note 29, at 2. *See generally,* Peter Tufano, *Securities Innovations: A Historical and Functional Perspective,* 7 J. APPL. CORP. FIN. 90 (1995).

議決権の希釈化を生じないこともあり，20 世紀初頭から，1909 年の法人課税導入までの間，鉄道以外の産業の平時の資金調達においても盛んに用いられるようになった[39,40]。また，投資家の事前防衛手段として社債のコベナンツ (bond covenants) や，議決権信託 (voting trust) が用いられるようになった。これらの金融技術は，法人課税導入前に既に資金調達手法として開発されていた点[41]，そして，それが，次節で述べるようにタックス・プランニングの技術としても用いられるようになり，1970 年代以降の財務リストラクチャリング[42]の際のタックス・プランニングの素地となった点は興味深い[43]。

　第 3 点について，鉄道会社の投資家には外国投資家が多かったため，投資銀行に事業再生を委ねていた[44]。そして，レシーバーには，経営ノウハウが必要であることもあり，従前の経営者をはじめとする内部者が就くことが多かったが，これは投資家を代理する投資銀行が事業再生の主導権を維持するために望む傾向があったからだと説明される[45]。また，再生計画案も，投資銀行が保護委員会や再生委員会を組織し，社債の寄託を受けることで交渉力を集約し主導した[46]。このように，エクイティ・レシーバーシップを投資銀

---

39) Baskin & Miranti, *supra* note 6, at 152-153, 156-157. 逆に，有担保社債は，1890 年代の鉄道会社の倒産を経て，担保目的財産に流動性がないと担保としての価値が低いことが認識されるようになったため利用が減り，むしろ収益力に着目するようになった。*See id.* at 154-155 n.65.
40) 当時の資本再構築の具体例を挙げておく (Tufano, *supra* note 29, at 15)。

1890 年代の再生計画案の一例	
旧株式・社債	新株式・社債
株式 1 株＋＄50 の現金追加払込	額面＄50・利率 4% の社債＋額面＄75 普通株
優先株 1 株＋＄50 の現金追加払込	額面＄50・利率 4% の社債＋額面＄100 普通株
利率 5% の劣後債（額面＄1000）1 単位	額面＄500・利率 4% の社債＋額面＄500・6% の優先株
第 1 位モーゲージ債（額面＄1000）1 単位	旧債券と同約定の額面＄1000 の第 1 位モーゲージ債

41) *See* Tufano, *supra* note 38, at 90.
42) 第 2 編第 6 章第 1 節・第 2 節。
43) 従来は，租税が証券開発を大きく推進したことが強調される傾向にあった (*See* Merton H. Miller, *Financial Innovation: The Last Twenty Years and the Next*, 21 J. Fin. & Quantitative Analysis, 459 (1986)) が，既にある金融技術が土台となっている側面もあったことになる。
44) Skeel, *supra* note 23, at 63-64. そして，投資銀行は同じウォール・ストリートの法律事務所に法律業務を委託した。*See id.* 投資銀行が証券引受業務を行うにあたって，外国投資家からの評判とアメリカ市場への信頼は極めて重要であったため，投資家の利益になるよう行動することが期待できた。*Id.* at 66.
45) Baird & Rasmussen, *supra* note 29, at 929-930.
46) *See* Skeel, *supra* note 23, at 58.

行が主導したことが，ニューディール期に企業破綻処理制度を裁判所やSEC (Securities and Exchange Commission) の厳しい監視下に置き，投資銀行を排除する政治的な動きへと倒産政策を向かわせ，法的整理を重視する方向に進む原因となった[47]。

第3節　法人課税導入

本節では，前節でみたような資金調達と企業破綻処理制度の在り方を前提に，新たに法人課税が導入された背景と，それが資金調達にどのような影響を及ぼしたのかをみていく。

第1款　1894年所得税法における法人課税

19世紀における法人形態での企業の発展により，社債や株式による資金調達の重要性が増したことは，租税法にも影響した。それが典型的に現れたのが，法人税の導入である。それまでは，各州での個人段階での財産税が中心的であったが，株式や社債の形での財産保有が増加すると，財産の把握が困難となって財産税は機能しなくなり，代替的に，各州は特定産業を対象に株式資本をベースにして法人に財産税を課すようになった[48]。さらに，法人形態での事業体が普及すると，一般的に法人税が課されるようになった[49]。そして，株式資本や他の財産ではなく，利益や所得に法人税を課すことが検討されるようになり，執行や徴収上の理由から配当に着目して課税されるようになった[50]。しかし，内部留保により配当課税を繰り延べ，また，資金調達を社債に多く頼る企業を優遇するものであったため，法人への一般的な所得課税を導入する州が出てきた[51]。

そして，連邦レベルでは，1893年の不況以降，貧困層に負担の偏る傾向に

---

47) 第2編第1章第4節。
48) *See* STEVEN A. BANK, FROM SWORD TO SHIELD: THE TRANSFORMATION OF THE CORPORATE INCOME TAX, 1861 TO PRESENT 26-34 (2010). 同書の書評として，髙橋祐介「剣から盾へ——アメリカ連邦法人所得税の変質」アメリカ法 2011-2号 216頁。
49) *See* BANK, *supra* note 48, at 34-37.
50) *See id.* at 38-39. 執行や徴収上の理由から法人の配当に着目するようになったことは，利益分配の把握が難しいパートナーシップが課税対象から除かれ，法人税が，全ての事業に対して課される形にならなかったことを説明するのに資する。
51) *See id.* at 39-40.

あった関税や個別消費税から法人（とその所有者）に税負担を移すことに関心が抱かれるようになり，1894年所得税法 (The Income Tax Act of 1894) によって法人所得課税が導入された[52]。このときの課税ベース設定にあたって，前節との関係で注目すべきは次の2点である。

第1点として，利子が課税ベースに含まれるかの議論がある[53]。Edwin Seligman は，この法人税は，純利益 (net profit) に課される租税であり，純利益とはすなわち，操業及び事業に係る費用を超える所得をいい，後者の費用には，通常の費用や損失だけでなく，社債その他の負債利子も含むものとして定義されたと説明する[54]。彼自身は，法人の財産 (property) や所得稼得能力を表すのは株式と負債双方であり，法人所得について，双方合わせて評価すべきだと考えていた[55]。そして，当初の Cleveland 大統領の提案や下院案では，利子控除は想定されていなかった。しかし，上院において，利子控除を認めずに利子についても2%の源泉税を課すことになると，既に州によっては重課されていた，鉄道会社をはじめとする，負債比率が高く苦境にあえいでいる多くの企業を破滅に追いやるとの反発があり，妥協が図られたのであった[56]。但し，次に述べる第2点のため，株式と負債の異なる取扱いの実際上の問題は，当時それほど重視されなかったとの分析がある[57]。

第2点として，配当政策との関係が挙げられる[58]。下院案は配当と未分配利益に課す案だったのに対し，上院は法人の純利益に直接課税した上で個人レベルでの受取配当につき所得控除をする案を好んだ。これは，下院案への代替案というよりも，当時の資金調達手法を加味すれば下院案を合理化する提案であった。当時，鉄道以外の産業においては，稼得した利益のほぼ全てをただちに配当し，新規投資は新たな証券発行によるのが基本的な配当政策

---

52) See BANK, *supra* note 48, at 41-55. そして，これ以前に源泉税方式の南北戦争中の所得税の経験があった。*Id.* at 19.
53) Steven A. Bank, *Historical Perspective on the Corporate Interest Deduction*, 18 CHAP. L. REV. 29 (2014).
54) EDWIN R. A. SELIGMAN, THE INCOME TAX: A STUDY OF THE HISTORY, THEORY, AND PRACTICE OF INCOME TAXATION AT HOME AND ABROAD 509 (1911).
55) *Id.* at 513. Seligman の理解への言及として，吉村政穂「出資者課税——『法人税』という課税方式 (2)」法学協会雑誌120巻3号508頁，550-551頁 (2003).
56) Camden Hutchison, *The Historical Origins of the Debt-Equity Distinction*, 18 FLA. TAX REV. 95, 118-119 (2015).
57) See Bank, *supra* note 53, at 33.
58) See BANK, *supra* note 48, at 48-51.

であった[59]。かかる配当政策は，投資家への情報開示制度が不十分な中，配当が企業の安定性と価値の重要なシグナルとなっていたこと[60]や，株式市場の流動性が低い中，配当は株主が収益を得る手段として重要だったことによる[61]。実際，1871-95年の配当率は，80％前後であり[62]，株主の所得に対して法人段階で源泉課税をする仕組みは配当課税と同視しやすかったのである。

以上のように，当初はあくまで社債権者・株主を区別せず，投資家の所得への源泉課税として構想された1894年所得税法の法人課税であったが，当時の経済状況により債権者を除く形で，株主の所得への源泉課税という形へと調整された。しかし，この法人税は翌年のPollock判決[63]で違憲となり，結局施行されることはなかった。

第2款　1909年法における法人税の位置づけ

1909年に導入された法人消費税（corporate excise tax）[64]については，これまで，アメリカの学説上，法人への規制としての側面を有すること，1894年所得税法における法人課税のような，一般的な個人所得課税の一構成要素としてではなく，これとは独立の法人への課税として位置づけることでPollock判決の射程を免れたことをもって，現代的な法人所得税の元祖であるとの理解（以下，「伝統的理解」という。）が有力であった[65]。そして，わが国において

---

59) RIPLEY, *supra* note 14, at 244.
60) *See* STEVEN A. BANK, ANGLO-AMERICAN CORPORATE TAXATION: TRACING THE COMMON ROOTS OF DIVERGENT APPROACHES 108-112, 115-116 (2011).
61) *Id.* at 117.
62) BANK, *supra* note 48, at 50-51.
63) Pollock v. Farmers' Loan & Trust Co., 157 U.S. 429 (1895), *aff'd on reh'g* 158 U.S. 601 (1895).
64) 個別消費税（excise tax）との名称を持つが，Pollock判決との抵触を避けるためのものであり，＄5000を超過する「純所得（net income）」に税を課すもので，実質的には法人所得課税であった。
65) *See* Marjorie E. Kornhauser, *Corporate Regulation and the Origin of the Corporate Income Tax*, 66 IND. L. J. 53 (1990); Katherine Pratt, *The Debt-Equity Distinction in a Second-Best World*, 53 VAND. L. REV. 1055, 1096-1097 (2000); Reuven S. Avi-Yonah, *Corporations, Society, and the State: A Defense of the Corporate Tax*, 90 VA. L. REV. 1193, 1212-1231 (2004) [hereinafter Avi-Yonah, *Corporations*]; Reuven Avi-Yonah, *The Stories of the Separate Corporate Income Tax: A Vehicle for Regulating Corporate Managers*, *in* BUSINESS TAX STORIES 11 (Steven A. Bank & Kirk J. Stark eds., 2005); Reuven Avi-Yonah, *The Cyclical Transformations of the Corporate Form: A Historical Perspective on Corporate Social Responsibility*, 30 DEL. J. CORP. L. 762, 793-803 (2005).

も,このような理解(特にKornhauserによるそれ)を受けて,当時の法人・企業観と関連づけて法人実在説に親和的なentity理論(natural entity理論及びartificial entity理論)と法人擬制説に親和的なaggregate理論の対立が紹介されている。そこでは,租税政策の問題だけでなく,法人への規制手段としての役割が期待されていたために,法人を独自の存在と把握してentity理論に立ちつつも,自然人と同視して税を課すのではなく,artificial entity理論に立ち,有限責任付与等の「特権」を享受することに対する応益税として位置づけられたとの理解が中心的に紹介・分析されてきた[66]。現在のアメリカでは,このような歴史認識に対して疑問を呈する学説も現れており,その内容をヨリ詳細に紹介して伝統的理解を相対化しつつ,法人所得課税の導入が資本構成に与えた具体的影響をみていく。但し,本書はこれらの対立する歴史認識の当否自体には関心を持たない。

伝統的理解に対して疑問を呈したのが,Steven Bankである[67]。Bankは,1909年の法人消費税は,現代的な法人所得課税の誕生というよりも,むしろ1898年の米西戦争時に始まる,Pollock判決に抵触しない形での一般的な所得税導入の試みの系譜に位置づけられるとの歴史解釈を示す[68]。すなわち,米西戦争開始によって戦費調達を迫られた議会は,法人を対象に,その総受領額(gross receipts)に税率0.25%で課税することを提案した[69]。結局,この

このうち,Avi-Yonahは,規範論としても,法人の経営権力((corporate) managerial power)に着目し,それを規制する手段として法人課税の正当化を試みる。彼は,BERLE & MEANS, *supra* note 19, at 46を引用しつつ,その要素を,政治権力(political power),(労働者との関係を典型とする)経済権力(economic power),(消費者に対する)市場権力(market power)と整理しており(Avi-Yonah, *Corporations, supra*, at 1237-1238),投資家とは分離して経営権に独自の権力を見出すから,(事実解明的分析として)artificial entity理論に立って法人税を情報開示のための装置とみるKornhauserとも区別される。*See id.* at 1229. 本書は,法人税の規範的正当化の問題には立ち入らないが,仮にそのような正当化がありうるとしても,団体のうち「法人」を括り出して規制の対象とし,その「純利益」に課税するという手段が適切かの検証は不可欠である。

66) 吉村・前掲注55) 511-512頁。
67) BANK, *supra* note 48, ch.3; Steven A. Bank, *Entity Theory as Myth in the Origins of the Corporate Income Tax*, 43 WM. & MARY L. REV. 447 (2001); Steven A. Bank, *Entity Theory as Myth in the U.S. Corporate Excise Tax of 1909, in* STUDIES IN THE HISTORY OF TAX LAW, VOL.II 393 (John Tiley ed., 2006). 但し,Bank以前にも,既にAlvin C. Warren, Jr., *The Corporate Interest Deduction: A Policy Evaluation*, 83 YALE L. J. 1585, 1596-1597 (1974) が,Seligmanの理論も参照しつつ,法人税における利子控除の否定を租税政策論として正当化する議論を展開していた。*See also* Pratt, *supra* note 65, at 1066.
68) BANK, *supra* note 48, at 57.
69) *Id.* at 59.

提案は拒否され，石油・砂糖という事業種目に対して法人かどうかに関係なく課されることになり[70]，所得税の実質を有していたものの，Pollock 判決には抵触しないとの判決が下された[71]。そして，1909 年には，Taft 大統領の下で，憲法修正が実現するまでの間，この判決を根拠に法人所得を算定基礎として法人に Excise Tax を課す提案がなされた[72]。

Bank は，確かに社会的に拡大する大法人への規制方法として法人課税が政治的に魅力的であったことは事実であるが，実際の規制装置としては不十分だったと分析する。具体的には，これまでの歴史研究では，法人情報の公開性が，特に潜在的投資家との関係での規制方法として重視されてきた[73]が，現実には公開性は弱かったという[74]。むしろ，個人所得税の導入されていない中，社債券保有者に多い富裕層は利子控除により課税を免れるのに対し，相対的に貧しい人も含む株主は課税されることへの不満の声が出ていた[75]。こうして，Bank によれば，1909 年の法人課税もあくまで株主の所得への前取り課税として導入されたものと理解される[76]。

社債利子に課税しないという政策決定の背景には，資金調達の問題との関係が指摘されている。南北戦争時の臨時的な利子課税の経験以降，鉄道会社や大規模産業の社債については，税負担を社債権者ではなく発行体が負担し，元利金の返済から控除を認めない旨の「非課税コベナンツ (tax-free covenants)」が規定されることが多かったが，法人レベルで課税が生じると，支払利子額が減る可能性があることが，契約侵害による違憲であるかが議論された[77]。他方，債券保有者側に税を課すという方法は，Pollock 判決との関係で難しかった[78]。そのようにして社債利子に課税することは断念されたが，鉄道会社や産業企業が株式資本を負債に置き換える財務リストラクチャリングをする動きが観察されたことへの懸念もあり，1909 年の成立当初から利子控除に

---

70) See id. at 60.
71) Spreckels Sugar Refining Co. v. McClain, 192 U.S. 397 (1904).
72) See BANK, supra note 48, at 66-67.
73) Kornhauser, supra note 65, at 133-134.
74) See BANK, supra note 48, at 69-70. 企業側のロビイングによって公開性は減ぜられ，納税申告書は公開されていたものの，税務調査によって得られた情報は，大統領命令がなければ非公開であり，さらに税務調査自体も不正申告の証明がなければ行われなかった。Id.
75) See Bank, supra note 53, at 34-35.
76) See BANK, supra note 48, at 74.
77) Bank, supra note 53, at 36-37.
78) See id. at 37-38.

限度額が設けられた[79]。そして，1913年の個人所得税の導入[80]による利子控除制限の必要性低下，さらに第一次大戦による税率引き上げ，1918年の利子控除限度額の撤廃があったが，税が要因となって負債による資金調達の増加が生じることはなかった。その一因として，第一次大戦を機に導入された戦時利益税 (War Profits Tax)・超過利潤税 (Excess Profits Tax) においては，投資資本 (invested capital) の額に応じて税額控除が認められていたが，このとき株式資本のみを投資資本の算定に含めていたため，株式による資金調達へのバイアスがかかり，負債による資金調達のバイアスを打ち消していたことが挙げられる[81]。そして，現代的な法人税の本質的な特徴とされる法人・株主の二重課税の問題[82]は，むしろ大恐慌後に法人段階での利益留保が問題になり，1936年導入の留保利益課税を通じた配当政策への介入を防ぐのと引き換えに受取配当控除が廃止されたことで本格化したのだと説明される[83]。

第4節　大恐慌とチャンドラー法

本節では，大恐慌とニューディールの時期の企業破綻処理制度をめぐる動向・倒産政策を追い，次章以降で本格的に企業再生税制について検討するための準備作業を行う。

1938年のチャンドラー法[84]により1898年連邦倒産法が大きく改正され，企業破綻処理制度が連邦倒産法上チャプター X として法制化された。この時期

---

79) *See id.* at 38-40. なお，控除限度額の設定方法に合理性がなかったこと，株式の水割り対策として払込資本額が利子控除限度額の設定に用いられたこと，第16修正と1913年の個人所得税導入により控除制限の必要がなくなり漸進的に撤廃されたことにつき，参照，吉村・前掲注55) 515-518頁；水野・前掲注3) 60-61頁。

80) 所得のうち＄5000を超える部分に1%の通常税率，さらに配当された利益について累進的に最高6%の付加税が課された。

81) Leonce Bargeron et al., *Taxes, Investment, and Capital Structure: A Study of U.S. Firms in the Early 1900s,* http://papers.ssrn.com/abstract=2408490 (1917-20年における負債比率の上昇について，税の影響よりもむしろ，投資水準の高さと収益性の低さが主要な決定要因であると実証データを解釈する).

82) Robert Charles Clark, *The Morphogenesis of Subchapter C: An Essay in Statutory Evolution and Reform,* 87 YALE L. J. 90, 97-98 (1977).

83) BANK, *supra* note 48, at 179. この問題につき，参照，畠山武道「アメリカに於ける法人税の発達 (1)-(4・完)」北大法学論集24巻2号1頁 (1973)，26巻2号139頁 (1975)，26巻4号591頁 (1976)，28巻2号279頁 (1977)。

84) Bankruptcy Act of 1938, Pub. L. 75-696, 52 Stat. 840 (1938).

に，企業再生税制の判例法形成や立法が重なったので，その特徴を押さえておくことは企業破綻処理制度と企業再生税制との関係を考えるにあたって有益である。その特徴を一言でまとめれば，ウォール・ストリートを排除し，SECが強力に監視する裁判所手続の重視という倒産政策の採用といえる。その背景には，第2節でみたように，それまでのエクイティ・レシーバーシップではウォール・ストリートの投資銀行や弁護士が主導してきたことへの反動から，彼らの企業破綻処理への関与を排する政治的動きが生じたことがある。

当初は，ウォール・ストリートも，企業破綻処理制度の法制化には賛成の立場を示していた[85]。その理由としては，大恐慌という時代背景の下，エクイティ・レシーバーシップでは多数決制度がとられておらず，投資家間の調整にかかる時間や反対者への現金交付が非効率的であったこと，再生企業が複数の州にまたがる場合，統一的に取り扱う方が効率的であったこと，鉄道以外の産業の発達とともに一般的な企業破綻処理制度の必要性が高まるものの，エクイティ・レシーバーシップを支えていた鉄道の公共性という理念はただちには妥当しなかったこと，が挙げられる[86]。これらの問題を解消すべく，連邦倒産法上，1933年に鉄道会社に関する§77，翌年に，企業一般に関する§77Bの規定が設けられた。

他方で，ニューディーラーは，事業再生実務からのウォール・ストリートの締め出しを推進した。その中心的役割を果たしたのが William Douglas をはじめとする SEC 関係者である。Douglas は，1934 年に Franklin Roosevelt 大統領の下で行った倒産実務の実態調査[87]の結果，ウォール・ストリートの投資銀行と弁護士が，企業を倒産に至らせた既存の経営者と組む形で事業再生実務を牛耳っているとの認識を抱くようになった。そして，その改革に着手し，チャンドラー法という形で法制化した。その特徴は，事業再生に対する国家の関与を著しく強めた点にある。具体的に，以下の3点が挙げられる[88]。

---

85) SKEEL, *supra* note 23, at 103.
86) *See id.* at 104-105; *see also* Robert T. Swaine, *Corporate Reorganization Under the Bankruptcy Power,* 19 VA. L. REV. 317 (1933).
87) SECURITIES AND EXCHANGE COMMITTEE, REPORT ON THE STUDY AND INVESTIGATION OF THE WORK, ACTIVITIES, PERSONNEL, AND FUNCTIONS OF PROTECTIVE AND REORGANIZATION COMMITTEES (1937).
88) *See* Arthur H. Dean, *Corporate Reorganization I.: A Review of the Law of Corporate Reorganizations,* 26 CORNELL L. Q. 537, 548-550 (1941).

第1に，債務額＄25万以上の案件について独立の管財人 (trustee) の選任を強制し[89]，再生中の事業の経営権[90]や再生計画の策定権限[91]を認めた。これにより既存の経営者が留任する DIP 型や再生計画策定におけるウォール・ストリートの主導は難しくなった[92]。

第2に，裁判所の承認がある場合を除き，再生計画への承認の勧誘が禁じられる等，裁判所の役割が強化された。関連して，チャンドラー法によるものではないが，1939年信託証書法 §316 (b) により，裁判所手続外における私的整理の形での多数決による社債のリストラクチャリングが禁止された[93]。

第3に，SEC が，全ての提案された再生計画の監視[94]を行う等，強力に関与するもので，これらの措置は保護委員会等の役割を重視した Douglas のかつての見解[95]とも異なり，国家の干渉を強めるものであった[96]。

さらに，その後 Douglas が連邦最高裁判事となるとすぐに，のちの倒産実務・学説にとって最重要であり，さらには企業再生税制に対しても大きな影響を及ぼした判決を下した。それが，Los Angeles Lumber 判決[97]である。同判決は，再生計画認可要件について定めるいわゆる「公正かつ衡平 (fair and equitable)」条項の解釈について，絶対優先原則を採用することを確立した判決である。絶対優先原則とは，上位債権者が債権の全額の弁済を受けない限り，影響を受ける上位債権者全員の同意がなければ，下位の債権者や株主が返済や再生企業の持分権の取得等の形で再生計画に参加することは許されないとする原則である。従来，エクイティ・レシーバーシップの下では，投資銀行の主導の下，経営陣は留任し，株主は追加支払金を提供することで再生

---

89) Bankruptcy Act of 1938, ch. 575, §156.
90) *Id.* §189.
91) *Id.* §169.
92) *See* SKEEL, *supra* note 23, at 119-120. 管財人は，「利害関係のない (disinterested)」者であることが要件とされていた (Bankruptcy Act of 1938, ch.575, §§157, 158)。
93) Mark J. Roe, *The Voting Prohibition in Bond Workouts*, 97 YALE L. J. 232, 250-251 (1987).
94) Bankruptcy Act of 1938, ch. 575, §172.
95) William O. Douglas, *Protective Committees in Railroad Reorganizations*, 47 HARV. L. REV. 565 (1934).
96) *See* SKEEL, *supra* note 23, at 122. Douglas のこのような変化の要因として，彼が Jerome Frank をはじめとするニューディーラーと友好関係を築いていたこと，連邦最高裁判事に就任すべく，政治的支持を必要としていたことが挙げられる。*See id.* at 122-123.
97) Case v. Los Angeles Lumber Products Co., 308 U.S. 106 (1939), *reh'g, denied*, 308 U.S. 637 (1939). さらに，Los Angeles Lumber 判決は，§77B についての解釈であったが，チャプター X についても同様に判示された。Consolidated Rock Products v. DuBois, 312 U.S. 510 (1941).

計画に参加するが，無担保の債権者は，本来株主よりも優先するはずであるにもかかわらず排除されるという実務が定着していた[98]。これに対し，1913年の Boyd 判決[99]によって一般債権者が株主に優先することを認める判断が下されるものの，その後もウォール・ストリートの実務は，同判決を債務超過により旧株主が排斥されるとしたものではないと理解し，旧株主はもともとの株主としての地位を維持したまま，経営者も留任し，むしろ相対優先原則に基づく実務が定着するようになった[100]。このような実務に対し，資本構成が鉄道会社より簡素な一般事業会社にも事業再生実務が拡大し，社債券保有者も投資銀行に代理されたヨーロッパの洗練された投資家ではなく，一般の個人投資家が中心となるにつれて，Jerome Frank らニューディーラーは，債権者保護のため絶対優先原則を強く主張するようになった[101]。William Douglas も，自らが推薦した Frank が委員長を務める SEC のアミカス・ブリーフを受け，Los Angeles Lumber 判決において，このような事業再生実務，特に経営ノウハウ等の無形資産の提供を理由とする旧株主の残存を否定する形で[102]，絶対優先原則を明言する判断を下したのであった[103]。

---

98) *See* Baird & Rasmussen, *supra* note 35, at 404-406. このように，実体法上の優先関係が倒産手続で崩されることになると，事前の資金調達段階で，その分の不確実性へのリスク・プレミアムを反映した利率が設けられるなどの影響によってかえって効率的な資金調達を妨げる可能性もある。*See* Lucian A. Bebchuk, *Ex-Ante Costs of Violating Absolute Priority in Bankruptcy*, 57 J. FIN. 445 (2002).
99) Northern Pacific Railway Co. v. Boyd, 228 U.S. 482 (1913).
100) *See* Baird & Rasmussen, *supra* note 35, at 406-408. Kansas City 判決（Kansas City Ry. Co. v. Cent. Union Tr. Co., 271 U.S. 445, 455-456 (1926)）では，相対優先原則とも両立しうる判旨が述べられていた。そして，一般債権者にも追加支払金による株式の引受けを認める方向へと展開していた。*See* SKEEL, *supra* note 23, at 67-68.
101) Jerome Frank は，事業再生の実務が，資本構成の複雑な鉄道会社から，持株会社を利用し，資本構成が簡素かつ階層的になり，（持株会社の）無担保社債の保有も分散するようになった事業会社へと拡大するにつれ，1930 年代には，自衛能力の低い債権者の犠牲の下に，旧株主と投資銀行，弁護士が利益をむさぼる性格が強くなったとの認識を有するに至ったといわれる。*See* Baird & Rasmussen, *supra* note 35, at 409; *see also* Jerome Frank, *Some Realistic Reflections on Some Aspects of Corporate Reorganization*, 19 VA. L. REV. 541 (1933).
102) *Los Angeles Lumber*, 308 U.S. at 122. 同時に，同判決は，その傍論において，「新価値の例外 (new value exception)」の端緒となる判示をしていた。Douglas は，人的資本の出資を過小評価したと理解するものとして，Robert K. Rasmussen, *The Story of Case v. Los Angeles Lumber Products: Old Equity Holders and the Reorganized Corporation*, in BANKRUPTCY LAW STORIES 147, 170 (Robert K. Rasmussen ed., 2007). 絶対優先原則と新価値の例外の関係については，see John D. Ayer, *Rethinking Absolute Priority After Ahlers*, 87 MICH. L. REV. 963 (1989).
103) *See* Douglas G. Baird, *Present at The Creation: The SEC and the Origins of the Absolute Priority Rule*, 18 AM. BANKR. INST. L. REV. 591 (2010). 絶対優先原則によっても，有効適正に一

以上のようなチャンドラー法による改革と判例法の影響は大きく，裁判所やSECの関与が強まった結果，一般企業向けのチャプターXの申立てはそれ以前の旧連邦倒産法§77Bの申立件数に比べ激減した[104]。その代わり，当初閉鎖会社・個人の再生向けに設計され，SECの関与がなく，経営者の留任が認められ，絶対優先原則も妥当しないチャプターXIの申立件数が増加し，連邦最高裁判所（Douglasすら）も，そのような申立てを認めた[105]。そして，1978年の連邦倒産法改正の頃にはチャプターXIの方が事業再生の中心的な手続となっていた[106]。

　また，その後の企業の資金調達との関係では，一旦倒産し，チャプターXの手続が開始してしまうと，ウォール・ストリートの投資銀行が主導し，ある程度予測可能性が担保されていたエクイティ・レシーバーシップの時代と異なり，SECの再生計画への関与度合いについての不確実性が高く，事前の貸付時にその分の不確実性を織り込んだリスク・プレミアム分の高い利子率が要求されるようになった結果，社債より株式による資金調達を後押しした可能性が，（実証的裏付けはないが）指摘されている[107]。これらの弊害は，のちに，1950年代の事業会社における株式による資金調達の普及に伴う資本構造の簡素化と相まって，鉄道会社のような複雑な資本構造を有する企業の再生のために始まった事業再生法制の性格に変化をもたらした。

第5節　小　括

　本章では，アメリカの企業再生税制を考察するための準備作業として，アメリカのコーポレート・ファイナンス，企業破綻処理制度の変遷と，法人課税導入の影響を，その歴史的文脈を意識しつつ観察した。

　まず，アメリカにおいては，資本主義の黎明期から証券，特に社債による

　　般債権者に配分することが難しいことを機能的に分析するものとして，see Douglas G. Baird & Thomas H. Jackson, *Bargaining After the Fall and the Contours of the Absolute Priority Rule*, 55 U. CHI. L. REV. 738 (1988). さらに，近年では絶対優先原則と相対優先原則の優劣に関する議論が深化している。See Douglas G. Baird, *Priority Matters*, 165 U. PA. L. REV. __ (forthcoming).

104)　See SKEEL, *supra* note 23, at 125-126.
105)　General Stores Corp. v. Shlensky, 350 U.S. 462 (1956). See SKEEL, *supra* note 23, at 162-168.
106)　Eric A. Posner, *The Political Economy of the Bankruptcy Reform Act of 1978*, 96 MICH. L. REV. 47, 65 (1997).
107)　See SKEEL, *supra* note 23, *at* 172-173.

資金調達が発展してきたことを確認した (第1節)。その上で, そのような資金調達手法の趨勢の中, 不況時には, 証券の発行・引受けを担うウォール・ストリートの投資銀行と弁護士が主導して企業を再生させるエクイティ・レシーバーシップの制度が裁判所の下で形成されたことと, 著しい金融証券技術の発展があったことをみた (第2節)。

次に, 法人税が株主・社債権者の双方を含む投資家の所得への源泉課税として構想されたものの, 鉄道会社の不振をはじめとする当時の経済状況や資金調達の在り方によって, 現実には, 株主の所得への源泉課税に落ち着いた経過を紹介した (第3節)。

そして, ニューディール期には, チャンドラー法による一般的な企業破綻処理制度が整備されたが, そこでは, ウォール・ストリートを排除し, 裁判所やSECの強い関与の下での法的整理を重視する制度へと倒産政策が変質を遂げたことで, かえってその利用が敬遠されるようになったという経過をみた (第4節)。

第2章　Kirby Lumber 判決とその後の立法

本章では，アメリカにおける企業再生税制の形成について，特に COD ルールに着目する。COD ルールは，事業再生時の即時の課税を避けつつも，収益力回復後に課税の余地を残すことができる点で，わが国でも注目されてきた[108]。そこで，改めて COD ルールの法形成過程と論点を整理しておく。COD ルールの形成されたニューディール期には，法人の利益留保が問題視され，法人税に関する論点も，留保金課税が中心的なものであった[109]が，その一方で，同時期に損失が出ている法人に対する課税ルールが設計されたことは興味深い。

本章の検討の結果，債務消滅益が総所得を構成することを判示した Kirby Lumber 判決の理論構成をめぐって，その後の裁判例や学説では混乱が生じるが，有力な学説の理解(借入元本理論)によれば，その背後には，タックス・ベネフィット・ルールの発想がうかがえ，そのような立場からは，債務超過時に債務消滅益を総所得不算入とする規律(債務超過の例外)は，例外ルールと整理できることが明らかになる。また，この時期に基本構造が形成されたCOD ルールもタックス・ベネフィット・ルールの発想を背後に控えつつ，取戻し課税の余地を確保しようとした例外ルールと位置づけることができる。

第1節　債務消滅から所得が生じるか

事業再生時には，固定利払費を減少させるために債権者との間で既存債務の元本や利率を調整するのが通例である。そして，その場合に生じる債務消滅益の課税上の取扱いが企業再生税制に関する中心的な論点となってきたことは，アメリカでも同様である。

---

[108]　第1編第2章第3節第1款1 (1)。
[109]　*See generally* BANK, *supra* note 48, ch.6; 畠山 (2)・前掲注 83) 139 頁。

本節では，具体的な法形成過程を追う前に，倒産局面に限らず，そもそもいかなる理論構成によって債務消滅から総所得が生じると法的に観念されるのか，という問題についてのアメリカにおける議論を参照する。なぜなら，債務消滅から所得が生じるという原則ルールを確認することで，倒産局面における解釈・立法を例外的なものとして位置づけることが可能になるからである。

　予め一点付言するに，ここでの所得概念論は，個人所得についてのいわゆる Simons の定式[110]を基礎とする包括的所得概念が，（その当否はともかく）租税政策論上の評価枠組み及び租税法の解釈原理として強い影響力を有するようになるのに先行して発展してきたものである[111]。そのため，Simons の定式に則る演繹的な議論とは異なる系（むしろ後述するタックス・ベネフィット・ルールの系）に属することに留意を要する。ここでの議論は，債務消滅から「所得」，正確には租税法令の規定する「総所得（gross income）」が生じるかという問題について，（個人の効用に還元される意味での）消費を観念できないとされる法人[112]を中心に発展してきたものである。このことは，わが国では，債務消滅益に関するアメリカ法の議論が紹介されるにあたって，むしろ例外的事件である，個人についての「消費」の有無が争点だともいわれた[113]Zarin 事件[114]の存在感が大きかったため，その陰に隠れがちであったように思われ

---

110) HENRY C. SIMONS, PERSONAL INCOME TAXATION: THE DEFINITION OF INCOME AS A PROBLEM OF FISCAL POLICY 49-50 (1938).

111) 1960 年代以降包括的所得概念を指導理念とする租税政策を強く推進したことで著名な Surrey らを中心とするアメリカ法律協会の 1954 年改正にあたっての立法提案においてさえ，総所得（gross income）の定義については Haig-Simons の定式に従う方式や，全ての「受取り（receipt）」を課税ベースに含めた上でそこから課税されるべきでないものを控除するという方式を直接に取り入れて定義することは，税務執行や法令の規定の仕方といった理由のため適切でないとされ，株式配当や債務消滅益については明確性確保のために個別具体的な規定を設けながら，全体としては将来の判例法の発展の余地を残して，従来の規定にあった「利得，利益及び所得（gains, profits, and income）」というスタンダードの文言にすべきことを提案したと説明されている。See Stanley S. Surrey & William C. Warren, *The Income Tax Project of the American Law Institute: Gross Income, Deductions, Accounting, Gains and Losses, Cancellation of Indebtedness*, 66 HARV. L. REV. 761, 769-775 (1953). なお，わが国における所得概念論の礎となる論文では，1913 年法の規定の変遷や判例・行政実務の緻密な観察から，アメリカの所得税制度に所得の包括的構成への指向が最初から内在していたものと評価されている。参照，金子宏「租税法における所得概念の構成」『所得概念の研究』1 頁，42-46 頁（有斐閣，1995）〔初出 1966〕。

112) Warren, *supra* note 67, at 1591-1592.

113) Daniel Shaviro, *The Man Who Lost too Much:* Zarin v. Commissioner *and the Measurement of Taxable Consumption*, 45 TAX L. REV. 215, 222 (1990).

114) Zarin v. Comm'r, 916 F.2d 110 (3d Cir. 1990).

る[115]）。ここでは，債務消滅益に関する議論を通じて，内国歳入法典の基本構造にタックス・ベネフィット・ルールや取戻し課税の発想をうかがえることを確認する[116]）。

以下，アメリカにおいて債務消滅益に関するリーディング・ケースとなった1931年の連邦最高裁判決である Kirby Lumber 判決[117]）を中心に，その後の裁判例を踏まえて理論構成を確認し，法人の債務消滅益についての内国歳入法典の解釈論としては，（規範的当否は別として）包括的所得概念よりもタックス・ベネフィット・ルールの判断枠組みが親和的であることを示す。なお，債務消滅益に係る課税問題についてのアメリカ法研究として既に髙橋祐介によるもの[118]）がある。これらも参照しつつ，事業再生とコーポレート・ファイナンスの歴史的展開へと接合していくための準備作業を行う。

第1款　Kirby Lumber 判決と債務超過の例外──資産解放理論

1　Kirby Lumber 判決
【事案】

Kirby Lumber 社は，1923年7月，＄12,126,800の社債を額面発行し，同年，その一部を公開市場にて額面よりも低い価格で買い入れたところ，額面と買入償還額の差額＄137,521.30が，総所得（gross income）[119]）に含まれるかが争われた。Holmes 判事の法廷意見は，次のように述べて総所得への算入を認めた。

---

115)　増井良啓「賭博債務の免除から所得は生ずるか」税研40＝41号17頁（1992）。同論文は，Bittker & Thompson, infra note 125 を踏まえた上で，借入元本理論ではうまく解決できない事例として Zarin 事件に着目するものであった。

116)　同様の着眼点を示す先行研究として，髙橋祐介「タックス・ベネフィット・ルールと遡及的調整」租税研究767号134頁（2013）；岡村忠生「事業取引における債務の移転について」金子宏ほか編『租税法と市場』372頁（有斐閣，2014）。取戻し課税について，「反対ベイシス（anti-basis）」という概念を提唱することにより説明しようとするものとして，Ethan Yale, *Anti-Basis*, 94 N.C.L. Rev. 485 (2016); *see also* Douglas A. Kahn & Jeffrey H. Kahn, *Cancellation of Debt and Related Transactions*, 69 Tax Law. 161 (2015).

117)　U.S. v. Kirby Lumber Co., 284 U.S. 1 (1931).

118)　髙橋祐介「企業再生と債務免除益課税」総合税制研究12号162頁（2004）（以下，〔企業再生〕という）；同「損害賠償なんか踏み倒せ！──債務の消滅をめぐる課税関係に関する一考察」立命館法学352号2884頁，2886-2895頁（2014）（以下，〔損害賠償〕という）。

119)　1921年歳入法§213(a)の総所得に係る規定では，"gains or profits and income derived from any source whatever." と規定され，財務省規則では，額面以下での市場での社債買入れによる額面との差額は所得となるとされていた。*Kirby Lumber*, 284 U.S. at 3.

【判旨】

「(筆者注：Kerbaugh-Empire 判決[120]について述べたのち) 本件では、資産の減少はなく、納税者は明白な利得をなした。当該取引 (筆者注：自社債買入れのこと) の結果、納税者は、今は消滅した社債の償還債務によってそれまで見合いとされていた (offset) $137,521.30 の資産 (assets) を利用可能にし」[121]、当該年のうち[122]に所得を実現した。

Kirby Lumber 判決の特徴は、それまで債務消滅益についての先例であるとされてきた Kerbaugh-Empire 判決を否定するのではなく、形式的には同判決と峻別する形の理由づけによって[123]、社債の買入償還による債務消滅から総所得が生じることを明示した点にある[124]。その理由づけは、のちに学説によって、資産解放理論 (The Freeing-of-Assets Theory) と呼ばれた[125]。すな

---

120) Bowers v. Kerbaugh-Empire Co., 271 U.S. 170 (1926). この事件は、マルク建てで子会社の事業用に資金を借り入れたが事業がうまくいかず、取引全体としては損失を被ったが、マルクの価値が下落したために、米建てで換算した場合よりも少ない額で返済できた場合に総所得が生じるかが争われ、取引全体としては借入額を超える損失が出ており、マルク価値下落により損失が減少したとしても所得ではないとして債務消滅から所得は生じないとしたもので、取引全体アプローチ (the whole transaction approach) と呼ばれる。しかし、同事件に対しては、そもそも為替差益の問題であることなどから、債務消滅益の問題としての先例性を否定する見方が強い。*See* William C. Warren & Norman A. Sugarman, *Cancellation of Indebtedness and Its Tax Consequences: I*, 40 COLUM. L. REV. 1326, 1329 (1940); Deborah A. Geier, Tufts *and the Evolution of Debt Discharge Theory*, 1 FLA. TAX REV. 115, 187-188 (1992); 髙橋〔損害賠償〕・前掲注 118) 2887-2888 頁。
121) *Kirby Lumber*, 284 U.S. at 3.
122) ここでは、かつて生じた費用につき控除を受けていないまま、受け取った賠償金について、年度会計原則を重視して総所得への算入を認めた Burnet v. Sanford & Brooks Co., 282 U.S. 359, 364 (1931) を引用しており、Kirby Lumber 判決も債務消滅の生じた課税年度のみに着目しているものと読める。*See* Warren & Sugarman, *supra* note 120, at 1328-1329.
123) *See id.* at 1329.
124) Kirby Lumber 判決以前に、1923 年には、倒産局面においては債務消滅から所得が生じない旨のルーリングが出ていた。*See* BORIS I. BITTKER & LAWRENCE LOKKEN, FEDERAL TAXATION OF INCOME, ESTATES, AND GIFTS ¶7.6.1 (Westlaw Int'l.) (citing IT 1564, II-1 CB 59 (1923)).
125) Stanley S. Surrey, *The Revenue Act of 1939 and the Income Tax Treatment of Cancellation of Indebtedness*, 49 YALE L. J. 1153, 1164 (1940); Boris I. Bittker & Barton H. Thompson, Jr., *Income From the Discharge of Indebtedness: The Progeny of United States v. Kirby Lumber Co.*, 66 CAL. L. REV. 1159, 1165 (1978); Theodore P. Seto, *The Function of the Discharge of Indebtedness: Complete Accounting in the Federal Income Tax System*, 51 TAX L. REV. 199, 212 (1996); Deborah H. Schenk, *The Story of Kirby Lumber: The Many Faces of Discharge of Indebtedness Income*, *in* TAX STORIES 137, 144 (Paul L. Caron ed., 2d ed. 2009); Lawrence Zelenak, *Cancellation-of-Indebtedness Income and Transactional Accounting*, 29 VA. TAX. REV. 277, 280-281 (2009).

わち，その判旨が，それまで社債償還債務の見合いとされていた資産が債務消滅により解放されることを理由として所得の発生を認めている点に着目し，債務消滅の効果の生じた課税年度のみをみて，債務からの資産の解放があれば，総所得が発生すると解する理論構成である[126]。

2 倒産局面への影響

しかし，あらゆる債務消滅について所得を計上することは，大恐慌のさなか，事業再生が盛んに行われるようになっていた時代に適合しないものであった[127]。そのため，Kirby Lumber 判決後には，下級審レベルで，事業再生の事案においては，債務者企業が債務超過状態にあり債務消滅によってもその状態が解消されないこと等を理由に Kirby Lumber 判決と結論を異にする判断が相次いだ[128]。

その中には，資産解放理論との整合性を意識しつつ判示するものもあった。Lakeland 判決[129]は，1930 年に債務超過となった企業が，レシーバーシップの下，債務者企業として，その債権者らとの和議 (composition) の末，1933 年に債務を消滅させたところ純資産を有するようになった事案である。

租税訴願庁 (Board of Tax Appeals, 租税裁判所 (Tax Court) の前身に相当) は，それまでの，債務超過の場合には債務消滅益が総所得に一切含まれないと判

---

126) しかし，そもそも Kirby Lumber 判決を，債務消滅それ自体でなく，資産の解放に着目して読むのは的外れであると批判された。See Bittker & Thompson, supra note 125, at 1165.
127) Schenk, supra note 125, at 150. また，倒産局面に限らず，債務消滅による所得計上が適切でないと考えられる局面では，Kirby Lumber 判決の例外を認める判断が続くことになった。See James S. Eustice, Cancellation of Indebtedness and the Federal Income Tax: A Problem of Creeping Confusion, 14 TAX L. REV. 225, 236-253 (1959).
128) E. B. Higley & Comm'r, 25 B.T.A. 127 (1932) は，レシーバーシップの下で，事業再生のための財務強化目的で，既存債権者に，その債権に代えて優先株式や現金を交付したり，その債務の一部を免除したりして消滅した債務について，債務者企業が債務超過状態にあることに着目し，Kirby Lumber 判決の射程が及ばないとした。
　　Dallas Transfer & Terminal Warehouse Co. v. Comm'r, 70 F.2d 95 (1934) は，債務超過となった債務者企業について，債権者（賃料債権及びその利息債権者）と交渉してその財産と引き換えに一部の債務免除を受けた場合に，債務負担 (liability) の減少ないし消滅があったとしても，交換可能な価値のある何かを取得したわけではないから，Macomber 判決で示された意味での所得は生じていないとした。そして，Kirby Lumber 判決との峻別を論じる箇所では，社債の額面発行の際に発行代り金として現金を受けているから，額面以下での市場での償還により，それ以前よりも差額分だけ資産が増加しているとして峻別した。Id. at 96. この点は，のちに 1934 年歳入法によって，財務省規則にも規定された。Treas. Reg. 86, §22 (a)-14. なお，髙橋〔企業再生〕・前掲注 118) 182 頁での判旨の紹介も参照。
129) Lakeland Grocery Co. v. Comm'r, 36 B.T.A. 289 (1937).

断してきた裁判例と峻別しつつ，債務消滅前に債務超過だったが，債務消滅後に純資産を有するようになった場合は，Kirby Lumber 判決の理由づけがなおも妥当し，債務超過が解消したことで生じたプラスの純資産の限度で，総所得に算入されるべきであると判断した[130]。これらの，債務超過状態に着目した判例法理を債務超過の例外 (Insolvency exception) という。

第2款　Rail Joint 判決──借入元本理論

　資産解放理論に対抗する理論構成が借入元本理論 (Loan Proceeds Theory) であり，これに基づいて下された判決だといわれることが多いのが，Rail Joint 判決[131]である。同判決は，Kirby Lumber 判決同様，社債を買入償還した事案において，Kirby Lumber 判決とは事案を異にするとして，総所得への算入を否定した。

【事案】

　Rail Joint 社が，1914 年に生じた利益について，額面 $200 万の無担保社債 (debenture) の形でその株主に配当し，1926 年と 1927 年の課税年度に，同社が額面以下で償還したところ，額面との差額分が総所得に算入されるかが争われた。

【判決内容】

　第2巡回控訴裁判所は，大要，社債による配当は，配当時にも償還時にも株主から何ら財産の取得なくなされるものであるから，総所得は生じないと判断した[132]。ここで注目すべきは，社債発行時と償還時の双方に注目して，両時点でともに発行会社が何ら資産の交付を受けておらず，資産への増加分がないとして，所得の実現を否定した理論構成である。この理論は，のちの学説によって借入元本理論と呼ばれた[133]。

---

130) *See id.* at 292. 参照，髙橋〔企業再生〕・前掲注 118) 183 頁。
131) Comm'r v. Rail Joint Co., 61 F.2d 751 (2d Cir. 1932).
132) *Id.* at 752.
133) Bittker & Thompson, *supra* note 125, at 1165; Seto, *supra* note 125, at 216; Schenk, *supra* note 125, at 147; Zelenak, *supra* note 125, at 282.

第3款　Bittker による倒産局面の位置づけ

1　Kirby Lumber 判決と Rail Joint 判決の関係

　資産解放理論を批判し，借入元本理論の理論構成を展開したのが，Boris Bittker であり[134]，のちの学説は，資産解放理論との間ではこちらに賛成する傾向にある[135]。そこで，ここでは彼の立論を踏まえ，債務消滅からなぜ所得が生じるといえるのかについての理論構成を確認する。

　まず，前提として，Bittker は Rail Joint 判決での理由づけでは，Kirby Lumber 判決との峻別は不可能であるとする[136]。なぜなら，Kirby Lumber 判決では事実として明示されていないものの，Kirby Lumber 判決の事案も，未払の配当金があった優先株式と交換で社債が交付された事案だったからである。そして，両当事者が，社債発行の対価が何であるかは重大でないことに合意していたために，裁量上訴の申立てには現れなかったという背景事情があった。これを前提とすると，Kirby Lumber 判決の射程を，現金交付を対価に発行された社債の償還に限る根拠は疑わしいものとなる[137]。このようにして，Kirby Lumber 判決自体の射程は極めて広いものであるとの理解を示す。

　その上で，借入元本理論の立場から，資産解放理論に立った Kirby Lumber 判決の理論構成を次のように外在的に批判する。まず，借入金について，借入時に総所得から除かれるのは，借入と同時に返済債務を生じ，利得を生じないからである[138]。そして，借入金の受領時に，借入金が総所得から除外されるのは，のちに全額返済されるとの前提のためであるから，その前提が誤りであるとわかった場合には，課税上の調整がなされるべきであり，そうすることで，債務消滅に係る課税上の取扱いは簡素になると論じる[139]。

　しかし，このような立論によっても Rail Joint 判決の事案のような形で社債を株主に交付した場合については十分に説明できない。そこで，Bittker は，

---

134)　1978 年の論文では，Thompson も共著者であるが，便宜上 Bittker の学説としてまとめる。
135)　Schenk, *supra* note 125, at 144, 147; Seto, *supra* note 125, at 204; Zelenak, *supra* note 125, at 284-285.
136)　Boris I. Bittker, *Income From the Cancellation of Indebtedness: A Historical Footnote to the Kirby Lumber Co. Case*, 4 J. Corp. Tax'n 124 (1977).
137)　*Id.* at 128.
138)　Bittker & Thompson, *supra* note 125, at 1159; 増井・前掲注 115) 21 頁。
139)　Bittker & Thompson, *supra* note 125, at 1165-1166.

一旦現金を対価に社債を発行した上で，発行代り金を配当したものと再構成して説明する[140]。しかし，このような現実に行われていない取引への引き直しに対しては，Rail Joint 判決が出た当初から警戒があり[141]，のちの学説からも，実際にあった契約を課税上引き直すためには「完全性 (completeness)」基準を満たしていることが求められるという Saul Levmore の裁判例の分析[142]を援用した上で，そのような再構成は完全性を満たさないとの Lawrence Zelenak の批判[143]がある。

このように，借入元本理論自体は受容されているものの，具体的な消滅した債務の発生時における利益の存否の判断には，具体的な事実を正確に把握する必要があるという困難が残っており[144]，それほど簡素なルールとも評価できないのである。

2 倒産局面の例外性

借入元本理論は，具体的運用について不十分な点が残っているものの，原則と例外を区別する基準としては有用である。すなわち，Bittker の立論によれば，倒産局面における債務消滅についても，基本的には，借入時に受領した元本額について，返済によらずに債務消滅が生じれば，総所得に算入されるべきことになる。そして，Bittker は，倒産局面では債務消滅から所得が生じ

---

140) Id. at 1167. これを髙橋〔損害賠償〕・前掲注 118) 2891 頁は，「二段階アプローチ」と呼ぶ。
141) Norris Darrell, Discharge of Indebtedness and the Federal Income Tax, 53 HARV. L. REV. 977, 982 (1940).
142) Saul Levmore, Recharacterizations and the Nature of Theory in Corporate Tax Law, 136 U. PA. L. REV. 1019 (1988). 同論文は，まず，法人税に係る裁判例を分析し，記述的な形で「隠れたルール」をあぶり出す。その上で，その「隠れたルール」を，(法人税自体が恣意的で規範的議論を受けつけない性質のものだとの前提に立った上で) 裁判官は規範論としても暫定的に受容すべきだと主張する。See id. at 1061-1064. Levmore が析出した「隠れたルール」の具体的内容には，「完全性 (completeness)」，「一貫性 (consistency)」，「簡素 (brief)」性，「直接 (direct)」性がある。このうち，「完全性」とは，取引を引き直しても現実に起きた事象を矛盾なく説明できることをいう。たとえば，ある会社の株主 A, B (持株比率 50% ずつ) のうち，会社は A にのみ金銭を支払ったとする。このとき，A が会社へ労務提供する予定であった場合には，報酬という性質決定は完全性を満たすが，A の保有する株式のみの償還や株主 A 及び B への配当という性質決定は完全性に反する。なぜなら，前者については，その後も A と B は 50% ずつの議決権を保有し続けるため，A の保有株のみが償還されたという主張は成り立たず，後者について，現実には A の資産のみが増加しており，AB 双方への配当という主張も成り立たないからである。See id. at 1020.
143) Zelenak, supra note 125, at 300-301.
144) Id. at 328.

ないとする判例法やその後の立法について，債務者の新たなスタート（fresh start）という倒産制度の目的に合致すると評価しつつも，それを無条件には支持しない。すなわち，倒産時における債務消滅は，債務者に資産を「利用可能」にするものではないから，資産解放理論とは整合的であると評価しつつも，借入金を事業に用いることによって費用控除を受け，倒産前の租税を減らし，事業再生後に繰越控除可能な純事業損失（Net Operating Loss, NOL）を生むことができる点を，無申告の所得で事業資産を購入した者や申告して納税義務が生じても支払わない者は倒産後も租税債務を負うこととの対比から問題視する[145]。

Bittker は，債務消滅益に対する課税について，Kirby Lumber 判決は，過去に費用控除していることを前提としていないからその理論構成の適用はタックス・ベネフィットを生じていたかに影響を受けないとしつつも[146]，タックス・ベネフィット・ルールについて論じる箇所では，仮に費用控除をしていれば，タックス・ベネフィット・ルールと部分的に重なるものとみている[147]。このことからもうかがえるように，Bittker の見方の背後には，課税年度の枠を取り払って，課税上の損益を（名目額で）バランスさせていく発想があると思われる[148]。このような発想からは，倒産局面における債務超過の例外は，タックス・ベネフィット・ルールの現れともとれる借入元本理論を原則ルールとした上での例外ルールと位置づけられよう。

3　ノンリコース・ローン

補足的に，資産解放理論ではなく，借入元本理論の思考方法によることで，ノンリコース・ローンについて，担保目的物の時価が債務額を下回る場合であっても，消滅した額面について COD の発生を肯定しやすくなることを論じておく。Fulton Gold 判決[149]では，Kirby Lumber 判決の資産解放理論に影響を受けたためか，倒産局面にない事案において，ノンリコース・ローンに

---

145) Bittker & Thompson, *supra* note 125, at 1182-1183.
146) *Id.* at 1182; Eustice, *supra* note 127, at 252-253.
147) Boris I. Bittker & Stephen B. Kanner, *The Tax Benefit Rule*, 26 UCLA L. REV. 265, 274 (1978). 両者の重なりに関する指摘として，髙橋〔損害賠償〕・前掲注 118) 2895 頁。Bittker & Thompson に対し，借入元本の使途をみる以前に，元本を借り入れた時点で明白にタックス・ベネフィットを受けていると指摘するものとして，Geier, *supra* note 120, at 151-152, n.107.
148) この発想を貫徹するのが，Seto, *supra* note 125, at 238 の完全会計アプローチ（Complete Account Approach）である。
149) Fulton Gold Corp. v. Comm'r, 31 B.T.A., 519 (1934).

ついてのちに債務額が減免された場合，債務消滅について総所得の発生を認めるのではなく，担保目的物のベイシスを引き下げる取扱いをした。しかし，Tufts 判決[150]が，ノンリコース・ローンも課税上真正の負債と取り扱われるとの判断をしたため，内国歳入庁は，上記の取扱いを変更し，ノンリコース・ローンについての債務消滅により総所得が生じるとの取扱いをするようになった[151]。Tufts 判決の事案では，担保目的物の時価を超える部分については，担保目的物の譲渡対価に算入することとされたのに対し，タックス・ベネフィット・ルールの発想を突き詰めれば，当初の借入について通常所得からの除外がなされているとみて，取戻し課税についても通常所得として行うべきことになるともいえる[152]。このように，タックス・ベネフィット・ルールの発想からは，借入元本について生じた租税上の利益の性質まで踏まえ，取戻し課税を考える余地がある[153]。

第 2 節　立法対応

前節では，債務消滅から所得が生じる理由についての判例法と中心的な学説を踏まえた結果，Kirby Lumber 判決以後の下級審判決が，Kirby Lumber 判決の論理に乗りつつも異なる結論を導いており，その要因として，そもそもの Kirby Lumber 判決の理由づけに問題があったことが明らかとなった。本節では，判例法が安定しない時期に，主に不況にあえぐ鉄道会社を租税法上利することを念頭に，企業一般を対象とする形で[154]立法された 1938 年のチャンドラー法と，1939 年歳入法[155]で定められた企業再生税制の内容を確認

---

150) C.I.R. v. Tufts, 461 U.S. 300 (1983). 同判決については，参照，岡村忠生「タックス・シェルターの構造とその規制」法学論叢 136 巻 4＝5＝6 号 269 頁，330-336 頁 (1995)；岡村・前掲注 116) 374-378 頁；若木裕「ノンリコースローンを巡る課税上の諸問題について」税大論叢 77 号 69 頁，99-111 頁 (2013)。
151) Rev. Rul. 91-31. *See* BITTKER & LOKKEN, *supra* note 124, ¶7.2.3.
152) *See* Geier, *supra* note 120, at 151.
153) わが国において，航空機リースにかかるノンリコース・ローンの債務免除益について不動産所得ではなく，一時所得だと判示し，所得分類まで踏まえた取戻し課税を認めなかった事例として，東京地判平成 27 年 5 月 21 日裁判所 H P 及び東京高判平成 28 年 2 月 17 日裁判所 HP。同事件につき，参照，小塚真啓「債務免除益の法的・経済的性質と所得分類」租税研究 795 号 74 頁 (2016)。
154) Eustice, *supra* note 127, at 258.
155) Revenue Act of 1939, 53 Stat. 862, 875, Pub. L. 76-155 (1939).

し，その問題点を明らかにする。

第1款　債務消滅益の総所得不算入と財産ベイシス引下げ

1938年のチャンドラー法では，租税に関する規定も設けられた。しかし，その規定内容は曖昧であり，既存の判例法との関係や，翌年に制定された1939年歳入法との中立性の観点から，法的整理の下での事業再生を妨げかねないものであった。

問題の規定は，チャンドラー法により導入された連邦倒産法§268, §270と，1939年歳入法§215により1939年内国歳入法典 (Internal Revenue Code of 1939) に規定された§22 (b) (9), §113 (b) である。

1　チャンドラー法

チャンドラー法による改正後の連邦倒産法の規定は，次のようにまとめられる。すなわち，①§268により，チャプターX又は旧連邦倒産法§77Bの手続内で行われる債務者の負債の調整に関しては，連邦倒産法§270に規定される場合を除き，連邦法及び州法上課税できるものであっても，債務者によって所得は発生ないし実現されないものとみなされる。そして，②§270により，債務者の（金銭を除く）財産ベイシス又は財産の移転先において債務者のベイシスを全体的若しくは部分的に用いることが要求される財産のベイシス（金銭を除く。）は，このチャプターXの手続内で免除又は減ぜられた債務者の負債（未払いの既経過利子とタックス・ベネフィットを生じていないものを除く。）の額と同額だけ減少させる，というものである[156]。

ここでの特徴は，①手続内で消滅した債務については，一律に所得が生じないとされたこと，②法律の文言上，§268の規定があるがゆえに総所得不算入となったのか否かを問題とすることなく，一律に倒産手続内で消滅した債務の額だけ財産ベイシスの引下げが強制される点である。②のような規定の仕方は，立法者の意図によれば，債務消滅益の総所得不算入と，財産ベイシスを維持して将来の課税を減らすことによる二重控除を防ぐという趣旨であった[157]。しかし，債務超過の例外を認めた Lakeland 判決のように，判例法上もともと所得が生じない場合であっても，財産ベイシス引下げが強制されて

---

156) *See* Darrell, *supra* note 141, at 1005–1006.
157) SEN. REP. NO. 1916, 75th Cong., On Revision of the National Bankruptcy Act, at 7 (1938).

しまうおそれがあり，問題視された[158]。また，財産ベイシス引下げについては，当時 SEC の委員長であった Jerome Frank も倒産法上の手続を用いた場合に債務免除の阻害要因となってしまうことや，多数決により反対者を拘束できず現金交付が必要となってしまう倒産法上の手続外の担保権実行手続を利用する誘因となってしまうことを問題視していた[159]。

2　1939 年歳入法

他方，1939 年歳入法 §215 により，内国歳入法典には次のように規定された[160]。すなわち，①§22 (b) (9) により，不健全な財務状況 (unsound financial condition) にある債務者は，その選択により，債務消滅から生じる所得を総所得に算入しないものとすることができる。そして，②§113 (b) が，§22 (b) (9) により総所得に算入しないものとされた分の所得の額だけ，債務者の財産ベイシスを引き下げる。但し，引下げにより財産ベイシスをマイナスにはしない。借入金を特定の財産の購入に充てた場合は，ベイシスを引き下げる順番も，まずは消滅した借入金債務によって購入した当該財産から引き下げる。例えば，リーエン付きの債務については，担保目的となる購入財産のベイシスを引き下げ，足りない場合に他の財産のベイシスを引き下げる，という構造であった。

チャンドラー法と比較した場合の差異は，財務状況に関する要件が付されている点，納税者の選択制である点，社債 (bond)，手形 (note) 等，対象となる債務の種類に限定があった点，この取扱いは 4 年間に限定されていた点，等である[161]。不健全な財務状況の要件は，事実問題で行政の判断に依存する部分が大きく，倒産法上の意味での債務超過ないし支払不能に限定すること

---

158)　Randolph E. Paul, *Debt and Basis Reduction under the Chandler Act,* 15 Tul. L. Rev. 1, 5–6 (1940). 他に，判例法上，債務者企業の債権者かつ株主である者がした債務免除については，資本出資とみなされ，債務消滅益が生じないこととされていた。*E.g.*, Comm'r v. Auto Strop Safety Razor Co., 74 F.2d 226 (1934).

159)　*Hearing on H.R. 9864 Before Special Subcomm. on Bankr. and Reorganization of the H. Comm. on the Judiciary,* 76th Cong., 14–15 (1940)［hereinafter *Hearing on H.R.9864*］.

160)　*See* Darrell, *supra* note 141, at 1001–1002.

161)　*Id.* at 1002–1003. また，チャンドラー法の下では，租税回避を主目的とした再生計画については，そもそも承認が得られない又は利益の不認識が認められなかった。*See* William C. Warren & Norman A. Sugarman, *Cancellation of Indebtedness and Its Tax Consequences: II,* 41 Colum. L. Rev. 61, 68 (1941).

は意図されていなかった[162]。たとえば，市場において発行価格よりも低い価格がついていたり，同種の事業を営む会社の同種の証券の市場価格よりも低い価格がついていたりする場合にこれに当たるとの指針が示されていた[163]。

第2款　学説の評価——DarrellとSurrey

このように，大枠としては，倒産局面における債務消滅益が総所得に算入されず，代わりに財産ベイシスが引き下げられる，という企業再生税制の基本構造が連邦倒産法，内国歳入法典の双方に規定された。このような実質的な課税繰延の機能を果たす企業再生税制の構造自体に対する評価は次のように分かれた。

のちにアメリカ法律協会 (American Law Institute, ALI) の会長を務めることになる Norris Darrell は，1939年歳入法 §215 について，正しい方向への第一歩であるとし，もし恒久法であり，適用対象が法人に限定されていなかったならば，このような構造により，現行法上の債務者への苛酷な課税を，税収への大きな影響なく緩和することができ，債務消滅から所得が生じるか曖昧な境界事例においてはヨリ Kirby Lumber 判決で示されたルールの適用の拡張につながる司法判断の潮流になっていたかもしれないと評価していた[164]。

対照的に，Stanley Surrey は，財産ベイシス引下げという構造に反対した。まず，課税上，一時的に救済をすることで，事業再生により事業が継続し雇用も保たれるが，非課税による税収減は納税者一般が負担することになるから，納税者一般からすれば，事業再生により収益を生むようになれば，再生後に取戻し課税することを要求するであろうと客観的に分析する[165]。実際，チャンドラー法の当初の草案では倒産状態にある企業の債務消滅益への課税を完全に免除する予定であったが，財務省の主張により財産ベイシス引下げの形がとられたという経緯があった[166]。しかし，Surrey はこれを踏まえた上で，せっかく債務消滅益を総所得に算入しないと規定しても，財産ベイシス引下げを要求するのであれば，再生企業が債務を圧縮するインセンティブが

---

162) RANDOLPH E. PAUL, STUDIES IN FEDERAL TAXATION THIRD SERIES 155 (1940).
163) H.R. REP. No. 855, 76th Cong., at 23, 24 (1939). のちに Treas. Reg. 103, §19, 22 (b) (9)-1 に規定された。
164) *See* Darrell, *supra* note 141, at 1004-1005.
165) Surrey, *supra* note 125, at 1183.
166) Eustice, *supra* note 127, at 254.

損なわれ，再生後の負債比率が高いままとなってしまうと論じた[167]。

そして Surrey は，財産ベイシス引下げの下限をその財産の公正市場価値までとする代替案を提示しており[168]，1940 年には連邦倒産法について，Surrey の提案のような形で，チャンドラー法制定時に遡及して効力を生ずる法改正がなされた[169]。この改正は，当時債務消滅から所得が生じるかの判断が不明確であったこともあり，財務省や実務家からも支持を得た[170]。しかし，①公正市場価値までという基準には合理的根拠がないとの批判[171]や，②公正市場価値の算定が難しいとの批判[172]，③第2編第3章第3節第2款で述べるように，チャンドラー法の手続外での第二会社方式によれば，ヨリ有利な取扱いがあったことへの批判[173]があった。

このように，債務消滅時に即時の課税を避けつつ，財産ベイシスを引き下げる形の課税繰延により税収に一定程度配慮するという構造に対しては，導入当初から対立する見方があったことがわかる。そして，上記③の批判に関連するヨリ根本的な問題は，アメリカにおける事業再生手法との関係で生じる。それが，従前の債権者が再生企業の株主となるという点である。そこでは，次章以降でみていくように，従前の債権者が新株主となる場合に，①所得が生じるか，また，②旧法人の財産ベイシスを引き継ぐか，という問題が生じた。

第3節　小　括

本章では，まず，アメリカの企業再生税制の基本構造を把握するための準備作業として，そもそも債務消滅から所得が生じるのはいかなる理論構成に基づくか，という問題についての最重要判例である Kirby Lumber 判決の理論構成の確認と，のちの中心的な学説による評価を追った（第1節）。Kirby Lumber 判決の資産解放理論は，のちの裁判例により，倒産局面においては

---

167) Surrey, *supra* note 125, at 1186.
168) *See id.* at 1189.
169) Pub. L. 75-696, 54 Stat. 709 (1940). McLaughlin 修正と呼ばれる。修正に至る経緯については，see Paul, *supra* note 158, at 9-10.
170) *See Hearing on H.R.9864*, *supra* note 159, at 6-9, 16, 53, and 62.
171) Paul, *supra* note 158, at 12.
172) *Id.* at 14; Darrell, *infra* note 177, at 1016-1017.
173) Warren & Sugarman, *supra* note 161, at 80-81.

債務超過を解消しない限り債務消滅によっても総所得は生じないという論理操作を可能にするものであった。しかし，Bittker をはじめとする学説は，資産解放理論を否定し，タックス・ベネフィット・ルールも念頭に置きつつ，借入元本理論に基づいて，債務発生時に現金の受領等の利益を実際に受けていたかを基準にすべきであると主張した。このような考え方は，債務消滅益への課税に関する原則ルールを明らかにするものと評価できた。特に，借入元本理論によれば，債務超過の例外は，租税法理論上のものではなく，明らかに倒産政策上の配慮と理解することが可能になった。

　次に，ニューディール期の立法を確認した（第 2 節）。Kirby Lumber 判決が債務消滅から広く所得の発生を認める判断だったのに対し，大恐慌という時代背景もあり，チャンドラー法と 1939 年歳入法では債務消滅益の総所得への不算入と，それに対応する財産ベイシス引下げという構造を採用した。しかし，当時の判例においては債務消滅から所得が生じるかの判断が安定せず，また双方の法の規定に不明確な点があったため混乱を生み，評価も分かれた。

第3章　判例による法形成と立法対応

　本章では，アメリカの企業再生税制の基本構造が形成されるに至るまでの判例による法形成過程と立法による対応をみる。まず，資本再構成方式と第二会社方式のそれぞれについて論点を提示し（第1節），次に，資本再構成方式についての判例法と立法対応をみる（第2節）。さらに，第二会社方式について，通常の組織再編成に係る基本的な課税ルールとの関係性を踏まえ，事業再生局面における固有の理論構成を明らかにする（第3節）。最後に，それぞれの方式についての課税ルールの特徴をまとめた上で，1954年内国歳入法典による整理を確認する（第4節）。これらの分析にあたっては，事業再生実務と判例法・立法との連動関係を意識する。

　観察の結果，資本再構成方式にせよ第二会社方式にせよ，両者の非中立的な取扱いは完全には解消されないものの，ともに債務消滅益に対する即時の課税は生じないこと，さらには，立法により債務消滅益の総所得不算入と財産ベイシス引下げという基本構造が採用されるものの，時代の影響のためか，判例法によって回避可能な法制度が形成されたことが明らかになる。

第1節　事業再生の方式と課税上の論点

第1款　2つの方式

　アメリカにおける事業再生の方式は，大きく2つに分かれる。1つは，債務者法人を維持したまま，その資本再構築を行い，既存の債権者が債務者法人の株式の交付を受けるものである。もう1つは，債務者法人から新法人へ資産を移転し，その対価として，交付を受けた新法人の株式を債務者法人の既存債権者に交付するものである。現在の実務では，前者を，One-Company Equity-for-Debt Recapitalizations, 後者を，Two-Company Reorganizations と呼んで分類しており，両者の選択は，より制約の緩い州会社法を準拠法に

したい場合に後者を用いる等,租税法以外の理由に基づくこともある[174]。こ れらは,第1編第1章でみたわが国における資本再構成方式と第二会社方式 に対応するものとみてよいであろう。

そもそも債権者が再生企業の株主になるという事業再生手法は,従来わが 国において,主力行による債務免除が中心であったこと[175]と対照的である。 このような事業再生手法が主流となった背景には,前述のようなエクイティ・ レシーバーシップの仕組み[176]が1つの要因となっていると推測できる。そし て,企業再生税制もこのような事業再生手法に応じた問題を生じることになっ た。具体的には,上記2つの方式の選択と,法的整理か私的整理かの選択に よって課税上の帰結が異なりうることに関連する。以下では,それぞれの方 式について,次節以降の検討のための論点を提示する。

第2款　課税上の論点

1　資本再構成方式——Stock-for-debt exchange

資本再構成方式の場合は,既存債権者に再生企業の株式を交付する。この 取引は,アメリカでは通常,Stock-for-debt exchange と呼ばれ,日本におけ る株式振替や DES と類似のものとみうる。このとき,Stock-for-debt exchange によって,所得が実現するのか,という点について,これが純粋な資本取引 (capital transaction) であるとの見方や,Kirby Lumber 判決との関係でどう位 置づけるべきかといった解釈論上の問題があった[177]。

2　第二会社方式——組織再編成該当性

第二会社方式の場合は,通常の組織再編成に係る課税ルールとの関係性が 問題となった。具体的には,債権者による組織再編成が,租税法上の「組織 再編成 (Reorganization)」に該当するかが争われた。仮に該当すれば,損益の 不認識とともに,旧法人の財産のベイシスをそのまま新法人が引き継ぐこと となり,COD ルールにおける財産ベイシス引下げルールの適用を免れる可能

---

174) GORDON D. HENDERSON & STUART J. GOLDRING, TAX PLANNING FOR TROUBLED CORPORATIONS: BANKRUPTCY AND NON BANKRUPTCY RESTRUCTURINGS 345 (2015 ed.).
175) 第1編第2章第2節第1款2。
176) 第2編第1章第2節。
177) Darrell, *supra* note 141, at 997–998; Norris Darrell, *Creditors' Reorganizations and the Federal Income Tax*, 57 HARV. L. REV. 1009, 1015–1016 (1944).

性があったからである。

次節以降では，それぞれの取引について，判例法・立法の流れを追い，両者の中立性についての評価を行う。

第2節　資本再構成方式——Stock-for-debt exception

第1款　判例法の形成

Stock-for-debt exchange に関する判例法が形成されたのは，大恐慌の時期に行われた事業再生に関する事案においてである。まずは，そのリーディング・ケースの事案と判旨を紹介した上で，学説の評価や立法の対応をみていく[178]。

1　Capento 判決——私的整理

Stock-for-debt exchange に関する課税のリーディング・ケースとなったのが，Capento 判決[179]である。その事案と判旨は以下の通りである。

【事案】[180]

Raytheon Production 社 (R_1) は，1929 年に $500,000 で，1940-44 年の各年に返済期が到来する担保付金貨社債 (secured gold bonds) を発行した。R_1 の株式資本は，1株当たり額面 $100 の普通株が 1,000 株であり，その株式の全てを Raytheon Manufacturing 社 (R_2) が保有していた。

R_2 は，1933 年に Capento Securities 社 (以下,「Capento 社」という。) を設立し，その株式の全てを引き受けた。次いで，Capento 社は，R_1 の発行した上記担保付金貨社債の全てを，$15,160 で購入し，当該社債が Capento 社の唯一の資産 (asset) であった。これは，Capento 社を設立した唯一の目的が，R_1 が直接に自社の発行した社債を買い入れれば，Kirby Lumber 判決の射程に入り，1933 年の課税年度において，額面と買入償還額の差額分について R_1 の総所得に算入されてしまうため，これを避けることにあったという事情による。

---

178)　髙橋〔企業再生〕・前掲注 118) 185-186 頁に簡潔な紹介がある。
179)　Capento Securities Co. v. Comm'r, 47 B.T.A. 691 (1942), aff'd, 140 F.2d 382 (1st Cir. 1944).
180)　*Capento*, 47 B.T.A. at 692; *Capento*, 140 F.2d at 383-384.

R₁ は，1934 年，追加的な運転資金を得るため，ボストン第一連邦免許銀行 (First National Bank of Boston) に ＄200,000 の融資を依頼したところ，融資の条件として，Capento 社が保有する R₁ 社債を当該融資より劣後化することを要求された。そこで，1934 年 9 月 21 日付で Capento 社との合意の上，通常の形で劣後化がなされた。

R₁ は，1935 年春，さらなる融資 ＄100,000 を同行とボストン連邦準備銀行 (Federal Reserve Bank of Boston) に依頼したところ，ボストン第一連邦免許銀行が，R₁ の上記社債の株式化を提案した。そして，上記関連会社間で，1935 年 5 月 28 日に，上記提案に応じる形の再生計画が採用された。その内容は，定款変更ののち，R₁ の株式資本を，1 株当たり額面 ＄100，配当率 6％，普通株式と同等の議決権を有する非累積的優先株式 5,000 株を発行することで強化するものであった。Capento 社は，R₁ に，保有する上記社債 (額面 ＄500,000，評価額 ＄50,000) を移転して消滅させ，上記新規優先株式全てを引き受けた。R₁ の上記社債に係る残存債務は全て株式資本勘定に移された。この資本再構成が実行されたことを受け，1935 年 10 月 24 日，R₁ に対し，親会社 R₂ の保証付きで追加融資が実行された。

内国歳入庁は，上記取引が，組織再編成を定義する 1934 年歳入法 §112 (g) (現在の内国歳入法典 §368 (a) に相当) のいずれの定義も満たさず，Stock-for-debt exchange に際して，Capento 社は，§112 (a) に基づき，もともとの取得価額と優先株式の評価額との差額分の含み益に係る所得を認識すべきであると主張した。これに対し，Capento 社は，§112 (g) (1) (D) (現在の §368 (a) (1) (E) に相当) の「資本再構成 (recapitalization)」[181] に該当し，不認識となる (§112 (b) (3)) と主張した。なお，同事件は，R₁ の債務消滅益に係る訴訟と，Capento 社に係る訴訟の併合事件である。

【判旨】

租税訴願庁は，株式又は証券 (securities) のみを対価としてこれらと交換する「組織再編成」に該当すれば，組織再編成の当事者において損益が認識さ

---

181) 資本再構成の規定は 1921 年法以来存在するが，その定義規定は存在せず，その内容は必ずしも明確ではない。See BITTKER & EUSTICE, *infra* note 200, ¶12.27 [1]。Southwest 判決では，「既存の法人の枠内での資本構成の変更 (reshuffling)」であると述べられた。See Helvering v. Southwest Consolidated Co., 315 U.S. 194, 202 (1942)。裁判例の分析として，Barry Golomb, *Recapitalization: The Definition Problem*, 7 TAX L. REV. 343 (1952)。

れないことを規定する §112 (b) (3) の文言から，本件 Stock-for-debt exchange は不認識となると判断したが，条文の文言に基づく理由づけに付加して以下のように述べた。

「当該法人 (筆者注: R_1 のこと) は，それに相当する額を借り入れていたと推測される当該社債に係る ＄500,000 の責任 (liability) を負っていた。同社はその責任を消滅させる一方，株式資本という貸借対照表上の責任 (balance sheet liability) となった新たな株式持分を創出した。これは明らかに，Kirby Lumber Co. v. United States, 284 U.S. 1 (1931), 及びそれに引き続く事件におけるような，債務額に満たない額の金銭の支払による債務 (indebtedness) の弁済とは異なる。社債発行による負債を株式資本責任 (capital stock liability) によって置き換えることは，本件が示すように，有利な点があるかもしれないが，これは現時点における利得の実現とは呼べない。その資産 (assets) はそれによって債務 (obligation) から解放されていないのである。それらは株主により払い込まれた引受価額 (subscription price) となる。」[182]

このように判示し，R_1 については，債務消滅による所得が実現しないと判断した。

第１巡回控訴裁判所も，租税訴願庁の理由づけが合理的であり，結論も妥当であるとした[183]上で，もともと Capento 社が，Kirby Lumber 判決の射程を免れるために，評価額の低落した社債の保有目的のためだけに設立されたダミー会社であることが内国歳入庁にとってはひっかかり，関連会社である R_1, R_2, Capento 社を１つの事業体とみたのであろうと指摘している[184]。

Capento 判決により，Stock-for-debt exchange を行えば，Kirby Lumber 判決の射程を免れて債務消滅分が総所得に算入されないことが明らかになり，のちの事業再生に関わる事例では，Capento 判決が先例として引用されるようになった。Capento 判決で示された，Kirby Lumber 判決に対する例外は，Stock-for-debt exception，その理論構成は責任置換理論 ("substitution of liabilities" rationale) と呼ばれるようになった[185]。

182) *Capento*, 47 B.T.A. at 695.
183) *Capento*, 140 F.2d at 386.
184) *Id.* at 386–387.
185) *See, e.g.,* Jeffrey S. Berger, Note, *Debt-Equity Swaps,* 37 TAX LAW. 677, 684 (1984).

2 Motor Mart 判決──法的整理

Capento 判決では，R₁ がエクイティ・レシーバーシップ等の事業再生法制の手続の下にあるとの事実は認定されておらず，私的な事業再生の一環として行われた Stock-for-debt exchange であったと推測される。第1編で設定した分析軸の1つである法的整理と私的整理の関係という観点からは，Capento 判決の理由づけが，法的整理における Stock-for-debt exchange に対していかなる含意を有するかが重要になる。特に，チャンドラー法による改正後の連邦倒産法 §270 が，財産ベイシス引下げを機械的に要求していると解する余地があったことから，仮にそうであれば，法的整理に入ると課税上不利な取扱いを受けることになってしまう[186]。そこで，法的整理の下にあった事案である Motor Mart 判決[187]をみていく。

【事案】

Motor Mart Trust は，法人課税の対象となる信託であり，1937 年に債務超過となり，社債権者申立てにより旧連邦倒産法 §77B の下で再生された。再生計画においては，旧株主の持分は全て消滅させられ，各種社債権者に新たに転換可能優先株や普通株が交付されることとされ，1938 年 6 月 21 日付で裁判所の承認を得たが，最終的な命令は，チャンドラー法の効力が生じた後の 1939 年 1 月であったため，1939 年と 1940 年に係る税額算定に際し，減価償却費の計算について，チャンドラー法で創設された連邦倒産法 §270 による財産ベイシス引下げの有無が争われた。納税者は，もともとの Stock-for-debt exchange による債務消滅からは，総所得に算入される所得は生じないから §270 による財産ベイシス引下げがないと主張したのに対し，内国歳入庁は，同条の機械的適用による公正市場価値までの財産ベイシス引下げを主張した。

【判決内容】

租税裁判所は，先行する Claridge Apartments 事件[188]で，連邦倒産法 §270

---

186) Motor Mart 判決については，後述する 1943 年歳入法によっても財産ベイシス引下げルールの回避が不可能な事案であった。参照，後掲注 246 及びそれに対応する本文。
187) Motor Mart Trust v. Comm'r, 4 T.C. 931 (1945), aff'd, 156 F.2d 122 (1st Cir. 1946).
188) Claridge Apartments Co. v. Comm'r, 138 F.2d 962 (7th Cir. 1943), rev'd on other grounds, 323 U.S. 141 (1944).

を厳格に適用する判断を示していた第7巡回控訴裁判所の判断に言及しつつも，明示的にこれと反対の立場をとり，Capento 判決の上記判示部分を引用したのち，本件での Stock-for-debt exchange では，当初の社債発行時に資金を拠出した者への支払義務は，(転換可能優先株式へと) 形式を変えて継続していると述べ，再生後に貸借対照表上，債務が減少したことは相対的に重要でないとして同条の適用を認めなかった[189]。第1巡回控訴裁判所も，租税裁判所の判断を基本的にそのまま是認し，株式の額面あるいは市場価値が社債の額面より大きかろうと小さかろうと，いずれにせよ §270 の「免除 (cancellation)」ではなく，社債への支払方式の1つであると述べ，同規定の適用を否定した[190]。

第2款　考察——原則ルールの不存在

Capento 判決と Motor Mart 判決については，以下のことを指摘できる。

第1に，いずれも，社債や手形といった債権を新たな株式と交換する取引を行った事例であるが，そこでは，Kirby Lumber 判決の射程が及ぶかが論点となった。これは，借入元本理論やタックス・ベネフィット・ルールの枠組みではなく，資産解放理論の枠組みで総所得の有無を判断するという構造につながったことを意味する。そして，Capento 判決は，資産解放理論に基づく判断構造を否定することはせず，社債を株式と交換することによっても，社債償還債務が株式資本責任に置き換わるだけで，資産の解放がないという理論構成によりその射程を免れた。しかし，Kirby Lumber 判決がそもそも何をもって資産解放とみるかは明らかでなかった。

第2に，Capento 判決と Motor Mart 判決とは，法的整理手続の下にあるか否かで事実関係を異にしていたが，Motor Mart 判決は，Capento 判決の理由づけをそのまま援用して結論を出した。すなわち，Motor Mart 判決では，法的整理であるがゆえに事業再生促進のための恩恵的な優遇措置を認めるという理論構成をとることを要せずに，責任置換理論によって総所得発生を回避したのである。そのため，法的整理と私的整理との間の課税上の中立性が維持されることになった。

第3に，Stock-for-debt exception の帰結は，チャンドラー法や1939年歳

---

189)　*Motor Mart*, 4 T.C. at 937.
190)　*Motor Mart*, 156 F.2d at 127.

入法が，一方で，倒産政策上の考慮から総所得への不算入を認め，他方で，それと引き換えに，二重控除防止のために財産ベイシス引下げを規定するという租税政策を採用したことと整合するものではなかった。なぜなら，社債の評価額が低落していても，その券面額で債務が消滅するのに対し，社債の発行代り金を元手に購入した財産の減価償却費やその他の費用控除によるタックス・ベネフィットを受けていたであろうにもかかわらず，Stock-for-debt exchange により債務消滅分についての財産ベイシス引下げを免れることができるからである。Kirby Lumber 判決の資産解放理論を外在的に批判する借入元本理論の立場やタックス・ベネフィット・ルールの発想からは，Stock-for-debt exception が許容されるとすれば，それはあくまで倒産局面であることに応じた例外的場合に限られるべきものであろう。そして，倒産政策と租税政策を調和させる試みであるチャンドラー法による改正後の連邦倒産法§270 の適用も認められるべきことになろう。しかし，裁判所は，Kirby Lumber 判決の資産解放理論を受容することで，資産解放理論の枠内での論理操作により，そこから形式的には逸脱することがないよう，責任置換理論によって Stock-for-debt exception を生み出し，同規定の適用を免れたのである。

このように，個人所得課税における Haig-Simons の定式に基づく包括的所得概念のような (たとえその当否に争いはあるとしても) 一応のベースラインとなりうる評価基準[191]が法人所得課税においては存在せず，何が原則なのかが不明確であるという理論的脆弱性を孕んだまま，債務消滅に係る所得の有無が論じられることとなった。その結果，企業への資金提供者のうち，株主のみを括り出して課税することにした実定法人税制度の特異な構造[192]の下で，企業への投資家という意味では本質的に違いのない債権者が株主へとその地位を転換する取引である Stock-for-debt exchange については，判例法により，その同質性がアドホックに「密輸入」され，責任置換理論という形の租税法

---

191) 包括的所得概念をめぐるアメリカにおける論争の包括的な紹介とベースラインとしての位置づけとして，参照，藤谷武史「非営利公益団体課税の機能的分析 (2)──政策税制の租税法学的考察」国家学会雑誌 118 巻 1=2 号 1 頁，2-58 頁 (2005)。
192) 参照，中里実「法人課税の再検討に関する覚書──課税の中立性の観点から」租税法研究 19 号 1 頁，5-26 頁 (1991)；吉村政穂「出資者課税──『法人税』という課税方式 (4・完)」法学協会雑誌 120 巻 7 号 1339 頁，1366 頁 (2003)；増井良啓「法人税の課税ベース」金子宏編『租税法の基本問題』476 頁 (有斐閣，2007)。

理論が形成されたことが観察される。

　企業再生税制の形成期における混乱はこれにとどまらない。なぜなら，もう1つの事業再生の方式である第二会社方式においては，組織再編成に係る規定の適用の有無が論点になるからである。特に，その適用があれば，財産ベイシスの引継が認められることで，債務消滅益に関する財産ベイシス引下げルールを免れる可能性がある。そして，Motor Mart 判決は，見方によっては，第二会社方式との関係での非中立的な取扱いを回避したものと評価することもできるのである[193]。そこで次節では，組織再編成に係る規定との関係について検討する。

第3節　第二会社方式──COI

　企業組織再編成においては，企業を構成する事業及びその財産に対する支配権の移転が生じる。そして，このような企業財産への支配権の移転時における課税関係を規律するのが，組織再編税制である。わが国の組織再編税制については，立案担当者によれば，平成13年度の創設にあたって，独仏米の制度の調査を踏まえ，わが国独自の制度として設計したものであると説明される[194]が，多少なりともアメリカの組織再編税制に影響を受けているとの理解もある[195]。既にわが国でも，アメリカの組織再編税制に係る規律や，その中でも特に重要な投資持分継続性（Continuity of Interest, COI）の法理に関する判例法の形成については，豊富な紹介がある[196]。したがって，基本ルールの

---

193)　See Notes, *Debt Cancellation and Tax Basis Reduction in Chapter X Reorganization*, 56 YALE L. J. 891, 897 (1947).

194)　立案担当者による講演録として，『企業組織再編成に係る税制についての講演録集』（日本租税研究協会，2001）。

195)　水野忠恒「企業組織再編税制改正の基本的な考え方」江頭憲治郎＝中里実編『企業組織と租税法』別冊商事法務252号68頁，70頁(2002)。

196)　水野・前掲注3) 321-346頁；渡辺徹也「アメリカ組織再編税制における投資持分継続性原理」渡辺・前掲注3) 55-81頁〔初出2001〕；西本靖宏「法人組織変更における投資利益継続性の法理（上）（下）」大分大学経済論集53巻1号82頁，2号86頁(2001)；芳賀真一「企業組織再編成税制における課税繰延べの根拠と合理性」一橋法学5巻1号359頁，369-370頁(2006)；同「課税繰延べの根拠とその合理性」一橋法学8巻1号303頁，339-347頁(2009)；渡邉宏美『「持分の継続」概念の問題』福岡大学商学論集58巻1＝2号189頁，193-206頁(2013)；小塚真啓「組織再編成における課税関係の継続と断絶」岡山大学法学会雑誌65巻3＝4号1004頁(2016)。See also John K. McNulty, *The Basic Theory of the Federal Income Taxation of Corporate Reorganizations in the United States*, 租税法研究30号216頁(2002)。

解説は最小限度にとどめ，ここでは，従来の紹介では組織再編税制における投資持分権者として株主に着目するものがほとんどであったことに鑑み，特に債権者による組織再編成における規律に焦点を当てる。わが国の租税法学においては，平成13年度の創設時に，投資家レベルでの投資の継続性をみない構造をとったこと[197]もあり，そもそも債権者による組織再編成を企業組織再編成として捉える視点はなかったように見受けられる。よって，企業の支配権の移転と組織再編税制との関係性を事業再生の文脈で比較法的に考察しておくことに意味がある。

第1款　投資持分継続性 (COI) の法理

本款では，投資持分継続性の法理について簡単に確認する。内国歳入法典上，組織再編成に該当すると，投資家側・組織再編成の当事者となる法人側双方において，損益が不認識とされる。組織再編成によっても株式や証券の引当となる財産は何ら変わらず，それにより実現する (realize) 利益は，「紙の上の利益 (paper profits)」にすぎないとの観念があったこと，また，株式や証券の評価の困難，納税資金や徴収の困難という執行上の問題があったこと[198]から，1918年歳入法[199]で，組織再編成に該当するものについては，交換からは損益が発生しないものとする取扱いが認められたのである。そして，組織再編成該当性を判断するために，単なる資産の売買と区別する基準としてCOIが解釈上要求されることとなり，1930-40年代に判例法理が発展した[200]。

まず，Cortland 判決[201]では，1926年歳入法 §203 (h) (1) (A) が，組織再編成の規定として「一方の法人による，他方の法人の実質的に全ての資産 (assets) の取得を含む」と定義していたところ，これに，資産の移転の対価として，現金及び約束手形の交付を受けた場合が含まれるかが争われた。第2巡回控訴裁判所は，「資産の移転元である法人又はその株主において，一定のCOIが存しなければならない」と判示した上で，満期が最長14か月の約束

---

197) 阿部泰久＝緑川正博『企業組織再編税制の要点解説』16頁（大蔵財務協会，2001）；渡辺徹也「税法における適格合併の概念」渡辺・前掲注3) 125頁，174-175頁〔初出 2006〕。
198) See BANK, *supra* note 48, at 125-128.
199) Revenue Act of 1918, 40 Stat. 1057 (1918).
200) *See* BORIS I. BITTKER & JAMES S. EUSTICE, FEDERAL INCOME TAXATION OF CORPORATIONS AND SHAREHOLDERS ¶12.21 [2] [a] (Westlaw Int'l). 参照，渡辺・前掲注 196) 57-63頁。なお，現行法上もこのような趣旨で要求されている。*See* Treas. Reg. §1.368-1 (e) (1) (i).
201) Cortland Specialty Co. v. Comm'r, 60 F.2d 937 (2d Cir. 1932).

手形は損益の不認識の認められる §203 (b) (3) の「証券 (securities)」に当たらないとして納税者の主張を退けた。そして，連邦最高裁判所は，Pinellas 判決において，Cortland 判決を引きつつ，会社の業務への投資持分 (interest) の取得が必要であると判示し，短期約束手形が「証券」に当たらないと判断した[202]。

しかし，Minnesota Tea 判決[203]では，同様に COI を満たすための証券の内容が問題となったところ，短期約束手形は「証券」に当たらないとしつつも，「投資持分は確定的かつ実質的でなければならない。それは，移転されたものの価値に関する実質的な部分 (substantial part) を表章するものでなければならない」と判示の上，現金約 $425,000 と資産移転先法人の普通株式 18,000 株（評価額約 $540,000）を表章する議決権付信託証書を受領した取引について，COI を認めた。

さらに，普通株式から無議決権優先株式へと転換された事例である John A. Nelson 判決[204]では，株式であれば，議決権の有無は問わないものとされた。

他方，対価として現金及び社債が交付された事例である Le Tulle 事件[205]では，短期約束手形を現金と同視して判決を下した Pinellas 判決と区別する形で，満期 11 年の長期社債についても，投資持分性を認めることはできないとして COI が否定された。その際の理由づけとして，満期の長短は無関係であり，対価が社債のみ又は現金と社債に限られる場合には，企業に対して所有者的投資持分 (proprietary interest) を有しえず，債権者になるものだと論じた。

この時期には，組織再編成における損益の不認識の取扱いについては，利益の実現時期を操作することにより租税回避が可能になるとの認識から，その全廃も提案されていた[206]。しかし，次款にみるように，むしろ債権者による組織再編成については，判例法が解釈によって新たな「組織再編成」の類型を創出し，のちに内国歳入法典に取り込まれることになった。

---

202) Pinellas Ice & Cold Storage Co. v. Comm'r, 287 U.S. 462 (1933).
203) Helvering v. Minnesota Tea Co., 296 U.S. 378 (1935).
204) John A. Nelson Co. v. Helvering, 296 U.S. 374 (1935).
205) See Le Tulle v. Scofield, 308 U.S. 415, 420–421 (1940).
206) SUBCOMMITTEE OF THE COMMITTEE ON WAYS AND MEANS, 73D CONG., PRELIMINARY REPORT ON PREVENTION OF TAX AVOIDANCE (1933).

第 2 款　債権者による組織再編成における COI

1　Kitselman 判決

債権者による組織再編成において，チャンドラー法や 1939 年歳入法で整備された企業再生税制との不整合の端緒となったのが Kitselman 判決[207]である。

【事案】[208]

納税者 (X) は，債務超過状態にある Chicago, South Bend & Northern Indiana 鉄道会社 (A) の額面 ＄27,000 であるモーゲージ債を ＄20,500 で購入した。1927 年 7 月 1 日にこの社債が債務不履行となり，同年 7 月 9 日にレシーバーが選任された。X は自己の保有する社債を再生委員会に寄託し，委員会の費用についての負担は ＄625 であった。1929 年 10 月 11 日に，再生計画の合意がなされた。再生委員会は，レシーバーにモーゲージ債の担保権を実行させ，担保目的財産が競売にかけられ，1930 年 2 月 1 日に，再生委員会が ＄430,000 で当該財産を買い入れた。競売代金と社債権者の寄託料と合わせて足りない部分につき，不足金判決 (deficiency decree) が下された。新法人である Northern Indiana 鉄道社 (B) が再生委員会によって設立され，A の全ての資産が B に移転され，対価として B は，その株式と社債を再生委員会に発行し，按分で社債権者に分配された。X にも B の無額面株式と社債が交付された。

担保権実行手続 (foreclosure) における判決 (decree) では，＄27,000 のうち，＄2,607.94 が弁済され，残りの ＄24,392.06 が不足額とされた。このとき，X の社債について，貸倒損失が認識されるかが問題になり，損失の不認識を規定する §112 (b) (3) の適用上，①「組織再編成」(§112 (i)) があったか[209]，②

---

207)　Comm'r v. Kitselman, 89 F.2d 458 (7th Cir. 1937), *cert. denied*, 302 U.S. 709 (1937).
208)　*See id*. at 459-460.
209)　1928 年歳入法 §112 (b) (3) 及び (i) の関連する部分は以下である。
　"§112 (b) (3) Stock for stock on reorganization.　No gain or loss shall be recognized if stock or securities in a corporation a party to a reorganization are, in pursuance of the plan of reorganization, exchanged solely for stock or securities in such corporation or in another corporation a party to the reorganization."
　"(i) Definition of Reorganization.　As used in this section and section 113 and 115——(1) The term 'reorganization' means (A) a merger or consolidation (including the acquisition by one corporation of at least a majority of the voting stock and at least a majority of the total number of shares of all other classes of stock of another corporation, or substantially all the properties of another corporation),"

組織再編成があった場合となかった場合とで，不足金額はどう算定されるか，が争点となった。

【判決内容】

判決は，本件の事案が，再生計画に株主も（債務者）法人も参加していない点で真新しいものの，組織再編成に該当する，と判断した。そして，株主が参加していないのは，まさに株式が法人の資産を何ら表章していない無価値なものであり発言権がないからだとした[210]。他方，社債権者については以下のように述べた[211]。

「社債権者は，通常は単なる債権者にすぎないとみられるが，法人の資産がその債務に満たないときは，社債権者こそが，事実上，また全ての実際的な目的の上で，ほとんど法人である。」とした上で，「社債権者が主導者であり事実上の所有者（owner）として扱われていたことは明白であり，したがって，彼らは累積的優先株主に類似した『株主』の一団とみられなければならない。」とし，「法人の資産が社債権者に支払うことが求められる量をはるかに下回るところでは，再生中の社債権者は，株主を排除する。彼らは，株主の有する法人の経営権を取得するのである。」として，旧連邦倒産法§77B手続における株主の地位に類比しつつ，結論として組織再編成に該当すると判断し，社債に係る損失控除を認めなかった。

2 Surrey の評価

法人が債務超過の場合には，債権者を基準にCOIを判断し，これにより組織再編成該当性を認めるとの理論構成はKitselman理論と呼ばれるようになり，他の下級審判決でKitselman判決を引用するもの[212]も出てきていたが，学説には厳しく批判された。

Surreyは，チャンドラー法の問題点を述べるにあたってKitselman理論との関係を指摘した。すなわち，仮に債務消滅益の総所得不算入と，Surreyの提案する財産ベイシスの公正市場価値までの引下げを規定したとしても，

---

210) *Kitselman*, 89 F.2d at 460.
211) *Id.* at 461.
212) Comm'r v. Newberry Lumber & Chemical Co., 94 F.2d 447（6th Cir. 1938）; Frederick L. Leckie v. Comm'r, 37 B.T.A. 252（1938）; Marlborough House, Inc. v. Comm'r, 40 B.T.A. 882（1939）.

Kitselman 理論によって組織再編成該当性が認められてしまえば，新法人は旧法人の財産ベイシスをそのまま引き継ぐことができる。そして，事業再生局面においては，公正市場価値が低落しており，旧法人の財産ベイシスの方が高いのが通常であるから，財産ベイシス引継により，新法人は課税上偶発的利益を享受できてしまう。すると，連邦倒産法手続の利用を避ける誘因となってしまい，また，Le Tulle 判決とも抵触すると論じた[213]。そして，Kitselman 理論を廃棄し，連邦倒産法によらない，担保権実行手続等による事業再生においても平仄を合わせる形で，資産のベイシスは公正市場価値とし，社債権者においては，担保権実行時の損失控除を認めるよう立法手当をすべきだと主張した[214]。さらに，それでもなお，他の方法により組織再編成に該当するようにし，また §22 (b) (9) の選択制を利用して，旧法人に残す資産のベイシスのみを引き下げる形で COD への課税を回避する余地があるため，組織再編成に該当する全ての場合について，資産の受け手の下での資産のベイシスを，旧法人の資産のベイシスと移転時の公正市場価値とのいずれか低い方とするとの修正を施すことにより，二重控除を（部分的に）防ぐことができ，倒産法の内外で一致した取扱いができると論じた[215]。

3 Alabama Asphaltic 判決

Kitselman 理論については，判例法上も，これを援用する判決[216]と逆の結論をとる判決[217]が出ており，混乱が生じていた。これに決着をつけたのが連邦最高裁判事になっていた William Douglas が法廷意見を述べた Alabama Asphaltic 判決[218]である。結論としては，Kitselman 理論の結論を肯定する形となった。

---

213) Surrey, *supra* note 125, at 1187. Warren & Sugarman, *supra* note 161, at 80–81 は，担保権実行手続によった場合に組織再編成該当性が認められるのであれば，チャプター X の有用性は大きく損なわれると指摘する。
214) Surrey, *supra* note 125, at 1187–1188.
215) *Id.* at 1188; *see also* Paul, *supra* note 158, at 13–14.
216) 参照，前掲注 212。
217) Comm'r v. Palm Springs Holding Co., 119 F.2d 846 (9th Cir. 1941); Helvering v. New President Co., 122 F.2d 92 (1941).
218) Helvering v. Alabama Asphaltic Limestone Co., 315 U.S. 179 (1942).

【事案】[219)]

納税者 (X) は，1931 年に Alabama Rock Asphalt 社 (旧法人) の全ての資産 (assets) を，破産裁判所の助けを得て完了された再生計画に従い取得した。1934 年の減価償却費控除を計算するにあたって，X は旧法人の下におけるのと同じ資産のベイシスを有するものとして扱ったところ，歳入庁長官は倒産時の売却価格に従って計算するものと判断した。租税訴願庁は，歳入庁長官の見解を否定し，第 5 巡回控訴裁判所は，逆にこれを是認したため，X が裁量上訴を申し立てた。

具体的事実は，以下の通りである。旧法人は，1929 年にレシーバーシップ手続の下にあった法人の子法人である。親法人の株主は旧法人に対して無担保約束手形 (unsecured note) により資金供給をしていた。当該約束手形の満期が近づいたところ，全ての当該約束手形保有者が，返済の代わりに株式を受けることに合意するには至らなかった。そこで，1929 年末に債権者委員会が結成され，約束手形保有者に対して再生計画案が提示され，2 名を除く全ての手形保有者の合意が得られた。再生計画に従って新法人が作られ，旧法人の全ての資産が移転され，対価として，新法人の普通株式及び優先株式が発行され，債権者の満足に充てられようとしていた。1930 年には，再生計画に従って債権者申立ての倒産手続が開始され，倒産法人の資産評価額は約 $155,000 であると査定された。他方，債務は約 $838,000 であった。管財人は，資産を公売にかけ，債権者委員会によって $150,000 で競り落とされた。競売代金は，合意により，$15,000 が現金で支払われ，債権者は権利放棄と引き換えに新法人の株式の交付を受けた。この間，事業自体はこの事業再生過程によって妨げられることなく，実質的に同一人らによって遂行された。

【判決内容】

Douglas 判事は，Pinellas 判決から Le Tulle 判決までの裁判例の流れを挙げて，COI が認められるためには，移転先の会社の実質的な所有者的投資持分 (ownership interest) が，移転元の所有者的投資持分の保有者によって維持されなければならないとした上で，この基準の下では，旧株主が取り除かれる場合には，それが認められないことになり，また，債権者のほとんどが親

---

219) *See id.* at 180-182.

法人の株主であってもその間隙を埋めることはできないと判示した[220]。しかし，以下のように述べて結論としては COI を認めた[221]。

「しかしながら，われわれは，財産 (property) の所有者的投資持分を株主から債権者に移すような移転は取るに足らないものであると結論づけた。平たくいえば，古い COI は壊れたのである。厳密には，法的な売却がなされるまではこの手続においてそれが生じるわけではない。しかし，実質的には，遅くとも債権者が債務超過状態にある債務者に対して自己の要求を強制する手段をとる頃にはそれは生じている。本件では，それは倒産手続の開始日であった。そのとき以来，<u>債権者は，財産の処分に対する実質的な支配権を有することとなった</u>。Northern Pacific Ry. Co. v. Boyd, 228 U.S. 482, 33 S.Ct. 554, 57 L.Ed. 931 での完全優先原則 (full priority rule)[222]は，エクイティ・レシーバーシップ同様，倒産手続にも妥当するのである (Case v. Los Angeles Lumber Products Co., 308 U.S. 106, 60 S.Ct. 1, 84 L.Ed. 110)。それは，債権者に，担保付であろうと<u>無担保であろうと，債務者が債務超過時には株主を再生計画から完全に排除する権利を与えるものである</u> (参照，*In re* 620 Church St. Bldg. Co., 299 U.S. 24)。<u>株主が除去され，旧債権者が新法人の株主となるときには，完全優先権を実行に移すための手続を開始した時に株主的所有 (equity ownership) を認めるのが現実に即している。その時点で，彼らは，旧株主の靴を履いたのである (stepped into the shoes of the old stockholders)</u>。」（下線引用者）

さらに，Le Tulle 判決との関係については，債務超過でない会社に対する社債権者の利益は所有者的投資持分 (proprietary interest) とは異なるものであるから Le Tulle 判決に抵触するものではないとした。なお，このとき新法人が取得する旧法人の財産は，旧法人ではなく，一旦債権者委員会に属していたものであるとしても，Gregory 判決等を引きつつ，統合的にみるべきであるとして組織再編成該当性を認めた。

---

220) *See id.* at 183.
221) *Id.* at 183–184.
222) Los Angeles Lumber 判決では，"full or absolute priority" と表現されているため (*Los Angeles Lumber*, 308 U.S. at 117, 122)，本書では「完全優先原則」と「絶対優先原則」とを互換的に用いる。

【コメント】

このように，Alabama Asphaltic 判決は，債務超過時には株主から債権者へと企業財産への実質的な支配権が移転することを理由として，債権者による組織再編成における COI の判断にあたり，株主から債権者への移転については捨象し，従前の債権者を基準に COI の有無を判断していくという判例法理 (以下，「Alabama Asphaltic 理論」という。) を生み出した[223]。その際の理論構成として，倒産実体法に関する最重要ルールである絶対優先原則 (完全優先原則) を判示したとされる Boyd 判決及び Los Angeles Lumber 判決[224]を引用している点に注目すべきである。

また，同日に下された連邦最高裁判決である Palm Springs 判決[225]でも，連邦倒産法上の手続やレシーバーシップ手続の下にはなかった事案において，Douglas 判事の法廷意見は，Alabama Asphaltic 判決を引用し，同旨の判決を下した。その際，旧法人が債務超過状態にあって債権者がその財産に対する実質的支配を及ぼすステップに及んだかが重要な事実であり，採用した法的手続は重要でないとした[226]。これにより，Alabama Asphaltic 理論は，法的整理・私的整理の別を問わず，広く債権者による組織再編成における COI の判断基準としての地位を確立した。

しかし，このような Alabama Asphaltic 理論は，一見，株式会社の基本構造を捉えたものであるかのようであるが，租税法上の COI の判断との関係では，機能的に把握した場合の理論的根拠は必ずしも明らかでない。なぜなら，COI を認めるだけでは，財産ベイシスの引継による減価償却費分の租税上の利益が，再生企業の株式の交付を受けた従前の債権者の実質的な引当財産となるべきことを十分に説明していないからである。Alabama Asphaltic 理論は，むしろ事業再生局面において，COD ルールに基づく財産ベイシス引下げの取扱いを受けることなく，債権者に再生企業の従前の財産ベイシスに基づく減価償却費控除を認めるための便宜的な理論構成 (レトリック) にすぎない

---

[223] なお，Pinellas 判決で，証券には短期の約束手形 (note) は含まれないと判断されたため，約束手形の債権者が株式の交付を受けた場合に組織再編成該当性を認めない判決が相次いだが，債権者には債務超過に至る前から会社への投資持分はあり，株式の交付を受けたのであれば COI は認められるべきだと論じるものがあった。See Erwin N. Griswold, *"Securities" and "Continuity of Interest"*, 58 HARV. L. REV. 705, 715-716 (1945).

[224] 第2編第1章第4節。

[225] Palm Springs Holding Co. v. Comm'r, 315 U.S. 185 (1942).

[226] See id. at 188-189.

と理解すべきであるように思われる。倒産手続開始時に従前の債権者が企業財産への実質的支配権を有することになり，新たな企業の所有者 (owner) と観念できるとしても，そのことからただちに，それまでの企業の租税属性 (Alabama Asphaltic 判決，Palm Springs 判決では財産ベイシス) の引継が演繹的に導かれるわけではないであろう[227,228]。法人所得税を，その実定法の構造上は，株主の所得への課税の前取り[229]と構成されたものと理解する立場からは，ある租税属性が発生した当時の株主以外の株主にその利用を認めることが経済的に正当化されるためには，少なくとも当該租税属性についての経済的な租税価値が次の株主への譲渡価格に反映されていることが必要であろう。だが，従前の債権者による組織再編成においては，旧株主は（自らの投資家レベルでの課税関係を捨象する限り[230]）その地位を失うのみである。

このような理論構成の不明確さにもかかわらず，Alabama Asphaltic 判決以降の企業再生税制は，同理論を立法化し，さらに他の租税属性へと発展させていくという経緯を辿る。

第3款　立法との関係

1　1934年歳入法とその後の判例

Alabama Asphaltic 判決自体は，比較的抽象的に定められた「組織再編成 (reorganization)」の定義規定の解釈をめぐる事件であったため，裁判所による解釈の裁量の幅が大きかった。しかし，抽象的な組織再編成の定義規定のために判例法が安定しなかったことから，1934年歳入法[231]によって組織再編成の定義が個別・具体的に規定されることとなった。具体的には，①法定の吸収合併 (merger) 又は新設合併 (consolidation) (§112 (g) (1) (A))，②ある法

---

227) *See* Reid Thompson & David A. Weisbach, *Attributes of Ownership*, 67 TAX L. REV. 249, 254 (2014)（代替性のある (fungible) 金融商品を題材に，所有 (ownership) は，租税属性の割当に関するデフォルト・ルールにすぎず，政策に基づきそこから租税属性が改めて割り当てられるべきことを論ずる）.
228) この点の詳細は，参照，第2編第7章第3節，第3編第2章第3節第2款2。
229) *See, e.g.,* Alvin Warren, *The Relation and Integration of Individual and Corporate Income Taxes*, 94 HARV. L. REV. 717, 720 (1981).
230) 現行法でいえば，株主レベルでは，無価値化した株式について，無価値となった課税年度最終日において譲渡されたものとみなされ，取得価額の限度でキャピタル・ロスとして損失計上する可能性がある。I.R.C. §165 (g) (1) & (2) (A)。
231) Revenue Act of 1934, 48 Stat. 680, 705 (1934).

人による，議決権付株式のみを対価とする，他の法人の議決権付株式の80%以上及び他の全ての種類の株式の80%以上の取得又は議決権付株式のみを対価とする，他の法人の実質的に全ての財産の取得（§112 (g) (1) (B)），③ある法人による，他の法人への資産の全て又は一部の移転であり，移転直後に，移転者若しくはその株主又はその双方が移転先法人の支配権を得るもの（§112 (g) (1) (C)），④資本再構成（recapitalization）（§112 (g) (1) (D)），⑤いかなる方法によるにせよ，組織の同一性，形式，又は設立地のささいな変更にすぎないもの（§112 (g) (1) (E)），であり，これらが現在の内国歳入法典における組織再編成の定義規定である §368 (a) (1) (A)–(F) の原型となっている[232]。

この規定の下で，1928年歳入法の定義規定同様，債権者による組織再編成について柔軟に解釈できるかが争われたのが，Alabama Asphaltic 判決と同日に下された Southwest 判決[233]だった。Southwest 判決は，デラウェア州でのエクイティ・レシーバーシップの下での事件であったが，Douglas 判事は，反対社債権者に対して現金を弁済する資金を得るための銀行借入れについて，倒産手続中に新法人が債務引受けをした上で弁済したことが，実質的には現金と議決権株式を対価とするものだと評価できる点，また，無担保債権者に種類株式のワラント（新株引受権）が交付されたことにつき，ワラントは議決権付株式とは認められないから，対価が議決権付株式に限定されていないという点，移転直後に「支配（control）」を有することになるのは，「株主（stockholders）」ではなく債権者であるという点，を挙げて，§112 (g) (1) (B) & (C) といった上記組織再編成の定義規定のいずれにも該当しないと判断し，財産ベイシスの引継（§113 (a) (7)）を認めなかった[234]。

しかし，他方で，投資家レベルでの損失の不認識が問題になった Cement 判決[235]では，債務超過である法人についてなされた旧連邦倒産法§77 B の手続の下での再生計画に従って財産を移転し，社債権者が収益社債と普通株式の交付を受け，旧株主がワラントを受け取った場合について，株式又は証券のみを対価とする財産の移転について損益を不認識とすることを規定する

---

232) 1939年歳入法によって，1934年歳入法§112 (g) (1) (B) は分割され，それぞれ B 型組織再編成と C 型組織再編成とほぼ同じ内容となった。
233) Helvering v. Southwest Consolidated Co., 315 U.S. 194 (1942).
234) *See id.* at 199–202.
235) Helvering v. Cement Investors, 316 U.S. 527 (1942).

1936 年歳入法 §112 (b) (5)[236)]の適用を，新法人の株式の交付を受けた社債権者について認め，損失を不認識とした。そこでは，財産 (property) を社債権者自身が移転したといえるかが問題となったが，Alabama Asphaltic 判決を引用しつつ，債務超過である法人についての旧連邦倒産法 §77B 手続の下での再生計画に基づく旧法人から新法人への財産移転については，債権者が財産に対する所有者的投資持分を有することを理由に，これを認めた[237)]。

Cement 判決では新法人による財産ベイシスの引継については争点とならなかったが，1939 年内国歳入法典 §113 (a) (8)[238)]では，§112 (b) (5) が適用された場合には，移転先での財産ベイシスは移転元での（損益認識分を調整した上での）財産ベイシスと同一とすると規定しており，Southwest 判決との関係が問題となりえた。このように，債権者による組織再編成については，組織再編成に関する規定の中での位置づけが曖昧で，不明確性を生じていた。

2　1942 年歳入法・1943 年歳入法

Alabama Asphaltic 判決，Southwest 判決，Cement 判決で生じた不明確性に対応するため新たな立法がなされた[239)]。まず，1942 年歳入法[240)]では，鉄道会社等を対象に，レシーバーシップ又は §77 手続で，裁判所の決定に応じ，

---

236)　Revenue Act of 1936, 49 Stat. 1648 (1936).
　　§112 (b) (5): No gain or loss shall be recognized if property is transferred to a corporation by one or more persons solely in exchange for stock or securities in such corporation, and immediately after the exchange such person or persons are in control of the corporation; but in the case of an exchange by two or more persons this paragraph shall apply only if the amount of the stock and securities received by each is substantially in proportion to his interest in the properly prior to the exchange.
237)　*See Cement*, 316 U.S. at 532.
238)　§113 (a) (8): PROPERTY ACQUIRED BY ISSUANCE OF STOCK OR AS PAID IN SURPLUS.—If the property was acquired after December 31, 1920, by a corporation—
(A) by the issuance of its stock or securities in connection with a transaction described in section 112 (b) (5) (including, also, cases where part of the consideration for the transfer of such property to the corporation was property or money, in addition to such stock or securities), or
(B) as paid-in surplus or as a contribution to capital, then the basis shall be the same as it would be in the hands of the transferor, increased in the amount of gain or decreased in the amount of loss recognized to the transferor upon such transfer under the law applicable to the year in which the transfer was made.
239)　*See* James E. Fahey, *"Relief"Provisions in the Revenue Act of 1943*, 53 YALE L. J. 459, 467-471 (1944). なお，1943 年歳入法は，大統領が租税の特権的な「減免 (relief)」であるという理由で拒否権を行使したにもかかわらず成立した租税立法であるという点で特異な立法過程を経た。*Id.* at 459. *See also* H.R. REP. NO. 443, 78th Cong. (1944).
240)　Revenue Act of 1942, Pub. L. 77-753, 56 Stat. 798, 838-840 (1942).

当該手続において裁判所の承認を得た組織再編成の計画（plan of reorganization）[241]を実行するために組織され又は用いられる他の鉄道会社等である法人に財産が移転されたときは，§112（g）の組織再編成の定義に該当するかに関係なく，損失は不認識とし，移転先法人の下での当該財産のベイシスは旧法人と同じとすることが規定された。なお，併せて事業再生における鉄道会社へのCODの課税は，（1940-45年に限定して）ないものとされた[242]。

さらに，1943年歳入法[243]では，鉄道会社に限らず，法人一般へと上記取扱いを拡張した。まず，内国歳入法典に§112（b）（10）が追加され，鉄道会社に限らず，レシーバーシップ，担保権実行手続若しくはこれに類する裁判所手続又はチャンドラー法前の連邦倒産法§77B，チャプターXにおける裁判所の決定[244]の下で計画実施のために行う，株式又は証券のみを対価とする別法人への財産移転について，債務者法人段階での損益の不認識が規定された。

そして，§112（g）の組織再編成の定義規定自体は不適用とし，代わりに§113（a）（22）において，所得税及び超過利潤税の計算上は，財産ベイシスを移転元のもの（認識された利益調整後のもの）と同一にするとの規定が設けられた。これにより，財産ベイシス引下げの問題は生じないこととなった。このような改正は，COIが満たされているのであれば，企業は現実的には組織再編成の前後で同一であり，新法人に，旧法人と同じ課税上の地位を認めるのが公平だと考えられたことによる[245]。

しかし，これらの規定は単独の法人で行う資本再構成方式には適用がなかったため，こちらは従来通り財産ベイシス引下げルールに服した[246]。また，資本再構成方式による場合は，既存の繰越欠損金額や繰越超過利潤税額控除等の租税属性を用いることができた[247]。このように，資本再構成方式と第二会

---

241) ここでの"plan of reorganization"は，倒産法上の「再生計画」ではなく，租税法上の「組織再編成の計画」を意味する。See HENDERSON & GOLDRING, supra note 174, at 375.
242) Revenue Act of 1942, Pub. L. 77-753, 56 Stat. 798, 812 (1942).
243) Revenue Act of 1943, Pub. L. 78-235 (1944).
244) のちにチャプターXIについては解釈論上の問題が生じた。参照，第2編第4章第2節第2款5．
245) Fahey, supra note 239, at 470-471.
246) See Darrell, supra note 177, at 1040.
247) もともとの1943年歳入法案では，全ての種類の株式を合計した議決権の50％未満が維持される形での債務者法人の資本再構成にも同様の取扱いを認めるものであったが，再生後の法人を，新規設立法人と同様に扱うこととすると，納税者は超過利潤税額控除（excess profits credits）や繰越欠損金額（net loss carry-overs）といった租税属性を遡及的に失ってしまうことへの反発にあい，実現しなかった。Id. at 1038.

社方式との選択に対して企業再生税制は中立的ではなく，両者の選択に対して，税のインセンティブが作用することになった。

これに対して，結果的に両者を部分的にではあるが中立的に取り扱う方向に作用したのが，Stock-for-debt exception の判例法理であった。これにより，資本再構成方式であっても財産ベイシス引下げを免れることができたからである[248]。

第4款　事業再生実務と解釈論上の問題点

本款では，当時の事業再生実務との関係で，解釈上 Alabama Asphaltic 理論が脆弱性を孕むことを具体的にみていく。その結果，事業再生実務との関係で，Alabama Asphaltic 理論の具体的適用は決して容易ではないことが明らかになる。すなわち，単なる売買と，経済実態に実質的な変更がないものと観念される組織再編成を区別するための COI という概念による規律が，そもそも債権者による組織再編成に適合するものなのか，また，株主と債権者の地位を明確に峻別する法人税の適用において，企業財産に対する支配権の移転のタイミングに関する会社法・倒産法の基本構造と，それを反映した絶対優先原則の規律を基礎に，債権者による組織再編成の課税関係をどのように処理するのか，という問題が具体的な事業再生手法との関係で噴出したのである。

1　旧株主が株式を引き受ける場合

Alabama Asphaltic 理論は，私法（会社法・倒産法）上の企業財産への支配権の所在を前提に，租税法上の COI の有無，ひいては組織再編成該当性を判断するという構造を有している。そこで，当時の事業再生実務においてみられた，旧株主も再生計画に参加し，追加支払金の払込みをする等して新会社の株式の交付を受ける事業再生ファイナンスの手法[249]との関係で，これをいかに適用するかが問題となるのは自然なことであった。この点については，既

---

[248] なお，1943年歳入法による改正前に，§77B 手続の下で，第二会社方式をとって新法人が一旦旧法人の債務を引き受けた上で，Stock-for-debt exchange を行った事案について，Alabama Asphaltic 判決を引用して組織再編成該当性を認め，その上で Capento 判決を引用し，Stock-for-debt exception についても認め，チャンドラー法による改正後の §270 の適用を認めなかったものとして，Alcazar Hotel Inc. v. Comm'r, 1 T.C. 872 (1943).

[249] 第2編第1章第2節。

に Alabama Asphaltic 判決が下される前後に巡回控訴裁判所レベルではいくつか判断が下されていた。

第6巡回控訴裁判所は，Mascot Stove 判決[250] において，債務超過状態にある債務者の債権者申立ての倒産手続で，旧株主が再生計画に参加し，旧法人の財産の移転の対価として旧株主が新会社の株式を引き受けた事案において，Alabama Asphaltic 判決同様，Boyd 判決や Los Angeles Lumber 判決等，絶対優先原則を判示したとされる判決を引用しつつ，債務超過による倒産状態にあり，新法人への債務総額に満たない価格で財産売却するような場合には組織再編成該当性を認めない判断を下していた。

さらに，Alabama Asphaltic 判決後，同じく第6巡回控訴裁判所は，Templeton's Jewelers 判決[251]において，倒産手続の下にはなかったものの，債務超過状態にあり，債権者申立ての倒産手続を避けるため，一種の私的整理として，旧法人の株主が債権者のために受託者に対して，旧法人の財産の全てにつき，債権者のための財産譲渡 (assignment for the benefit of creditors) をした事案について，Mascot Stove 判決にも言及しつつ，移転元又はその株主の投資持分が，移転した財産の価値を表章していない限り，組織再編成にはならないとした。

他方，Western Massachusetts Theatres 判決[252]では，担保権実行手続において，再生計画実施のために設立された法人のモーゲージ債が旧法人のモーゲージ債の債券保有者にも交付され，さらにその債券保有者のうち，旧法人の株主の地位も兼ねる者が，再生のための設備調達等に尽力し，これらの者にのみ株式が交付された事案で，他の債券保有者には株式が交付されなかったにもかかわらず，COI が認められた。これに対しては，新たな資金拠出によって COI が認められたのだとすれば，Mascot Stove 判決や Templeton's Jewelers 判決に整合しないとの批判もあった[253]。

これらの裁判例からは，旧株主が追加支払金を払い込んで新株式の交付を

---

250) Mascot Stove Co. v. Comm'r, 120 F.2d 153, 156 (6th Cir. 1941), *cert. denied* 315 U.S. 802 (1942).
251) Templeton's Jewelers, Inc. v. U.S., 126 F.2d 251 (6th Cir. 1942). 他に，Wells Fargo Bank & Union Trust Co. v. U.S., 225 F.2d 298 (9th Cir. 1955).
252) Western Massachusetts Theatres, Inc. v. Comm'r, 236 F.2d 186, (1st Cir. 1956).
253) David R. Tillinghast & Stephen D. Gardner, *Acquisitive Reorganizations and Chapters X and XI of the Bankruptcy Act*, 26 TAX L. REV. 663, 678–679 (1971).

受ける倒産実務との関係でいかに COI を判断するかについて混乱が生じていたことがうかがえる。

2 債権者に複数クラスある場合

Alabama Asphaltic 判決は、たまたま債権者のクラスが1つしかない事案であったが、特に当初の鉄道会社がそうであった[254]ように、債権者も、担保権の有無等に応じて複数のクラスで構成されていることがあり、その場合、COI をどのクラスの債権者について判断するかが問題となった。この点について争われたのが Atlas Oil 判決[255]であった。

【事案】

A 社は 1938 年 11 月 1 日に、第1順位、第2順位のモーゲージ債について利払いのデフォルトを起こし、第1順位モーゲージ債券保有者の信託証書受託者が 1939 年 5 月 26 日にレシーバーシップ手続を開始したが、財産の競売について入札がなく、1939 年 9 月 30 日にチャプターXの申立てがなされた。そして、債務超過状態にある A 社の再生計画を実施するために設立された法人 (X 社) について、A 社から X 社への財産の移転が組織再編成に該当し、§113 (a) (22) により A 社の財産ベイシスを引き継げるかが争われた。再生計画では、A 社の第1順位モーゲージ債券保有者には、同じく第1順位のモーゲージ債が、第2順位モーゲージ債券保有者には、優先株式が交付され、旧株主には何も交付されないこととされ、この場合の COI の判断方法が問題となった。

【判決内容】[256]

Fisher 判事は、第1順位モーゲージ債券保有者によるレシーバーシップの申立てによって、所有者的投資持分はこれらの債券保有者に帰属するとの歳入庁長官側の主張を容れず、優先株式の交付を受けた第2順位モーゲージ債券保有者が旧法人に対する所有者的投資持分を有すると判断した。また、同

---

254) 参照、前掲注 15 及びそれに対応する本文。しかし、のちに鉄道会社以外の事業会社の資本構成は簡素化する傾向をみせた。*See* Douglas G. Baird & Robert K. Rasmussen, *The End of Bankruptcy*, 55 STAN. L. REV. 751, 779–780 (2002).
255) Atlas Oil & Refining Corp. v. Comm'r, 36 T.C. 675 (1961).
256) *See id.* at 681–691.

じく，第1順位モーゲージ債券保有者も所有権者とみられるべきであるとの主張についても，担保権によって保護されている場合には，残余利益は一般債権者に帰属し，一般債権者が Alabama Asphaltic 理論でいうところの持分権者（equity holder）となる旨を判示した Montgomery 判決[257]を引用しつつ，本件の事案においては実際に優先株式の交付を受けた第2順位モーゲージ債券保有者のみを基準に COI を判定した。そして，Alabama Asphaltic 判決については，債務超過状態で残存した全ての債権者が持分権者となるわけではないとの理解を示し，実際に株式の交付を受けた者を，事後的に遡ることで（relation back），投資持分権者であったとみなすとした。そのうえで，第2順位モーゲージ債券保有者が交付を受けた優先株式について十分な COI があるとして組織再編成該当性を認めた。このような判断方法は，遡及アプローチ（relation back approach）といわれる。

第5款　会社法学における倒産局面の議論

Alabama Asphaltic 理論においてみられたように，債務超過を機に企業支配権が株主から債権者へと移転するとの株式会社における基本構造の理解が，法解釈に影響を及ぼした例は，租税事件に限られない。本書では直接の検討対象とはしないが，同様の思考がみられるものとして，会社法学における，倒産局面における取締役の債権者に対する義務の議論が挙げられよう[258]。しかし，理論的にはそのような基本構造をただちに解釈論に結びつけることには難点が見出される傾向にある[259]。

---

[257] Montgomery Building Co. v. Comm'r, 7 T.C. 417 (1946).
[258] See, e.g., Credit Lyonnais Bank Nederland, N.V. v. Pathe Comm. Corp., No. Civ. A. 12150, 1991 WL 277613 at 34 (Del. CH, Dec 30, 1991).
[259] この点については，後藤元「取締役の債権者に対する義務と責任をめぐるアメリカ法の展開」金融研究29巻3号123頁（2010）が，わが国における学説と，アメリカ法を素材とした判例及び学説の紹介・分析を行っている。この問題に関しては，特に，Henry T. C. Hu & Jay Lawrence Westbrook, *Abolition of the Corporate Duty to Creditors*, 107 COLUM. L. REV. 1321 (2007); Stephen M. Bainbridge, *Much Ado About Little? Director's Fiduciary Duties in the Vicinity of Insolvency*, 1 J. BUS. & TECH. L. 335 (2007); Douglas G. Baird & M. Todd Henderson, *Other People's Money*, 60 STAN. L. REV. 1309 (2008) が有益である。但し，これらは租税法との関係について論じるものではない。

第4節　小括——1954年内国歳入法典における整理

第1款　小　括

本章では，アメリカにおける企業再生税制の基本構造が形成されるまでの判例による法形成過程と，立法による対応を俯瞰した。アメリカでは，当初から事業再生において従前の債権者が再生企業の株式の交付を受けることに起因する課税上の論点があった (第1節)。

資本再構成方式では，Kirby Lumber 判決の影響で，広く債務消滅から所得が生じると判断される可能性や，§270の厳格な適用により財産ベイシス引下げの対象となる可能性があったが，Stock-for-debt exception という判例法理によって部分的に回避された (第2節)。

他方，第二会社方式では，新法人が旧法人の財産ベイシスを引き継ぐかといった争点や，投資家レベルでの損失控除が認められるかといった争点の中で，組織再編成該当性が問題となり，Alabama Asphaltic 判決によって，一定の条件下で組織再編成該当性が認められるという判例法理が確立した。そのため，債務消滅益の総所得不算入と財産ベイシス引下げによる取戻し課税という企業再生税制の基本構造は，第二会社方式にも及ばなくなる可能性が生じ，これを追認する形で部分的に立法手当がなされた。しかし，事業再生実務との関係で，その判例法理の具体的適用には混乱が生じた (第3節)。

第2款　1954年内国歳入法典における整理

これらのルールは，1954年内国歳入法典[260]においても基本的に維持される形で整理された[261]。まず，§61 (a) (12) において，債務消滅からの所得が総所得に算入されることが原則ルールとして規定され，§108 (a) により，法人と，取引・事業に関連して個人が負った又は引受けをした債務が消滅したとき §1017 に従う旨の同意書を提出した場合には，債務者が債務超過や不健全な財務状況にあることを特に要さずに，総所得から除外され，その額分だけ財務省規則に定めるところに従い財産ベイシスが引き下げられることとさ

---

260)　Internal Revenue Code of 1954, Pub. L. 83-591 (1954).
261)　*See* Eustice, *supra* note 127, at 275. この点を，Eustice は，それまでの債務消滅益に対する課税ルール・判例法の錯綜した状態を放置したものだと低く評価する。*See id.* at 284.

れた。しかし、債務超過の例外、Stock-for-debt exception については、明文規定は設けられなかったものの、判例法として存続したため、これらの手法によれば財産ベイシス引下げを回避することは比較的容易であった[262]。鉄道会社については、別途§108 (b) により、レシーバーシップ及び連邦倒産法§77 の下での裁判所の決定による債務消滅や債務内容の変更については、総所得から除外されることのみが規定され、財産ベイシス引下げルールには服さないものとされた。これは、ロビイング力の差として理解された[263]。資本再構成方式には、次に述べる§371 の適用はなく、損益の不認識となるには通常の組織再編成について定める§368 を満たす必要があった[264]。

第二会社方式の場合、1943 年歳入法で追加された§112 (b) (10) がほぼそのまま 1954 年内国歳入法典§371 として規定された。§371 (a) (1) に、（連邦倒産法§77 (m) に規定する鉄道会社を除く）法人の財産が、レシーバーシップ、担保権実行手続若しくはこれに類する手続、又は、連邦倒産法チャプターX 若しくはそれ以前の法の相当する手続において、裁判所の決定 (order) により、当該手続の下で裁判所の承認を得た組織再編成の計画を実施するために組織され又は利用される別の法人に、株式又は証券のみを対価としてその財産を移転した場合には、損益を認識しないことが定められた。なお、§371 (a) (2) には非適格資産 (boot) についての規定も設けられ、非適格資産が組織再編成の計画に従って法人から株主や証券保有者に分配された場合には利益を不認識とし、分配されない場合は非適格資産の価額を限度に利益を認識することとした。また、§371 (d) では債務引受けについて§357 に倣うこととされた。そして、財産ベイシスについては、§372 (a) において、§371 (a) の適用がある場合等には、連邦倒産法§270 の適用はなく、旧法人の財産ベイシスを（非適格資産について認識した利益部分の調整をした上で）引き継ぎ、債務消滅に伴う財産ベイシス引下げを規定する§1017 の適用がないことも規定された。

のちの 1956 年に、鉄道会社についても、§374 が追加され、連邦倒産法§77 (m) に規定するところの鉄道会社について損益の不認識及び財産ベイシス引継が規定され、他の事業会社の取扱いとの平仄が合わせられた。

---

262) *See* Robert A. Krantz, Jr., *Loss Carryovers in Chapter X Reorganizations*, 16 TAX L. REV. 359, 389-391 (1961).
263) Eustice, *supra* note 127, at 278.
264) Arch B. Gilbert & Don Wilson, *Some Tax Aspects of Insolvency Reorganizations*, 12 OKLA. L. REV. 26, 27 (1959).

以上のようなアメリカの企業再生税制の基本構造の法形成過程の観察の結果，次のような新たな課題が見えてくる。

当時の事業再生実務におけるタックス・プランニング上の論点は，基本的に債務消滅益への課税を避け，さらには，いかにして債務消滅益の総所得不算入の見合いとしての財産ベイシス引下げルールからも免れるか，という点である。このことは，資本再構成方式においては，Stock-for-debt exception が活用されたことからうかがえる。また，第二会社方式についても，組織再編成該当性について問題となった多くの事案で，投資家レベルでの損失控除の可否が争われたものの他に，事業再生後に財産ベイシスを引き継げるかが実質的に争われていたことから明らかであろう。そして，経済実態としての変化がなく企業としての同一性が認められるという，租税法上の「組織再編成」という法的概念を経由することで，これを債権者による組織再編成についても認めるのがアメリカの企業再生税制であった。

すると，同一法人格を維持する資本再構成方式においては租税属性が維持されるのに対し，第二会社方式において財産ベイシス以外の租税属性がどのように取り扱われるのか，という点が自ずと次の検討課題となる。この点は，1954年内国歳入法典において，新たにNOLをはじめとする包括的な租税属性引継を定める規定（租税属性引継ルール）が設けられたこととの関係で考える必要がある。

第4章 租税属性引継ルール

　本章では,債権者による組織再編成があった場合の租税属性引継の法的規律について検討する。まずは,租税属性引継に関する基本ルールを確認し(第1節),次いで,特に E&P (earnings and profits) と NOL を素材として検討する(第2節)。

　検討の結果,まず,租税属性引継に係る議論においても Alabama Asphaltic 理論が参照されるが,それによっても明快な答えが得られることはなく,むしろ解釈上の混乱の契機となることが明らかになる。そして,1954年内国歳入法典における整理は,資本再構成方式と第二会社方式との関係等について整理が不十分であったため,事業再生手法の選択に影響を及ぼしてしまうことが明らかとなる。

第1節　租税属性引継ルール

　本節では,アメリカにおける租税属性引継ルールの一般的規律を,必要最低限度で確認する[265]。

　1954年内国歳入法典では,租税属性引継に係る一般的規律がはじめて設けられた。まず,§381において,①子会社清算に係る§332が適用される法人に対する分配の場合又は②法人レベルでの損益の不認識を定める§361が適用され,かつ,§368 (a)(1) に規定される A, C, F 型の組織再編成及び非分割型の D 型組織再編成のいずれかに該当する場合には,資産を取得する法人

---

265)　先行研究として,須貝脩一「米国法における純損失の承継 (1)-(6・完)」税法学169号1頁,170号1頁,171号1頁,172号1頁,173号1頁,174号1頁 (1965);酒井・前掲注3) 1頁。後者は特に,Daniel L. Simmons, *Net Operating Losses and Section 382: Searching for a Limitation on Loss Carryovers*, 63 TUL. L. REV. 1045 (1989); George K. Yin, *Of Diamonds and Coal: A Retrospective Examination of the Loss Carryover Controversy*, 48 N.Y.U. ANN. INST. ON FED. TAX'N §41 (1990) に依拠する。

にNOLやE＆P，繰越資本損失等の租税属性が引き継がれることが規定された。他方で，§382において，一定割合以上の株式取得による株主の変更があり，かつ，同一事業継続要件を満たさないこと[266]により，引き継いだNOLについてその後の一切の控除が否定されること[267]，また，組織再編成に伴い，組織再編成直前の欠損法人の株主の組織再編成直後における株式保有割合が取得法人の発行済株式の公正市場価値の20％未満となるような株主の変更の場合には，NOLの引継額が一定割合で制限されること[268]，が規定された。

1954年内国歳入法典に規定される以前には，判例法によって租税属性引継に係るルールが形成された。それをまとめると次のようになる[269]。1918年歳入法の下でNOLの繰越繰戻控除を定める§204 (b) における「納税者 (the taxpayer)」との当初の文言から，法人格の同一性を基準にNOL引継の可否を判断し (同一法人格アプローチ)，裁判所手続外 (out of court) の事業再生において，旧法人を一旦清算したのちに資産・事業内容・資本構造が同じ新法人を設立した場合に，F型組織再編成には該当しないとして旧法人のNOL引継を認めなかったのがNew Colonial 判決[270]であった。しかし，Alprosa Watch 判決[271]では，事業や株主が変わったにもかかわらず，法人格は同一であることを理由にNOLの引継が認められたことから，同一法人格アプローチの妥当性が問題とされるようになった。その後，Stanton Brewery 判決[272]やNewmarket 判決[273]では，同一法人格アプローチを退け，州法上の合併であることに着目して租税属性引継を認めるアプローチ (合併アプローチ) を採用したが，そこでも事業や株主の継続の必要性について明確な基準は得られなかった。そして，有名なLibson Shops 連邦最高裁判決[274]では，NOLの繰越・繰

---

266) 制限を免れるには，実質的に同一の事業 (substantially the same business) であることが要求された。1986年改正においては，COBEと同内容の事業の継続性を満たすことで足りることとされた。第2編第5章第3節第1款。
267) I.R.C. § 382 (a) (1954).
268) I.R.C. § 382 (b) (1) (B), (2) (1954).
269) *See* Note, *Net Operating Loss Carryovers and Corporate Adjustments: Retaining an Advantageous Tax History under Libson Shops and Sections 269, 381 and 382*, 69 YALE L. J. 1201, 1207-1232 (1960); James B. Loken, *Loss Carryovers and Corporate Alterations: Toward a Uniform Approach*, 52 MINN. L. REV. 571, 573-582 (1968); 酒井・前掲注3) 10-20頁。
270) New Colonial Ice Co. v. Helvering, 292 U.S. 435 (1934).
271) Alprosa Watch Co. v. Comm'r, 11 T.C. 240 (1948).
272) Stanton Brewery, Inc. v. Comm'r, 176 F.2d 573 (2d Cir. 1949).
273) Newmarket Manufacturing Co. v. U.S., 233 F.2d 493 (1st Cir. 1956).
274) Libson Shops, Inc. v. Koehler, 353 U.S. 382 (1957).

戻の意義について，事業の所得変動の平準化 (averaging) であると述べられ，合併前後で欠損を生じた事業と「実質的に同じ事業 (substantially the same business)」の継続がないことを理由に NOL の引継が否定された (同一事業継続性 (business continuation) アプローチ)[275]。その後 Libson Shops 判決の射程や同一事業継続性アプローチの具体的な適用について混乱が生じることとなった。

1954 年内国歳入法典には，倒産局面における組織再編成について租税属性引継を規律する明文ルールは規定されず，立法当初には，§381 の適用はないとの理解も，有力な学者・実務家からは示されていた[276]。しかし，以下にみていくように，判例法上，実際に債権者による組織再編成において租税属性引継を認めるものもあった。

第 2 節　債権者による組織再編成との関係

債権者による組織再編成において重要性を有する租税属性の中には，財産ベイシス，E&P, NOL 等が考えられる。このうち，財産ベイシスについては既にみたので，本節では後者 2 つについて検討する。

第 1 款　E&P

1　1954 年法前の判例法

1954 年内国歳入法典によって租税属性引継に係る明文規定が設けられる前に，既に E & P の引継があるかが問題となっていた。その点に関する裁判例である Sansome 判決[277]と Phipps 判決[278]で形成されたルールが Sansome-Phipps ルールと呼ばれ，判例法となっていた[279]。Sansome-Phipps ルールによれば，組織再編成該当性が認められた場合，E&P は引き継がれるが，そ

---

[275] Id. at 390. なお，Libson Shops 判決自体は，これを "continuity of business enterprise" の要件と呼んで論じている。See id. at 386. しかし，本書では COBE と区別するため，「同一事業継続性」アプローチと呼ぶ。

[276] Edwin S. Cohen, Paul A. Phillips, Stanley S. Surrey, Thomas N. Tarleau & William C. Warren, *The Internal Revenue Code of 1954: Carry-overs and the Accumulated Earnings Tax*, 10 TAX L. REV. 277, 279-280 (1955).

[277] Comm'r v. Sansome, 60 F.2d 931 (2d Cir. 1932).

[278] Comm'r v. Phipps, 336 U.S. 410 (1949).

[279] Ralph S. Rice, *Transfers Of Earnings And Deficits In Tax-Free Reorganizations: The Sansome-Phipps Rule*, 5 TAX L. REV. 523 (1950). なお，Phipps 判決は，子会社清算の事例であるが，事業再生にも射程が及ぶものと解されている。

の欠損 (deficits) に関しては引き継がれないこととされていた[280]。しかし，連邦倒産法 §77B の手続の下で債権者による組織再編成が行われた事案である Humpage 判決[281]においては，Sansome-Phipps ルールは適用されず，E&P の引継も認められなかった。

【事案】[282]
Fisher 社 (Fisher Company) は，Montauk 社発行の社債を保証していたが，1932 年にその社債がデフォルトした。Fisher 社は，1934 年に当該社債に係る保証債務を履行できずに連邦倒産法 §77B の申立てをし，再生計画において，既存株主は排除され，第二会社方式によって債権者による組織再編成が行われた。1940 年に新法人 (Fisher Corporation) が株主に分配をしたところ，課税の対象となる配当であるかが争われ，その際に旧法人である Fisher 社の E & P が引き継がれていたかが争点となった。

【判決内容】[283]
Arundell 判事の法廷意見は，Alabama Asphaltic 判決を引用しつつ，本件では法人に蓄積された利益は全て債権者の下にいき，株主にのちに分配されるべき利益は残されていなかったとして，債務超過の状態にはなかった状態で E&P の引継を認めた Sansome 判決と峻別した。同法廷意見は，Sansome 判決では，引継を認めなければ株主が E＆P への課税を逃れてしまう事案であったと対比し，本件では留保された利益は債権者の下にいくべきものであって，株主に配当され課税されるべき利益は残されていなかったとして，事案を峻別し，結論として引継を認めなかった。

その一方，反対意見も付された。こちらは，大要，法廷意見は旧法人が清算したものとの (暗黙の) 前提を置いて結論を導いているが，仮に清算していたのであれば，損益の不認識や財産ベイシスの引継についての組織再編成の規定の適用はなかったのではないかと疑問を呈する。そして，議会が，債権

---
280) 欠損の引継を認める裁判例もあったが，従前の債権者が株主でもあったので同一性を認めやすい事例であった。See U.S. v. El Pomar Investment Co., 330 F.2d 872 (10th Cir. 1964).
281) F. R. Humpage v. Comme'r, 17 T.C. 1625 (1952). See Richard J. Testa, *"Earnings and Profits" After Bankruptcy Reorganization,* 18 TAX L. REV. 573 (1963).
282) See *Humpage,* 17 T.C. at 1626-1630.
283) See *id.* at 1633-1634.

者による組織再編成での損益不認識・旧法人の財産ベイシス引継を規定したのであるから，E＆Pについても，組織再編成によってこれを引き継ぐべきだというものだった[284]。

【コメント】

　いずれの意見も，Alabama Asphaltic 理論を前提としながら，一方で，法廷意見は，経済的にE＆Pが債権者への引当財産と観念されるべきことを重視するものであり，他方で，反対意見は，清算と組織再編成が区別されるとの理解を前提に，組織再編成においては，企業の同一性と，当時の事業再生においては実質的に従前と同じ投資家（債権者・株主）が新法人の投資家となることを理由に，それ以前に存在した債権者と法人（及び株主）との権利関係を捨象して，E＆Pの引継を認めるものだといえる[285]。

　このような見解の違いについては次のような立場の違いを指摘できる。一方は，投資家と法人とを別個の被課税主体とする法人所得課税において，法人段階での留保利益への課税を，利益が発生した当時の株主に負担させるべきであり，法人が債務超過となった場合は，その利益は債権者の下にいくものであるから，新法人の株主は負担しないという立場である。もう一方は，組織再編成後も同一の資産を法人レベルでは保有しており，また，当時の事業再生においては再生前後で投資家に大きな変更がないことに鑑み，債権者による組織再編成を通常の組織再編成と同等に扱うものであるという理解を前提として，法人レベルでの租税属性をそのまま引き継がせ，その結果，再生後に株主の地位につく従前の債権者に留保利益への課税を実質的に負担させることにする立場である[286]。

---

[284]　*See id.* at 1635–1640.

[285]　*See* Note, 66 Harv. L. Rev. 358, 359 (1952).

[286]　なお，ここでは，本来的に配当課税は株主が受けるべきものであるが，事業再生に伴う債権者による組織再編成によって従前の債権者が株主となったことで実質的にその配当課税の負担を負うことになってもよいかが問題となっているが，配当課税を利益発生当時の株主が負担すべきか，その後株式を譲り受けた人が負担すべきか，という問題として法人と株主を分離して課税する構造から生じる一般的な問題の範疇とみる余地もあろう。*See* William D. Andrews, *"Out of Its Earnings and Profits": Some Reflections on the Taxation of Dividends*, 69 Harv. L. Rev. 1403, 1426–1427 (1956). この点につき参照，小塚真啓『税法上の配当概念の展開と課題』65–78 頁（成文堂，2016）。

2 1954年内国歳入法典

1954年内国歳入法典では，E&Pも租税属性引継の対象となることが規定された[287]。しかし，債権者による組織再編成については，それ以外の組織再編成について規定する§368とは別個に§371が設けられていたことから，§368の要件を満たす場合でも，§371の適用がある場合には§381の適用対象とならないのではないか，という解釈問題が生じ，不明確性を生じることとなった。この点については，E&Pに限らず，債権者による組織再編成において重要な意味を持つNOLにも共通する問題であるから，NOLの問題として款を改めて述べる。

第2款　NOL

1 債権者による組織再編成への§381適用可能性

§371の適用対象となる債権者による組織再編成が通常の組織再編成の定義を満たすことによって[288]，§381の適用を受けられるかが問題となった。

これを否定する見解には，①法律のつくりやその歴史的背景を踏まえると，倒産時の債権者による組織再編成は通常の組織再編成とは異なる独自の取扱いが妥当すると理解するもの[289]，②§371に該当する場合には財産ベイシス引下げルールに服さないことが§372(a)に規定されているのに対し，§368に該当した場合に適用のある§362(b)にはそのような規定はなく，衝突が生じるため，§§371, 372を排他的な規定と解するもの[290]があった。

他方，肯定する見解としては，①仮に§381の適用がないとすると，裁判所の関与がなく，それゆえ§371の適用がない債権者による組織再編成がC

---

[287]　I.R.C. §381 (c) (2) (1954).

[288]　債権者による組織再編成が，そもそも§368に規定されたA, C, D, F型組織再編成に該当するかについても解釈上の問題があった。特に，Southwest判決で，D型組織再編成への該当性が否定され，New Colonial判決のためにF型への該当性も否定的に解されていた。また，A型については，州法上の合併のためには株主総会の決議が必要であることが多く，事業再生局面においては現実的にこれを満たすことは難しかった。そのため，該当するとすれば，C型組織再編成が有力であった。*See, e.g.,* Krantz, *supra* note 262, at 367-374. また，1954年内国歳入法典の下では，§368 (a) (2) (B) によって価値にして20％までの非適格資産の交付が認められていたので，これを利用するスキームも可能であった。*See id.* at 372-373. なお，§368を満たさず，§371のみを満たす場合は，§381の適用はないとの見解があった。*See* Tillinghast & Gardner, *supra* note 253, at 706-707.

[289]　Testa, *supra* note 281, at 592.

[290]　David J. Blattner, Jr., *Debt Cancellation*, 30 N.Y.U. Ann. Inst. on Fed. Tax'n 237, 279-280 (1972).

型組織再編成に該当した場合には§381の適用があるため，事業再生のために作られた裁判所手続利用の阻害要因となってしまうこと，②同じくチャプターXを利用した場合でも，資本再構成方式の場合はNOLの利用に制約がかからないこととのバランス[291]，を指摘するものがあった。

2　Libson Shops判決との関係

仮に§381自体の適用がない場合でも，1954年内国歳入法典以前の判例法によってNOLの引継が認められる余地がないかが問題となる。その場合，Libson Shops判決で示された同一事業継続性アプローチがどのように適用されるかが重要な論点となる。

この点については，1954年内国歳入法典が制定される前の事案について下された一連の裁判例がある。まず，Willingham判決[292]の事案は，1950年にチャプターXの下で，資本再構成方式による再生を図り，新規投資家であるWillingham氏が旧株主から株式を取得し，債務者法人はその取得資金を既存の担保付債権者らへの弁済に充て，同氏が再生後の大株主となったため株主の大幅な変更はあったが，事業自体や法人格の変更はなく，したがって同一事業継続性アプローチによれば租税属性の引継が認められるように思われる事案であった。しかし，同判決は，再生企業が完全に新たな株式保有と企業構造となったと指摘し，Libson Shops判決の示したNOLの繰越・繰戻に関する平準化目的に触れた上で，チャプターXの下での再生手続によって，債務が消滅するとともにその損失も取り除かれる（wiped out）旨を述べ，NOLの引継を否定した[293]。しかし，この判断に対しては，再生手続における債務消滅とNOLとの間には何ら関連性がないといった批判もあった[294]。また，この事件では，それまで再生企業と資本関係のなかった投資家が新たな株主となった買収型（acquisitive）の組織再編成であったという事実が重要であったとの見方もある[295]。

---

291)　*See* Krantz, *supra* note 262, at 386-387.　第2編第4章第2節第2款4。
292)　Willingham v. U.S., 289 F.2d 283, 286-287 (5th Cir.), *cert. denied*, 368 U.S. 828 (1961).
293)　*Willingham*, 289 F.2d at 286-287.
294)　*See* Krantz, *supra* note 262, at 413; Tillinghast & Gardner, *supra* note 253, at 714.
295)　Krantz, *supra* note 262, at 414.　なお，買収型組織再編成については第2編第4章第2節第2款6参照。

Wisconsin Central 判決[296)]は，連邦倒産法 §77 手続の下での鉄道会社の再生において，第二会社方式が用いられた事案について下された判決である。この判決は，Libson Shops 判決の同一事業継続性アプローチについて，同判決が，合併アプローチをとったといわれる Stanton Brewery 判決や Newmarket 判決等を，これらの判決が「企業の継続 (continuing enterprise)」があると判断していることに着目して引用していることから，州法上の合併があっただけでは租税属性の引継を認めるのには十分でなく，むしろ合併の有無ではなく，企業の継続性を要求しているものだとの理解を示した[297)]。さらに，企業の継続性の内容として，Willingham 判決を引きつつ，受益的所有者 (beneficial ownership) であること，及び，事業活動が実質的に同じで，かつ，移転先の会社が移転者の債務を引き受けることを意味するとの解釈を示した[298)]。併せて，COI の判断と企業の継続性の判断は異なるものであることを，Alabama Asphaltic 判決に言及しつつ論じている[299)]。そして結論としては，企業の継続性要件のうち，事業については同一と認めつつも，これを営む所有 (ownership) の継続性の判断において，従前の株主が排除されており，新たに株主となってこれを営む債権者は異なる集団であると指摘して企業の継続性を否定した[300)]。

　ここでは，①Libson Shops 判決についての同一事業継続性アプローチの内容として，事業のみならず，その所有者を含めた形で，企業の継続性を判断するという基準を示した点，②企業の継続性の判断にあたっては，COI の判断と異なり，事業再生局面における債権者は事実上の所有者としては考慮されないことを明示した点に意義を見出せる。

　さらに，Wisconsin Central 判決の示した基準は，Huyler's 判決[301)]でも採用された。同判決は，再生後に 52% の株式を保有するようになった従前の債権者について，彼らが従前の株主ではなく，債権者であったことを理由に，Libson Shops 判決の基準を満たさないと判断した。

　これらの裁判例はいずれも 1939 年内国歳入法典が適用される事案である

---

296) Wisconsin Central R. R. v. U.S., 296 F.2d 750 (Ct. Cl. 1961), *cert. denied*, 369 U.S. 885 (1962).
297) *Wisconsin Central*, 296 F.2d at 754.
298) *See id*.
299) *Id*. at 755–756. 特に脚注 10。
300) *See id*. at 757.
301) Huyler's v. Comm'r, 327 F.2d 767 (7th Cir. 1964).

が，1954年内国歳入法典の立法後も，§381が直接には適用されない場合に，Libson Shops判決の射程が債権者による組織再編成の事案に及ぶか，という形で問題となり，その判断には不明確性があった[302]。そして，その不明確性を解消すべく，のちのG型組織再編成に係る規律が新設された[303]。

3 §382 (b) による制限

仮に§381の適用があるとしても，1954年内国歳入法典の下では，新たに株主となった従前の債権者について，§382 (b) による引継制限の有無の判断上，所有変化 (ownership change) をどのように判定するかという問題が生じる。

既に述べたように，絶対優先原則の下では，債務超過状態での事業再生時には基本的に旧株主は排除されるのが原則である。すると，§382 (b) が規定する株主の保有割合に関する制限を免れることができず，NOLに利用制限がかかってしまう可能性があった。そこで，§382 (b) (1) の所有変化の算定に従前の債権者を株主としてカウントすべきか，ワラントを株式としてカウントすべきか，債権者に複数クラスがある場合にどう解すべきか，といった種々の解釈問題が生じた[304]。また，§382 (b) (3) が規定する，実質的に取得法人と移転法人が同一人により同一割合で所有 (own) される場合に認められる例外規定への該当性の問題が議論された[305]。そして，ここでは，「所有」の意味内容が問題となり，Alabama Asphaltic理論を中心とする，COIについての裁判例[306]と比較される傾向にあった。

しかし，企業の「所有」という概念の曖昧さや，租税属性引継の基準の曖昧さのため，理論的に解答を導き出すことは難しかった。また，第二会社方式においては，§382 (b) は§368の組織再編成該当性が認められることを前

---

302) William T. Plumb, Jr., *The Tax Recommendations of the Commission on the Bankruptcy Laws—Reorganizations, Carryovers and the Effects of Debt Reduction*, 29 TAX L. REV. 227, 299-300 (1974). 他方，レベニュー・ルーリングでは，§381 (a) の適用対象となる場合については，さらに加えてLibson Shops判決による制限にはかからず (Rev. Rul. 58-603, 1958-2 C.B. 147)，裁判例でも適用対象外とするものがあった。See Maxwell Hardware Co. v. Comm'r, 343 F.2d 713 (8th Cir. 1968); Clarksdale Rubber Co. v. Comme'r, 45 T.C. 234 (1965).
303) 第2編第5章第2節第2款。
304) See Tillinghast & Gardner, *supra* note 253, at 714-717.
305) See Krantz, *supra* note 262, at 375-384.
306) 第2編第3章第3節。

提に，租税属性引継を制限する作用をもたらす規定であるから，Alabama Asphaltic 理論等を参照したところで，ただちにこれに依拠できるはずもなかった。Wisconsin Central 判決で COI に関する Alabama Asphaltic 判決と，租税属性引継に関する企業の継続性とは違うものであると判示されたように，1954 年内国歳入法典における §381 及び §382 を COI の判断と同列に論じることには無理があったといえる。

4 資本再構成方式との中立性

§§371，374 の適用対象となる場合，すなわち裁判所手続の下で第二会社方式によって再生を図る場合に §381 の適用はないとの解釈の下では，財産ベイシス引下げルールには服さずに済む一方，NOL を引き継ぐことができない。そこで，(多くの事業再生においてそうであるが[307]) NOL による租税負担軽減が大きく見込める場合には，第二会社方式ではなく，すぐ後で述べるように，所有変化があった場合でも事業継続があれば NOL 引継制限にかからない資本再構成方式[308]や，第二会社方式であっても，§371 の適用対象とならない裁判所外での私的整理で C 型組織再編成となるようにして NOL の引継を達成する方法が選択肢となった[309]。

資本再構成方式については，§382 (a) による NOL 引継制限にかかる可能性があった。すなわち，§382 (a) では，①ある課税年度末に発行済株式の公正市場価値の割合につき上位 10 人の株主[310]のうち 1 人以上の者が，当該課税年度又は前課税年度の期首に保有していたよりも発行済株式の合計公正市場価値の割合で少なくとも 50 パーセンテージポイント以上増加した場合で，②その保有割合の増加が株式の「購入 (purchase)」[311]によるものである場合，③実質的に同じ事業を継続しない限り[312]，NOL を引き継げなくなることが定められていた。そのため，この制限を免れるための解釈論が試みられた[313]。特に，資本再構成方式の場合，債権が「証券」に当たらず §368 (a) (1) (E)

---

307) *Id.* at 391.
308) *See* Plumb, *supra* note 302, at 299-300.
309) *See* Krantz, *supra* note 262, at 386-387.
310) I.R.C. § 382 (a) (2) (1954).
311) I.R.C. § 382 (a) (4) (1954).
312) I.R.C. § 382 (a) (1) (C) (1954).
313) *See id.* at 392-395.

に規定する「資本再構成」に該当しない場合には、交付を受けた株式を「購入」したものと解される可能性が高かったが、チャプターXの下で債権者が株式の交付を受けた場合、債権という「財産（property）」の現物出資として§351 (a) の充足を認め、債権者はベイシスを引き継ぐので新たな「購入」がなく、§382 (a) の適用がなくなることを認める Rev. Rul. 77-81 が出された[314]。

また、§382 (a) の適用は、「実質的に同じ（substantially the same）」事業の継続により免れることができたが、事業再生局面において、不採算事業をあえて継続することは再生計画として不合理であり、また、その判断基準は不明確であった。特に、事業再生においては不採算事業を縮小・撤退させた場合や、一時的に操業を中止した場合にどうなるかといった問題が生じ、不明確な状態となっていた[315]。

その一方で、第二会社方式の場合、§381 の適用がない§371 による事業再生を嫌い、裁判所外で私的整理を行おうとすると、チャプターXの下での法的整理手続に多数決制度を導入し、（その倒産政策上の当否はともかく）管財人の設置を強制するという倒産政策を採用したこと[316]に反して、法的整理への阻害要因となる可能性が生じた。

このように、債権者による組織再編成における課税上の取扱いの不明確性と、再生手法ごとに異なる取扱いのために、課税が事業再生手法の選択に対して中立的でないという状況にあった[317]。

5　チャプターXIとの関係

チャンドラー法制定により、大企業倒産を念頭に置いたチャプターXでは裁判所やSECによる監視強化と管財人の設置強制という倒産政策が採用された結果、そのような規制にかからず、本来、個人事業者や中小企業の再生を念頭に置いたチャプターXIへの大企業による倒産申立てが増加したことは既に述べた[318]。そして、当然、チャプターXIの下での企業再生税制の適用関係が問題となった。特に、チャプターXIの下で第二会社方式を用いた場合の§371 適用の有無が問題となった。この点について、§371 (a) (1) (A)

---

314) Asofsky, *infra* note 339, at 5-54 to -56.
315) *See id.* at 5-59 to -66.
316) 第2編第1章第4節。
317) *See* Plumb, *supra* note 302, at 301.
318) 参照、前掲注 104-106 及びそれに対応する本文。*See also* SKEEL, *supra* note 23, at 162-168.

は，レシーバーシップ，担保権実行手続又は類似の手続 (similar proceeding) について規定していたが，明示的に列挙されていないチャプター XI が「類似の手続」といえるかが問題になった。そして，それがもともとエクイティ上の和議 (composition) を前身としており，基本的には当事者間の合意に基づくものであって，担保権実行手続のように裁判所の命令による強制的な資産移転ができない点や，レシーバーシップのように管財人が選任されない点を理由に明示的に列挙された手続と区別されるとの見解もあり[319]，§§371, 372 の適用はないものと理解されていた[320]。しかし，その説得力には疑問も生じるところであり，新たな不明確性を生じていた。

6 買収型組織再編成との関係

最後に1点，当時の事業再生実務との関係で，債権者による組織再編成に生じた新たな形態との関係が問題となったことに触れておく。それが，買収型 (acquisitive) 組織再編成との関係である。それまでの債権者による組織再編成では，従前の債権者がそのまま再生企業の株主となるものであったが，1960 年代には企業財産・事業の買収の一環として倒産手続が用いられるようになりつつあった[321]。立法時にはこのような買収型の事業再生について検討された形跡はなく，その適用の有無が論点として浮上したのである[322]。

また，租税負担軽減を主目的とする企業買収についての租税回避否認規定である §269 の適用の有無について，従前の債権者による組織再編成については，租税回避が主目的であるとは解されないと理解されていた[323]が，買収型のものについては適用の可能性が指摘されるようになった。これらの点については，事業再生がM&Aとしての性格を強めた 1990 年代以降の議論として改めて述べる[324]。

---

319) Tillinghast & Gardner, *supra* note 253, at 688–689. チャプター X と XI の違いにつき，see id. at 665–667.
320) H.R. Doc. 93-137, pt.1, *infra* note 340, *reprinted in* B Collier, App. Pt. 4–542.
321) Tillinghast & Gardner, *supra* note 253, at 664.
322) *See id.* at 689–690.
323) Krantz, *supra* note 262, at 399.
324) 第2編第7章。

第3節　小　括

　本章では，新たに制定された1954年内国歳入法典を中心に，債権者による組織再編成における租税属性引継ルールについてみてきた。まず，通常の組織再編成における租税属性引継ルールを1954年内国歳入法典，それ以前の判例法のそれぞれについて確認した（第1節）。その上で，債権者による組織再編成に焦点を当て，租税属性のうち，E＆Pと，事業再生時に特に重要なNOLについて，判例法と内国歳入法典上の規律，それに関連する個別の論点を確認した（第2節）。

　その結果，Alabama Asphaltic理論を単純に適用することによっては，租税属性引継ルールについて明確な答えを導くことができないことが明らかになった。また，資本再構成方式と第二会社方式との間での中立的な課税は達成されていないことや，課税における通常の組織再編成と債権者による組織再編成との関係も曖昧であったために様々な解釈問題を生じたことが明らかとなった。最後に，倒産政策や新たな事業再生手法の潮流との関係で，新たな論点の萌芽をみた。

第 5 章　1980 年倒産租税法と 1986 年内国歳入法典改正

　本章では，1978 年の連邦倒産法の抜本的な改正に伴う 1980 年倒産租税法 (Bankruptcy Tax Act of 1980)[325] の立法過程を題材に，前章までで明らかになった課税上の問題がどのように対処されたのかをみていく。まず，1978 年連邦倒産法の改正の特徴について俯瞰した上で (第1節)，これに対応する 1980 年倒産租税法について，立法過程での議論を踏まえつつ，その成果としての G 型組織再編成の新設，Stock-for-debt exception の存置，租税属性引継ルールの修正についてみていく (第2節)。さらに，内国歳入法典が抜本的に改正された 1986 年改正において，企業再生税制が，他の規定 (特に組織再編成の規定) との関係でどのように整理されたのかを確認する (第3節)。

　検討の結果，次の点が明らかになる。倒産法自体が，企業の再生を促進するという形で DIP の仕組みを認め，絶対優先原則を緩和する等したため，絶対優先原則をその基礎に置く Alabama Asphaltic 理論の土台が揺らぎかねなかったが，1980 年倒産租税法において G 型組織再編成という形で，通常の組織再編成との中立性や，さらには資本再構成方式と第二会社方式との中立性にもある程度配慮した規定が整備された。しかし，もともとの理論的基礎が脆弱であったため，細部の解釈には問題が残った。特に，株主と債権者を厳格に区別する法人税の構造に，債権者による組織再編成をあてはめることは原理的に不可能であり，1986 年改正における新たな租税属性引継制限規定の導入時に顕著だったように，企業再生税制に係る立法対応は，一貫性のないものとならざるをえなかった。

---

325) Pub. L. 96-589, 94 Stat. 3389 (1980).

第1節　1978年連邦倒産法

第1款　改正の概要

　1978年には，連邦倒産法が抜本的に改正[326]され，ニューディール期のそれから大きく変化した[327]。企業倒産に関する大きな改正事項は，チャプターXとチャプターXIが統合される形で，チャプター11となったことである。重要な改正点は，①管財人の設置強制が廃止され，従前の経営者がその地位にとどまるDIP制が認められるようになった点，②SECの再生計画への関与は大幅に縮小された点，③絶対優先原則の適用が限定された点，である。③は，具体的には，一般債権者及び株主を含む利害関係人の組が全て多数決により再生計画案を可決した場合，原則として絶対優先原則の適用がなく，清算価値保障原則のみが妥当し[328]，絶対優先原則が適用されるのは，少なくとも1つは可決した組がある一方で否決した組がある場合に，債務者からの申立てに応じて裁判所が再生計画案を認可（いわゆる「クラムダウン（cram down）」）する[329]ときのみとなった。これによって，チャプター11の申立てが，倒産前の権利の優先劣後関係について一定の交渉による変更を可能にするものとして機能するようになった[330]。

　絶対優先原則の適用が限定されたことに関しては，企業再生税制が，もともとそれに依拠して形成されたものであったから，倒産法改正により変化を被るのか否か，仮に被らないのであれば，企業破綻処理制度と企業再生税制との関係をいかに整理するか，といった点が問題となった。

---

326) Bankruptcy Reform Act of 1978, Pub. L. 95-598, 92 Stat. 2549.
327) 立法史の詳細については，see Kenneth N. Klee, *Legislative History of the New Bankruptcy Code*, 54 AM. BANKR. L. J. 275 (1980). 本来SECにより保護されることが意図された債権者らですら，チャプターXの重い手続やSEC関与による事業再生の長期化を嫌い，チャプターXIを好んだ。Posner, *supra* note 106, at 109. 改正経緯・内容の紹介として，村田典子「再建型倒産処理手続の機能（2・完）」民商法雑誌129巻4=5号646頁，656-673頁（2004）。
328) 11 U.S.C. § 1129 (a) (7) (A) (ii).
329) 11 U.S.C. § 1129 (b) (1). 参照，松下淳一「再生計画・更生計画による債権者と株主との利害調整について」新堂幸司古稀『民事訴訟法理論の新たな構築（下）』749頁，755頁（有斐閣，2001）。
330) *See* Frederick Tung, *Confirmation and Claims Trading*, 90 NW. U. L. REV. 1684, 1712-1713 (1996).

第2款　チャプター11の問題点

次節で述べる1980年倒産租税法と直接関係するものではないが，のちにみる「倒産の私化」[331]や，クレーム・トレーディング[332]との関係で，1978年連邦倒産法改正によって整備されたチャプター11について指摘されるようになった問題点について触れる。主に次の2点である。

第1に，継続企業価値算定の不確実性である。チャプター11では，再生企業を現実に売却するのではなく，観念的に清算したものとして，その継続企業価値を将来予測に基づき推定するが，裁判所手続の下での将来予測に基づく推定には不確実性が伴った[333]。そのため，競争的な市場の下での現実の売却で形成される市場価格による算定に劣ると批判されるようになり[334]，継続企業価値の保全であれば，むしろチャプター11ではなく，清算手続であるチャプター7において継続企業体として売却する方が，手続費用を節約できて望ましいとも主張された[335]。

第2に，DIP制度が認められるため，一方で，経営者にとっての倒産手続の申立てへのディスインセンティブが取り除かれ[336]，継続企業価値の保全に資するともいわれた。しかし同時に，DIP制度の下では，再生計画策定に際し，経営者が必ずしも株主や債権者の利益の最大化のためには行動せず，結果としてこれらの者の取り分が減少するといった形で，チャプター11が，立法当初に想定された社会的便益を生むよりも，むしろ社会的費用を生じてい

---

331) 第2編第6章第3節第1款2。
332) 第2編第7章第1節。
333) 不確実性を解決するための方策として，see Mark J. Roe, *Bankruptcy and Debt: A New Model for Corporate Reorganization,* 83 COLUM. L. REV. 527, 559-597 (1983); Lucian Arye Bebchuk, *A New Approach to Corporate Reorganizations,* 101 HARV. L. REV. 775 (1988).
334) *See* Stuart C. Gilson, Edith S. Hotchkiss & Richard S. Ruback, *Valuation of Bankrupt Firms,* 13 REV. FIN. STUD. 43 (2000)（1984-93年にチャプター11の申立てをし，その手続を終えた上場企業をサンプルに，キャッシュ・フロー予測により推定される継続企業価値と市場価格との差を明らかにし，チャプター11の下での算定には，情報不足と債権の優先順位に基づく戦略的算定のためにエラーが生じると論ずる)。
335) THOMAS H. JACKSON, THE LOGIC AND LIMITS OF BANKRUPTCY LAW 209-224 (1986); Douglas G. Baird, *Uneasy Case for Corporate Reorganizations,* 15 J. LEGAL STUD. 127, 139-145 (1986).
336) *See* Douglas G. Baird, *The Initiation Problem in Bankruptcy,* 11 INT'L REV. L. & ECON. 223 (1991)（チャプター11を申し立てるのに最適な時期を判断するための重要情報を有するのは従前の経営者であり，彼らが倒産手続の間留任できるのであれば，チャプター11申立てを動機付けられ，債権者全体の利益になる可能性を指摘)。

ることが問題視されるようになった[337]。このような問題を解決するのに役立ったのが、後述するクレーム・トレーディングを通じてヘッジ・ファンドが事業再生に関与し、経営者の交替を進めるようになるという潮流である[338]。

第2節　1980年倒産租税法とその影響

第1款　立法過程

連邦倒産法の改正作業に伴い、その課税上の取扱いについても整理された。その立法過程はおおまかに次のような手順を踏んだ[339]。

まず、1970年に連邦倒産法の全面改正のために組織された連邦倒産法委員会 (The Commission on the Bankruptcy Laws of the United States) が、1973年に、改正提案を含む報告書「連邦倒産法についての委員会報告書」を作成した (以下、「1973年報告書」という。)[340]。同報告書には租税に関する事項についての提案も含まれており[341]、特に弁護士である William Plumb が深く関与した[342]。

---

337) Michael Bradley & Michael Rosenzweig, *The Untenable Case for Chapter 11*, 101 YALE L. J. 1043, 1054-1077 (1992). *But see* Stuart C. Gilson, *Bankruptcy, Boards, Banks, and Blockholders: Evidence on Changes in Corporate Ownership and Control When Firms Default*, 27 J. FIN. ECON. 355 (1990) (1979-85年に深刻な財務的困難を経験した上場企業をサンプルに、平均46％しか現職の役員が留任しなかったことを明らかにする). Gilson の実証研究に対して、Bradley & Rosenzweig は、重要なのは、むしろチャプター11が、その手続の下で、自らの行動による経済的帰結に責任を負わない経営者が、一定期間、最適でない行為をする自由裁量 (とインセンティブ) を認めてしまっている点であり、このことは Gilson の発見した事実もそうではないことを示唆するものではないと応答する。*See* Bradley & Rosenzweig, *supra* note 337, at 1077 n.77. また、Gilson も、敵対的買収がほとんど起きていないことを観察する。*See* Gilson, *supra* note 337, at 385-386. その後、1990年代には、従前の経営者が留任する傾向が観察されている。*See* LYNN M. LOPUCKI, COURTING FAILURE: HOW COMPETITION FOR BIG CASES IS CORRUPTING THE BANKRUPTCY COURTS 143-145 (2005).
338) 第2編第7章第1節。
339) *See* 11 COLLIER ON BANKRUPTCY ¶ TX1.03, at TX1-12 to -13 (Alan N. Resnick & Henry J. Sommer eds., 16th ed. 2012) (hereinafter COLLIER BANKRUPTCY TAXATION); Paul H. Asofsky, *Reorganizing Insolvent Corporations*, 41 N.Y.U. ANN. INST. ON FED. TAX'N §5, at 5-99 to -100 (1983).
340) REPORT OF THE COMMISSION ON THE BANKRUPTCY LAWS OF THE UNITED STATES, H.R. DOC. NO. 93-137, 93d, Cong., PTS. I & II. (1973) [hereinafter H.R. DOC. 93-137], *reprinted in* B COLLIER ON BANKRUPTCY, App. Pt. 4-219 (Alan N. Resnick & Henry J. Sommer eds., 16th ed. 2012) [hereinafter B COLLIER].
341) *See id.* at App. Pt. 4 534-555, 758-761, 865-870.
342) *See id.* at App. Pt. 4-239. Plumb は、倒産時の租税に関する種々の事項についての検討を広く公表した。Plumb, *supra* note 302; William T. Plumb, *The Tax Recommendations of the Commission on the Bankruptcy Law: Income Tax Liabilities of the Estate and the Debtor*, 72 MICH. L.

そして，連邦倒産法の改正作業が進む中，議会における委員会間の管轄の関係から，連邦の租税実体法に関する部分は，別の法律で規定されることとなり，連邦倒産法の改正法案から削除された部分をもとに新たな法案[343]が作成され，下院租税委員会（House Committee on Ways and Means）での公聴会[344]を経た。さらに1979年倒産租税法の法案[345]について下院租税委員会の小委員会の公聴会[346]を経て上院の修正に対応した上で，最終的に1980年倒産租税法として成立した。その過程では，倒産プロセスを円滑にするために，租税法の一般ルールの適用をどの程度緩和すべきか，という点について基本的な見解の相違が現れた[347]。特に，その法案の公聴会では，租税の専門家から，事業再生局面において債務消滅益に課税することは，倒産政策との関係で望ましくないが，「新たなスタート（fresh start）」を与えるにとどまらず，それが「有利なスタート（head start）」を与えることになるべきではなく，再生企業は（財産ベイシスに限らず）租税属性を引き下げる（reduce）ルール（以下，「租税属性引下げルール」という。）に服すべきことが強調された[348]。他方で，倒産に携わる弁護士からは，倒産時には債務消滅益に課税するべきではないとの抵抗がみられた[349]。その成果物としての法案は妥協の産物となり，立法当初から，基本的問題についての議論が再燃するのを嫌って1980年倒産租税法はその後も残るであろうと推測され[350]，現在にも基本的な構造が引き継がれて

Rev. 935 (1974); William T. Plumb, *The Tax Recommendations of the Commission on the Bankruptcy Laws: Priority and Dischargeability of Tax Claims*, 59 Cornell L. Rev. 991 (1974); William T. Plumb, *The Tax Recommendations of the Commission on the Bankruptcy Laws: Tax Procedures*, 88 Harv. L. Rev. 1360 (1975); William T. Plumb, *The Tax Recommendations of the Commission on the Bankruptcy Laws: Exempt and Immune Property*, 61 Va. L. Rev. 1 (1975).

343) H.R. 9973, 95th Cong. (1978).
344) *Changes in Bankruptcy Tax Law: Hearing on H.R. 9973 Before the H. Comm. on Ways and Means*, 95th Cong. (1978) [hereinafter *Hearing on H.R. 9973*].
345) H.R. 5043, 96th Cong. (1979).
346) *Bankruptcy Tax Act and Minor Tax Bills: Hearing on H.R. 5043 Before the Subcommittee on Select Revenue Measures of the House Committee on Ways and Means*, 96th Cong. (1979) [hereinafter *Hearing on H.R. 5043*].
347) Asofsky, *supra* note 339, at 5-3.
348) *Hearing on H.R. 9973, supra* note 344, at 62, 66-67 (statement of Daniel I. Halperin, Tax Legislative Counsel, Office of the Assistant Secretary of Tax Policy, Department of Treasury); *Hearing on H.R. 5043, supra* note 346, at 3, 8-9 (statement of Daniel I. Halperin, Deputy Assistant Secretary for Tax Policy, Department of Treasury).
349) *Id.* at 43, 171, 188, 194, 213.
350) Asofsky, *supra* note 339, at 5-3.

いる。そこで，同法の立法過程において，それまでに問題となった企業再生税制の各論点について，いかなる提案がなされ，最終的にどのように手当されたのかをみていく。

第2款　第二会社方式

1　絶対優先原則の適用限定と COI

1978年連邦倒産法では，絶対優先原則の適用が限定された。この改正で絶対優先原則を判示した連邦最高裁判決を土台とする Alabama Asphaltic 理論をはじめ，企業再生税制の基本構造にいかなる影響が及ぶかは極めて重要な問題であると立案段階から Plumb は認識していた[351]。

もともと判例法上，旧株主が事業再生に必要な追加支払金等の価値を提供し，それを対価として新株発行を受ける形で再生計画に参加することは可能だったが，旧株主兼経営者の人的資本（無形資産）による寄与は新価値の例外としては認められていなかった[352]。それが，1978年連邦倒産法においては，情報を開示した上での多数決による再生計画案の可決が基本とされ，絶対優先原則の適用は，クラムダウンがなされた一部の場合に限定された。そのため，倒産手続の申立てによってただちに旧株主が除外され，債権者が企業財産に対して所有者的投資持分 (equitable interest) を有するようになるとはいい切れず，そういえるためには再生計画案の可決を待たねばならなくなる可能性があった[353]。そうすると，1978年連邦倒産法の下ではもはや Alabama Asphaltic 理論はその合理性が失われたものと解する余地があった[354]。

この問題について，Plumb は，新価値の例外や絶対優先原則の適用限定によって，債務超過のために再生企業から排除されていたであろう旧株主らが再生計画に参加し，再生企業の株式を保有するようになったとしても，それは COI の判断には影響を与えるべきではないとの立場をとった[355]。その根拠

---

351) *See* Plumb, *supra* note 302, at 239-240.
352) 参照，前掲注102及びそれに対応する本文。詳細は参照，松下・前掲注329) 757-766頁。なお，新価値の例外は，もともとのニューディール期より前の大企業の事業再生における旧株主による追加出資（第2編第1章第2節参照）のための戦略から，1978年連邦倒産法の下では中小企業の再生のためのものへとその重要性は変化していた。*See* SKEEL, *supra* note 23, at 233-234.
353) *See* Plumb, *supra* note 302, at 240-241.
354) *See* William T. Plumb, *The Bankruptcy Tax Act*, 33 MAJOR TAX PLAN. ¶8, at 8-29 to -30 (1981); Asofsky, *supra* note 339, at 5-21.
355) *See* Plumb, *supra* note 302, at 242-243.

として，既に Atlas Oil 判決[356]で遡及アプローチが採用され，COI の判定を，倒産手続を現実に開始した人ではなく，実際に株式の交付を受けた債権者ないし株主について行っていたことを挙げた。そして，連邦倒産法の改正に併せて§§371 を改正する際には，COI の判定に絶対優先原則の適用限定が影響しないことを明確化すべきであると提案した。

しかし，絶対優先原則の適用限定がCOI の判定に影響を及ぼさないとしても，具体的な再生計画におけるCOI の判定には，これまで通りの問題が生じえた。この点について，仮に，一部の旧株主が新法人の株式の交付を受けた場合には，株主のみを基準にCOI を判断することになって要件充足が難しくなるおそれがあった[357]が，最上位の債権者から最下位の債権者，株主に至るまで，株式の交付を受けた者以下の順位の者は誰でも，法人の継続性 (continuity of corporation) の判定上，所有者 (proprietor) とみるという委員会提案がなされた[358]。これは，COI の正当化原理として絶対優先原則をそのままでは持ち出せなくなった状況下で，債権者は通常，自発的な投資家として株式を取得するわけではなく，困難に陥った債務者法人への既存の権利関係が形を変えるにすぎないとの前提の下で新たな論理を示すものと評価できた[359]。

しかし，具体的な COI の適用には困難も生じた。ここでは，再生計画において従前の優先劣後関係が厳格に守られず，合意により変更が生じたとき，提案された COI の判定基準だと歪みを生じる例を示す[360]。

表1のような優先関係の下で，厳格にそれまでの優先関係に従って各順位の債権者が交付を受ける再生計画と，現実の交渉により合意された再生計画があったとする。このとき，私法上の優先関係に従えば，第3位債権者と無担保債権者が株式の交付を受けるところであるが，第1順位債権者が株式の取得を希望し，合意された再生計画においては，第1位債権者と無担保債権者が株式の交付を受けている。ここで，上記委員会提案に忠実に従うと，第1位債権者以下の全ての債権者が従前の株主とみなされ，COI 判定の一応の

---

356) 第2編第3章第3節第4款2。
357) *See* Plumb, *supra* note 354, at 8–31 to –32.
358) *See* H.R. REP. No. 96-833, at 32 (1980) [hereinafter H.R. REP. 96-833]; S. REP. No. 96-1035, at 36–37 (1980) [hereinafter S. REP. 96-1035] *reprinted in* E-1 COLLIER ON BANKRUPTCY (Alan N. Resnick & Henry J. Sommer eds., 16th ed. 2012).
359) Plumb, *supra* note 354, at 8–34.
360) *See id.* at 8–37 to –38.

表1　COIの判定方法

	債権券面額（＄）	優先関係に従ったとき	合意による変更
第1位	2百万	現金又は債券	株　式
第2位	3百万	現金又は債券	現金又は債券
第3位	2百万	株　式	現金又は債券
無担保	2.5百万	株　式	株　式

基準とされる50％価値基準[361]によれば，＄4.5百万については株式，残りの＄5百万については現金又は債券で交付を受けることになるからCOIを満たさなくなる。

これに対し，Plumbは，むしろ株式の交付を受けた第1位債権者は，従前の優先関係に従えば株式の交付を受けるはずであった第3位債権者からその地位を買い受けたものとみなし，さらに第2位と第3位の債権者は，従前の株主とはみないのが，ヨリCOIの原理にかなうと考えた。すなわち，本来的には，第3位債権者が＄2百万について株式の交付を受けた上で，それを第1位債権者に売却したものとみるのである。すると＄4.5百万のうち，＄2百万しか株式が処分されていないから，COIを満たすべきことになる[362]。しかし，COIの判定方法に関する特段の規定が設けられることはなく，引き続き判例法に委ねられた[363]。

2　G型組織再編成

上記のような，債権者による組織再編成に係るCOIの判定基準の議論を経て，1980年倒産租税法により新たな類型の組織再編成として規定されたのが，G型組織再編成である[364]。その要件は，①法人により，その一部又は全ての資産（assets）が，第11編（Title 11＝連邦倒産法）又はそれに類する場合におい

---

361)　Rev. Proc. 77-37, § 3.02, 1977-2 CB 568.
362)　Plumb, *supra* note 354. at 8-39.
363)　他にも，実際に株式の交付を受けた株主・債権者を基準にCOIを判断していくことの不合理性を指摘し，債権者による組織再編成を，非関連者による買取と，従前の債権者による取得とに二分し，後者については，資本再構成と変わらないからCOIを要求すべきでないとするものとして，see Asofsky, *supra* note 339, at 5-24 to -28. しかし，このような二分法は，その後のクレーム・トレーディングの発展を踏まえると機能しなかったであろう。
364)　I.R.C. §368 (a) (1) (G).

て移転し，②組織再編成の計画[365]に基づき，資産移転先法人の株式又は証券が，§354，§355，§356のいずれかに該当する取引において分配されること，である。ここで，第11編又はそれに類する場合とは，組織再編成の当事者が連邦倒産法上の手続又はレシーバーシップ，担保権実行手続若しくはそれに類する連邦又は州裁判所の手続の下にある場合を意味する[366]。したがって，裁判所の関与しない場合には他の組織再編成の規定に該当しない限り，原則としてその要件を充足せず[367]，裁判所手続外での事業再生の阻害要因となりえた[368]。そのため，G型組織再編成の創設は，1986年改正後の§382に係る規律[369]と，後述するクレーム・トレーディングの発展を経てのヘッジ・ファンド等による事業再生手法[370]とが相まって，ヨリ費用のかかるチャプター11申立ての誘因となる可能性を孕んでいた。なお，G型組織再編成に該当する場合，他の組織再編成同様，基本的に損益が不認識となり，株式の交付を受けることになった債券保有者も損失を認識できず，株式にそのベイシスを引き継ぐ[371]。但し，銀行等は一定の要件の下で部分貸倒れの損金算入も可能である[372]。

3　不採算事業の処理との関係

　G型組織再編成に関する要件について，事業再生においてはしばしば不採算事業の整理が行われることとの関係で2点述べる。

　第1に，G型組織再編成と，他の通常の組織再編成を比べた場合，§354(b)(1)(A)の要求する「実質的に全ての」資産の移転の要件に関する，総資産の70％，純資産90％という指針[373]は，事業再生においては，そもそも純資産を持たない場合もありえ，また，継続する価値のない不採算事業は処分し

---

365) ここでの「計画」には特別の様式は存在せず，社債権者が債務者法人に代わってその財産の競売に入札し，自身の債券を株式に交換する意思と，競売条件を設定し，とられた行為を承認する裁判所の命令とから成る。See Plumb, supra note 354, at 8-13.
366) I.R.C. §368 (a) (3) (A) (i) & (ii).
367) なお，一定の金融機関に関しては，連邦や州の機関（Agency）の関与があれば，当該機関が裁判所と同視された。I.R.C. §368 (a) (3) (D) (1980). See id. at 8-15.
368) CODに係る私的整理の阻害要因については，参照，第2編第6章第3節第1款4・5。
369) 第2編第5章第3節第2款。
370) 第2編第7章第2節。
371) I.R.C. §§ 354 (a) (1), 358 (a) (1) (1980).
372) I.R.C. §§ 582, 166.
373) Rev. Proc. 77-37, 1977-2 C.B. 568, §3.01.

て対価を弁済に充てるのが通例であったことに鑑みると，事業再生実務に合わないものであった[374]。そのため，委員会提案では，同要件は事業再生を促進するというG型組織再編成の規定の趣旨に鑑みて緩やかに判定することとされた[375]。

第2に，組織再編成に係る他の中心的な要件として，事業の継続性 (continuity of business enterprise, COBE)[376]と，事業目的 (business purpose)[377]とがあることはよく知られているが，これらがG型組織再編成においても問題になりえた。前者について，上記§354 (b) (1) (A) の要件に関する委員会提案の趣旨に鑑みると，ここでも緩やかに解すべきであると考えられ，取得した債務者法人の過去の事業の一部やいくらかの資産が事業において継続して用いられる限り充足すると解された[378]。後者について，この時期には，事業再生目的での典型的な債権者による組織再編成においては，買収型の場合を除き，事業目的は問題とされるべきでないと解されていた[379]。

なお，組織再編成該当性は租税属性引継ルールと直接に関係してくるが，この点は，資本再構成方式との関係も踏まえて第4款で述べる。

第3款　資本再構成方式

資本再構成方式については，それまでの判例法であった，債務超過の例外やStock-for-debt exceptionについて検討された。

1　債務超過の例外とStock-for-debt exception

まず，1973年報告書は，判例法によって形成されたStock-for-debt exceptionを明文化して，債権者に対して株式が発行された場合に，それが，公正に企業財産に対する所有者的投資持分 (equitable interest) を反映しているのであれば，その株式の価値にかかわらず，債務の免除 (cancel) や減額 (reduction) には当たらず，財産ベイシス引下げルールの対象としないことや，債務超過の例外を認めることの裏返しとして資産超過になる限りで，公正市場価値と

---

374)　COLLIER BANKRUPTCY TAXATION, *supra* note 339, ¶TX10.03 [1] [a].
375)　H.R. REP. 96-833, *supra* note 358, at 31; S. REP. 96-1035, *supra* note 358, at 35-36.
376)　Treas. Reg. §1. 368-1 (d). なお，Libson Shops 判決の同一事業継続性アプローチにおける企業の継続性 (Continuity of enterprise) とは区別される。参照，第2編第4章第2節第2款2。
377)　Gregory v. Helvering, 293 U.S. 465, 469 (1935).
378)　COLLIER BANKRUPTCY TAXATION, *supra* note 339, ¶TX10.03 [4] [b].
379)　*See id.* ¶TX10.03 [4] [c].

いう限度額なく，財産ベイシス引下げルールの対象とすることを規定することを提案した[380]。

興味深いことは，Plumb が，債務超過状態にあることによって，総所得への不算入のみならず，その後の財産ベイシス引下げによる取戻し課税にも服さなくなる債務超過の例外の妥当性に疑問を呈した点である[381]。すなわち，彼は，既に債務の元手になった資金について，基本的には費用控除や売却損の形で課税上控除しているはずであり，債務消滅による即時の課税を避けるためであれば，財産ベイシス引下げルールの対象から完全に外すことまでは必要なく，これを認めれば二重のタックス・ベネフィットを与えることになると批判し，倒産局面において新たなスタートをする権利は，有利なスタートを与えることまで要求するものではないとして，企業再生税制に係る政策的措置の基本指針を示した[382]。このような指針，すなわち，経済的苦境にある債務者の再生を促す倒産政策に，納税者平等の下で税収を調達する租税法が一定の譲歩はしつつも完全な譲歩まではしないという企業再生税制に係る政策上の姿勢は，1980 年倒産租税法の法案に関する公聴会において，当時の財務省租税政策担当次官補を務めていた Daniel Halperin によっても述べられた[383]。また，Halperin は，Stock-for-debt exception に対しても否定的な意見を述べていた[384]。

Stock-for-debt exchange の取扱いについては，両院で見解が分かれた。もともと下院は，判例法で形成された Stock-for-debt exception を上書きし，株式の価値と消滅した債務の差額を COD とし，租税属性引下げルールの対象とするつもりであったといわれる[385]。そして，Stock-for-debt exception を認める場合も，法人レベルでの COD への課税と債権者レベルでの貸倒れの取扱いを整合させることを念頭に，その対象となるのは，§354 によって債権者側で貸倒れが不認識となる，債権が「証券 (securities)」である場合とするこ

---

380) H.R. Doc. 93-137, pt. 2, *supra* note 340, *reprinted in* B Collier, App. Pt. 4-834.
381) Plumb, *supra* note 302, at 276.
382) *See id.* at 277-278.
383) 参照，前掲注 348 及びそれに対応する本文。
384) *See Hearing on H.R. 5043, supra* note 346, at 3. 後掲注 398 及びそれに対応する本文も参照。
385) *See* Plumb, *supra* note 354, at 8-98.
386) H.R. 5043, 96th Cong., §2 (a) (1980); *see also* H.R. Rep. 96-833, *supra* note 358, at 13-14; James S. Eustice, *Cancellation of Indebtedness Redux: The Bankruptcy Tax Act of 1980 Proposals—Corporate Aspects*, 36 Tax L. Rev. 1, 17 (1980).

とを提案した386)。しかし，上院はこれに反対し，最終的には Stock-for-debt exception に関する明文規定は設けられなかった387)。この点に関して，上院の財政委員会報告書は，Stock-for-debt exception を判例法として維持する趣旨であり，基本的には租税属性引下げの対象から外すが，濫用防止のため，株式発行が名目的になされるような場合にはこれを認めないことを定める規定を設けることを述べていた388)。そして Stock-for-debt exception は判例法として存続し389)，併せて濫用防止規定が導入された390)。

2　1980年倒産租税法における整理

1980年倒産租税法について改めて整理すると次のようになる。

企業再生税制に係る租税政策としては，新たなスタートは認めるが，有利なスタートは認めないとの基本指針から，判例法により形成された債務超過の例外について，総所得不算入とされた債務消滅益について無条件で財産ベイシス引下げルールの対象外とする取扱いは否定され，新たに（財産ベイシスに限らず）租税属性引下げルールの対象とする形で法令上の規定が整備された。しかし，Stock-for-debt exception については，濫用防止規定は挿入されたものの，判例法として存続した。

租税属性引下げルールは次のような形をとった。まず，1978年連邦倒産法の下で免除された債務については，債務者が債務超過であるか否かにかかわらず，債務消滅益全額が総所得から除外され391)，連邦倒産法の手続の下にない場合にも，債務超過である場合には，債務超過が解消される限度において債務消滅益は総所得から除外される392)。そして，総所得算入から除外された分，租税属性が引き下げられる393)。しかし，債務超過であるかを判断するための財産評価の手間と，複雑な租税属性引下げルールのため，いっそのこと

---

387)　Asofsky, *infra* note 453, at 40–15.
388)　S. REP. 96–1035, *supra* note 358, at 17–18.
389)　§1032が根拠条文に挙げられる。*See* Eustice, *supra* note 386, at 45. 内国歳入法典での明文化については，参照，第2編第5章第2節第3款4。
390)　株式の発行が名目的な（nominal or token）場合と，無担保債権者によって受領された株式の，消滅した債権の価値に占める割合が全ての無担保債権者について計算された同割合の50%未満であるときに制限がかかった。I.R.C. §108 (e) (8) (A) & (B) (1980).
391)　I.R.C. §108 (a) (1) (A).
392)　I.R.C. §108 (a) (1) (B), (a) (3).
393)　I.R.C. §108 (b) (1).
394)　*See* Plumb, *supra* note 354, at 8–87.

第5章　1980年倒産租税法と1986年内国歳入法典改正　175

倒産申立てをしてしまう納税者が出てくることが予想されていた[394]。

　総所得から除外された債務消滅益については，§108 (b) (2) に定める順で，それに相当する分の租税属性引下げがなされた。引き下げられる租税属性とその順序は，①NOL，②投資税額控除 (investment credits) 等の各種控除，③キャピタル・ロス，④財産ベイシス（減価償却資産か否かを問わない），⑤外国税額控除の繰越額，である[395]。この順序は，倒産に至る企業においては，通常，繰り越した分を使うための所得がただちに生じることは見込まれず，過去の各種控除項目をずっと利用できないと予測されるため，財産ベイシスを引き下げる前にこれらの繰越控除を引き下げることとしたものと説明される。同時に，早期に利益が見込まれる企業に柔軟性を認めるべく，全ての減価償却資産のベイシス引下げを最初に行うことも選択可能とし[396]，NOLを保全するプランニングを可能とした。

3　財務リストラクチャリングとの関係

　Kirby Lumber 判決では，既発行社債の市場での買入償還によって，券面額と買入償還額（市場価格）との差額分が総所得に算入されると判示されたが，同時に，判例法上，債務超過の例外が認められ，さらに1939年歳入法で不健全な財務状況にある場合の総所得不算入と財産ベイシス引下げが規定されたことは前述した。このうち，後者については，1954年内国歳入法典上に，もはや債務者法人の財務状況を問わない形で規定された[397]ため，健全な財務状況にある企業が，市場金利上昇を背景とした課税上有利な財務リストラクチャリングの手段として用いるようになっていた。すなわち，事業上生じた債務の消滅分について，ただちに毎期の償却額の減少という形で取戻し課税がなされてしまう減価償却資産ではなく，土地等長期間保有する非減価償却資産のベイシスを引き下げるといった形のプランニングが行われるようになっていた[398]。このような状況に対し，財務省は，倒産や債務超過状態にない場合について総所得不算入とするルールの対象外としたかった。しかし，最終的

---

395)　現在では，財産ベイシスの次に，受動的損失に関する§108 (b) (2) (F) が挿入されている。
396)　I.R.C. §108 (b) (5). *See id.* at 8-90 to -91.
397)　第2編第3章第4節第2款
398)　*See Hearing on H.R. 5043, supra* note 346, at 4-5, 9, 19-20. Halperin の証言によれば，規模の大きな上位2500の企業のうち10%がこの規定を用いており，毎年＄3億の所得を総所得から除外しており，全体としては＄5億に達したという。*Id.* at 4.

に議会は,「適格事業債務 (qualified business indebtedness)」に関する規定を導入するにとどまった。この規定は,適格事業債務について,納税者の選択により,総所得不算入とすることは認めるが,その分,財務省規則の定める特定の減価償却資産のベイシス引下げを要求し,それでも不算入とする額の方が大きければ,他の租税属性の引下げはせず,残りはただちに総所得に算入するというものであった[399]。しかし,もともと財務的に問題のない企業にも繰延が認められてしまい,また,企業が有する減価償却資産の多寡によって課税上の差異が生じ不合理であったため,1986年改正時に廃止された[400]。

また,Kirby Lumber 判決の射程との関係では,関連法人を通じた買入償還といったプランニングも行われていたが,これについても,§108 (e) (4) が,関連法人ではなく自身による取得とみなすことを規定する形で対応された[401]。

このように,企業再生税制の境界線の線引きには,財務リストラクチャリングを意識する必要があった。このことが大きな問題として顕在化したのが,1980年倒産租税法後も判例法として存続した Stock-for-debt exception についてであった。

4 Stock-for-debt exception の「濫用」?

1980年倒産租税法でも存続した Stock-for-debt exception は,企業にとって,絶好の財務リストラクチャリングによる節税機会となった。

1970年代の市場利子率の急激な上昇に伴い,市場に流通する社債の市場価格は低落した。そのため,発行法人には,自ら発行した長期社債を市場価格で買入償還することで,社債の額面との差額分だけ貸借対照表上の負債を減少させる財務リストラクチャリングを行う誘因があった。しかし,これを自ら行えば,生きた判例法である Kirby Lumber 判決の射程が及び,発行法人に COD が生じてしまう。また,関連法人を用いて償還を行おうにも,1980年倒産租税法で内国歳入法典に導入された §108 (e) (4) のために,関連法人

---

399) I.R.C. § 108 (a) (1) (C), (c), (d) (4) (1980).
400) COLLIER BANKRUPTCY TAXATION, *supra* note 339, ¶TX13.03 [1] [b] [ⅲ] n. 69.
401) *See* Plumb, *supra* note 354, at 8-103 to -106.
402) *See generally* James M. Peaslee, *Discharge of Debt Through its Acquisition by a Person Related to the Debtor: An Analysis of Section 108 (e) (4)*, 37 TAX L. REV. 193 (1982).

による取得は発行法人自身による取得とみなされてしまう[402]。そこで，これを回避する手法が模索される。具体的には，投資銀行が仲介する形でStock-for-debt exchangeを行いこの課税を回避する手法をSalomon Brothersが考案した[403]。

まず，投資銀行と発行法人との間で，以下の内容の交換合意 (exchange agreement) を結ぶ。①投資銀行は，自己勘定で，市場で低落した発行法人の社債を購入する。このとき，交換合意には，投資銀行が，発行法人の代理人としてではなく，自己のために行うことが明記される。これは，Kirby Lumber判決の射程を確実に逃れるためである[404]。次に，②投資銀行は，発行法人との間で，交換合意に従いStock-for-debt exchangeを行う。従前の債券保有者との間で発行法人が直接に行うのではなく，投資銀行に一回債券を集約させるのは，発行法人からすれば，市場で流通する社債について，自らその保有者を特定し，個別かつ直接に合意を取り付けることには膨大な時間・費用がかかってしまうためであった[405]。また，債券保有者からすれば，自らStock-for-debt exchangeをしてしまうと，発行法人の株主となるが，企業の経営権には関心がなかったり，債券の譲渡損を計上しようにも内国歳入法典上の「資本再構成」に該当してしまえば，譲渡損を認識できず[406]不都合であったりしたところ，投資銀行を仲介させることでこれを認識することができた[407]からである。③投資銀行は，手数料収入や取得した株式の (通常は事前に合意している機関投資家への[408]) 売却により利益を得た[409]。このような手法により，1984年3月1日までの間に，247を超える類似取引が行われ，元本額にして少なくとも$76億の社債が，$58億相当の株式その他の対価と非課税で交換された[410]が，そのほとんどが財務的に健全な大企業によるものだったという[411]。

---

403) Berger, *supra* note 185, at 677.
404) *Id*. at 678; Donald J. Heng, Jr. & Richard L. Parker, *Tax-Free Debt Repurchase Using Stock-for-Debt Exchanges*, 60 TAXES 527, 530–531 (1982).
405) *Id*. at 529.
406) I.R.C. §§ 368 (a) (1) (E), 354.
407) *See id*.
408) Douglas H. Walter, *Tax Aspects of Recent Innovative Financings: Strategies for Existing Discount Debt And for New Securities*, 60 TAXES 995, 997 (1982).
409) Heng & Parker, *supra* note 404 at 529.
410) Berger, *supra* note 185, at 677.
411) *Id*. at 679.

このようなStock-for-debt exceptionを通じた節税利益（及び企業会計上の利益[412]）の享受[413]に対しては賛否両論があった。これに反対の立場は，Stock-for-debt exceptionを認めたCapento判決では，債務超過であることは判示されていないものの，事案としては，経済的苦境にあった企業が行ったものであり，責任置換理論自体も擬制にすぎず，合理性がないとして，判決の射程を経済的苦境にある企業の事業再生のために行われたものに限定する，あるいは，判例法としての価値を否定する議論[414]をした。また，1980年倒産租税法の立法過程において，Stock-for-debt exceptionについてその存続を主張した上院は事業再生目的を掲げていたことから，経済的苦境にあることを暗黙の要件としていると論じた[415]。なお，当時の内国歳入庁で倒産部局長であったAlbert Remeikisは，Stock-for-debt exceptionの適用にあたっては，COIが求められ，その対象となるのは従前の債権者が行う場合に限られ，租税負担軽減目的で債券を取得した者は含まれないことが暗黙の要件となっていると論じた[416]。しかし，第2編第7章で述べるクレーム・トレーディングとの関係で，このような区別に基づく新たな要件を解釈により付加することには，本来の事業再生目的の達成に重要な役割を果たすようになった事業再生ファンドを通じた再生さえも抑制してしまう可能性があるため問題があろう。

　他方，賛成の立場は，1980年倒産租税法の立法過程で，下院が「証券」にのみStock-for-debt exceptionを認める法案を作成したのに対し，上院はこれを認めず，制限なしに従前の判例法に倣うこととしたことを重視し，Stock-

---

412)　Walter, *supra* note 408, at 997.
413)　ある実証研究によれば，通常，負債比率を減少させる資本再構成を行う旨のアナウンスメントは，利子控除による租税上の利益の減少や，事業が不調であることのシグナリングとして受け止められてしまう等の要因のため，単にStock-for-debt exchangeを行うだけでは，租税上の利益による株主価値の増加を目的とするものだとのシグナリングが不十分・不明確となってしまい，Stock-for-debt exchange時に株価が低下する傾向がある。See Ronald C. Rogers & James E. Owers, *Equity for Debt Exchanges and Stockholder Wealth*, 14 Fin. Mgmt. 18 (1985). だが，Stock-for-debt exchangeに引き続いて，株式償還や社債の発行を行った場合にはトータルでみた場合に株価が上昇する傾向が観察されている。See John D. Finnerty, *Stock-for-Debt Swaps and Shareholder Returns*, 14 Fin. Mgmt. 5 (1985).
414)　Berger, *supra* note 185, at 689–691.
415)　See id. at 691–694.
416)　Albert A. Remeikis, *Debt/Equity Considerations and Deep Discount Bonds*, 41 N.Y.U. Ann. Inst. on Fed. Tax'n §6, at 6-24 to –31. (1983). *See also* Berger, *supra* note 185, at 694–695.

第 5 章　1980 年倒産租税法と 1986 年内国歳入法典改正　179

for-debt exception がもたらすかかる帰結を議会は暗黙に承認していたとみた[417]。

　議会では，1982 年に，第 1 に，Stock-for-debt exception の対象範囲を経済的苦境にある場合に限定し，それ以外の場合には株式の公正市場価値と債券の券面額との差額について発行法人に COD を認識し，第 2 に，債券保有者において Stock-for-debt exchange に応じるディスインセンティブを除去すべく，§354 については，交換した債券の元本額が交換により受け取った株式の公正市場価値を超える場合にはその分について損失の認識を認めるという立法提案がなされたが，結局成立しなかった[418]。しかし，1984 年にはタックス・シェルターその他の租税回避取引についての両議院税制委員会の報告書において，財務的に健全な企業による Stock-for-debt exchange について，COD への課税回避に加え，元本額は小さくし，高利率の社債を発行することによって，多額の利子控除を得るというプランニング[419]についても言及され，その利用を経済的苦境にある企業に限定することが提案されるに至った[420]。これを受け，1984 年には一般ルールとして，Stock-for-debt exchange では株式の公正市場価値でもって債務の弁済をしたものとみなす規定を設け，Stock-for-debt exception を，債務超過状態にある企業と連邦倒産法の倒産手続の下にある企業に限定する立法手当がなされた[421]。これにより，Stock-for-debt exception を基礎づけた責任置換理論は立法により否定されたものと理解できる[422]。しかし，事業再生局面にある法人については，なお Stock-for-debt exception による課税上の便益を享受できた。これに対し，新たなスタートは認めるが，有利なスタートは認めないという倒産政策と一貫しないとして，

---

417)　Heng & Parker, *supra* note 404, at 535.
418)　*See* Berger, *supra* note 185, at 695-697 (citing S. 2688, 97th Cong., 128 Cong. Rec. S7591-92 (daily ed. June 29, 1982)).
419)　第 2 編第 6 章第 1 節・第 2 節。
420)　STAFF OF J. COMM. ON TAX'N, 98TH CONG., PROPOSAL RELATING TO TAX SHELTERS AND OTHER TAX MOTIVATED TRANSACTIONS 52-53 (1984).
421)　Deficit Reduction Act of 1984, Pub. L. 98-369, 98 Stat. 494 §59 (1984) (codified as amended at I.R.C. §108 (e) (10) (1984)).
422)　のちのニューヨーク州法曹協会の報告書においても，Stock-for-debt exception の理論的根拠は不十分であるが，事業再生を促進するため，維持されるべきだと理解された。*See* Paul H. Asofsky, *Towards a Bankruptcy Tax Act of 1993*, 51 N.Y.U. ANN. INST. ON FED. TAX'N §13, at 13-15 to -16 (1993).
423)　*See* Patricia L. Bryan, *Cancellation of Indebtedness by Issuing Stock in Exchange: Challenging the Congressional Solution to Debt-Equity Swaps*, 63 TEX. L. REV. 89, 128 (1984).

この場合にも租税属性引下げを要求すべきだとの批判は存在した[423]。

また，仮に租税政策の側で，倒産政策を尊重し，Stock-for-debt exception を肯定的に評価したとしても，倒産政策との関係でも納税者の行動に望ましくない歪みを生じる可能性があった。第1に，現実には，債務超過であるか否かの判断には不確実性が伴うため，費用のかかる裁判所の関与する法的倒産手続申立てへの誘因となった[424]。第2に，Stock-for-debt exception による課税上の便益を，倒産政策上適切と評価される者にのみ認めることを意図した規定であっても，かえって効率的な事業再生を阻害する可能性を孕んでいた。すなわち，後述するように[425]，1980年代末以降の事業再生においては，法的倒産手続よりも費用のかからない法的倒産手続外における私的整理である「ワークアウト (workout)」の重要性が意識されるようになるが，Stock-for-debt exception が認められるのは，債務超過の場合か法的倒産手続の下にある場合に限られる。すると，債権者らは，課税上の考慮がなければ，早期のワークアウトをしていたであろう場合にも，Stock-for-debt exception の便益を享受するためにこれを遅らせてしまい，かえって倒産コストを高めてしまうことになりかねないことが指摘されるようになった[426]。

第4款　租税属性引継とその制限

新設された G 型組織再編成の規定は，損益の不認識の問題よりも，むしろ租税属性の引継との関係で重要であった[427]。改正前は，第二会社方式であれば，旧法人の NOL 等は引き継げないが，旧法人の財産ベイシスは引き継がれ，財産ベイシス引下げルールに服さなかった[428]。そのため，1973年報告書では，資本再構成方式において債務免除をした場合[429]との中立性の観点から，§371 に該当するような債権者による組織再編成も租税属性引継ルールの対象

---

[424] *See* Katherin Pratt, *Shifting Biases: Troubled Company Debt Restructurings After the 1993 Tax Act*, 68 AM. BANKR. L. J. 23, 30 (1994).
[425] 第2編第6章第3節第1款2。
[426] *See* Roe, *supra* note 93, at 276-277.
[427] 債権者にとっての G 型組織再編成への関心は，もっぱら NOL をはじめとする租税属性の活用であるともいわれる。Martin J. Rabinowitz & Hugh H. Jacobson, *Reorganization of the Bankruptcy Corporation Under IRC Section 368 (a) (1) (G): Panacea or Placebo*, 42 N.Y.U. ANN. INST. ON FED. TAX'N §10.03 [1] (1984).
[428] 第2編第3章第4節第2款。
[429] 但し，Stock-for-debt exception によれば COD ルールを免れることが可能であった。

とした上で，(CODを相殺できるだけのNOLがある場合を念頭に) 債務消滅益をただちに総所得に算入するか，一旦除外した上で引き継いだ財産のベイシスを引き下げるかを選択できるようにすることが提案されていた[430]。しかし，1980年倒産租税法においては，§§371-374の適用が原則として停止される[431]のみで，G型組織再編成においても，移転された資産について旧法人の債務消滅分に対応するベイシスの引下げが明示的に規定されることはなく，組織再編成に係る法人の財産ベイシス引継について定める§362(b)に従うこととされた。この場合，§381(b)(1)によって旧法人の課税年度は終了し，CODに係る租税属性引下げが行われるのは当時の§108(b)(4)(A)によれば翌課税年度であるため，もはや財産ベイシスをはじめとして，旧法人の下で引き下げるべき租税属性がなくなってしまう[432]。この点に関しては，2003年にようやく，§§381,362の適用前に租税属性引下げが行われることが明文化された[433]。

さらに，債権者が再生企業の株主となる場合，§382の租税属性引継制限規定が問題となることは前述の通りである。まず，§382(a)が規定する所有変化による制限にかかってしまうことが想定された[434]。また，§382(b)については，債務者法人が債務超過状態に陥ったために所有者的投資持分を有するようになり，実質的に損失を被ったと観念される債権者については，§382(b)の適用上，再生企業の株式を取得したときでも従前の株主とみなし，制限に

---

430) H.R. Doc. 93-137, pt.2, *supra* note 340, *reprinted in* B Collier, App. Pt. 4-834; Plumb, *supra* note 302 at 280-281.
431) I.R.C. §370 (a) (1980).
432) *See* Bittker & Eustice, *supra* note 200, ¶12.30 [3].
433) TD9080. 現在のTreas. Regs. §§1.108-7 (c), 1.1017-1 (b) (4)。
434) 第2編第4章第2節第2款4。なお，1976年改正で§382(a)の制限は緩和された。*See* Tax Reform Act of 1976, 90 Stat. 1525, Pub. L. 94-455. *See also* Robert A. Bergquist & Alfred C. Groff, *Reorganizing the Financially Troubled Corporation After the Bankruptcy Tax Act of 1980*, 36 Tax L. Rev. 517, 537, 551-552 (1981); James S. Eustice, *The Tax Reform Act of 1976: Loss Carryovers and Other Corporate Changes*, 32 Tax L. Rev. 113 (1977); Aidinoff, M. Bernard, *Utilization of Acquired Net Operating Loss Carryovers and the Tax Reform Act of 1976: A Face-Lift for Section 382*, 55 Taxes 874 (1977). しかし，結局同法は施行されないまま1986年改正を迎えた。1976年改正時の両議院税制委員会の説明では，欠損金売買を許容することは，買主に偶発的利益を与えることになるとの認識が示され，売主が完全には租税属性の価値を譲渡対価に上乗せできないとの前提に立っていた。*See* Staff of J. Comm. on Tax'n, 94th Cong. General Explanation of the Tax Reform Act of 1976, 191-193 (1976).
435) *See* Plumb, *supra* note 302, at 302-303.
436) I.R.C. § 382 (b) (7) (1980).

かからないようにするための措置が提案され[435]，明文規定が設けられた[436]。これにより，再生前の株主と債権者併せて取得法人の発行済株式の公正市場価値の20%以上が保たれれば，租税属性を維持できることになった。これに対して，資本再構成方式による場合は，§382 (a)の制限を免れることが難しかったため，1981-87年にかけては，ほとんどの事業再生における組織再編成はG型組織再編成となる第二会社方式で行われたといわれる[437]。

以上のような点から，1980年倒産租税法によって，G型組織再編成や租税属性引継ルールが整備されたが，実務的な活用のしやすさについては否定的に評価された[438]。同時に，租税属性の引継が認められることは，租税負担軽減を目的とする企業買収の誘因となる契機を孕んでいた。それまで，債権者による組織再編成においては，従前の債権者が（半ばやむなく）再生企業の株式の交付を受ける形が主流であったため，§269による制限にかかる可能性は低かった[439]。また，1978年連邦倒産法でも，§1129 (d)が，再生計画認可にあたって，租税回避を主目的とする場合には破産裁判所は認可しないことを規定していたが，文言上，「最重要な目的 (the principal purpose)」が租税回避目的でなければならず，主目的の1つ (a principal purpose) では足りないものと厳格に解された[440]。しかし，通常の株式を通じた企業買収を超えて，価値の下落した債券を通じた事業再生手法が発展するようになると，この局面での企業支配権の移転も，NOLの売買を認めるべきかというヨリ一般的な法人所得課税の問題へと接合していくことになる[441]。

第3節　1986年内国歳入法典改正と新たな問題

第1款　NOL引継制限に係る改正

1986年には内国歳入法典の抜本的改正がなされた（以下，このときの改正法を「1986年法」という。）[442]。そして，NOL引継に関しては，毎課税年度にNOL控除限度額を設ける仕組みがとられることになった。そこでは，株主による

---

437)　Asofsky, *infra* note 453, at 40–89.
438)　Rabinowitz & Jacobson, *supra* note 427, §10.06.
439)　*See* Plumb, *supra* note 354, at 8–56.
440)　*See In re* Rath Packing Co., 55 B.R. 528, 536 (Bankr. N.D. Iowa 1985).
441)　第2編第7章第2節。
442)　Tax Reform Act of 1986, Pub. L. 99–514.

企業の「所有」の変化に着目するアプローチ(所有変化アプローチ)に基づくルール(所有変化ルール)が採用され,「所有変化(ownership change)」があった場合,毎課税年度で控除可能なNOL額に制限がかかる[443]。このときの控除限度額(以下,「§382 NOL控除限度額」という。)は,所有変化前の旧欠損法人の純資産価値×長期非課税債の利子率により算定される[444]。これは,旧欠損法人がその資産の全てをパートナーシップに出資し,その資産から生じる収益分だけはいずれにしろ従前のNOLによって相殺できたであろうとの想定によると説明される[445]。この説明からは,NOLが発生した時点で株主ではなかった新たな株主は,引き継いだNOL分を控除して租税上の利益を享受することができないため,上記想定が成り立つ限りにおいて,組織再編成に対する課税の中立性が達成される。ここでは,NOLを繰越・繰戻によって控除する仕組みの目的は,あくまで恣意的な課税年度の区切りにより生じる所得変動の平準化にあり[446],NOLに係る租税価値は売買の対象とならないという租税政策上の決定がなされたものと理解できる[447,448]。なお,移転した資産に一定の閾値額を超えるビルトイン損失がある場合,のちにそれが認識されても,それが変化前損失(pre-change loss)であった場合と同様に扱われ,§382 NOL控除限度額の範囲内で控除できるにとどまり,資産の含み損失等

---

443) I.R.C. § 382 (a).
444) I.R.C. § 382 (b) (1), (e), (f), (k) (2).
445) STAFF OF J. COMM. ON TAX'N, 100TH CONG., GENERAL EXPLANATION OF THE TAX REFORM ACT OF 1986, 295-296 (May 4, 1987); see also Yin, supra note 265, at 41-13. 長期非課税債の利子率を用いるのは低すぎるとの議論には立ち入らない。See Simmons, supra note 265, at 1073-1083.
446) See JCT, supra note 445, at 294; see also ALI, infra note 447, at 212.
447) 欠損金利用価値の売買の是非と平準化の関係に関しては,see AMERICAN LAW INSTITUTE, FEDERAL INCOME TAX PROJECT SUBCHAPTER C: PROPOSALS ON CORPORATE ACQUISITIONS AND DISPOSITIONS (reporter William D. Andrews) 208-225 (1982). ここでも,買収する側の交渉力が強く,十分に譲渡対価に租税属性の価値分が反映されないとの認識があった。See id. at 220. 同報告書を踏まえた検討として,岡村忠生『法人税法講義(第3版)』474-481頁(成文堂,2007).
448) See Yin, supra note 265, at 41-21 to -23 (法人課税についての平準化機能は,議会が,法人税は株主に帰着するとの前提の下に,株主レベルで付与したものと理解し,株主に適切に繰越に係る租税上の利益が及ぶよう制度設計すべきだとする). なお,Yinは,後述する§382 (c)については,Libson Shops判決における同一事業継続性アプローチが,一定程度残ったものと評価している。See id. at 41-38 n. 129.
449) I.R.C. § 382 (d) (1), (h) (1) (B), (h) (3) (B). 他方,旧欠損法人の未実現のビルトイン純利得(net unrealized built-in gain)が認識された場合には,認識された分だけその課税年度の§382 NOL控除限度額が増加する。I.R.C. §382 (h) (1) (A). なお参照,酒井貴子「取得後損失控除の否認に関する考察」前掲注3) 58頁,61-62頁〔初出2001〕。しかし,ここでの「未実現ビルトイン純利得」は,「資産」についてのものに限られ,移転した債務について生じている含み益

の持ち込みにも制限がかかっている[449]。このような改正に際し，それまで租税属性引継の有無に係る判例法として混乱を生んでいた Libson Shops 判決の射程は，§§381, 382 で手当された部分については及ばないことが確認された[450]。但し，事業の継続性 (Continuity of business enterprise) という要件は，組織再編成該当性を認めるための要件である COBE と同内容のものとして §382 (c) においても要求され，所有変化後2年間，「旧欠損法人のそれまでの事業の継続又は旧欠損法人の事業における資産の重要な部分 (significant portion) の利用」が認められなければ，§382 NOL 控除限度額はゼロとなることが規定された[451]。しかし，これに対しては，事業の継続の有無に応じて旧株主や新株主に偶発的利益が生じる可能性を孕むものであるから，1986年法の採用した所有変化アプローチにそぐわないとの批判があった[452]。

このような形での整備は，事業再生局面における企業支配権の移転においては，ただちに破綻をきたすことが明らかとなる。

第2款　事業再生局面の例外

1986年改正に伴う G 型組織再編成や Stock-for-debt exchange に関する規律については，両院で見解が異なり，結果的には両者の折衷案という形で整備されたものと評価されている[453]。

もともとの下院法案では，事業再生局面における組織再編成で生じた株主の変更について，特別にこれを除外するルールは設けていなかった。その代わり，§382 NOL 控除限度額について，事業再生局面では，再生企業が債務超過やそれに近い状態にあり，§382 NOL 控除限度額は，自ずとゼロあるいは極めて僅少な額となってしまうことが予想されたため，所有変化前ではなく，所有変化後の価値を基準に用いることとしていた[454]。

は含まれないため，所有変化前にデット・リストラクチャリングをして COD を認識しておくというプランニングが行われた。See Thomas L. Evans, *The Realization Doctrine After* Cottage Savings, 70 TAXES 897, 905 (1992).
450)　JCT, *supra* note 445, at 324. 但し，§382 の適用局面でなければ，なおその射程が及ぶ可能性がある。See BITTKER & EUSTICE, *supra* note 200, ¶ 14.46 [2]. 異なる評価として，今村隆『租税回避と濫用法理』247頁（大蔵財務協会，2015）。
451)　See JCT, *supra* note 445, at 318.
452)　See Yin, *supra* note 265, at 41-49.
453)　See Paul H. Asofsky, *Reorganizing Insolvent Corporations Today*, 47 N.Y.U. ANN. INST. ON FED. TAX'N § 40, at 40-89 to -90 (1989).
454)　H.R. 3838, 99th Cong., §321 (1985).

これに対し，上院財政委員会の提案に基づく上院からの修正案では，第11編又はそれに類する場合においては，所有変化があっても，株主と，株式と交換した債権が，倒産手続の申立てより最低1年以上前から保有している債権又は通常の事業の過程で生じた債権である債権者が，併せて50％以上の株式を保有する場合には§382を不適用とし，代わりに，株式に転換された債権についての倒産手続に入る前3年間の利子控除分だけNOLを減額する形で取戻し課税を行い，さらに，転換後2年間で再度の所有変化が起きた場合には，引き継いだ全てのNOLを消滅させるとの内容が示された[455]。

このように，両院の案には相違があったが，結局，いずれか一方を全面的に採用するのではなく，折衷案となった。まず，所有変化については厳しい要件が課された。それまでの§382 (b) (7) であれば，従前の株主及び債権者が再生企業の発行済株式の価値の20％以上を保有すれば，旧欠損法人のNOLはそのまま用いることができた。しかし，1986年改正において，所有変化は，算定期間 (testing period) 中に持株比率5％以上である株主 (5％株主) により所有される欠損法人の株式の割合が，当該期間中の最も低いときより50パーセンテージポイントを超えて増加したか否か等の要件により判定されることとなり，その際，持株比率5％未満の株主については，特別に定める場合を除き，まとめて1人の5％株主として取り扱うものとされた[456]。このような取扱いだと，再生のために買収企業の株式を対価として債務者法人の資産が移転され，G型組織再編成に該当したところで，買収企業に5％未満の株主しかいなくても，買収企業の株主グループを全体として1人の5％株主とみることで，所有変化による§382の制限にかかってしまうことになりかねない[457]。

かかる帰結を避けるべく，上院修正案の通り，事業再生局面には，§382 (a) を不適用とし，§382 NOL控除限度額の制限にかからないこととした[458]。具体的には，第11編又はそれに類する場合で裁判所の管轄下にある法人について，所有変化前の株主及び債権者が所有変化直後の旧欠損法人の価値と議決権の50％以上の株式を所有することになった場合である。その際，Alabama

---

455) See H.R. Rep. No. 99-841, at II-172 (1986) (Conf. Rep.).
456) I.R.C. §382 (g) (1), (2), (4) (A), (i), (k) (7). 50％基準の算定方法の詳細につき，Treas. Reg. §1. 382-2T (c).
457) Asofsky, supra note 453, at 40-87.
458) I.R.C. §382 (l) (5) (A).

Asphaltic 理論に基づき，債務超過法人の債権者は，当該法人の「真の所有者 (true owners)」であり，そのような債務超過法人の債権者は，しばしば NOL に反映されている損失を被っていると説明された[459]。但し，トール・チャージとして，①Stock-for-debt exception がなければ生じていたであろう COD 相当部分の 50％分の NOL が減額され[460]，さらに，②倒産手続において株式に転換された債務に係る所有変化が起きる前 3 課税年度分の利子控除額を，所有変化後に利用できる NOL 額から減額し，③最初の所有変化後，2 年以内に再度の所有変化があった場合には，上記 §382 (l) (5) の事業再生局面の例外規定の適用がなく，§382 NOL 控除限度額もゼロとなる[461]ことが規定された[462]。

他方，下院案を取り入れる部分として，納税者は，このような上院修正案に沿った事業再生局面の例外規定を選択により免れることができることとされた[463]。この選択をした場合，§382 NOL 控除限度額は，債務消滅による価値増加後の法人の価値をもとに算定することとなる[464]。

さらに，1988 年の改正[465]により，§382 (l) (5) (A) の 50％基準については，所有変化直前の株主及び債権者としての地位に基づき発行を受けた株式のみをもとに算定することとされた[466]。これは，1978 年連邦倒産法改正によって絶対優先原則の適用が限定され，旧株主による新規出資も当然に想定される中，そのような新規出資による株式を算定の基礎から外すためのものであり，実務家からの評判は悪かった[467]。結果として，§382 (l) (5) の方が

---

459) JCT, *supra* note 445, at 299. なお，上院財政委員会の修正案に債権者の保有期間の要件が入ったのは，財務省の主張によるとされる。See Richard Reichler, *Presumption of Tax Avoidance Motive in Prop. Regs. Affects Many Corporate Bankruptcies*, 38 J. TAX. 140, 142 (1991).

460) See Asofsky, *supra* note 453, at 40-93.

461) この制限は最初の所有変化時に遡るわけではない。See LTR 200751011, Doc 2007-27962, 2007 TNT 247-22.

462) JCT, *supra* note 445, at 322. I.R.C. § 382 (l) (5) (B) (C) (D) (1986). ②は，倒産前において既に，債権ではなく株式としての実質を有しているとの理由で設けられたが，特に，LBO によりハイ・イールド債について倒産前に多額の利子控除をしていた再生企業にとっては，大きな打撃となる可能性があった。

463) I.R.C. § 382 (l) (5) (H) (1986).

464) I.R.C. § 382 (l) (6) (1986).

465) Technical and Miscellaneous Revenue Act of 1988, Pub. L. 100-647 (1988) [hereinafter *TAMRA*].

466) I.R.C. §382 (l) (5) (A) (ii) (1988).

467) Asofsky, *supra* note 453, at 40-91; Asofsky, *supra* note 422, at 13-25 to -26.

再生企業にとって不利となることが見込まれ，§382 (l) (6) を選択する誘因となった[468]。

また，50% 基準自体にもいくつか問題があった。

第 1 に，算定の基礎となる債権者については，取引債権者を除いては，株式と交換されることになる債務 (indebtedness) が第 11 編又はそれに類する場合の申立日の少なくとも 18 か月前から保有されていることが求められた[469]。この要件は，債権を買い集めて Stock-for-debt exchange を行い，さらに §382 の制限を回避して欠損法人の NOL を利用することを念頭に置いた対抗措置である[470]。しかし，このような措置は一方で，後述する[471]クレーム・トレーディングの発達した時代においては，効率的な事業再生の阻害要因となる可能性を孕んでいた。

第 2 に，倒産法の目的は，いわゆるコモン・プール問題を防ぎ，また，企業の継続企業価値を保全することで債権者の引当となる財産価値を最大化することだとする立場からは，再生企業の弁済対価や倒産手続の選択を歪めるとの批判があった。すなわち，市場で株式を売却することが困難な中小企業等の再生事案において，チャプター 7 の下で事業を売却し，その対価である現金を以て弁済に充てることが，事業再生後の企業の収益に係る不確実性を避けるために合理的である場合にまで，租税属性を維持するために株式の交付を受けさせようとする誘因となる可能性があること[472]や，連邦倒産法等の手続の下で事業再生を行うことが NOL の保全のために必要であることが倒産手続の選択に歪みをもたらす可能性があることが批判された[473]。

なお，事業の継続性に関して，§382 (c) に 2 年間の事業継続要件が規定され，これは COBE と同内容の要求水準であることは前述したが，組織再編成該当性を満たす場合には自ずと満たされよう[474]。また，G 型組織再編成では，

---

468) *See id.* at 13–21 to –22; Peter C. Canellos, *Rethinking the Tax Aspects of Debt Restructuring*, 70 TAXES 808, 816 (1992).
469) I.R.C. §382 (l) (5) (E) (I).
470) *See* JCT, *supra* note 445, at 299; Asofsky, *supra* note 453, at 40–92.
471) 第 2 編第 7 章第 2 節。
472) Baird, *supra* note 335, at 146–147.
473) *Id.* at 147; JACKSON, *supra* note 335, at 224. なお，これらの議論がされた当時は，第三者への売却による「清算」と，従前の債権者の下での「再生」という形で概念が整理されていた。*Id.* at 211; Baird, *supra* note 335, at 127. しかし，クレーム・トレーディングにより，債権者は債権売却によりキャッシュ・アウトする余地が広まり，本文で述べた第 1 の問題の重要性が増した。
474) BITTKER & EUSTICE, *supra* note 200, ¶14.44 [5].

§382 (l) (5) の下では，所有変化による制限にかからず，COBE の判定も緩やかになされるのであれば，当時それほど重大な規定ではなかったと推測される。1994 年には，§382 (l) (5) の適用がある所有変化については §382 (c) の適用がないこととされた[475]。他方，§382 (l) (6) では適用ありとされている[476]。

いずれにせよ，最も重要な点は，§382 (l) (5) においては，§382 NOL 控除制限の例外が，倒産政策上の配慮として認められたということ自体である。これが立法時から想定されていたように，新たな欠損金売買 (loss trafficking) への警戒につながった[477]。

第 4 節　小　括

本章では，1978 年に連邦倒産法が抜本的に改正されたのに伴う 1980 年倒産租税法と，1986 年の内国歳入法典改正それぞれにおいて，企業再生税制がどう変化したのかをみた。

1978 年の連邦倒産法改正は，ニューディール期に導入された倒産政策を根本的に見直すものであった。すなわち，①管財人の設置強制が廃止されて，従前の経営者がその地位にとどまる DIP 制が認められ，② SEC による再生計画の監視は大幅に縮小され，③絶対優先原則の適用は限定された。このような倒産政策の転換は，それを前提として形成されてきた企業再生税制にどう影響するかという問題を生じた (第 1 節)。

1978 年連邦倒産法改正を受け，1980 年倒産租税法により企業再生税制が整備された。そこでは，第二会社方式について，絶対優先原則の適用限定と Alabama Asphaltic 理論を基礎にする COI の判定方法の関係が問題になったが，理論的解明は不十分なまま判例法に倣う形で G 型組織再編成の規定が創設された。また，G 型組織再編成の創設によっても，第二会社方式と資本再構成方式の非中立的取扱いは残った (第 2 節第 2 款)。資本再構成方式については，企業再生税制のコンセプトである「新たなスタート」は認めるが，「有利なスタート」は認めないとの基本方針に則り，債務消滅益の総所得不算入と

---

475)　Treas. Reg. §1. 382-9 (m) (1) (as amended in 1994).
476)　Treas. Reg. §1. 382-9 (m) (2).
477)　第 2 編第 7 章第 2 節第 2 款。

租税属性引下げという基本構造が採用された。しかし，債務超過の例外は否定されたものの，Stock-for-debt exception は判例法として存続し，これが節税目的での財務リストラクチャリングへと「濫用」され，その適用を事業再生局面に制限するという対応がみられた (第 2 節第 3 款)。また，企業再生税制において最大の関心事である租税属性の引継を一定の場合に第二会社方式にも認めたが，資本再構成方式との中立的な取扱いは達成されなかった (第 2 節第 4 款)。

1986 年の内国歳入法典の抜本的改正に伴い，租税属性の引継制限規定が大きく変化した。もともとの欠損金売買防止を基礎に置く所有変化アプローチの理論構成を貫けば，事業再生の著しい障害となる点で倒産政策とのかみ合わせが悪く，これに特則を認めることにしたが，その立法は妥協の産物であり，制度としては複雑さを増すばかりで倒産政策からも租税政策からも最適なものとはいえなかった (第 3 節)。

第6章　資本再構築と課税

　これまで，企業再生税制の法形成過程についてみてきたが，本章では，企業再生税制と平時の財務リストラクチャリングとの連続性を示すべく[478]，その双方を検討対象とする。

　両者の連続性を単純に図式化すれば以下のようになる。株式と負債とで異なる取扱いをする現行法人所得課税においては，利子控除により法人税負担を減少させることができる点で平時においてデット・ファイナンスへのバイアス（デット・バイアス）がかかっている。同時に，負債比率増加に伴い倒産リスクが高まり，ひいては倒産局面へと突入するとのモデルがありうる。そして，清算ではなく再生を選択した場合，平時への回帰のために新たな資本構成が決定され，そこでは企業再生税制が影響してくるとともに，ここでもデット・バイアスが影響を及ぼしうる。したがって，この一連の過程においては，平時における税のインセンティブと企業再生税制双方への目配りが必要となる。

　本章の論述は以下の通り。まず，企業の財務リストラクチャリングの背景に，インフレーションがあったが，その前提となる経済的な仕組みを確認する（第1節）。次に，財務リストラクチャリングにおける具体的な課税問題として，負債比率を上昇させる財務リストラクチャリング手法に係る判例法を追い，次いでCOD/OIDルールとの関係を分析する（第2節）。続いて，1990年代初頭にはLBOブーム終焉に伴い負債比率を減少させる資本再構築である「デット・リストラクチャリング」が数多く行われたが，それに伴う課税問題について，事業再生手法の潮流を踏まえつつ分析する。具体的には，その中心的手法であるDebt-for-debt exchange（ないし債務の変更）とStock-for-

---

478)　既に，第2編第1章第3節で，その端緒となる法人課税の導入時における企業の資金調達と課税との関係について，第2編第5章第2節第3款3・4で財務リストラクチャリングによる節税の例についてみた。

debt exchange を題材に，両者の課税上の取扱いの違いに着目しながら，基本的な思考枠組みを整理し，併せて，企業再生税制に係る政策の変化を見出す（第3節）。

検討の結果，平時の財務リストラクチャリングと事業再生局面におけるデット・リストラクチャリングの課税の在り方は同時的・連続的に考察すべきであり，その際，租税法学における伝統的な思考枠組みに過度に拘泥することなく，具体的な事業再生手法との関係を踏まえて制度設計する方向が望ましいとの指針を示す。

第1節　財務リストラクチャリングの背景

第1款　インフレの影響

アメリカでは，1970-80年代初頭にかけて高率のインフレーションを迎え，名目利子率が大きく上昇した。そして，この時期には，利子率（及びそのボラティリティ）の上昇や頻繁な税制や規制の改正のため，コーポレート・ファイナンスの上で節税が強く意識され，それに伴って，仕組債等の金融技術が著しく発達したといわれる[479]。そこで，本節では，節税目的での財務リストラクチャリングを分析するための準備作業として，名目利子率の上昇が，課税とコーポレート・ファイナンスの関係に及ぼす影響を確認する。

名目利子率上昇の影響には次の2つが考えられる。第1に，租税法（所得課税）上はインフレ調整が十分になされていないため，インフレ率上昇に起因する部分が，利子控除の認められる負債による資金調達の魅力を株式との関係で相対的に増し，これを促した可能性がある。第2に，市場に流通する既発行社債の価値が低下し，発行法人にとっては，長期負債を市場で買入償還することによって財務状況を改善する好機となった。既に，市場価格下落時の買入償還が，Kirby Lumber 判決や Stock-for-debt exception といった形で債務消滅益に係る課税問題を生んだことについては触れた[480]ので，本節では前者に着目し，この時期に財務リストラクチャリングが盛んになった背景の

---

479) Miller, *supra* note 43; John D. Finnerty, *An Overview of Corporate Securities Innovation*, 4 J. APPL. CORP. FIN. 23, 23 (1992).
480) 第2編第3章第2節，第2編第5章第2節第3款。

一端を探る[481]。

第2款　Fisherの金利理論と課税の影響

　法人の資金調達について，法人レベルのみを考え，投資家レベルでの適用税率を一定とした場合，利子控除のある負債による資金調達が，支払配当控除が認められない株式による資金調達よりも課税上有利となることは広く知られている。ここでは，インフレがあった場合，インデックス化をしなければこれに拍車がかかることを示す[482]。そのために，まず，インフレと利子率の関係についての古典的業績であるIrving Fisherの金利理論[483]に遡る。

　貸主は，貸付に際し，実質利子率とインフレにより期待される損失を補うのに足りるだけの名目利子率を設定する。ここで，元本をP，実質金利をr，期待インフレ率をπ，名目利子率をiとすると，次の関係が成り立つ。

$$P=\frac{P(1+i)/(1+\pi)}{1+r} \quad \cdots\cdots ①$$

式①をiについて解くと，

$$i=r+\pi+r\pi \quad \cdots\cdots ②$$

ここで，rとπが無視できるほど小さい場合，交叉項$r\pi$は無視することができ，式②は，

$$i=r+\pi \quad \cdots\cdots ③$$

と表すことができる。式③は，名目利子率が実質利子率と期待インフレ率の

---

481)　わが国におけるインフレと租税法に関する研究として，金子宏「キャピタル・ゲイン課税の改革」『課税単位及び譲渡所得の研究』288頁，315-317頁（有斐閣，1996）〔初出1986〕；神山弘行「物価変動と租税に関する一考察——インフレ・インデックスの観点から」金子編・前掲注192) 296頁；藤岡祐治「為替差損益に対する課税」（未公表）。

482)　ここでの記述は，Reed Shuldiner, Indexing the Tax Code, 48 Tax L. Rev. 537, 619-620, 634-641 (1993) を参考にした。

483)　Irving Fisher, The Rate of Interest: Its Nature, Determination and Relation to Economic Phenomena 270-285 (1907). 簡略な説明として，リチャード. A. ブリーリーほか（藤井眞理子＝國枝繁樹訳）『コーポレート・ファイナンス（第8版）（下）』105-109頁（日経BP社，2007）。

和であることを意味する（フィッシャーの方程式）。

　したがって，貸主は，貸付時に予想される期待インフレ率分を加えて貸付に係る名目利子率を決定する。しかし，このとき貸主は，インフレが課税に及ぼす影響を無視している。具体例を示すと以下のようになる。

　貸主は，元本1000を貸し出す。このとき，実質利子率，期待インフレ率はいずれも5％と仮定する。全ての納税者の限界税率は30％とする。貸主は，フィッシャーの方程式の通り，実質利子率と期待インフレ率の和である10％を名目利子率として設定する。このとき，貸主は，税引後に$1000 \times (0.1 - 0.05) \times (1 - 0.3) = 35$の収益を得ることになるであろうか。しかし，以下に示すようにこの収益は実現しない。

　1年後，貸主は，元本と利子を合わせて1100の返済を受け，30の税を支払う。受取利子について手元には70が残るが，返済された元本1000のインフレ率を考慮した上での価値は50下がっている。したがって，現実の貸主の収益は$70 - 50 = 20$にすぎない。

　このような結果になるのは，名目利子とされる100の中に元本の目減り分（インフレ・タックス）を塡補すべき部分が存在するにもかかわらず，全体に利子としての課税がなされるからである。そこで，貸主はインフレ・タックスまで織り込んで名目利子率を設定すると想定すると，以下のような式で表すことができる。ここで，新たに全ての納税者につき所与の限界税率をθ（$0 < \theta < 1$）とすると，

$$P = \frac{P(1 + i(1-\theta))/(1+\pi)}{1 + r(1-\theta)} \quad \cdots\cdots ④$$

　式④をiについて解くと，

$$i = r + \frac{\pi}{1-\theta} + r\pi \quad \cdots\cdots ⑤$$

　ここで，rとπが十分に小さいとすると，式⑤の交叉項$r\pi$は無視することができ，

$$i = r + \frac{\pi}{1-\theta} \quad \cdots\cdots ⑥$$

と表すことができる。

　式⑥は，式③と比べると，インフレ部分に対する課税の分だけグロス・アップしたものであることがわかる（課税調整済フィッシャーの方程式）。そして，0＜θ＜1より，貸主による課税を織り込んだ上での名目利子率設定がなされない場合よりも名目利子率が高くなる。これは，貸主が，税制上インデックス化がなされない場合でも，自ら，インフレ・タックスから，いわば「自衛」することを意味する。

　これまで，全ての納税者について限界税率を θ としてきたが，現実には，非課税主体の存在や累進税率構造があることにより，貸主と借主との間で限界税率が異なることがある。すると，現実には，r，π を所与とした場合に，式④を満たす限界税率 θ^* より大きな限界税率に服する借主にとっては，法人所得課税上インデックス化がなされずに名目利子率で利子控除が認められるため，インフレがなかった場合よりも，負債資本コストが下がることになる。そして，社債の発行を念頭に置けば，現実には，企業をはじめとする限界税率の高い借主が発行する社債は非課税主体である年金ファンド等が保有するのが通例である[484]。すると，負債による資金調達が，課税による影響を被らない株式による資金調達よりもさらに有利になる。したがって，インフレにもかかわらず法人所得課税上インデックス化をしないと，十分な課税所得がある企業に対しては，もともと存在するデット・バイアスをさらに増進することになる。これにより，負債比率の増大に伴う倒産リスク上昇の可能性がある[485]。実際にそのように作用したかは実証研究によることになろうが，1970年代に交換募集や資本再構築を通じた財務リストラクチャリングが行われた背景には，このような要因が影響した可能性はあろう。

第2節　財務リストラクチャリングと課税

　1970年代には財務リストラクチャリングによるアメリカ企業の負債比率上昇の動きが観察されている[486]。財務リストラクチャリングで用いられる取引

---

[484]　DAVID F. BRADFORD, UNTANGLING THE INCOME TAX 199 (1986).
[485]　T. Nicolaus Tideman & Donald P. Tucker, *The Tax Treatment of Business Profits under Inflationary Conditions*, in INFLATION AND THE INCOME TAX 33, 38 (Henry J. Aaron ed., 1976).
[486]　*See* RONALD W. MASULIS, THE DEBT/EQUITY CHOICE 7-9 (1988).

には，負債により調達した資金により自社株買いを行うという取引や，交換募集によって，既存の株主に，株式と引き換えに新規発行債券を交付する取引（Debt-for-stock exchange）等がある。そして，これらの取引による株価上昇の原因を利子控除による租税上の利益に帰する実証研究も存在する[487]。

また，株式から負債への転換だけでなく，負債同士の交換（Debt-for-debt exchange）であっても，市場利子率上昇局面では，元本額を小さくし，利子率を高くする形で課税上早期の利子控除を得るための財務リストラクチャリングが考えられた[488]。そこで，本節では，従前の債権者が株主となるという事業再生手法と接合して分析するため，これら既存の投資家との間で行われる取引に係る課税問題をみていく。

Debt-for-stock exchange や Debt-for-debt exchange について課税上問題となるのは，主に以下の2点である。第1に，旧債券について，COD が生じるか，逆に，償還プレミアムを発行者が支払う場合，即時控除可能な費用となるか，将来にわたって償却して控除されるのか，である。第2に，新債券について，OID は生じるか，逆に，発行プレミアムを発行者が受ける場合，即時に総所得に算入するのか，平準化して将来に向かって総所得に算入するのか，である。そして，これらの問題の背後には，法的には別個独立のものと観念される旧債券（株式）と新債券との課税上の連続性について租税法上いかに考えるべきか，という問題が存することが明らかになる。

第1款　OID ルール導入前の裁判例

裁判例上，Debt-for-debt exchange の課税は，債務消滅から所得（COD）が生じるか，という問いの延長として捉えられてきた。そして，その裏返しとして，新たに発行された債券について OID（Original Issue Discount）が生じるか，という問いが浮上した。

ここでは最初に COD について取り上げる。Debt-for-debt exchange では，

---

[487] Ronald W. Masulis, *The Impact of Capital Structure Change on Firm Value: Some Estimates*, 38 J. Fin. 107 (1983)（1963-78 年に行われた上場企業の交換募集と資本再構成をサンプルに，回帰分析によって負債比率上昇が株価上昇に影響を与えているとする）。なお，その後利子控除以外の要因の影響を指摘する研究も数多くあるが，利子控除による租税上の利益が影響を与えているとの解釈が誤りであることまで証明するには至っていない。See John R. Graham, *Do Taxes Affect Corporate Decisions?: A Review, in* Handbook of the Economics of Finance, vol. 2A, ch. 3, 123, 134 (George M. Constantinides et al. eds., 2013).

[488] Abba Spero & William Simon, *Tax Aspects of Bond Refundings*, 57 Taxes 51, 51 (1979).

旧債務に係る債券が消滅すると同時に同一の投資家に対して新たな債券が発行される。このときの発行者側の課税関係について参照されたのが，1930年代に下された Coastwise 判決[489]と，Great Western 判決[490]である。さらに，Debt-for-stock exchange との関係で問題になったのが National Alfalfa 判決[491]である。

1 Coastwise 判決

Coastwise 判決の事案では，債務者が，船の購入代金支払のために振り出した額面総額 $608,400 の分割払約束手形 (serial note) のうち，1924年に額面 $152,000 分を $75,000 で購入し，さらに 1925 年に残りの額面 $456,300 分を，元本総額 $375,000 の新たな社債と交換した。これについて，判決は Kirby Lumber 判決の射程が及ぶとして，債務者企業は，1925 年に行われた Debt-for-debt exchange の部分について，元本総額の差額である $81,300 の所得を実現したものと判断した。

2 Great Western 判決

Great Western 判決の事案では，発行法人が，旧社債である割引発行された利率 8% の包括的リーエン転換条項付金貨証券 (General Lien Convertible 8% Gold Bonds) の転換権を行使して旧社債を償還し，その対価として，債券保有者の選択に応じ，現金又は同額面・利率 7% の新社債及び旧金貨証券の 5% 分の現金プレミアムが交付される等した。発行法人は，これらの転換権行使について，プレミアム，転換権行使・発行等の各種費用，割引発行していた旧金貨証券の未償却のディスカウント分を，転換権を行使した課税年度 (1924年) において控除したが，即時控除ではなく，新債券の満期にかけて償却控除すべきではないかが争われた。

租税訴願庁は，上記の交換が，現金による旧社債の償還と新たな社債の発行と同視できるとして，交換時の課税年度における即時控除を認めた[492]。し

---

489) Comm'r v. Coastwise Transp. Corp., 71 F.2d 104 (1st Cir. 1932), *cert. denied,* 293 U.S. 595 (1934).
490) Great Western Power Co. v. Comm'r, 297 U.S. 543 (1936).
491) Comm'r v. National Alfalfa Dehydrating & Milling Co., 417 U.S. 134 (1974).
492) Great Western Power Co. v. Comm'r, 30 B.T.A. 503 (1934).

かし，第2巡回控訴裁判所[493]は，新社債との交換について，ある形の債務 (obligation) から新たな債務への置換 (substitution) にすぎないとして，Kirby Lumber 判決と峻別した。そして，損失が実現したかは，新社債の償還時まで明らかにならない旨を述べて租税訴願庁の判断を覆した。さらに，連邦最高裁も，旧社債の転換権が行使されて償還されていなければ，上記費用は満期にかけて償却していたであろうとした上で，旧社債は新社債へと置換され，上記費用は，新社債発行に帰することができ，新社債の満期にかけて償却控除すべきものだと判断した[494]。

Great Western 判決では，旧社債の未償却費用等について交換時の即時控除は否定されたが，新社債の費用として，満期にかけて償却控除すること自体は認められ，Debt-for-debt exchange は置換だという取扱いがのちの裁判例でも引き継がれた[495]。

3　National Alfalfa 判決

National Alfalfa 判決では，Great Western 判決の枠組みが，Debt-for-stock exchange にも妥当するかが判断された。これが認められれば，割引発行した新社債についてのディスカウント等を満期にかけて償却控除でき，発行法人は同価値の (優先) 株式を社債に転換することにより，新たに利子控除を得ることができ，財務リストラクチャリング手法として活用できる。

この事案では，1957年に，発行法人が，店頭市場価格1株当たり＄33，1株当たり額面＄50・配当率5％の既発行累積的優先株式の償還権を行使し，同株式と引き換えに，同じく1単位当たり元本額＄50・利率5％の18年満期の社債を発行した場合，優先株式の市場価格と新社債の額面との差額総額＄800,003 (47,059単位，1単位当たり差額＄17) が，発行法人が控除可能な新社債についてのディスカウントとなるかが争われた。

内国歳入庁は，ディスカウントが生じることになると，困難な株式評価の問題を生じることや，OID ルールが導入される前の1954年内国歳入法典§1232の下では，ディスカウント分は資本所得ではなく，適用税率の高い通常所得

---

493)　Comm'r v. Great Western Power Co., 79 F.2d 94, 96 (2d Cir. 1935).
494)　*Great Western Power*, 297 U.S. at 546-547.
495)　Southwest Grease & Oil Co., Inc. v. Comm'r, 435 F.2d 675 (10th Cir. 1971). *See* Alan D. Lewis, *Recognizing Discharge of Indebtedness Income on Bond-for-bond Recapitalizations*, 45 J. TAX'N 370, 373 (1976).

から控除されることから，一切ディスカウントの発生を認めない立場であった[496]。

National Alfalfa 判決以前には，下級審判決の傾向として，大きく2種類あった。一方で，Debt-for-stock exchange については，新社債の額面の，当初の株式の払込額を超える部分があった場合のみディスカウントの発生を認めるアプローチをとる裁判例[497]があった。租税裁判所は，こちらの立場をとり，控除を認めなかった[498]。

他方，新社債の額面と株式の公正市場価値の差額部分についてディスカウントの発生を認めるアプローチをとる一連の裁判例[499]があった。第10巡回区控訴裁判所はこちらの立場をとり，1単位当たり額面 $50 の新社債を現金 $33 の払込を受けて発行し，その発行代り金で優先株式を償還したのと同視して，ディスカウントの発生による控除を認めた[500]。

連邦最高裁は，ディスカウントの発生を否定した。主な理由づけは，第1に，公正市場価値として主張された額を基準に算定した数値が真に新債券のディスカウントに帰することができるか明らかでないというもの[501]であって，これは立証の問題にすぎない。なお，その際，後者のアプローチについて，当事者が現実に行った取引に基づかずに課税することを否定している。この立場からは，ディスカウント発生の余地は未だ否定されていない。しかし，第2の理由は，交換された優先株式と新債券とで，額面と収益率が同じ又は類似の場合には，置換 (substitution) がなされたにすぎないとして，租税実体法の解釈論として，ディスカウントの発生を認めないというものであった[502]。その理由として，Debt-for-stock exchange は，債権者が旧株主と置き換えられるため単なる資本構成の再構成にすぎず，発行法人の視点からすれば，法人の資産 (corporate assets) は何ら増減せず，旧資本維持のために何ら新たな

---

[496] *See* W. J. Rockler et al., *Status of Amortizable Bond Discount after National Alfalfa Case*, 43 J. TAX'N 134, 134 (1974).

[497] *E.g.*, Missouri Pacific Road Co. v. U.S., 427 F.2d 727 (Ct. Cls. 1970) *cert. denied*, 402 U.S. 944 (1971); Erie Lackawanna Railroad Co. v. U.S., 422 F.2d 425 (Ct. Cls. 1970).

[498] National Alfalfa Dehydrating & Milling Co. v. Comm'r, 57 T.C. 46 (1971).

[499] *E.g.*, American Smelting & Refining Co. v. U.S., 130 F.2d 883 (3d Cir. 1942); Atchison, Topeka & Santa Fe Railroad Co. v. U.S., 443 F.2d 147 (10th Cir. 1971).

[500] National Alfalfa Dehydrating & Milling Co. v. Comm'r, 472 F.2d 796, 802 (10th Cir. 1973).

[501] *National Alfalfa*, 417 U.S. at 147-151.

[502] *Id.* at 151-155.

資本の取得や追加的費用は生じていないことを挙げた503)。そして，優先株式についての累積した未払配当と，社債の固定利率の利払いとは，ともに普通株主の収益を減少させる点で共通し，法人に拠出された資本コストとしては違いが生じていないことを述べた（資本コスト理論）504)。

このような責任置換理論を基礎とした理由づけに対しては，優先株式と負債との経済的類似性を持ち出すのは，株式と負債について異なる取扱いをする法人税の構造との関係では説得力を持たないとの批判があった505)。また，National Alfalfa 判決以後の裁判例506)の中には，市場性の有無等の点で National Alfalfa 判決と事案を峻別し，優先株式を債券に交換する場合に，新債券の発行価格507)を（もともとの株式への払込価格ではなく）交換時の優先株式の公正市場価値を参照して算定するものもあった。そうではあるものの，一応，National Alfalfa 判決によって，経済的に類似性を有する優先株式と債券を交換する Debt-for-stock exchange からは償却控除可能なディスカウントは発生しないこととなった。

そして，後述のように508)，そのままでは控除不能な市場ディスカウントを，倒産局面においては総所得不算入となる COD の即時計上と併せて控除可能な OID にするための財務リストラクチャリングについて，National Alfalfa 判決と，のちに立法された §1275 (a) (4) との関係が論じられるようになった509)。

第2款　Debt-for-debt exchange による租税回避

1　1969 年 OID ルールの導入

1969 年に内国歳入法典 §1232 の改正という形で OID ルールが導入された510)ことによって，財務リストラクチャリングとの関係でさらなる問題が生じた。

---

503)　Id. at 151–152.
504)　See id. at 153–155.
505)　See Rockler et al., supra note 496, at 137–138.
506)　Cities Service Co. v. U.S., 522 F.2d 1281 (2d Cir. 1974), cert. denied, 423 U.S. 827 (1975); Gulf, Mobile & Ohio Railroad v. U.S., 579 F.2d 892 (5th Cir. 1978).
507)　第 2 編第 6 章第 2 節第 2 款 2。
508)　第 2 編第 6 章第 3 節第 1 款 3。
509)　See Lee A. Sheppard, Section 1275 (a) (4) Should Not Be Repealed, 49 TAX NOTES 262, 262 (1990).
510)　Tax Reform Act of 1969, Pub. L. 91-172, 83 Stat. 487, §413 (1969).
511)　割引債を発行する租税法上以外の理由として，発行者側で，償還期前に定期での現実の利払いの負担が生じず，資金繰りを理由とする倒産の危険が生じないこと，債券保有者側で，満期前

それ以前は，割引債[511]について，現金主義をとる債券保有者において，償還時や譲渡時までは一切総所得に計上されない取扱いだった。これが，1969年改正により，現実の利払いがなくても毎年一定割合で通常所得として課税されるようになり，発生主義をとる発行者の下では毎期，定額基準 (Straight-line basis) での利子控除が認められていたこととの関係でマッチングをするものとなった[512]。OID ルールの運用にあたっては，内国歳入法典上，割引発行時のみなし利子部分である OID は，債券の満期約定償還価格 (stated redemption price at maturity) と発行価格 (issue price) との差額分と規定されており，発行価格が重要な役割を果たす。そして，財務リストラクチャリングとの関係では，Debt-for-debt exchange において，発行価格をいかに解すべきかという問題が生じ，National Alfalfa 判決との関係が論じられるようになった。

2　1982年 TEFRA と組織再編成の例外

1969年の導入当初，OID ルールは，単に，発行者側と債券保有者側の課税のタイミングのミスマッチを防ぐための規定にすぎなかった。しかし，当時の OID ルールの下での発行者側の利子控除は，定額控除を認めていたため，貨幣の時間的価値を考慮に入れた場合，必ずしも経済的に「適正」[513]な控除を規定するものではなく，過大な控除を認めるものであったことが問題視されるようになった[514]。そのため，1982年租税衡平と財政責任法 (Tax Equity and Fiscal Responsibility Act of 1982[515]，TEFRA) によって，経済的に「適正な」控除をすべく，満期利回り (yield-to-maturity) で，発行者側での控除と，債券保有者側での総所得算入が規定された。こうして，OID ルールは精緻化されたものの，それは局所的なものにとどまり，債券に関わる他の課税制度との関係ではむしろタックス・プランニングの余地を生む不十分なものだった。その典型例が，Debt-for-debt exchange である。

Debt-for-debt exchange においては，発行価格をいかに解するかが課税上重要な意味を有する。なぜなら，特に TEFRA による改正後は，発行価格を

償還の場合にも利息分を反映した債券券面額での償還が約束されていたことが好まれたことが挙げられる。See Remeikis, *supra* note 416, §6.02 [1].
512)　See BITTKER & EUSTICE, *supra* note 200, ¶4.40 [2].
513)　厳密には真に経済的に適正であるわけではなく，「適正」であるとみなすとの政策決定に基づくことにつき，後述，第2編第6章第2節第3款。
514)　S. REP. NO. 97-494, at 211 (1982).
515)　Pub. L. 97-248, 96 Stat. 324 (1982).

表2　1969年時点

	定義（いずれも正）	発行者	保有者
OID［§1232 (b) (1)］	満期約定償還価格－発行価格	定額控除	定額総所得算入
BIP［Treas. Regs. § 1.61-12 (c) (4)］	発行価格－満期約定償還価格	定額総所得算入	定額控除
COD［§§61 (a) (12), 108 (b)］	調整発行価格－買入価格	CODルール	即時控除
BRP［Treas. Regs. §1.163-4 (c) (1)］	買入価格－調整発行価格	定額控除	即時総所得算入

基準にして算定される，債券に係る4つの租税属性（COD，債券発行プレミアム（Bond Issuance Premium, BIP），OID，債券償還プレミアム（Bond Redemption Premium, BRP））について，それぞれ異なる課税上の取扱いがなされたからである。

まず，4つの租税属性それぞれの関係について確認する。

1969年時点におけるそれぞれの定義と課税上の取扱いは表2の通りである。

表2第2列の定義から明らかなように，OIDとBIPは表裏の関係にある。つまり，OIDは，債券発行時に割引発行する場合，満期約定償還価格が，発行価格（単純化していえば発行時の払込金額）を上回る部分である。逆にプレミアム発行する場合，BIPは，発行価格が満期約定償還価格を上回る部分である。

CODとBRPも同様の関係にある。つまり，買入償還する場合，買入価格が調整発行価格[516]を下回れば，発行者にその分のCODが生じ，上回れば，BRPが生じる。CODについては，Debt-for-debt exchangeによる旧債券の消滅によりこれが生じることは，Coastwise判決の通りである[517]。また，BRPについては，Great Western判決によれば，即時控除されるのではなく，新債券に係る費用として毎期定額控除された[518]。

---

516) 調整発行価格（adjusted issue price）は，発行価格に，OIDのうち交換時までに債券保有者の下で総所得に算入済みの部分を加算した価格又はBIPについて償却計上済みのプレミアム部分を減算した価格である。I.R.C. §1232 (b) (4) (B) (ii). この規定導入の背景については，参照，第2編第6章第2節第2款3。
517) 第2編第6章第2節第1款1。
518) 但し，現在では市場性があれば即時控除される。See Treas. Regs. §1.163-7 (c). See DAVID C. GARLOCK ET AL., FEDERAL INCOME TAXATION OF DEBT INSTRUMENTS (7th ed. 2015) ¶1303.02 [A] [B].

表3　1982年 TEFRA

	定義（いずれも正）	発行者	保有者
OID［§1232 (b) (1)］	満期約定償還価格 －発行価格	満期利回りで 償却控除	満期利回りで 総所得算入
BIP［Treas. Regs. §1.61-12 (c) (4)］	発行価格 －満期約定償還価格	定額総所得算入	定額控除
COD［§61 (a) (12)（資産超過時）］ COD［§108（Title11 又は債務超過時）］	調整発行価格 －買入価格	即時総所得算入 租税属性引下げ	即時控除
BRP［Treas. Regs. §1.163-4 (c) (1)］	買入価格 －調整発行価格	定額控除	即時総所得算入
組織再編成の例外（BRP 扱い）	満期約定償還価格 ＝発行価格	定額控除	即時総所得算入

　1969年法の下では，OID であれば，現実の利払いはないが，課税上は発行者において毎期の定額控除が可能である。これは，仮に発行時点で決定される満期利回りを経済的に「適正」とみた場合，発行者は前倒しで有利な控除を得られることを意味する。もちろん，債券保有者において，対称的に前倒しで総所得算入されるのであれば，全体として税収が損なわれることはないが，免税扱いとなる年金ファンドや外国法人等との関係ではこのような割引債の取扱いは税収を損なうものであった。

　このような問題への対処のため，1982年 TEFRA による改正（表3）で，満期利回りに基づく発行者側での利子控除と債券保有者側での総所得算入の仕組みが導入された[519]。しかし，そこには重要な例外が残された。それが，組織再編成の例外（reorganization exception）である。1969年の OID ルール導入時から，「発行価格」の定義規定である §1232 (b) (2) には，§368 (a) (1) 又は §§371, 374 の意味における組織再編成の計画に従って発行された社債若しくはその他の債務証書又は所定の投資ユニットを除外することを定める括弧書が挿入されており，その例外に当たる場合，新債券の発行価格はその満期約定償還価格とされていた。そのため，OID（及び BIP）が生じることはなく，TEFRA で導入された満期利回りでの計算規定の対象にもならなかった。この組織再編成の例外が導入された背景には，次のような財務省の主張が斟酌されたという事情があった[520]。すなわち，金銭以外の財産と引き換えに債券

---

519)　I.R.C. §§1232A & 163 (e) (1982).

を発行する場合，発行者側は財産を低く評価して，控除可能な OID を多くし，他方で債券保有者側は，財産を高く評価して，総所得算入される OID を少なくするインセンティブがあるが，資産評価と捕捉の困難のため両者をマッチングさせることは執行上難しい。そこで，OID ルールの対象となるのは，評価の比較的容易な市場性のある場合に限られるべきである，というものである。だが，その際に E 型組織再編成との関係について検討されたわけではなかった[521]。

3 節税目的での Debt-for-debt exchange

このように，組織再編成の規定との関係について特段の考慮なく設けられた組織再編成の例外が，定額控除を得たい発行者にとっては，タックス・プランニングの機会となった。その具体的な取引が，Exxon Shipping と General Motors Acceptance Co. (GMAC) による Debt-for-debt exchange を通じた資本再構成である。以下，Exxon Shipping によるものを取り上げ，その仕組みを検討する[522]。

旧債券は，額面発行で，1 単位当たりの満期約定償還価格 $1000，利率 6.625％，1998 年満期，交換直前の公正市場価値 $650 である。この旧債券合計 21 単位分を，割引債である新債券，1 単位当たり，約定元本額 (stated principal amount) $270，単利年 9％，30 年満期，したがって，満期の償還額が $1000 で，みなし利子部分が約 $730[523]の割引債 21 単位と交換する。この Debt-for-debt exchange は，1982 年細目的修正法 (Technical Correction Act, TCA)[524]による改正前の内国歳入法典上，E 型組織再編成の資本再構成に該当し，その場合の新債券の発行価格はその満期約定償還価格と等しいものとみなされる[525]。そのため OID は生じず，OID ルールに服することもなかった。よって，TEFRA による利子控除の制限にかかることもなく，新債券に

---

520) *See* Charles L. Almond, *Notes, The Original Issue Discount In Bonds-for-Noncash Property Exchanges*, 27 VAND. L. REV. 1179, 1207-1208 (1974) (citing 115 Cong. Rec. 36730-31 (1969)).
521) *See* David P. Hariton, *Recapitalizations: The Issuer's Treatment*, 40 TAX LAW. 873, 882 (1987).
522) *See* Peter C. Canellos & Edward D. Kleinbard, *The Miracle of Compound Interest: Interest Deferral and Discount After 1982*, 38 TAX L. REV. 565, 601-609 (1983); Walter, *supra* note 408, at 1000-1003.
523) 270×0.09×30＝729≒730.
524) Pub. L. 97-448, 96 Stat. 2365, 2404 (1983).
525) I.R.C. §1232 (b) (2), Treas. Reg. §1. 1232-3 (b) (2) (ⅲ) (1982).

ついて毎課税年度9％の利子控除又は旧債券の満期約定償還価格＄1000と新債券の約定元本額＄270との差額部分を，Great Western 判決等に倣い，BRPとして定額控除することができた526)。

その後527)，Exxon Shipping に引き続き GMAC が類似取引についての目論見書を開示するやいなや，ただちに TCA によって組織再編成の例外を定める括弧書は削除された。そして，通常であれば，市場性のある場合，新債券の発行価格は旧債券の公正市場価値ということになろう。しかし，これだけでは National Alfalfa 判決をはじめとするディスカウント発生の有無をめぐる不明確な判例法による処理へと回帰してしまう可能性があり，これを避けるべく，Debt-for-debt exchange については，旧債券の調整発行価格を新債券の発行価格とみなす機能を果たす規定（§1232 (b) (4)528)，1984 年改正による §1275 (a) (4)529)の前身規定。以下，後者で表記）が設けられた。しかし，今度はこの規定の導入により，旧債券の公正市場価値が旧債券の調整発行価格を下回る場合にも，新債券の発行価格は旧債券の調整発行価格と等しい価格とみなされることになったため，新たな問題が生じるようになった。

---

526) 1972 年時点での Treas. Reg. § 1.1232-3 (b) (1) (iv) では，旧債券の未経過 OID は，新債券へ引き継がれることを定めていたが，発行者はそれ以前の Great Western 判決等に倣い，定額控除したのであった。See Bruce D. Haims & Ann G. Schaumberger, *Restructuring the Overleveraged Company*, 48 TAX NOTES 91, 95 (1990). 1982 年の TCA 立法時も，OID ルールの適用がない場合の発行ディスカウントの取扱いが不明確であることが指摘されていた。See H. R. REP. NO. 97-986, at 20-21 (1982).

527) *See* Canellos & Kleinbard, *supra* note 522, at 609-612.

528) (4) SPECIAL RULE FOR EXCHANGE OF BONDS IN REORGANIZATION.
 (A) IN GENERAL. – If –
 (i) any bond is issued pursuant to a plan of reorganization within the meaning of Section 368 (a) (1) for another bond ... and
 (ii) the fair market value of the old bond is less than its adjusted issue price,
  then the fair market value of the old bond shall be treated as equal to its adjusted issue price.

529) (4) SPECIAL RULE FOR DETERMINATION OF ISSUE PRICE IN CASE OF EXCHANGE OF DEBT INSTRUMENTS IN REORGANIZATIONS. –
 (A) IN GENERAL. – If –
 (i) any debt instrument is issued pursuant to a plan of reorganization (within the meaninng of section 368 (a) (1)) for another debt instrument, ..., and
 (ii) the amount which (but for this paragraph) would be the issue price of the debt instrument so issued is less than the adjusted issue price of the old debt instrument,
  then the issue price of the debt instrument so issued shall be treated as equal to the adjusted issue price of the old debt instrument.

4 租税属性の転換

§1275 (a) (4) が，Debt-for-debt exchange から OID が発生しないようにすることはすなわち，そのままでは控除不可能である旧債券の発行後に生じる市場ディスカウントを，Debt-for-debt exchange によって経済的には同質の OID へと転換するのを妨げることを意味する[530]。これにより，本来この交換を通じて生じたであろう新債券についての OID が，租税法上は旧債券についての BRP へと転換されることになる。

同様に，§1275 (a) (4) は，旧債券についての COD を新債券についての BIP へ転換する規定としても作用することになり，新たな問題が生じた。まずは，4つの租税属性の課税上の取扱いが異なることから生じる問題を確認し，続いて，§1275 (a) (4) の下で新たに生じた問題をみていく。

次のような設例を考える[531]。満期約定償還価格 $1000，発行価格 $1000 の旧債券の公正市場価値が，市場金利上昇により $200 となっている。いま，旧債券を，満期約定償還価格 $1000，発行価格 $200 の新債券と交換する。このとき，旧債券について COD が $800 生じ，新債券について OID が $800 生じることになりそうである。COD については，債務超過や法的倒産手続の下にあるといった事情がなければ，§108 の適用はなく，§61 (12) に従って交換時に $800 が総所得に算入される。他方，OID については，§163 (e) (1) の OID ルールにより満期利回りで控除される。すると，総所得算入と控除のタイミングにミスマッチがあるため，その分だけ発行者は課税上不利な取扱いを受けることになりそうである。

しかし，TCA による改正後はこのようなミスマッチは生じず，また別のミスマッチを生じる。なぜなら，TCA で導入された §1275 (a) (4) により，Debt-for-debt exchange においては，旧債券の実際の公正市場価値に関係なく，調整発行価格が新債券の発行価格とみなされるようになったためである。そして，その帰結は，Coastwise 判決やそれを是認した Rev. Rul. 77-437 とは異

---

[530] 次のような例を考える。額面発行した旧債券 $1000 が，市場利子率の上昇により，公正市場価値が $350 へと低下し，$650 の市場ディスカウントが生じている。そこで，旧債券を対価として満期約定償還価格 $1000，発行価格 $350 の新債券を発行する。すると，本来は，満期約定償還価格と発行価格との差額 $650 が OID として控除可能になる。しかし，§1275 (a) (4) により旧債券の発行価格 $1000 を新債券の発行価格とみなすため，新社債について OID を出すことができない。

[531] See Hariton, *supra* note 521, at 878.

なるものとなる。新債券をプレミアム発行することを想定した Rev. Rul. 77-437 の事例をもとに具体的に示すと次のようになる[532]。

仮に，満期約定償還価格 $1000 で額面発行された旧債券が，公正市場価値 $450 へと低落し，満期約定償還価格を $430 とするプレミアム発行によって新債券と交換する。このとき，§1275 (a) (4) を考慮しなければ，調整発行価格 $1000 と購入価格である公正市場価値 $450 の差額 $550 は COD，新債券の発行価格となる旧債券の公正市場価値 $450 が新債券の満期約定償還価格 $430 を超える部分の $20 を BIP とみるべきであろう。しかし，§1275 (a) (4) の適用がある場合，新債券の発行価格は，旧債券の調整発行価格と等しい $1000 とみなされる。そのため，新債券の発行価格 $1000 がその満期約定償還価格 $430 を超える部分の $570 すべてが新債券についての BIP となる。BIP と性質決定されると，発行者は，旧債券の発行後の市場価格低落分の $550 について，(§108 の適用がある倒産局面を除けば) 即時に総所得に算入されてしまう COD としての取扱いを免れ，満期にかけて総所得に算入される[533]。

このように，§1275 (a) (4) は，意図せずして，旧債券についての COD を新債券についての BIP に転換する規定として機能することとなった。この機能に対して，今度は逆に，倒産局面において，COD と性質決定されれば，§108 によって課税上有利な取扱いを受けていたであろうところ，その適用がなくなってしまい，Debt-for-debt exchange を通じたデット・リストラクチャリングへの阻害要因となりうることが指摘されるようになった[534]。

第3款　債券保有者側の課税

本書は，再生企業の課税問題を中心的に検討するものであるが，現行法上の各納税者の限界税率の違いや繰り延べた利益を再投資した場合の収益率の違いの存在に鑑みると，債務者側と債権者側とのマッチングが一定の重要性

---

532) *See id.* at 885-886.
533) Treas. Reg. §1.61-12 (c) (2) (1990). *See* Haims & Schaumberger, *supra* note 526, at 103; Yaron Z. Reich et al., *Report of Ad Hoc Committee on Provisions of the Revenue Reconciliation Act of 1990 Affecting Debt-for-Debt Exchanges*, 51 TAX NOTES 79, 84 (1991) [hereinafter *NYSBA 1991 Report*].
534) Haims & Schaumberger, *supra* note 526 at 96. その一方で，§1275 (a) (4) 廃止時には，債務超過になく，倒産手続外で行われるデット・リストラクチャリングについて COD が計上されることへの反対の声が上げられた。参照，第2編第6章第3節第1款 3-5。

を有することは否定できない535)。また，企業再生税制の在り方を他の制度との関係まで踏まえて考えるためには，債券に係る重要な課税ルールであるOIDルールを租税政策としてどの程度重視すべきかを見定めておく必要がある。そこで，補論的に債券保有者側の課税を踏まえることでOIDルールの孕む脆弱性について簡潔に検討する。

結論から述べれば，OIDルールは，2点の脆弱性を孕んでいる。第1に，OIDルールは，実際に生じた所得という意味での事後的な観点から包括的所得概念の下で経済的に適正な所得を算定するものではなく，あくまで，事前の観点から，発行時の状態を基準に満期利回りによる利子の発生を擬制して課税するとの政策決定の産物にすぎない。第2に，OIDルールは，債券の発行者と保有者との間で，上記の意味で擬制的な経済的に「適正な」利子相当部分への課税のマッチングを行うことを企図するものであるが，債券の流通市場の存在を前提とすると，納税者にとってこれは回避可能である。

第1の点は，OIDルールが発行時に予期できなかった発行後の市場金利変動やデフォルト・リスクの変動等の事情を反映できないことに起因する。直感的には次のように説明できる。OIDルールは，割引債の場合，大要，発行時点で，満期約定償還価格と発行価格との差額部分 (OID部分) を利子とみなした上で，それを償還期間にかけての単一の満期利回りに基づき，投資家と発行者それぞれの所得算定に用いる構造を有している。したがって，発行時に予期されていない事情変更に対応することができず，事後的な観点から真に適正な所得を算定することはできない536)。さらに，満期利回りが単一になるかは，金利の期間構造537)に依存する。すなわち，満期到来が遅いほど，発

---

535) *See* Daniel I. Halperin, *Interest in Disguise: Taxing the "Time Value of Money"*, 95 YALE L. J. 506 (1986) (支払者側と受領者側で課税のタイミングにミスマッチがある場合でも，中間の投資所得が同一の限界税率で課税される限り，マッチングの必要はないと主張). Halperin 論文への留保として，神山弘行「租税法における年度帰属の理論と法的構造 (2)」法学協会雑誌 128 巻 12 号 3160 頁，3200-3204 頁 (2011) (支払者側と受領者側の限界税率の違いや中間投資についての収益率の差が存在する可能性を指摘)。*See also* Daniel I. Halperin & Alvin C. Warren, Jr., *Understanding Income Tax Deferral*, 67 TAX L. REV. 317, 324-333 (2014).
536) Joseph Bankman & William A. Klein, *Accurate Taxation of Long-Term Debt: Taking into Account the Term Structure of Interest*, 44 TAX L. REV. 335, 336 (1989); 神山弘行「租税法における年度帰属の理論と法的構造 (4)」法学協会雑誌 129 巻 2 号 331 頁，376 頁 (2011)。
537) ブリーリーほか・前掲注 483) 110-123 頁。

行後の金利変動リスクにさらされることになり,債券保有者はそれに対するリスク・プレミアム分の金利上乗せを要求するためか(流動性選好仮説),統計的には長期金利は短期金利よりも高い傾向にある。したがって,発行時点において単一利率でみなし利子相当額を決定してしまうOIDルールは,事後的な包括的所得概念に基づく真に経済的に適正な所得を計算することはできないと指摘されている[538]。

第2の点は,債券保有者側でのOIDとしての総所得算入という仕組みは,納税者が流通市場において債券売買のタイミングを操作することで回避可能であることに起因する。発行時にその時点で計算されるOIDと,発行後に生じる市場ディスカウント[539]は,算定のタイミングが異なるだけで,債券保有者の側からすると経済的には同一である[540]。したがって,両者は課税上同様に取り扱われるのが望ましく,市場ディスカウントに係る「既経過市場ディスカウント (accrued market discount)」については,譲渡により生じた利益も市場ディスカウントと性質決定される限度において通常所得[541]として課税される[542]。しかし,実現主義がとられているために[543],納税者は損失計上時期の選択権を有することに変わりはない。すると,発行後に金利上昇により債券価格が調整発行価格よりも低くなった場合,売主たる納税者はこれを売却することにより損失を計上することができ,逆に金利低下により高くなった場

---

538) Bankman & Klein, *supra* note 536, at 336-338; *see also* Theodore S. Sims, *Long-Term Debt, the Term Structure of Interest and the Case for Accrual Taxation,* 47 TAX L. REV. 313, 334-338, 342-350 (1992)(観察可能な発行時のフォワード・レートのデータを用いることでOIDルールを補正できるが,これによる制度の複雑化や納税協力費・執行コスト等を加味すると現実的ではなく,また,現行法上の所得計測の誤差はそれほど大きくないとする)。
539) 内国歳入法典上の「市場ディスカウント (market discount)」は,大要,債券の満期約定償還価格から取得直後のベイシスを控除した部分とされる。I.R.C. §1278 (a) (2) (A). 当該債券にOIDがあるときは,満期約定償還価格は,もともとの発行価格に取得前の全ての債券保有者の下で総所得に算入されたOIDの総計額を加算した「修正発行価格 (revised issue price)」と等しいものとして取り扱われる。I.R.C. §1278 (a) (2) (B), (4).
540) Lawrence Lokken, *The Time Value of Money Rules,* 42 TAX L. REV. 1, 251 (1986).
541) 他方で,譲渡損が生じた場合にはそのままキャピタル・ロスとなり非対称的であることへの批判として, see Ethan Yale, *Taxing Market Discount on Distressed Debt,* 32 VA. TAX REV. 703 (2013)(市場ディスカウントの生じた債券についての非対称的な取扱いが不良債権投資を歪めるとして,市場ディスカウント計測にあたってのイールドに上限を設けるイールド・キャップ方式の改正案を推す)。
542) I.R.C. §1276 (a) (1), (b) (1).
543) 実現主義が採用されたのは,OIDルールの複雑さに鑑みたためであった。*See* H.R. REP. No. 98-432 (1984). 但し,納税者は発生主義での課税も選択可能である。I.R.C. §1278 (b).

合には，これを保有し続けることで利益への課税を避けることができる544)。その結果，発行当初予定されていたOIDへの債券保有者側での課税は回避できてしまう。

　以上の２点からうかがえるように，包括的所得概念に即して経済的に「適正」な利子相当部分への課税ルールであるといわれることもあるOIDルールについては，その複雑さにもかかわらず，理論的にも実務的にもその目的を達成できない脆弱で不完全な制度であると理解することが不可能ではない545)。そして，租税政策論上の含意としては，必ずしも包括的所得概念を目的としていない他の規定との関係を考える際には，OIDルール自体が包括的所得概念を体現できていないのであるから，過度にこれに固執することなく相対化することが許容されるといえるのではないか546)。

第３節　デット・リストラクチャリングと課税

　これまで，財務リストラクチャリングとの関係で，Debt-for-debt exchangeにおいては，債券に係る租税属性の異なる取扱いのために，タックス・プランニング次第で（経済的には区別の意味が乏しいとはいえ）元本と利子の区別を租税法上厳格に貫いた場合の取扱いから乖離する帰結が生じる可能性があること547)をみてきた。

　本節では，さらなる展開として，1980年代のLBOブーム終焉後，1980年代末から1990年代初頭にみられるようになったデット・リストラクチャリングにおける課税問題を俯瞰する。Debt-for-debt exchangeについては，今度は§1275 (a) (4) を廃止し，公正市場価値アプローチを拡大する立法が1990年に財務省の要望を受けてなされた。ここで着目すべきは，租税法上，正確な所得に課税しようとする公正市場価値アプローチが，新たな事業再生手法

---

544) David A. Weisbach, *Reconsidering the Accrual of Interest Income*, 78 Taxes 36, 42 (2000). 戦略的売買についてより詳しくは，see Jeff Strnad, *The Taxation of Bonds: The Tax Trading Dimension*, 81 Va. L. Rev. 47 (1995).
545) *See* Weisbach, *supra* note 544, at 42–44; *see also* David A. Weisbach, *A Partial Mark-to-Market Tax System*, 53 Tax L. Rev. 95, 108–114 (1999)（債券保有者側の戦略的売買の存在を理由に，債務については時価主義課税が望ましいとする）.
546) 第２編第６章第３節第３款．
547) *See* Canellos & Kleinbard, *supra* note 522, at 565.

との関係でかみ合わせが悪かった点である。また，Stock-for-debt exchange についても，長年企業再生税制における重要ルールであった Stock-for-debt exception を廃止し，公正市場価値アプローチを拡大することになった。しかし，このような租税立法の潮流に対しては，効率的な事業再生手法との関係まで踏まえると，デット・リストラクチャリングのタイミングで，過度に公正市場価値アプローチに固執する根拠はそれほど強固ではなく，機能的な観点から租税政策と倒産政策の関係を考えていく必要があると指摘できる。

第1款　Debt-for-debt exchange

1　LBO ブームの終焉

アメリカでは，1960 年代にコングロマリット形成のための M＆A が，逆に 1970 年代にはコングロマリット解消目的での M＆A が，さらに 1980 年代には事業全体を買収し，ゴーイング・プライベートにする目的での LBO が盛んに行われたことは広く知られている[548]。そして，LBO の資金調達の際にハイ・イールド債が用いられるようになったが[549]，その課税上の理由[550]の 1 つに，ハイ・イールド債に係る OID の利子控除があったこともまた，早い時

---

548) ブリーリーほか・前掲注 483) 476 頁。
549) ハイ・イールド債の発行が盛んになったのは 1977 年以降であり，その背景には，インフレとそれに伴う利子率のボラティリティ上昇によって投資家の高利回り債券への需要が高まったことがある。ハイ・イールド債が社債の公募発行総額に占める割合は 20％ を超える年もあった。その最大手の引受人となる投資銀行が Drexel Burnham Lambert 社であった。当時のハイ・イールド債をめぐる革新的な点は，その流通市場が発達した点である。市場におけるハイ・イールド債の保有者は，貯蓄貸付機関（S＆L institution）をはじめとする金融機関が中心であった。See Robert A. Taggart, Jr., *The Growth of the "Junk" Bond Market and Its Role in Financing Takeovers, in* MERGERS AND ACQUISITIONS 5, 8–11 (Alan J. Auerbach ed., 1988) [hereinafter M＆A]. 但し，推計ごとにばらつきがあるが，M＆A での資金調達に占めるハイ・イールド債の割合自体は，高いものでも 9％ であり，一般にいわれる印象ほどには中心的であったわけではない。*See id.* at 14–15.
550) とはいうものの，1968–83 年のデータをもとにした実証研究によれば，M＆A の頻度や構造について，課税上の取扱いが重要な役割を果たしたとの確証は得られていない。See Alan J. Auerbach & David Reishus, *The Impact of Taxation on Mergers and Acquisitions, in* M＆A, *supra* note 549, at 69.
　また，利子控除をもって課税上の優遇であるとの見方もあったが，LBO により株式を手放した株主へのキャピタル・ゲイン課税，LBO により収益性が向上した企業についての法人税，LBO 時の資産移転に係るキャピタル・ゲイン課税，買収企業の債権者の受取利子への課税などを総合すると，必ずしも税収減にはなっていないとの実証研究もある。See Michael C. Jensen et al., *The Effects of LBOs on Tax Revenues of the U.S. Treasury,* 42 TAX NOTES 727 (1989). 但し，租税政策上は，単純に税収の増減をみるよりも，税制がもたらす厚生損失に着目すべきであろう。

期から注目されていた551)。特に，吉村政穂の研究では，LBO による M & A において生じる租税法上の問題が，法人税が企業行動に影響を与えるという一般論の特殊的な状況として捉えられ，分析的な検討を経ないまま，1989 年には，一定の利子控除を制限する AHYDO (Applicable High Yield Debt Obligation) ルール552)等が，LBO の抑制という政治的な動きの中で導入されたことが紹介・分析されている553)。

その後，1980 年代末から 1990 年代初頭にかけて，ハイ・イールド債市場が一時的に崩壊したため554)，ハイ・イールド債によるリファイナンスが困難となり，企業が相次いで負債比率引下げのための資本再構築 (デット・リストラクチャリング) を行うようになった。そこで，本節ではこの時期に焦点を当て，新たにみられるようになった事業再生手法を踏まえつつ，企業再生税制の影響を分析していく。

2　倒産の私化

LBO については，企業が過剰なレバレッジを効かせ，倒産リスクを高めるという点について否定的に評価されがちである。しかし，LBO の前提にある，負債比率上昇の意味について理解しておくことが，この時期にみられるようになった事業再生手法の潮流を考える上で重要である。

Michael Jensen の著名な研究に依拠して直感的に説明すれば次のようになる555)。エージェントである経営者は，本来的にはプリンシパルである株主の

---

551)　平石雄一郎「レバレッジド・バイアウト (LBO) に関する米国の税制」租税研究 493 号 58 頁 (1990)。
552)　I.R.C. §163 (e) (5).
553)　吉村・前掲注 1) 881-891 頁。同論文は主に，Alvin C. Warren, Jr., *Recent Corporate Restructuring and the Corporate Tax*, 42 TAX NOTES 715, 717 (1989) の分類に沿って分析を展開する。
554)　ハイ・イールド債の発行において中心的であった Drexel 社が破綻 (1990 年 2 月 13 日にチャプター 11 申立て) したこともあり，一時的にハイ・イールド債市場の崩壊が騒がれた。しかし，ハイ・イールド債市場自体は，1990 年代末以降には急拡大し，デフォルト債及び不良債権 (distressed debt) の市場は，2000 年代以降，券面額で $1 兆，評価額で $5000 億規模となっている。See Edward I. Altman, *The Role of Distressed Debt Markets, Hedge Funds and Recent Trends in Bankruptcy on the Outcomes of Chapter 11 Reorganizations*, 22 AM. BANKR. IST. L. REV. 75, 82-83 (2014)。
555)　Michael C. Jensen, *Agency Costs of Free Cash Flow, Corporate Finance, and Takeovers*, 76 AM. ECON. REV. 323 (1986) [hereinafter Jensen, *Free Cash Flow*]; Michael C. Jensen, *Takeovers: Their Causes and Consequences*, 2 J. ECON. PERSPECT. 21 (1988); Michael C. Jensen, *Eclipse of the Public Corporation*, HARV. BUS. REV. Sep.-Oct. 1989, at 54.　Jensen の理論を基礎にした邦語での

利益最大化のために企業経営を行うべきであるが,必ずしも株主の利益と一致しない自己の効用最大化のための利益(消費)を追求する可能性がある。そのため,それを監視するためのコスト(モニタリング・コスト)をはじめ,経営者―株主間にはエージェンシー・コストが生じる。特に,企業の内部留保が多く,純現在価値が正である全ての投資機会に投資してもまだ手元に残る資金(フリー・キャッシュ・フロー)[556]がある場合,本来,適切な投資機会がないのであればその資金は配当や自己株式の取得により株主に還元すべきであるが,資金の処分について裁量権のある経営者はエンパイア・ビルディングの誘因等により,私的な効用増進のために非効率な投資を行ってしまうおそれがある。そして,そのようにして生じるエージェンシー・コストを低下させる機能を果たしうるのが負債の規律効果である。なぜなら,株式に代えて固定利払いの負債が発行されると,(単に増配により株主に還元するとの約束は信頼性に欠けるのに対し)負債契約に基づき利払いを強制でき,経営者に濫費されるおそれのあるフリー・キャッシュ・フローを減少させ,また,利払いのために経営を効率化させることが期待できるからである[557]。

ここでは,負債に係る固定利払いが増加することにより,倒産しやすくなる可能性があるが,負債比率の高い企業の倒産が,それだけの理由でただちに低く評価されるべきではないことに注意する必要がある[558]。負債比率が高い企業は,強制的に債権者への支払を義務づけられる額が大きいため,負債比率が低い企業よりも相対的に早い段階で倒産に至りやすい。しかし,早い段階での倒産は,継続企業価値と清算価値との差額が大きく,事業再生による余剰価値が大きくなる傾向にある。これは,倒産にかかるコストを考慮しても,事業再生を行うことで保護される価値が相対的に大きいことを意味し,

---

説明として,柳川範之『法と企業行動の経済分析』139-142頁(日本経済新聞出版社,2006);藤田友敬「会社法と関係する経済学の諸領域(2)」法学教室260号63頁,71-72頁(2002)。
556) Jensen, *Free Cash Flow, supra* note 555, at 323.
557) *Id.* at 324. このとき,経営者が約定通り債務を履行しようとするのは,債務不履行となると,倒産申立てなどにより債権者に企業支配権が移転し,従前の経営者もその地位を失うなどの形で損失を被るからである。ある実証研究によれば,倒産企業の従前の経営者は,少なくとも3年ほどは他の企業の経営者となっていないなど,経営者自身にとっての倒産の期待損失は高くなっている。See Stuart C. Gilson, *Management Turnover and Financial Distress*, 25 J. FIN. ECON. 241 (1989).
558) 以下の説明は,LBOが社会的に問題視されるようになった時期におけるJensenの下院租税委員会での陳述(1989年2月1日)による。*See* Michael C. Jensen, *Active Investors, LBOs, and the Privatization of Bankruptcy*, 2 J. APPL. CORP. FIN. 35, 41-42 (1989).

事業再生を通じて早い段階で新たな効率的な所有者(に選任される経営者)の下に企業財産を移転できるようになることを意味する。

このように，事業再生によって守るべき余剰価値が大きいことは，事業再生手法に次のような影響を及ぼした。すなわち，倒産コストを低下させるべく，私的整理であるワークアウトの重要性が増すことになった。チャプター11 には，多大な直接・間接の費用[559]がかかり，これを回避するために，裁判所手続外 (out of court) でのワークアウトによって事業再生を行う誘因があったといわれる[560]。Jensen はこれを従来の事業再生と区別して「倒産の私化 (The Privatization of Bankruptcy)」と呼んだ[561]。

ワークアウトにおける事業再生手法としては，交換募集が重要であった。なぜなら，従前の債券の約定を変更しようとしても，ニューディール期の改正により，信託証書法上，元本，利率，満期等の約定の核となる部分については，全ての債券保有者の同意を取り付けなければ変更できないこととされており[562]，現実的でなかったからである[563]。

そこで，市場性のある社債についての私的整理は，ほとんどの場合，交換

---

559) 直接費用として，倒産手続にかかる費用，弁護士・会計士・投資銀行への主にタイムチャージ式（したがって，これらのプロフェッショナルには早期解決のディスインセンティブとなりうる。）での報酬支払や，社債にはチャプター 11 申立てを条件とするクロスデフォルト条項がついているのが通例であり，1 種類の社債のデフォルトでも全ての社債について再交渉を余儀なくされることに起因する再交渉コスト等が挙げられる。

間接費用としては，取引先との関係毀損や，倒産手続に入ったために有益な投資機会を逃すといった機会費用等が挙げられる。

他方，倒産手続においては，自動的停止 (automatic stay, 11 U.S.C. §362) によって，債権者の債権回収が原則として一斉に禁止され，債権回収にかかる余計な費用が減少する点や，法律上 DIP ファイナンスの新規資金提供者に優先権が付されるため，私的に従前の債権者に劣後化の同意を取り付けるための費用が節約できる点，多数決制度が導入されている点といった費用削減の仕組みも存在する。See Stuart C. Gilson et al, *Troubled Debt Restructurings: An Empirical Study of Private Reorganization of Firms in Default*, 27 J. FIN. ECON. 315, 319-320 (1990); Stuart C. Gilson, *Managing Default: Some Evidence on How Firms Choose between Workouts and Chapter 11*, 4 J. APPL. CORP. FIN. 62, 62-67 (1991).

560) Jensen, *supra* note 558, at 43.

561) *Id.* at 41; Michael C. Jensen, *Corporate Control and the Politics of Finance*, 4 J. APPL. CORP. FIN. 13, 24 (1991).

562) 参照，前掲注 93 及びそれに対応する本文。1978 年連邦倒産法改正によって，法的倒産手続内では多数決制度が導入されていたにもかかわらず，ワークアウトについてはそのような倒産政策の変更に対応した修正がなされていなかった。特に，既に 1980 年代には主要な社債権者は機関投資家へと移行しており（参照，注 22），1930 年代と比べ，社債権者をパターナリスティックに保護する必要性は乏しくなっていた。See Roe, *supra* note 93, at 259-260.

563) See Gilson et al., *supra* note 559, at 322.

募集の手法によって行われることになった[564]。交換募集においては，従前の債券と引き換えに，新たに株式や債券のパッケージが交付され，募集に応じるか否かは各債券保有者が決定できる。そのため，これに応じずに，既存の債券を保有したまま交換募集が成立条件を満たし，事業再生に成功すれば，これに応じた者の負担において利益を享受できるので，ホールドアウトの可能性があった[565]。これに対しては，交換募集に応じた者に新たに交付される債券の優先順位を従前の債券より高くしたり，旧債券のコベナンツを除去したりすることがあった[566]。

このような事業再生実務の発展に伴い，交換募集による場合と，チャプター11による場合との課税上の取扱いの違いが，事業再生手法の選択[567]に影響しうる重要な関心事となる。その意味で，Debt-for-debt exchange の課税上の取扱いについてなされた 1990 年改正は大きな影響を及ぼすものであった。

3 §1275 (a) (4) と新債券の「発行価格」

1990 年歳入調整法（Revenue Reconciliation Act of 1990, RRA）[568] によって，§1275 (a) (4) が廃止され，§108 (e) (11)（現在の §108 (e) (10)）が追加された。これにより，Debt-for-debt exchange の際に，新債券の発行価格と同額の金銭を以て旧債券を弁済したものとして取り扱われることとなった。そして，

---

564) Id. at 322-323.
565) See Roe, supra note 93, at 235-239.
566) 財務制限条項等の，信託証書法で多数決による変更が禁じられていない社債権者保護条項 (protective covenants) の撤廃に同意 (exit consent) を与える形の，一定の強圧的な交換募集がなされた。See John C. Coffee, Jr. & William A. Klein, *Bondholder Coercion: The Problem of Constrained Choice in Debt Tender Offers and Recapitalizations*, 58 U. CHI. L. REV. 1207, 1224-1225 (1991); 藤田友敬「社債権者集会と多数決による社債の内容の変更」鴻常夫古稀『現代企業立法の軌跡と展望』217 頁，223-225 頁（商事法務研究会，1995）。強圧性の問題に関し，近時，exit consent が 1939 年信託証書法 §316 (b) に反するとした Marblegate 事件を踏まえ，SEC の権限行使やチャプター 16 の可能性を論じるものとして，see Mark J. Roe, *The Trust Indenture Act of 1939 in Congress and the Courts in 2016: Bringing the SEC to the Table,* 129 HARV. L. REV. FORUM 360 (2016).
567) 本文では，ワークアウトの利点にのみ触れたが，チャプター 11 の利点として，自動的停止があること，取引債権者や被用者に支払を保障してキャッシュの調達が容易になること，DIP ファイナンスを受けやすくなることなどの利点もあり，チャプター 11 とワークアウトそれぞれの費用便益を総合的に比較考量して決することになる。See Stuart Gilson, *Coming Through in a Crisis: How Chapter 11 and the Debt Restructuring Industry Are Helping to Revive the U.S. Economy,* 24 J. APPL. CORP. FIN. 23, 26-30 (2012).
568) Pub. L. 101-508, 104 Stat. 1388 (1990).

市場性のある場合，新債券の発行価格は旧債券の公正市場価値である[569]。この改正により，Debt-for-debt exchange においても債務者側において COD（及び OID）が生じる余地が出てきた。なお，債権者側においては，資本再構成といった組織再編成に当たる場合，事前に部分貸倒れの処理等をしていない限り[570]，損失を認識することはできない。

この改正に対しては，ニューヨーク州法曹協会（New York State Bar Association），アメリカ法曹協会（American Bar Association）をはじめ，実務家団体から多くの反対意見が表明され[571]，改正後も §1275 (a) (4) の復活を要望する声が上がった[572]。ここでは，§1275 (a) (4) の下での新債券の発行価格に関する解釈論と，1990 年改正における §1275 (a) (4) の廃止及び §108 (e) (11) の創設の意義について検討する。

そもそも，§1275 (a) (4) 廃止の動きが出てきたのは，ある倒産法上の判断を示す破産裁判所の判決[573]がきっかけであった。それは，債務者である LTV 社のワークアウトに関する事案であった。LTV 社は，発行している公正市場価値の低落した旧債券について，額面はそのままで，公正市場価値と額面との差額を OID とする新たな割引債（及び普通株式）と交換する内容の交換募集を行った。そして，のちに発行会社がチャプター 11 の手続に入った際，破産裁判所は，支払期日未到来の利子を，倒産手続において支払を受ける権利であるクレーム（claim）と認めていない連邦倒産法 §502 (b) (2) によれば，新債券については，新債券の券面額ではなく，旧債券の公正市場価値に基づいてチャプター 11 手続におけるクレームが割り当てられ，新たに発生した未償却の OID 部分についてはクレームが認められないと判断した。この判断のもたらす帰結は，LTV リスクと呼ばれ，私的整理における交換募集に応じるこ

---

[569] I.R.C. §§108 (e) (11) (B), 1273 (b) (3) (1990).
[570] I.R.C. §§582, 166.
[571] *See NYSBA 1991 Report, supra* note 533, at 86 n.36.
[572] *Id.* at 82; Asofsky, *supra* note 422, at 13–62; Albert C. O'Neil, Jr., *ABA Tax Section Calls for Reinstatement of Old Section 1275 (a) (4)*, 93 TNT 184-26 (Sep. 3, 1993) [hereinafter *ABA Report*]; THE NATIONAL BANKRUPTCY CONFERENCE'S CODE REVIEW PROJECT, REFORMING THE BANKRUPTCY CODE FINAL REPORT, 86–87 (May 1, 1994).
[573] *In re* Chateaugay Co., 109 B.R. 51, 58 (Bankr. S.D.N.Y. 1990), *aff'd*, 130 B.R. 403 (S.D.N.Y. 1991), *aff'd in part and rev'd in part*, 961 F.2d 378 (2d Cir. 1992). 1992 年には，第 2 巡回区控訴裁判所が，倒産政策は法的倒産手続外での処理を促すものであるとして，上記破産裁判所の判断を一部覆した。*See id.* at 383.

とへの強い阻害要因となりえた[574]。すなわち，交換募集は，旧債券の発行後に生じた市場ディスカウント分を OID に転換するデット・リストラクチャリング手法であったが，チャプター 11 の申立てがあると以後は利子が発生しなくなる。すると，交換募集に応じた債券保有者については，のちにチャプター 11 の申立てがなされた場合，未償却の OID 部分についてクレームとして認められないのに対し，応じなかった者には，旧債券の券面額でクレームが認められることになるため，交換募集に応じることへのディスインセンティブとなりえたのである。この破産裁判所の判決は，ホールドアウトの問題を悪化させる可能性があった点[575]で，倒産実務上非常に重要な判断であったが，同時に内国歳入庁内で，§1275 (a) (4) を廃止する動きを促した[576]。

ここでは，Richard Reinhold 弁護士や，Barnet Phillips Ⅳ弁護士，当時内国歳入庁のカウンセルをしていた Thomas Hood 弁護士，財務省の租税立法に関するカウンセルとなっていた Robert Scarborough 弁護士らの，Debt-for-debt exchange における新債券の発行価格の決定方法をめぐる議論[577]を追うことが有益である。

1990 年改正前の Debt-for-debt exchange における新債券の発行価格については，3 つの立論がなされた。それぞれ，①文言説，②券面額説，③公正市場価値説であり，次のような設例をもとにすると，以下のような帰結を導く。

> 【設例】
> 額面発行した，満期約定償還価格 $1000，公正市場価値 $600，調整発行価格 $1000 の旧債券を，満期約定償還価格 $750，公正市場価値 $600 の新債券と交換する。新債券の発行価格，COD，BIP はいくらとなるか。

①文言説は，§1275 (a) (4) の文言に忠実に，仮に旧債券の公正市場価値を

---

[574] LTV 事件の詳細については，see Marc S. Kirschner et al., *Prepackaged Bankruptcy Plans: The Deleveraging Tool of the '90s in the Wake of OID and Tax Concerns*, 21 SETON HALL L. REV. 643 (1991); Craig Nemiroff, Note, *Original Issue Discount and the "LTV Risk" Reconsidered*, 105 YALE L. J. 2209 (1996).

[575] Gilson, *supra* note 559, at 67; John J. McConnell & Henri Servaes, *The Economics of Prepackaged Bankruptcy*, 4 J. APPL. CORP. FIN. 93, 95–96 (1991).

[576] *See* Sheppard, *supra* note 509, at 262.

[577] *See* Lee A. Sheppard, *Debt-for-Debt Exchanges: Issue Price in Reorganizations*, 48 TAX NOTES 954, 954–955 (1990).

旧債券の調整発行価格が上回っても，旧債券の調整発行価格を新債券の発行価格だとする考え方である。設例では，旧債券の調整発行価格 $1000＞旧債券の公正市場価値 $600 であるため，新債券の発行価格は $1000 となり，COD は生じない。新債券の発行価格 $1000 とその満期約定償還価格 $750 との差額 $250 については BIP となって発行者の下で満期にかけて按分して総所得計上される[578]。これは，前述のように，仮に COD が発生していれば §108 の適用を受けられていたであろう倒産局面に入った発行者には不利である[579]。このような文言説に対しては，BIP となる $250 がその性質上発行プレミアムといえるか疑問が呈された[580]。

②券面額説は，Hood によれば[581]，Coastwise 判決の先例性を根拠に，§1275 (a) (4) 適用の前に COD ルールを適用して新債券と旧債券の満期約定償還価格を比較し，差額分を COD とするものである。設例では，旧債券と新債券の満期約定償還価格の差額 $250 が COD となり，新債券の発行価格は $750 に限定される。しかし，これに対して Reinhold は，COD ルールを先に適用することを疑問視し[582]，Scarborough も，この考え方による場合，現在価値に換算すれば等価であっても，元本と利子の配分を操作することで，COD が生じる額が異なり帰結が変わってくるため，納税者に恣意が生じる余地があることを危惧した[583]。

③公正市場価値説は，Hood と Phillips の支持する考え方であり，旧債券をその公正市場価値で売却し，当該価格相当額の金銭でもって新債券の払込みをしたものと同視する考え方である。設例の場合，旧債券の公正市場価値が $600 であるから COD が $400 生じ，ここでは新債券の発行価格は §1273 (b) (3) に従って公正市場価値 $600 と考えることによって，新債券についての OID は $150 生じることになる。NOL が多くある発行者は COD をシェルター

---

578) *See* Treas. Reg. §1. 61-12 (c) (4) (1990).
579) 前掲注 534 及びそれに対応する本文。
580) *Id.* at 955; *see also* Michael L. Schler, *The Sale of Property for Fixed Payment Note: Remaining Uncertainties*, 41 TAX L. REV. 209, 237-238 (1986).
581) *See* Sheppard, *supra* note 577, at 955; *see also* Lee A. Sheppard, *Is There Cancellation of Indebtedness Income in Debt-for-Debt Exchange?*, 47 TAX NOTES 900, 901 (1990).
582) Sheppard, *supra* note 577, at 955; *see also* Gary B. Wilcox, *Issuing Mixed Consideration in Troubled Debt Restructurings*, 10 VA. TAX REV. 357, 381-382 (1990).
583) Sheppard, *supra* note 577, at 955. なお Wilcox は，プランニングの余地は認められるが，濫用的な場合には，株式と負債の性質決定によって制限されるとする。Wilcox, *supra* note 582, at 402.

できるためこの方法を好む。しかし、なぜ§1275 (a) (4) は適用せずに§1273 (b) (3) を適用できるのか明らかでなく、また、この考え方は、LTV リスクの影響を受けるものだが、なぜ、倒産法上のクレームに係る判断が租税法上も用いられるのか明らかでない、と Reinhold が疑問を呈した通り[584]、立法論も含んだ主張とみるべきであろう。

以上のように、解釈論上、政府機関のカウンセルを務める弁護士の間でさえも見解の相違があるほどその取扱いは不明確であり、実務的にはいずれか都合のよいものを選択するのが実態だったといわれる[585]。

4 責任置換理論からの脱却

新債券の発行価格の解釈をめぐる議論はあったものの、1990 年 RRA の立法自体は極めて短期間のうちになされ、関係者からのインプットが不十分だと批判された[586]。この改正には、§108 の適用のない早い段階で行われるデット・リストラクチャリング手法として Debt-for-debt exchange が用いられ、COD への即時の課税が回避されてしまうことへの対応という意味合いが政府側にはあった。同時に、これまで Capento 判決を嚆矢として積み上げられてきた判例法の理論構成に対して、ある明示的な立場をとった。それが、責任置換理論からの脱却であり、公正市場価値アプローチの採用であった。

判例法によれば、Kirby Lumber 判決にもかかわらず、Stock-for-debt exchange の場合は、責任置換理論により債務消滅があっても総所得に算入される所得は発生しなかった[587]。そして、Debt-for-debt exchange においても、Great Western 判決によって、旧社債の未償却ディスカウントが新社債に引き継がれるとの帰結を導くための理論構成として責任置換理論が援用された[588]。そして、Debt-for-stock exchange については、National Alfalfa 判決で、優先株

---

584) *See* Sheppard, *supra* note 577, at 955; Benjamin Cohen & Richard Reinhold, *No Cancellation of Indebtedness Income in Section 1275 (a) (4) Cases*, 47 TAX NOTES 1247, 1248 (1990).
585) Sheppard, *supra* note 577, at 954.
586) §1275 (a) (4) の廃止提案が公表されたのは 1990 年 10 月 10 日であり、1990 年 RRA は同年 10 月 27 日には議会を通過した。*See NYSBA 1991 Report, supra* note 533, at 86, n.36. 施行日の延期が訴えられたが、事業再生に入ったごく一部の企業に認められたにすぎなかった。*See* Gary B. Wilcox & David M Rievman, *Restructuring Troubled Debt under the New Debt Exchange Rules*, 10 VA. TAX REV. 665, 671–672 (1991).
587) 第 2 編第 3 章第 2 節。
588) 第 2 編第 6 章第 2 節第 1 款 2。

式についての市場ディスカウントを新債券のOIDへと転換することを否定するための理論構成として，責任置換理論から派生した資本コスト理論が導き出された[589]。特にNational Alfalfa判決は，1969年にOIDルールが導入され，資本再構築に発行価格という一種のベイシスの概念が持ち込まれた後に下された判決であったが[590]，そのような発想の影響を受けなかった点で注目に値する。

他方，立法されたOIDルールは，局所的には満期利回りに拠った「適正な」割引債への課税を達成すべきものとして発展したが，債券に係るあらゆる取引局面全体を俯瞰した場合，かえって混乱を増したように思われる[591]。すなわち，経済的実質が異ならない場合に，課税上異なる取扱いを持ち込むCODルールやOIDルールのため，かえって納税者のプランニングの余地が増えた。他方，財務省も局面ごとに，必要に迫られ局所的に対応してきた結果，制度全体としての一貫性は望むべくもなかった。それが，Debt-for-debt exchangeの課税方法に関する一連の立法対応であった。

1990年RRAによる改正は，それまでの判例法理と立法の混乱した状態を解消する1つの方針を示すものとなった。それが，§108 (e) (11)による公正市場価値アプローチの導入である。これにより，Debt-for-debt exchangeは，責任置換理論から距離をとることになった[592]。そして，理論的には公正市場価値アプローチという一見したところ所得課税の観点からは一貫性のありそうな理論構成に拠ってその後も立法を整備していくことになる。しかし，次にみるように，事業再生手法への影響まで踏まえた場合，必ずしもこれが最適解であったというのは難しい状況が生じる。

---

589) 第2編第6章第2節第1款3。
590) 同じく1969年改正前の事案であるが，当初の払込時（払込額＄100）より値上がりした優先株式を社債（市場価格＄165，額面＄175）と交換し，のちに当該社債を現金で買入償還（＄118）した場合に，COD算定のための社債の発行価格算定方法について，Kirby Lumber判決とNational Alfalfa判決を引用しつつ，交換時の優先株式の時価（＄165）ではなく，当初の払込額（＄100）を基準とすべきだとした裁判例として，U.S. Steel Co. v. U.S., 848 F.2d 1232 (Fed. Cir. 1988)。
591) See Weisbach, supra note 545, at 43 (OIDルールが租税回避目的での取引を減少させるとの主張に対し，包括的所得概念を貫徹できていないことに起因して新たな租税回避取引を生じさせると指摘)。
592) Stock-for-debt exchangeについては，既に1984年改正で，§108 (e) (10)によって公正市場価値アプローチが部分的に導入されていた。参照，第2編第5章第2節第3款4。

5 プレパッケージ型チャプター 11

§1275 (a) (4) の廃止は倒産実務家に受け入れられるものではなかった[593]。1990年代の事業再生では，既に Jensen の理論にみたように，負債の規律効果を活用する意味でも，早期の段階でワークアウトをできるようにしておくことが重要であった。しかし，企業再生税制が，チャプター 11 とワークアウトとで非中立的な課税上の取扱いをしていたため，事業再生手法の選択を歪める可能性が出てきた。具体的には，第1に，COD について，チャプター 11 であれば，手続内での債務消滅益について，資産超過になる分まで含めて総所得不算入と租税属性引下げルールの対象となるのに対し，ワークアウトにおいては，債務超過の限りで対象となるにとどまり，かつ，財産評価に関し債務超過であるとの主張が認められるかには不確実性があったことが挙げられる[594]。この点は，1990年改正で設けられた §108 (e) (11) により，Debt-for-debt exchange から COD が生じるようになったため，早期の Debt-for-debt exchange への阻害要因となる可能性が出てきたことに関係する。第2に，NOL について，連邦倒産法上の手続等の裁判所の管轄下にある場合，所有変化による NOL の引継制限に対する特則が規定されていたため，裁判所手続利用への誘因となりえた[595]。

このように，租税法上の誘因のためか，1990年改正直後にはヨリ費用のかかる通常のチャプター 11 が申し立てられる傾向もみられた[596]。そして新たに，通常のチャプター 11 の申立てではなく，ワークアウトと通常のチャプター 11 の折衷的な事業再生手法が活用されるようになった。それが，プレパッケージ型チャプター 11[597]である。この仕組み自体は，1978年連邦倒産

---

593) §1275 (a) (4) の廃止への反対や，復活を訴えるものとして，Benjamin J. Cohen & Gary A. Henningsen, Jr., *The Repeal of Section 1275 (a) (4)*, 44 TAX LAW. 697, 734 (1990); Sheppard, *supra* note 509, at 262-263; *NYSBA 1991 Report, supra* note 533, at 82.

594) Katherine Pratt, *Corporate Cancellation of Indebtedness Income and the Debt-Equity Distinction*, 24 VA. TAX REV. 187, 227-228, n. 243 (2004). この点まで踏まえると，髙橋〔企業再生〕・前掲注 118) 171 頁とは異なる評価がありうる。

595) Gilson, *supra* note 567, at 29. 第2編第5章第3節第2款。

596) 1990年1月から1991年2月にチャプター 11 の申立てをした企業の約 70% が申立て前に何らの私的整理も試みなかったのに対し，1980年代には，当初からチャプター 11 の申立てをするケースは約 30% にすぎなかった。また，申立て前に私的整理に費やした時間も 1980年代の方がずっと多かった。*See* Gilson, *supra* note 559, at 69; *see also* Jensen, *supra* note 561, at 28-29.

597) 11 U.S.C. § 1126 (b). 同制度の紹介として，村田典子「当事者主導型倒産処理手続の機能の変容 (2・完)」民商法雑誌 139 巻 1 号 37 頁，41-44 頁 (2008)。

法改正時に規定が設けられて以来存在していたが，1986年まで利用がなかった。しかし，1990年以降は積極的に利用されるようになり[598]，1990年改正が見込んだCODへの課税は達成されそうになかった[599]。

プレパッケージ型チャプター11では[600]，租税上の利益のほか，申立て前に再生計画について関係者の間で多数決による合意が可能であるため，ホールドアウトの問題を緩和し，同時に，法的倒産手続にかかる費用を節減できた[601]。ホールドアウトの緩和は，LTVリスクによって完全に私的なワークアウトを行いづらい状況が一時的に生じていたため魅力的だったのである。

6 交換によらないデット・リストラクチャリング

§1275 (a) (4) の廃止により，Debt-for-debt exchangeにおいてCODとOIDが発生する可能性が出てきたことで，債券の交換によらないデット・リストラクチャリング手法である債務の変更 (debt modification) の重要性が増すこと

---

[598] 全ての事業再生に占める割合も，1990年以降に顕著に増加した。

年	通常 Ch.11 申立件数	事業再生目的 交換募集件数	プレ Ch.11 申立件数	プレ／総リストラクチャリング (%)
1986	148	10	1	0.6
1987	112	15	0	0
1988	121	17	1	0.7
1989	132	15	3	2.0
1990	113	25	5	3.5
1991	120	25	10	6.5
1992	78	16	17	15.3
1993	71	12	20	19.4

表は，Brian L. Betker, *An Empirical Examination of Prepackaged Bankruptcy*, 24 FIN. MGMT. 3, 4 (1995) による。近時の金融危機後では，全てのチャプター11の申立てのうち，プレパッケージ型ないし事前交渉された (prearranged) ものがほぼ毎年20%超を占める。*See* Altman, *supra* note 554, at 90–92.

[599] §108 (e) (11) により，1991年には＄1.11億，5年間で合計＄3.59億の税収が期待されていた。*See* Lee A. Sheppard, *Congress Tries to Work Out the Workout Rules*, 56 TAX NOTES 696, 698 (1992).

[600] *See generally* McConnell & Servaes, *supra* note 575.

[601] プレパッケージ型チャプター11では，時間や報酬のある程度の節減が観察されている。*See* Elizabeth Tashjian et al., *Prepacks: An Empirical Analysis of Prepackaged Bankruptcies*, 40 J. FIN. ECON. 135, 141–143 (1996).

になった。そして、ちょうど1991年には、債務の変更への課税を考える上で重要な連邦最高裁判決が下された。それが Cottage Savings 判決[602]である。

同事件では、住宅金融のための貯蓄貸付組合 (Savings and Loan association, S&L) が有する住宅ローン債権について、1970年代の金利上昇に伴って含み損が発生したところ、それを課税上実現・認識するため、他のS&Lに対して当該住宅ローン債権の利息収受権 (participation interest)[603]を売却しつつ、同時に、買受人となったS&Lから、経済的に等価値の住宅ローン債権の利息収受権を買い受けた場合、含み損を実現して課税上控除できるかが争われた[604]。

連邦最高裁判決で、Marshall 判事が次のような法廷意見を述べた。すなわち、損益の計算に関する §1001 (a) は、所得の実現 (realization) を暗黙に要求しており、実現の概念は執行上の便宜に基づくものとしつつ、同条においては、「財産の売却又はその他の処分 (sale or other disposition of property)」の有無が実現の有無の判断基準になるとした[605]。そして、「財産の処分」があったといえるためには、交換された財産が「実質的に異なる (materially different)」必要があるかが問題となり、それを必要と規定している §1001 (a) に係る財務省規則[606]が合理的で、§7805による委任の範囲内であると判断した[607]。その際、所得の実現に関する、Macomber 判決をはじめとする一連の判例[608]を引用している[609]。しかし、「実質的に異なる」か否かの判断にあたっては、経

---

602) Cottage Savings Association v. Comm'r, 499 U.S. 554 (1991).
603) ローン債権そのものではなく、利息収受権を取引対象としたのは、両当事者が個々の債務者との関係性を維持するためであった。Id. at 557-558 n. 3.
604) なお、S&Lの監督機関である連邦住宅貸付銀行理事会 (Federal Home Loan Bank Board) は、実質的に同一のモーゲージを他のS&Lと交換した場合に実現した損失については、会計上損失計上を要しない旨の指令 (Memorandum R-49) を出しており、これは課税上の損失を計上させるための指令であった。Id. at 557.
605) Id. at 559-560.
606) Treas. Reg. §1.1001-1 (a) (1990). 同規則は、"differing materially either in kind or in extent" と規定していた。
607) Id. at 560-561.
608) U.S. v. Phellis, 257 U.S. 156, 173 (1921); Weiss v. Stearn, 265 U.S. 242, 253-254 (1924); Marr v. U.S., 268 U.S. 536, 540-542 (1925); Eisner v. Macomber, 252 U.S. 189, 207-212 (1920).
609) *Cottage Savings*, 499 U.S. at 562. これらの判例を参照するのは誤りだとの批判として、Richard L. Bacon & Harold L. Adrion, *Taxable Events: The Aftermath of Cottage Savings* (Part I), 93 TNT 118-39 (June 4, 1993)。他方、判決としては正しいが、損失の選択的実現の問題に対しては、立法による事後的な手当が必要だと指摘された。*See* Evans, *supra* note 449, at 899; Daniel N. Shaviro, *An Efficiency Analysis of Realization and Recognition Rules Under the Federal Income Tax*, 48 TAX L. REV. 1, 47-48 (1992).

済的実質が異なる場合にのみこれを認めるべきだとする内国歳入庁側の主張を退け，判例法を分析の上，「法的権原 (legal entitlement)」が異なるか否かによって判断すべきことを判示した[610]。そして，結論としても，実現があったとして控除を認めた[611]。

Cottage Savings 判決の直接の判旨は，実現の有無を，経済的実質ではなく，法的権原の変化の有無により判断することを判示した点であると理解される[612]が，実務的には，ワークアウトにおけるデット・リストラクチャリングに対して最も大きな影響を及ぼしたといわれる[613]。なぜなら，それまでの財務省規則における「実質的に異なる」か否かの判断基準[614]と比べ，Cottage Savings 判決の判断基準は緩やかに実現を認める可能性があり，仮にその判断基準がデット・リストラクチャリングにも及べば，Debt-for-debt exchange ではなく，満期を繰り延べる等の「債務の変更」についても広く実現したものとして交換とみなす引き金ルール (hair trigger rule) となる可能性が出てきたからである[615]。

そのため，Cottage Savings 判決後，内国歳入庁は，新たに§1001 (a) に関して，それまでの財務省規則よりは緩やかに実現を認めるものの，Cottage Savings 判決を広く解した場合よりは狭い方向で，債務の変更について交換があったものとみなすことを定める財務省規則を出した[616]。この財務省規則からは，その詳細さや内国歳入法典上にない概念を導入している点で立法的性格がうかがわれ，Cottage Savings 判決や§1001 (a) に抵触しないか議論の

---

610) *Cottage Savings*, 499 U.S. at 562-565.
611) *Id.* at 566. なお，経済的実質を重んじる反対意見が付されている。他の経済的実質が問題になった事案と比較して峻別するものとして，see Joseph Bankman, *The Economic Substance Doctrine*, 74 S. Cal. L. Rev. 5, 16-17 (2000) (Cottage Savings 判決では，通常の事業との結びつきまで含めて経済的実質についての判断が下されたため否認されなかったと理解).
612) *See* Evans, *supra* note 449, at 904.
613) Joseph Bankman et al., Federal Income Taxation 224 (16th ed. 2012); *see also* Henderson & Goldring, *supra* note 174, at 36-37.
614) *See generally* NYSBA 1991 Report, *supra* note 533, at 89-95. そこでは，必ずしも債務の変更前後の公正市場価値の差額の有無を重要な判断要素とはせず，もっぱら約定 (term) の変化に焦点があてられた。*Id.* at 90.
615) *See* Michael J. Graetz & Doborah H. Schenk, Federal Income Taxation: Principles and Policies 155 (7th ed. 2013); Collier Bankruptcy Taxation, *supra* note 339, TX 9.02 [1].
616) 1992年12月に提案規則 §1. 1001-3 を出し，1996年6月に最終規則とした。TD 8675, 1996-2 CB60. なお，納税者は，1992年12月3日以降1996年9月23日までに行われた債務の変更について同規則に依拠してもよい。Treas. Reg. §1. 1001-3 (h).

余地がある[617]。しかも、実現の有無の問題は、一種の線引き (line drawing) の問題としての性格が濃く、Cottage Savings 判決やこれに対応する形で出された財務省規則に対する批判も強い[618]。そのため、本来的には事業再生手法との関係まで踏まえたあるべき課税方法を別途考えていく必要がある。しかし、ここで出された財務省規則の実務的な重要性は極めて高く、納税者は実際上これに依拠して債務の変更に係る COD 計上のプランニングを行うことになる。わが国でも DDS についての課税上の取扱いが必ずしも明らかでないことは既に述べた[619]。そこで、仮に立法や通達による対応を考える場合には、その詳細さは (場合によっては反面教師としても) 参考になると思われる。そこで、以下では現行法の内容を簡略に紹介する。

財務省規則は、実現の有無を2要件で判断する。第1に、契約の約定 (term) の「変更 (modification)」が肯定される必要がある。第2に、それが「重大 (significant)」である必要がある[620]。全体としては、経済的な支払の見込みの変化に着目していることがうかがえ、債務の変更に関するあらゆる状況について詳細に定めている点が特徴的である。以下では特に、(1) 満期、(2) 優先順位・担保目的物・債務者の変化 (change)、(3) 利率、(4) 自発性・債務者の資力状態、(5) もともとの約定に基づく変更、についての規律を紹介する。

(1) 満　期

Cottage Savings 判決を受けて新たな財務省規則が提案される以前 (以下、「以前」という。) は、一定の例外[621]を除き、たとえ劣後化条項の追加や担保目的物の変化が伴った場合でも、満期の変更については、交換があったものと

---

617) GRAETZ & SCHENK, *supra* note 615, at 155; HENDERSON & GOLDRING, *supra* note 174, at 38.
618) David A. Weisbach, *Line Drawing, Doctrine, and Efficiency in the Tax Law*, 84 CORNELL L. REV. 1627, 1634–1635 (1999) (実現主義を線引きの問題と位置づけ、Cottage Savings 判決の射程は不明確であり、新たな財務省規則も最大に上ることを以て線引きの困難さを例証); Richard L. Bacon & Harold L. Adrion, *Taxable Events: The Aftermath of Cottage Savings* (Part II), 93 TNT 123-77 (June 7, 1993) (提案された財務省規則に一貫した租税政策が見受けられず、Cottage Savings 判決にも反するとして批判しつつ、個別の規定につき包括的に検討を加えた上で、租税政策の観点からワークアウト、免除債の借り換えなど、対象ごとに政策的に立法対応すべきだと論ずる); 岡村〔マッコンバー〕・前掲注3) 65–68頁 (Cottage Savings 判決を、Macomber 判決の私法上の権利変動による基準を確認したものと位置づけた上で、立法論としては私法への依存をやめ、税法上の独自の基準を設けるべきだと論じる).
619) 第1編第2章第3節第2款.
620) Treas. Reg. §1. 1001-3 (b).
621) 満期の変更と利率の変更が組み合わさった場合には交換があったと扱われることがあった。*See* HENDERSON & GOLDRING, *supra* note 174, at 46–47.

は扱われてこなかった[622]。また，満期の延長・短縮や，満期を多様化させるための手段にすぎない償還条項の変更・追加によっては交換があったものとは扱われてこなかった[623]。

しかし，Cottage Savings 判決後に提案された財務省規則以後 (以下，「以後」という。)，満期や満期前の利払日や元本弁済日の変更は，それが「実質的な (material)」繰延であると判断されれば，「重大な変更」と認められる[624]。「実質的」についての定義はないが，それに当たらないとされるためのセーフ・ハーバー期間が設けられている[625]。繰延の結果イールドに変化が生じる場合は，別途，利率の変更について「重大な変更」の有無が判断される[626]。なお，仮に「重大な」変更には当たらなくても，「変更」があれば§§1272, 1273 の適用上は，旧債務が調整発行価格で返済され，新債務の負担があったものとして OID（及び COD）を計算し直す必要がある[627]。

(2) 優先順位・担保目的物・債務者の変化

以前は，前述のように劣後化条項の追加や担保目的物の変化があった場合でも交換はあったものと扱われてこなかった。また，債務者の変化については，親会社が子会社の債務について免責的債務引受け相当の更改・当事者代替契約 (novation) をするような場合は，交換があるものとみるのに十分なほど「実質的」だとされていた[628]。

以後には，劣後化条項の追加については，弁済の見込みに変化が生じるような場合には「重大な変更」があるものとされ[629]，また，担保目的物の変更については，リコース・ローンの場合は弁済の見込みが変化する場合に限って[630]，他方，ノンリコース・ローンの場合には担保目的物が本質的に代替可能 (fungible) でない限り，ただちに「重大な変更」と認められることとされた[631]。債務者の交替 (substitution) については，ノンリコースの場合には「重

---

622) *Id.* at 43.
623) *Id.* at 40.
624) Treas. Reg. §1. 1001-3 (e) (3) (i).
625) Treas. Reg. §1. 1001-3 (e) (3) (ii).
626) Treas. Reg. §1. 1001-3 (g) ex.2.
627) Treas. Reg. §1. 1275-2 (j).
628) *Id.* at 47.
629) Treas. Reg. §1. 1001-3 (e) (4) (v).
630) Treas. Reg. §1. 1001-3 (e) (4) (iv) (A).
631) Treas. Reg. §1. 1001-3 (e) (4) (iv) (B).

大な変更」とはされない[632]。なお，連帯債務者の追加・減少は，債務者の交替となる取引の一部として行われる場合を除き，弁済の見込みに変化が生じる場合に「重大な変更」があったとされる[633]。債務者の交替は，リコース・ローンの場合，原則として「重大な変更」に当たる[634]。例外的に，§381 (a) の適用のある取引によって取得法人が新債務者になり，又は，もともとの債務者の実質的に全ての資産を取得する取引で，弁済の見込みに変化が生じず，当該取引が「重大な改変 (significant alteration)」[635]に当たらない場合等には「重大な変更」があったとはされない[636]。

(3) 利 率

利率の変更については，以前には，Rev. Rul. 87-19 において，重大な (significant) 利率変更については，交換があったものとすることを認めていた。但し，変動金利等，もともとの約定に従って変更された場合は含まれていなかった。

以後でも，これを基本的に認め，0.25％又は未変更の (unmodified) 債務証書の年利の5％，のいずれか大きい方の値以上の利率変更については，「重大な変更」と認められる[637]。また，変動金利の場合は，変更時に等価値の固定金利の債券の年利により判断する[638]。但し，この規定は支払に不確定性のある債務証書 (contingent payment debt instruments) には適用されず，この場合は一般ルールに従い，あらゆる事情を総合考慮して，経済的に「重大な変更」があったかの基準による[639]。もともとの約定に従って変更された場合については「変更」の有無の判断基準について一定の例外が設けられた (後述，(5))。

(4) 自発性・債務者の資力状態

以前には，約定の変更が自発的になされたか非自発的になされたかを交換の有無の判断において考慮要素とする裁判例もみられたが[640]，内国歳入庁は，

---

632) Treas. Reg. §1. 1001-3 (e) (4) (ii).
633) Treas. Reg. §1. 1001-3 (e) (4) (iii).
634) Treas. Reg. §1. 1001-3 (e) (4) (i) (A).
635) 「債務の約定に従って行われるのでなければ重大な変更となったであろう改変」と定義される。Treas. Reg. §1. 1001-3 (e) (4) (i) (E).
636) Treas. Reg. §1. 1001-3 (e) (4) (i) (B) & (C).
637) Treas. Reg. §1. 1001-3 (e) (2) (ii).
638) Treas. Reg. §1. 1001-3 (e) (2) (iv). なお，等価の固定利率は，Treas. Reg. §1. 1275-5 (e) に従う。
639) Treas. Reg. §1. 1001-3 (e) (1). HENDERSON & GOLDRING, *supra* note 174, at 45.
640) *See id.* at 51.

表向きは基本的に非自発性を無関係の事情と考えてきたようにみえる[641]。ただ同時に，政策的に，内国歳入庁が執行を控えてきた可能性も指摘されている[642]。以後の財務省規則ではこの点について沈黙している。

また，債務者が履行遅滞に陥ったような場合や遅れて弁済した場合について，財務省規則においては，明示の合意によらずとも，当事者の行動によっても債務の「改変 (alteration)」が認められうる[643]ため，これに含まれるかが問題になる。経済的には，債権回収を差し控えることは無利息融資と同等であるが，以後の財務省規則によれば，履行遅滞自体は「変更」には該当しないとされ，債権者が債権回収を控えたり，一時的に弁済期到来条項を放棄したりする等しても，それが，最初の履行遅滞日から 2 年間と発行者が善意の交渉を行った期間又は連邦倒産法手続下にある期間という追加の期間を超えない限り，「変更」があったことにはならず，また，当該期間が経過するまでは「変更」があったとは認められない[644]。

次章でみるクレーム・トレーディングの発展から明らかなように，デット・リストラクチャリングを行う局面では，ボラティリティ等の点で，債券はむしろ株式と似た性質を有することが指摘されており，課税上は株式と同等に扱うべきことが主張されることもある[645]。他方，財務省規則では，連邦所得税上，債務ではなくなった場合には重大な変更があったものと取り扱うことが規定されており[646]，価値の下落した不良債権 (distressed debt) の取扱いが問題となりうる。しかし，連邦所得税法上債務ではなくなったか否かの判定基準として，2010 年には新たな規定が設けられ，そこでは，債務者の変化や連帯債務者の追加・削減がない限り，債務者の財務状況の悪化は考慮要素とならないとされた[647]。

(5) もともとの約定に基づく変更

変動利率等，もともとの約定に従った債務の改変は，債務の「変更」に当

---

641) *See id.* (citing IRS T.A.M. 8451012, Aug. 23, 1984; ITS T.A.M. 8052023, Sep. 25, 1980).
642) *Id.* (citing GCM 37002, Feb. 10, 1977 at note 10).
643) Treas. Reg. §1. 1001-3 (c) (1) (i).
644) Treas. Reg. §1. 1001-3 (c) (4) (ii).
645) Deborah L. Paul, *The Taxation of Distressed Debt Investments: Taking Stock,* 64 TAX LAW. 37 (2011). なお，同論文 (56-62 頁) は，Debt-for-debt exchange における債券保有者側の課税関係について，OID ルールや市場ディスカウントルールの機械的適用がもたらす帰結を批判する。
646) Treas. Reg. §1. 1001-3 (e) (5) (i).
647) Treas. Reg. §1. 1001-3 (f) (7) (ii).

たらないのが原則であるが[648]、①債務者の変化やリコース／ノンリコースの変更となる場合、②連邦所得税上債務でなくなる場合、③オプションによる改変があり、それが一方的な[649]オプションの行使であり、かつ、債券保有者による行使が可能な場合には、そのオプションの行使が元利金の支払の繰延・減少とならない場合でない限り「変更」に当たる[650]。

7　AHYDO ルールとの関係

§1275 (a) (4) 廃止により、Debt-for-debt exchange において COD と OID が発生する可能性が出てきたことの影響は他にもある。コーポレート・ファイナンスの視点からは、1989 年に LBO 抑制のために導入された AHYDO ルールとの関係に触れておく必要があろう。

　AHYDO ルールは、一定利率以上の場合には OID に係るみなし利子控除を制限するルールであるが[651]、この規定は、LBO のみならず、デット・リストラクチャリングの一環として、現実の利払いをする必要のない割引債を発行する形で Debt-for-debt exchange を行う際にも適用される可能性がある。その適用により、発行者においてみなし利子控除が否定される一方、§1272 (a) (1) によれば、債券保有者の側では、毎期、満期利回りで OID について総所得に計上する必要があり、ミスマッチが生じる。割引債を用いた Debt-for-debt exchange 自体はデット・リストラクチャリングの有効な手段であると考えられていたにもかかわらず、LBO 抑制という政策目的規定である AHYDO ルールによって、これが意図せずして抑制されてしまう可能性がある。これは、LBO に関連する利子控除を特殊なものとして括り出した結果生じた税制上の歪みとみることができる。

---

648) Treas. Reg. §1. 1001-3 (c) (1) (ii).
649) Treas. Reg. §1. 1001-3 (c) (3).
650) Treas. Reg. §1. 1001-3 (c) (2).
651) 当時の規定では、償還期間が 5 年を超える債務のうち、償還時の支払が発行時の Applicable Federal Rate (AFR) に 5% を加えた数以上の利率で、かつ、それが「過大な OID (significant OID)」に当たるものが AHYDO であり、AHYDO については、AFR+6% を基準として、「繰延部分 (deferred portion)」と「不適格部分 (disqualified portion)」とに分けられ、繰延部分は実際の支払時まで控除を繰り延べ、不適格部分については一切の控除を認めないこととされていた。参照、吉村・前掲注 1) 893 頁。

第2款　Stock-for-debt exception の廃止

1990年 RRA による Debt-for-debt exchange に係る課税への公正市場価値アプローチの導入は，チャプター11申立ての誘因となるにとどまらず，Debt-for-debt exchange の代わりに，Stock-for-debt exchange を行う誘因にもなりうるものだった[652]。なぜなら，Debt-for-debt exchange の場合は，チャプター11を申し立てたとしても，なお総所得から除外されたCOD について租税属性引下げルールの対象となるのに対し，倒産局面でなされる Stock-for-debt exchange の場合は，そうではなかったからである[653]。しかし，1990年改正に伴い，Stock-for-debt exception についてもさらなる縮小・廃止の動きが生じ，ついには1993年に廃止された。これにより，資本再構築手法として，今度は新たに Stock-for-debt exchange よりも Debt-for-debt exchange を行う誘因が生じたとも指摘された[654]。すなわち，確かに Debt-for-debt exchange においても1990年改正により COD が生じることになったが，COD については租税属性引下げルールのため，ただちに課税を生じることは稀であった[655]。そして，COD と同時に控除可能な OID も生じるようになったため，むしろ繰越期間制限のある[656] NOL を，OID へと転換することができるようになったとの見方もあったからである[657]。

1　適用対象の限定

1990年には，Stock-for-debt exception の適用対象に制約が設けられた。まず，Rev. Rul. 90–87 は，Stock-for-debt exchange によって優先株式と交換する場合，Stock-for-debt exception が認められるのは，優先株式の公正市場価値と清算優先権の額 (Liquidation Preference) のいずれか大きい方の限度におい

---

652) Pratt, *supra* note 424, at 30. 但し，Stock-for-debt exchange には，同時に所有変化に伴う NOL の利用制限の可能性もあった。
653) 第2編第5章第2節第3款4。
654) *Id.* at 31.
655) 1986–93年に行われたプレパッケージ型チャプター11の申立てをした企業をサンプルとする実証研究によれば，NOL その他の租税属性によって相殺しきれない COD が生じることは稀であった。*See* Betker, *supra* note 598, at 11–12.
656) I.R.C. §172 (b) (1) (A) (ii).
657) Merton H. Miller, *Tax Obstacles to Voluntary Corporate Restructuring*, 4 J. APPL. CORP. FIN. 20, 21 (1991); Evans, *supra* note 449, at 904–905; *ABA Report*, *supra* note 572.

てだとした[658]。

さらに，1990年RRAでは，「非適格株式（disqualified stock）」についてStock-for-debt exceptionを認めないことが規定された[659]。「非適格株式」は，確定した償還日のある株式又は当該株式について発行者がコール・オプションを有する若しくは債券保有者がプット・オプションを有するものと規定された。これは，実質的に負債と変わらないと考えられたものである。この規定により，優先株式についてStock-for-debt exceptionの認められる対象が大きく限定された。

加えて，内国歳入庁は，濫用防止規定である§108 (e) (8) (A) によってStock-for-debt exchangeの利用を制限すべく，その解釈指針として，消滅する負債の額に対する株式価値の割合や対価に占める株式価値の割合，発行済株式に対する割合に関する要件を定めるセーフ・ハーバーを示す財務省規則を提案したが，事業再生実務を反映したものではなく，基準を満たすのが難しかったため，倒産実務家から批判された[660]。

2　廃止提案

1992年には，下院で，1992年歳入法の立法過程でStock-for-debt exceptionの廃止が提案された[661]。その発端は，当時下院議員であったGuy Vander Jagtが，その廃止に賛成のタックス・ローヤーであるKenneth Kiesの進言を受け，複合輸送貨物コンテナへの投資税額控除（ITC）の拡張等の企業再生税制とは関係ない租税特別措置を実現するための代替財源措置として，§108 (e) (8), (10) を廃止するという提案をしたことであった[662]。

この提案に対しては，何ら公聴会が開かれなかったこと等，議論が不十分であるとしてアメリカ法曹協会，ニューヨーク州法曹協会等から強い批判が

---

658)　*See* Asofsky, *supra* note 422, at 13–28.
659)　I.R.C. §108 (e) (10) (B) (ii) (1990).
660)　*See* HENDERSON & GOLDRING, *supra* note 174, at 163–164; *see also* Lee A. Sheppard, *IRS Gets Educated at Hearing on Stock-for-Debt Exceptions*, 50 TAX NOTES 1204 (1991).
661)　H.R. 11, 102d Cong., §3013 (1992).
662)　*See* Sheppard, *supra* note 599, at 696; Asofsky, *supra* note 422, at 13–32. なお，1990年にOmnibus Budget Reconciliation Act of 1990 (Pub. L. 101–508, 104 Stat. 1388 (1990)) によってPAYGOルールが法律上正式に導入されていた。PAYGOルールについては，参照，後掲注853及びそれに対応する本文。

あった[663]。結局，法案自体は別の理由で大統領の拒否権発動により成立しなかったが，Stock-for-debt exception 自体が租税優遇であるとの観念は議会において受容され，その廃止の機運は存続した[664]。

3 廃 止

1993年歳入調整法（Revenue Reconciliation Act of 1993, RRA）の法案において，改めて Stock-for-debt exception の廃止が提案された。そして，実務家からは公の議論が必要であるとの意見が表明された[665]。しかし，対象を1995年1月1日以降の交換に限定する形の延命措置は施されたものの，Stock-for-debt exception はついに廃止されるに至った。ここでは，廃止推進派の Kenneth Kies[666]と，存続派の Paul Asofsky，新たな形の課税繰延の仕組みを提案する Peter Canellos の議論をみていく。

Kies は，租税政策の基本原理として，①（水平的）公平・②効率性・③簡素性を掲げ，これらを評価基準として Stock-for-debt exception を点検する。そして，①水平的公平に関し，事業再生局面にある企業とそうでない企業との間，及び，事業再生を行う企業の中でも，Stock-for-debt exchange を行う企業とそれ以外の手法をとる企業との間，という2つの軸が問題となり，特に第2の軸について，経済政策と租税政策を調和させる観点からは，再生企業に新たなスタートを切らせつつも，有利なスタートは切らせないとの政策から，租税属性引下げルールにも服さなくなる Stock-for-debt exception は，水平的公平に反すると論ずる。次に，②効率性の観点からは，事業再生を行う企業が Stock-for-debt exception の適用を受けるためだけにチャプター11の申立てをするよう納税者の行動を歪めていると批判する。最後に，③簡素性に関し，一見それほど複雑ではなくとも，§108 (e) (8) の濫用防止規定に関する規則等，具体的適用の複雑さや不明確さが残るとして，その廃止により余計な弁護士費用等を削減できると主張する。さらに実務的な観点から，④

---

663) Peter L. Faber, *Changes in Stock-for-Debt Exception Should Not Be Made Casually, ABA Tax Chairman Writes*, 56 TAX NOTES 559 (1992); John A. Corry, *NYSBA Urges Rejection of Proposal to Repeal Stock-for-Debt Exception*, 92 TNT 155-75 (July 30, 1992).

664) *See* Asofsky, *supra* note 422, at 13-32 to -33; Canellos, *supra* note 468, at 809.

665) *See, e.g.*, Letter from Peter C. Canellos, of NYSBA Tax Section, to Senate Finance Committee Chair Daniel Moynihan (June 23, 1993), *reprinted in* 93 TNT 137-32 (June 29, 1993).

666) Kenneth J. Kies, *Taking A Fresh Look at the Stock-for-Debt Exception*, 56 TAX NOTES 1619 (1992).

Stock-for-debt exception の存在は事業再生の成否にとって決定的でないことをつけ加える。

これに対し，Asofsky は，①水平的公平自体の評価基準としての有用性に疑問を呈し，問題は，Stock-for-debt exception 以外にも多くの租税支出があることを前提に，租税政策の観点から，倒産手続において従前の債権者に引き継がれた企業が NOL を失うべきか，であると論じる[667]。そして，③簡素性については，複雑化したのは度重なる改正の積み重ねのためであって Stock-for-debt exception 固有の問題ではなく，簡素化は可能だとする。④Stock-for-debt exception の有用性については実務家としての経験から疑いないとした上で，倒産は，全ての利害関係者の合意の下，企業を存続させることが目的であり，Stock-for-debt exception によって NOL が保全されることについては，追加的な利益を与えるものではなく，本来使えるべきものが，事業再生局面という非常事態における所有変化のために利用できなくなってしまうのを防ぐもので，何ら基本的な租税政策に反するものではないとする[668]。企業の存続自体が事業再生の目的であるかのような基本的な倒産政策の理解を受け入れるかはともかく，彼の立場からすれば，問われるべきは，Stock-for-debt exception が事業再生を促進する上で最も効果的な租税支出であるか，という点となろう。この点について，事業再生の促進と，税収確保のバランスをとる課税方法を提案したのが Canellos である。

Canellos は，デット・リストラクチャリングにおける課税ルールについて，既存の制度を修正していく形では何らかの問題が残るとの認識の下，白地からあるべき課税ルールを設計する視点に立ち，COD を正確な方法で計測し，整然と透明性のある形で一定の債務者集団に望ましいとされる課税上の優遇を提供することを考えるべきだとの基本姿勢を示す[669]。そして，COD の正確な測定のためには公正市場価値によるべきであるが，デット・リストラクチャリングにおいては，多額の COD が発生することになり，それに即時に課税すれば，流動性の制約から再生企業が清算に追い込まれてしまう可能性がある。そこで，COD は，法定の償却期間にかけて計上すべきだとした。その上で，対象を経済的苦境にある場合のデット・リストラクチャリングに限

---

667) Asofsky, *supra* note 422, at 13–78 to –79.
668) *Id.* at 13–79.
669) Canellos, *supra* note 468, at 816–819.

定し，その判定基準に客観性を持たせるための方策を考える。

このような形のCODへの課税繰延の仕組みは，再生企業の再生直後のキャッシュ・フローへの影響が小さくて済むだけではない。これまでの租税属性引下げルールでは，CODへの代替課税が実際に行われるのは，たとえばベイシスを引き下げた資産についてはそれが譲渡されたとき等の所得の実現時であって，無限の繰延すら可能だったことに比べれば，確実に税収を上げることができる。さらに，CODを独立の勘定にし，将来にかけて確実に償却計上するのであれば，§382の対象からデット・リストラクチャリングにおける全ての株式発行を除外することで，買主も，確実性をもって未償却COD分を加味してNOLの価値を計算することができ，NOLの売買を円滑にする可能性もある。また，NOLの売買のみを目的とする租税回避行為への対策としては，§382 (c) 同様，一定期間の事業継続要件を設けたり，§269の適用対象としたり，連邦倒産法上の租税回避が唯一の目的である場合の再生計画の不認可規定を適用したりすることで対応可能であるという。

しかし，このようなCanellosの提案に対しても，Asofskyは既存の実務を尊重する立場から次のような消極的評価を下す[670]。第1に，CODに，実際の租税属性との関連性を要求せずに課税することは，それまでのCODをめぐる課税ルールの歴史に反する。第2に，課税繰延をした上でCODに確実に課税できるようにするための仕組みを整備するとなると，これまでの制度とそれほど複雑さは変わらない。第3に，Stock-for-debt exceptionが廃止されても，課税繰延という形で何らかの他の租税優遇がなされることに変わりはない。とすると，結果としてStock-for-debt exceptionの効果はNOLの保全にすぎないのだから，問われるべきは，NOLの保全は認められるべきか，認められるとしてどの程度か，という問題だとする。そして，債権者に株式を受領させることは，過度に会計理論や経済理論に反することなく倒産法の目的を達成でき，かつ長年にわたり効果的に機能してきた制度を維持することにも利点があるとする。そして，制度を一新することよりも，実務で使われてきた租税法令を維持することが簡素性の達成に資すると論じる。但し，Asofskyも現行の制度に改善の余地があることは認めていた[671]。

以上のような，種々の立法提案も含む議論があったものの，Stock-for-debt

---

670) Asofsky, *supra* note 422, at 13-79 to -80.
671) *See id.* at 13-81.

exception は廃止された。既に述べたように，当然倒産実務からの批判は大きく，その復活を求める提案もあった[672]。しかし，現在まで Stock-for-debt exception が復活する機運は生じていない。

第3款 考察——効率性への配慮

1 デット・リストラクチャリングにおける課税の政策性

これまでの，Debt-for-debt exchange（及び債務の変更）と Stock-for-debt exchange に係る課税ルールの変遷をまとめると次のようになる。

1990年改正前は，デット・リストラクチャリング手法としての双方の選択に対する税制上の歪みが論じられることはなかったように見受けられる。しかし，1990年改正によって，Debt-for-debt exchange において COD（及び OID）が生じることとなり，さらには1991年の Cottage Savings 判決及びその後の財務省規則により，債務の変更というヨリ柔軟な手法についても，従来に比べ COD の発生が認められやすくなった。これにより，債務超過時や法的倒産手続内でのデット・リストラクチャリングについては，Stock-for-debt exception が認められる Stock-for-debt exchange へのバイアスが強まった。しかし，1993年に Stock-for-debt exception が廃止されたことで，その効力が生ずる1995年以降には，逆に，COD は生じるにせよ，同時に，場合によっては期限切れの迫った NOL を OID に転換することも可能な Debt-for-debt exchange へのバイアスが生じた。そこで，このような再生企業の資本再構築への税制の影響を，租税政策と倒産政策の観点からどう評価するかが問題となる。

既にみたように，債務消滅時の COD ルールは，原則としての借入元本理論ないしタックス・ベネフィット・ルールの発想を前提に，倒産局面における例外として，政策的に課税を繰り延べるためのものと評価できた[673]。また，Stock-for-debt exception や National Alfalfa 判決，Debt-for-debt exchange の課税上の取扱いの基礎にあった責任置換理論も，法人所得課税にとって本質的なものというよりも，むしろ，一方で，事業再生のための政策的優遇措置

---

672) *E.g.*, The National Bankruptcy Conference's Code Review Project, *supra* note 572, at 87–89; Michelle Arnopol Cecil, *Reinvigorating Chapter 11: The Case for Reinstating the Stock-for-Debt Exception in Bankruptcy*, 2000 Wis. L. Rev. 1001, 1047–1051.
673) 第2編第2章第1節第3款2。

を認め（Capento 判決，Motor Mart 判決），他方で，利子控除による節税目的の財務リストラクチャリングを否定する（National Alfalfa 判決）ための法的理論構成であったと評価できる。そして，責任置換理論は，OID ルールにおける発行価格による厳格な規律の影響もあり，段階的に公正市場価値アプローチを採る立法によって否定されていった[674]。

しかし，公正市場価値アプローチの採用自体も，所得課税に本質的なものではない。・デ・ッ・ト・・・リ・ス・ト・ラ・ク・チ・ャ・リ・ン・グ・の・タ・イ・ミ・ン・グ・で，公正市場価値アプローチに基づく所得の把握がなされるのも，所得税が，執行の便宜や資産評価の観点から，時価主義課税ではなく，実現主義を採用していることの延長にすぎない。すなわち，債務消滅や Stock-for-debt exchange・Debt-for-debt exchange・債務の変更といった法的権利関係の変更を契機に発生していた所得を計算するとの暗黙の政策決定がなされたにすぎないと評価することも不可能ではない。しかし，そのような政策の合理性については，倒産実務から強い批判があった。

さらに，公正市場価値の算定にあたって，包括的所得概念に基づき，債券に係る経済的利子相当部分を正確に算定して課税するための課税ルールと理解されることがある 1982 年 TEFRA 後の OID ルールが，Debt-for-debt exchange 及び債務の変更の課税を考える上で常に意識される重要性を有してきたが，その OID ルールですら，真に発生した経済的所得を課税上正確に把握することには失敗している可能性が指摘されている[675]。

このように，借入元本理論，実現主義，包括的所得概念を目指した OID ルールといった種々の租税法上の原則ルール自体が相互に折り重なって，どれ 1 つとしてその目的を達成できていないにもかかわらず，これらの不完全性を十分に顧みることなく，単に原則的な租税政策であることを標榜し，これらを厳格に貫く形でデット・リストラクチャリングに係る課税を考えることにはそれほど強い説得性を見出すことは難しい。そこで，機能的な観点も踏まえ，事業再生局面における課税の在り方を考える上でいかなる政策的考慮事項があるかを明らかにする必要がある。以下，同様の観点から，デット・リストラクチャリングに係る課税に関する提案を行う学説を検討する。

---

674)　第 2 編第 5 章第 2 節第 3 款 4，第 2 編第 6 章第 3 節第 1 款 4。
675)　第 2 編第 6 章第 2 節第 3 款。

2　Stock-for-debt exception の有用性

　Katherine Pratt は，株式と負債の課税上の異なる取扱いを前提とした世界での事業再生局面における債務消滅益への課税について，従来の，包括的所得概念や水平的公平を軸とするアプローチの下では，そのようなルールが再生企業の資本構成の決定に及ぼす経済的な影響を考慮に入れることに失敗していると指摘し，特に，再生企業の資本構成のうち，負債比率が高いことから生じる（倒産コストを含む）財務困難コストを考慮に入れてこなかったと批判した[676]。そして，効率性の観点から，事業再生局面に入った再生企業の債務削減が不十分で再び倒産してしまう[677]ことがないよう，Stock-for-debt exchange が Debt-for-debt exchange よりも課税上優遇されるべきことを論ずる[678]。具体的には，Stock-for-debt exception は認めつつ，Debt-for-debt exchange の実施時に，公正市場価値アプローチに基づいて COD を計上するようになった 1990 年改正以降 1995 年より前の状態を復活させることや，抜本的に，Merton Miller の提案するような形で，COD を原則として総所得に算入する §61(a)(12) について，デット・リストラクチャリングをする企業はその適用対象から除外する方法[679]等である[680]。

　Pratt の議論は，いわゆる「線引き」の問題について，国庫にとっての限界税収調達費用（Marginal Efficiency Cost of Funds）[681]を最小化すべく，納税者

---

676)　Pratt, *supra* note 594, at 241.
677)　1990 年代には，デラウェア州を中心に，一旦チャプター 11 を経た企業が再倒産する事例が相次ぎ，再生企業の資本構成が問題視された。See David A. Skeel, Jr., *What's So Bad About Delaware?*, 54 VAND. L. REV. 309, 319-320 (2001)（デラウェア州で再度のチャプター 11 の申立て率が高いのは，破産裁判所による監視が不十分だからであるとの先行仮説に代え，再生企業の資本構成が過度に複雑で，十分に債務削減できていないからだとの仮説を提示）; *but see* Lynn M. LoPucki & Joseph W. Doherty, *Why Are Delaware and New York Bankruptcy Reorganizations Failing?*, 55 VAND. L. REV. 1933, 1953-54, 1969-1971 (2002)（統計的手法により，再生に成功した企業の資本構成におけるクラスの数と失敗した企業のクラスの数を比較し，前者の方がクラス数が多いことを示し，Skeel の仮説を否定する。また，再度のチャプター 11 申立て企業の負債比率は，再度の申立てに至らなかった企業より高くなる傾向は観察されるものの，統計的には有意でないとする）.
678)　Pratt, *supra* note 594, at 243.
679)　*See* Miller, *supra* note 657, at 22（企業が市場価格の低下した債券を市場において買入償還するための原資を市場金利での借入れによって調達すると考えると，企業に経済的利益は生じないと指摘）.
680)　Pratt, *supra* note 594, at 245-246. 他に，自発的な私的整理を促進すべきことも主張する。*Id.*
681)　*See generally* Joel Slemrod & Shlomo Yitzhaki, *The Cost of Taxation and the Marginal Efficiency Cost of Funds*, 43 IMF STAFF PAPERS 172, 183-189 (1996).

の行動の歪みから生じる厚生損失及び取引費用の総計を最小化するよう税制設計すべきであるとのDavid Weisbachの議論[682]に大きな影響を受けている。特に，再生企業の資本構成決定において，財務困難コストを加味すべきとの主張は，優先株式であるが課税上は負債と扱われるMIPS (Monthly Income Preferred Stock) について，課税上株式と負債いずれと同等に取り扱うかをめぐる議論[683]に着想を得ている。

このような方向性は，租税政策と倒産政策をいかに調和させるか，平時と事業再生局面をいかに連続的に考察するか，という本書の問題意識からは，肯定的に評価できる。だがそれと同時に，Prattの議論にはいくつか留意すべき点がある。

第1に，Prattの議論は，直接に，Weisbachの「線引き」の問題の1つの具体的適用例としてStock-for-debt exchangeとDebt-for-debt exchangeの関係を捉えたものではなく，大雑把に，税制設計にあたっては効率性を考慮すべきであり，事業再生局面という具体的な場面においては，再度の倒産に係るコストを考慮すべきである，との主張にとどまるものと解すべきである。Prattの議論では，Weisbachが例証した，課税方式の異なる2つの財について，第3の財をいずれと同等に課税するか，という「線引き」の問題にあてはめるための論証はなされていない。

第2に，効率性の検討にあたっては，Prattが重視する再度の倒産に係るコストの他にも考慮すべき事項がある。まず，Prattは，Mark Roeの初期の論文における主張である，再生企業の資本構成は全て自己資本とすべきとの議論[684]を援用している[685]。Roeは，倒産コストは社会的費用であるのに対し，負債による利子控除の利益は再生企業の私的利益であり，課税を通じた国庫から再生企業への移転にすぎないから，倒産コスト増加分と負債による税負

---

682) Weisbach, *supra* note 618; David A. Weisbach, *An Efficiency Analysis of Line Drawing in the Tax Law*, 29 J. LEGAL STUD. 71 (2000). なお，紹介として吉村 (4)・前掲注192) 1359-1365頁。
683) Weisbach, *supra* note 618, at 1673-1674; Weisbach, *supra* note 682, at 80; *see also* Mark P. Gergen & Paula Schmitz, *The Influence of Tax Law on Securities Innovation in the United States: 1981-1997*, 52 TAX L. REV. 119, 189-192 (1997).
684) Roe, *supra* note 333, at 549-558. なお，再生企業の資本構成を全て株式とすべきとの議論は，租税法上の関心よりも，むしろ倒産法上の関心として，再生企業の継続企業価値の算定に係る不確実性に起因する債権者ら関係者間の交渉コストの問題への解決手法という性格が強い点に注意が必要である。参照，第2編第5章第1節第2款。
685) Pratt, *supra* note 594, at 243.

担減少分が均衡する点で企業価値が最大になるとの静的トレードオフ・モデル[686]に基づく再生企業の企業価値最大化を目的とする資本構成決定を再生計画認可において否定すべきだとする[687]。しかし，当時 Roe は，Jensen が強く主張した負債の経営者規律機能が有する経営者と株主との間で生じるエージェンシー・コストの削減効果[688]には着目しておらず，負債の発行が持つ便益を考慮に入れていない。そのため，この点を考慮せずに Roe の議論に過度に依拠することはできない[689]。エージェンシー問題[690]まで加味する必要があろう[691]。

第3に，Pratt の分析は，事業再生において NOL が果たす役割について検討を加えていない。再生企業にとって利用可能な NOL の量や繰越可能期間が，再生企業の資本構成決定に及ぼす影響は無視できない[692]。

第4に，Stock-for-debt exchange と Debt-for-debt exchange との間の代替関係がいかほどかは実証的には必ずしも明らかでない。Pratt は，Debt-for-debt exchange を相対的に重く課税することで，再生企業による Stock-for-debt exchange の利用の促進を訴える。しかし，株式や債券の市場性の有無や業法上の持株比率規制の有無，さらには所有変化による NOL 利用制限その他の事情によっては，必ずしも両者に代替関係がない可能性もある[693]。

---

686) 第3編第2章第1節。
687) Roe, *supra* note 333, at 590–591. このような取扱いは，連邦倒産法が租税回避を主目的とする場合に再生計画を不認可とすることを破産裁判所に認めていることからもサポートできるとする。*Id.* at 591.
688) 第2編第6章第3節第1款2。
689) Pratt も，負債の便益に無頓着なわけではないが，直接の考察対象からは外している。See Pratt, *supra* note 594, at 242 n. 324.
　また，Gergen & Schmitz, *supra* note 683, at 189–191 は，負債比率上昇に伴う期待倒産コストの増加が厚生損失であることを理由に挙げつつ，MIPS に利子控除を認めるべきなのは，これを認めることにより，それまで負債として発行されていたであろうものが MIPS として発行されるようになる代替効果の方が，株式として発行されていたであろうものが MIPS として発行されるようになる代替効果よりも大きい場合であり，実証データによれば後者の方が大きいと推測されるため，MIPS に利子控除は認めるべきでない，とする。
　他方，Weisbach は，Gergen & Schmitz の分析を検討する中で，負債の経営者規律効果への着目が欠けている点を指摘するが，それを加味したモデルを構築するには至っていない。See Weisbach, *supra* note 618, at 1674; Weisbach, *supra* note 682, at 81.
690) 第3編第2章第3節。
691) 但し，再生企業についてはフリー・キャッシュ・フローがないことが想定されるから，経営者に収益を上げさせるインセンティブを付与する機能や，将来的に再生に成功した場合を念頭に置くことになるかもしれない。
692) この点について詳しくは，第3編第2章第1節第2款。

第5に，Pratt は，事業再生局面にある企業にとっては，特に財務困難コストが高いとして，事業再生局面における Stock-for-debt exception 復活の議論を展開している。ただ，平時と事業再生局面の区切りは必ずしも明確でないことを意識する必要がある。法的整理（ないし債務超過）か，私的整理かで課税上の取扱いが異なることに対して批判があったことは既に述べた[694]。

このように，Pratt の議論は，借入元本理論や水平的公平といった租税政策における単一の指導原理に過度に囚われることなく，効率性の観点から，租税法以外の法分野との関係まで踏まえて企業再生税制の在り方を考察する形での租税政策論を展開する点で参考になる。そして，この議論は，法人税における株式と負債の区別を前提とした上で，事業再生局面に限り，局所的にデット・バイアスを打ち消すよう Stock-for-debt exchange を相対的に軽課する構想である。この構想は，本書の評価枠組み[695]からは，負債利用の費用が便益を上回り，かつ，事業再生局面の区切りを適切に行えるのであれば（少なくとも，法的整理と債務超過による区切りは妥当なものとはいえない。），非中立的な課税上の取扱いを倒産政策の観点から正当化しうる効果的な政策税制となろう。しかし，仮にそのような局所的な政策税制の設計が難しい場合には，やはり根本の株式と負債の区別の問題に立ち入る必要が出てくる[696]。

第4節　小　括

本章では，企業再生税制に限ることなく，平時における財務リストラクチャリングにまで対象を拡大して両者を連続的にみる形で資本再構築に関する課税問題を検討してきた。

まず，1970 年代にみられた企業の財務リストラクチャリングの動きの背景に，インフレ調整が不十分な租税法において，名目利子率上昇が負債による資金調達の魅力を高める可能性があることを，Fisher の理論をもとに明らか

---

693) *See* Stuart C. Gilson, *Transactions Costs and Capital Structure Choice: Evidence from Financially Distressed Firms*, 52 J. Fɪɴ. 161, 174 (1997)（NOL が多い再生企業は，負債比率を下げるとの仮説を立てつつも，§382 による NOL 利用制限の可能性のために，株式発行コストが高くなることを指摘）.
694) 第 2 編第 6 章第 3 節第 1 款 5。第 2 編第 8 章第 1 節も参照。
695) 序第 3 節第 2 款。
696) 第 3 編第 2 章。

にした (第1節)。

　次に，利子控除を目的とする財務リストラクチャリングの課税の在り方を検討すべく，1969年にOIDルールが導入される前の判例法において責任置換理論が用いられたことをみた (第2節第1款)。さらに，OIDルール導入後は，Debt-for-debt exchangeについて，組織再編成に係る例外規定を用いた租税回避手法が開発され，それに対する立法対応が場当たり的なものであったために，債券に係る各種租税属性の課税上の異なる取扱いに起因する問題が生じたことをみた (第2節第2款)。また，補足的に，OIDルールは債券保有者側の戦略的売買によって実質的にOID部分への課税を逃れることができてしまう点で不完全なものであり，したがってこれに過度に固執すべきでないことを論じた (第2節第3款)。

　1990年代初頭には，負債比率を下げるデット・リストラクチャリングが盛んになり，また，コーポレート・ファイナンスの理論を活用した早期の事業再生の潮流が生じた。Debt-for-debt exchangeについては，§1275 (a) (4) 廃止による責任置換理論からの脱却と公正市場価値アプローチの採用や，Cottage Savings判決を契機とする債務の変更に係る財務省規則の整備によって，慎重なプランニングが求められることとなり，特に，法的倒産手続内や債務超過状態と，それに至る前の段階とで課税上の取扱いが異なることに起因する事業再生手法への歪みが観察された (第3節第1款)。他方，Stock-for-debt exchangeについても，Stock-for-debt exceptionが廃止され，事業再生局面でも公正市場価値アプローチが貫かれることとなった (第3節第2款)。このような流れは，借入元本理論や包括的所得概念，水平的公平という租税法において伝統的な指導原理を体現していく方向での改正であったが，それらの基礎は必ずしも盤石ではなく，これらに過度に囚われることなく効率性の観点から事業再生局面における課税を考えるべきであるとのPrattの議論を紹介し，検討した (第3節第3款)。

第7章　クレーム・トレーディングと租税属性の引継制限

本章では，1980年代末以降，事業再生の早期化・M＆A化・市場化の潮流の中，新たにみられるようになった事業再生手法であるクレーム・トレーディングと企業再生税制との関係についてみていく。まず，クレーム・トレーディングの倒産法上の役割を分析した上で（第1節），企業再生税制との関係，特に§382との関係をみていく（第2節）。その結果，クレーム・トレーディングへの倒産政策上の評価に応じ，一方で，これを規制する手段として§382が機能する可能性があり，他方で，§382の建て付けが効率的な事業再生の阻害要因となっている可能性があることが明らかになる。そして，上記分析を踏まえ，§382の規律について一定の評価を下し，さらに租税政策論上の論点を整理する（第3節）。具体的には，Alabama Asphaltic 理論を中心とするアメリカ企業再生税制の歴史的形成過程の淵源には，従前の債権者に何らかの租税優遇措置を与えるべきであるとの倒産政策上の規範的判断が先行していたとの仮説を提示する。さらに，その後のクレーム・トレーディングの発展に伴い，上記仮説のような倒産政策上の租税優遇措置と，平時における租税政策との間の不整合が明らかになったと評価する。最後に，企業再生税制に係る政策論上の論点整理として，第1に，事業再生局面において，誰かに租税優遇措置を与えるべきか，第2に，租税優遇措置を与えるとして，何が最も効率的な方法であり，それは政治的に受容可能なものか，を設定する。

第1節　クレーム・トレーディング

1980年代のLBOの隆盛は，その後のデット・リストラクチャリングにも新たな手法をもたらす契機となった。すなわち，ハイ・イールド債市場ひいては市場価値の低落した社債や銀行貸付債権等の不良債権を売買する流通市場が発展したことが新たな事業再生手法の潮流を生んだ[697]。特に，倒産手続

内における権利を表章する「クレーム」[698]が，事業再生を投資機会とみるヘッジ・ファンド（いわゆるハゲタカファンド[699]）の格好の投資対象となった。そして，これを取引する「クレーム・トレーディング」が事業再生の新潮流となり[700]，1978年の連邦倒産法改正後，チャプター11についての最重要な変化[701]とも評されるようになった[702]。こうして，事業再生局面が企業の支配権市場の様相を呈するようになった。なお，今ではチャプター11の外における不良債権・社債の流通市場と，チャプター11の中でのクレーム・トレーディングとでは，（消費者債権ではなく）ビジネスの債権に関しては，市場としてさほど明確に区別されなくなっている[703]。そのため，以降は，特に言及しない限り，チャプター11の内外を問わず，事業再生を行う企業を債務者とする債権の売買を広くクレーム・トレーディングと呼ぶ。クレーム・トレーディングにつ

---

697) Stuart C. Gilson, *Investing in Distressed Situations: A Market Survey*, FIN. ANALYSIS J. NOV. -DEC. 1995, 8 (Stuart C. Gilson（室原妙子訳）「経営破綻状態への投資：市場調査（1）・（2・最終回）」証券アナリストジャーナル34巻8号108頁，9号61頁（1996））．
698) 11 U.S.C. §101 (5). 連邦倒産法上，金銭の支払を求める権利や，エクイティ上の救済を求める権利を意味するものと定義される。
699) 当時のファンドの行動様式について，see HILARY ROSENBERG, THE VULTURE INVESTORS (2000)（ヒラリー・ローゼンバーグ（伴百江ほか訳）『ハゲタカ投資家』（日本経済新聞社，2000））．わが国における不良債権処理もこの潮流の一部に位置づけられる。参照，同書1-2頁，5-6頁。
700) Chaim J. Fortgang & Thomas Moers Mayer, *Trading Claims and Taking Control of Corporations in Chapter 11*, 12 CARDOZO L. REV. 1 (1990) [hereinafter Fortgang & Mayer, *1990*]; Chaim J. Fortgang & Thomas Moers Mayer, *Developments in Trading Claims and Taking Control of Corporations in Chapter 11*, 13 CARDOZO L. REV. 1 (1991); Chaim J. Fortgang & Thomas Moers Mayer, *Developments in Trading Claims: Participations and Disputed Claims*, 15 CARDOZO L. REV. 733 (1993) [hereinafter Fortgang & Mayer, *1993*]; Robert K. Rasmussen & David A. Skeel, Jr., *The Economic Analysis of Corporate Bankruptcy Law*, 3 AM. BANKR. INST. L. REV. 85, 101-104 (1995); Tung, *supra* note 330.
701) 他の重要な変化に，（商業銀行をはじめとする）DIPファイナンスの資金提供者によるチャプター11手続中での経営者への規律強化などがある。*See* David A. Skeel, *Creditor's Ball: The "New" New Corporate Governance in Chapter 11*, 152 U. PA. L. REV. 917 (2003); Douglas G. Baird & Robert K. Rasmussen, *Private Debt and the Missing Lever of Corporate Governance*, 154 U. PA. L. REV. 1209, 1233-1242 (2006); Kenneth M. Ayotte & Edward R. Morrison, *Creditor Control and Conflict in Chapter 11*, 1 J. LEGAL ANALYSIS 511, 521-522 (2009). 2003年以降には，ヘッジ・ファンドによるDIPファイナンスも増加傾向にある。*See* Jiang et al., *infra* note 707, at 529-530.
702) Adam J. Levitin, *Bankruptcy Markets: Making Sense of Claims Trading*, 4 BROOK. J. CORP. FIN. & COM. L. 67, 68 (2009); Glenn E. Siegel, *Introduction: ABI Guide to Trading Claims in Bankruptcy Part 2 : ABI Committee on Public Companies and Trading Claims*, 11 AM. BANKR. INST. L. REV. 177, 177 (2003). 但し，再生企業の社債や株式の取引自体は，1929年の大恐慌時に既に観察されていた。Fortgang & Mayer, *1990, supra* note 700, at 8.
703) Levitin, *supra* note 702, at 83-84.

いては，その賛否が論じられつつも[704]，現在では実務的にもはや定着しており，次の段階として，情報開示制度等，その公正な取引環境の整備が論じられるようになっている[705]。

クレーム・トレーディングを行う各当事者の動機や利益を大まかに図式化すると以下のようになる[706]。まず，債権の買い手は，ヘッジ・ファンドやプライベート・エクイティが中心である。投資家は，事業再生後の再生企業の株式となる証券 (fulcrum security) の獲得を目指し，再生企業のチャプター 11 申立て前であれば，無担保社債を中心に市場価値の低落した株式や債権を，申立て後にはクレームを，低額で大量に買い入れ，企業に対して強い影響力を及ぼす地位を得ると，その有する専門性を活用して効率的な事業再生を実現すべく，時には経営陣に人材を送り込む[707]等，事業再生計画策定に積極的に関与し，再生計画認可前後にクレームないし交換後の株式を売却して利益を上げる[708]。事業再生に関する専門性を有するこれらの投資家の下に小口の債権を集約することで，債務者企業 (経営者) のモニタリングにかかる費用を

---

704) *Id.* at 69 n.5.

705) Douglas G. Baird & Robert K. Rasmussen, *Antibankruptcy*, 119 YALE L. J. 648 (2010)（クレーム・トレーディングの発達等により，本来チャプター 11 の果たす機能であったはずの集合行為問題の解決が困難になりつつあると指摘）。同論文の紹介として，杉山悦子・民事訴訟雑誌 58 号 174 頁 (2012)。*But see* Levitin, *supra* note 702, at 100-110（事業再生にかかる時間が実証的にはむしろ短期化しており，それにクレーム・トレーディングが寄与している可能性を指摘）。

　Baird も，現にクレーム・トレーディングが倒産局面における基本的な特徴となっているとの認識の下，クレームの適正市場価格形成のための情報開示制度の改善を提案している。*See* Douglas G. Baird, *The Bankruptcy Exchange*, 4 BROOK. J. CORP. FIN. & COM. L. 23, 23-24 (2009); *see also* Levitin, *supra* note 702, at 110-111; Michelle M. Harner, *Activist Distressed Debtholders: The New Barbarians at the Gate?*, WASH. U. L. REV. 155, 193-206 (2011)。*But see* Anthony J. Casey, *Auction Design for Claims Trading*, 22 AM. BANKR. INST. L. REV. 133 (2014)（クレーム・トレーディングに係る情報開示制度よりも競売制度の活用を主張）。

706) *See* Fortgang & Mayer, *1990*, *supra* note 700, at 4-8; *see also* Tung, *supra* note 330, at 1699-1703; Levitin, *supra* note 702, at 73-74, 93-98; Baird & Rasmussen, *supra* note 705, at 660-661.

707) *See* Wei Jiang et al., *Hedge Funds and Chapter 11*, 67 J. FIN. 513, 554-555 (2012)（一定程度 (27%) の CEO の交替を観察し，再生計画策定が，それまでの「経営者主導」というよりも「経営者中立」となっていると評価）。

708) ヘッジ・ファンドによる事業再生のケース・スタディとして，see Michelle M. Harner, *The Corporate Governance and Public Policy Implications of Activist Distressed Debt Investing*, 77 FORDHAM L. REV. 703, 718-727 (2008). 1990 年代前半には，不良債権市場の発達とともに，単に不良債権の価値が過小評価されていることに目をつけ，鞘を抜くだけのパッシブ戦略をとる機会は著しく減ったといわれる。Gilson, *supra* note 697, at 13; *see also* Jiang et al., *supra* note 707, at 554（ヘッジファンドは，長期的見通しが重要になるチャプター 11 からの退出 (emergence) に向けて行動すると評価）。

節約し、また、再生計画認可にあたっての協調コストを削減する機能が見込まれる。他方、債権・クレームの売り手としては、小口の取引債権者や社債権者・銀行が挙げられる。小口の取引債権者は、市場性のある債権を有していないが、チャプター11の申立てがあると、連邦倒産法§362(a)の自動的停止によって、以降の弁済を原則として禁止されてしまい、チャプター11の再生計画認可を待つことになる。しかし、これらの債権者は、金融や事業再生の専門知識を有していないのが通常であり、再生計画策定に関与すること自体からは特に追加的利益の確保が期待できない。むしろ、再生の成否には不確実性が伴う上、事業再生手続にかかる時間[709]やモニタリング・コスト、その間の資金繰りの問題まで踏まえると、クレームに流動性を提供してくれるヘッジ・ファンドに早期に売却するインセンティブが存在する[710]。他方、銀行等の金融債権者は、業法上の規制で、事業会社の一定割合以上の株式保有が禁じられていることがあるため、再生計画で株式を受けるのには限界があり、これを避けるためにヘッジ・ファンドに売却することは合理的であった。再生企業にとっても、事業再生の専門家による再生計画への関与が見込め、さらに、事業再生ファイナンスの提供を受ける機会が広がった。以上のように、クレーム・トレーディングは、不良債権に流動性を提供することにより、市場が完全に機能するのであれば、各関係当事者にとって有益な結果をもたらす側面がある。

　こうして、1980年代末から1990年代初頭にかけてクレーム・トレーディングを通じたヘッジ・ファンドの関与による事業再生の潮流が生じ、改めて2000年代初頭以降このような形での事業再生が顕著となった[711]。総じて、事業再生による企業価値の上昇が観察されており[712]、情報開示制度をはじめ、

---

709) 債務者が債務超過時には、申立て時に未発生の利子は、申立て後の期間経過によってもクレームとして認められておらず、クレームについて利子が生じるのは債務を上回る担保がついているときのみである (11 U.S.C. §506 (b)) ため、倒産手続に関与するだけでは利益を生じえない。See Fortgang & Mayer, *1990, supra* note 700, at 5.

710) 取引債権の流通市場は、カウンター・パーティー・リスクの高さや債権自体の有効性等のリスクがあり、社債市場よりも発達していない。また、専門知識のない取引債権者が、投資家に買い叩かれるという事態も起きやすい。*See* Levitin, *supra* note 702, at 88–89.

711) Harner, *supra* note 708, at 718.

712) *See* Edith S. Hotchkiss & Robert M. Mooradian, *Vulture Investors and the Market for Control of Distressed Firms*, 43 J. Fin. Econ. 401 (1997) (1980-93年の市場性のある社債のデフォルト企業をサンプルに、ヘッジ・ファンドが再生企業にCEOなどの経営者を送り込んだ場合、そのような関与がなかった場合より事業再生後の収益が改善したとする); Jiang et al., *supra* note 707

改善すべき点はあるものの，特に財務的制約の緩和等の点で[713]，現在では効率的な事業再生の達成に一定程度は寄与しているといえよう。

第2節　§382との関係

第1款　倒産法学における議論

では，クレーム・トレーディングに対して企業再生税制がいかなる影響を及ぼしており，それをどう評価すべきか。結論は，クレーム・トレーディングに対する倒産政策上の評価によって異なってくる。そこで，クレーム・トレーディングという現象が生じた初期の議論や判例を，その拠って立つ倒産政策を踏まえつつみていく。

まず，クレーム・トレーディングの発達によって，企業再生税制が事業再生手法にもたらす歪みが明らかになった。それは，事業再生局面の例外を定める§382 (l) (5) である[714]。この規定は，チャプター11等の裁判所の管轄下では，一定の要件の下で一般規定の§382 NOL控除限度額による制限をなくすものである。この一定の要件として重要なのが§382 (l) (5) (E) であり，同規定は§382 (l) (5) の適用対象となる債権者になるためには，チャプター11等の法的手続を申し立てた時点より少なくとも18か月前から結果的に再生企業の株式と交換することになった債権についての債権者であること，又は，再生企業が通常の取引又は事業の過程で生じた債務についての債権者であってその債務について常に受益者的利益 (beneficial interest) を有していたことを要求している。この要件は，NOL売買目的での企業買収を防止するためのものであり，実務的には old & cold 要件と呼ばれる。チャプター11の申立て後に行われる文字通りのクレーム・トレーディングによって債権者と

(1996-2007年のチャプター11申立て企業をサンプルに，ヘッジ・ファンドの関与は企業価値上昇につながっているとする); Michelle M. Harner et al., *Activist Investors, Distressed Companies, and Value Uncertainty*, 22 AM. BANKR. INST. L. REV. 167, 184-190 (2014) (2000年1月から2013年1月のチャプター11申立て企業をサンプルに，ファンドの関与した場合には，そうでない場合よりチャプター11を事業を継続したまま終了した割合が多いとする). 但し，ヘッジ・ファンドがもともと収益改善の見込みが高い企業に選択投資していたという内生性の可能性は否定されていない. *See generally* Altman, *supra* note 554, at 95-119.

713) Jiang et al., *supra* note 707, at 555-556 (チャプター11へのヘッジ・ファンドの関与は，財務状況改善とは関係するが，チャプター11からの退出後の事業業績との関係性はみつけられないとする).

714) 第2編第5章第3節第2款。

なった場合にはこの要件を満たさず，NOL の控除制限にかかるであろう。また，18 か月というかなり前の時点からの保有を要求しているため，チャプター 11 の申立て前に行われる不良債権市場における債権の取得行動にも影響する可能性がある[715]。

この点について，クレーム・トレーディングを倒産政策として警戒する立場[716]は，次のような立論をした。すなわち，チャプター 11 は，全ての債権者の債権回収を一旦禁止し（自動的停止），利害関係者に債権者と債務者との 2 当事者の関係だけでなく，多数当事者間の交渉の場となる一種の共同体を生み出し，債権者が「所有者」として振る舞う一種の「企業 (firm)」を形成することで，主として再生後の事業運営と資本構成の再構築を可能にし，コモン・プール問題という集合行為問題の解決に資する仕組みである[717]。しかし，クレーム・トレーディングによってヘッジ・ファンドをはじめとする従前の債権者（や株主）以外の当事者が交渉の場に進出することで，この利益共同体の形成は妨げられかねない。すなわち，再生計画策定にあたって，事業の売却や継続の判断が必要なほか，再生手続中の事業運営も重要であり[718]，このプロセスを繰り返し経て，債権者及び債務者は集合的決定を行う[719]。そして，この集合的決定の中で，各当事者は再生企業についての専門知識や経験を蓄積し，協調関係の基礎となる相互依存的な関係性を形成する[720]。しかし，クレーム・トレーディングによってこの共同体に新たに参入してくるヘッジ・

---

715) Gilson, *supra* note 697, at 21. Michelle M. Harner, *Trends in Distressed Debt Investing: An Empirical Study of Investor's Objectives*, 16 AM. BANKR. IST. L. REV. 69, 83, 91-92, 102 (2008) は，アンケート調査により，不良債権投資における負債の売却又は支払の受領にかかる期間について10-18 か月と回答する割合が最も多い（50%）ことを報告しており，直接に，債券の保有期間に影響を与えたとは読み取れない。むしろ，§382 (l) (5) ではなく，§382 (l) (6) を選択する誘因となっているかもしれない。参照，第 2 編第 7 章第 2 節第 2 款 1。

716) ここで紹介する Tung の理解は，アメリカ倒産法学におけるチャプター 11 の目的に係る論争での伝統的論者（*See* Douglas G. Baird, *Bankruptcy's Uncontested Axioms*, 108 YALE L. J. 573, 576 n. 8 (1998)）とも異なろう。*See* Tung, *supra* note 330, at 1718 n.175, at 1748-1749. その意味で，従来のクレーム・トレーディングに関する論争を伝統的論者と手続論者の対立の延長と捉える Levitin, *supra* note 702, at 75 の整理には疑問の余地がある。現に，彼自身も手続論者の代表である Baird & Rasmussen をクレーム・トレーディングに否定的な立場として整理している。*Id.* at 75 n.35, 37.

717) *See* Tung, *supra* note 330, at 1715-1716.

718) 通常の営業の範囲外の財産処分をする場合は，関係当事者への告知と意見聴取を行う必要がある。11 U.S.C. §363 (b) (1)。

719) Tung, *supra* note 330, at 1717-1718.

720) *Id.* at 1718.

ファンド等の投資家は，この関係性を損ないかねない。なぜなら，彼らは必ずしも事業再生に最初から最後まで関与するわけではない可能性があり，低額で取得した債権を売却して売り抜けるいわゆる「短期的視点」を有するため，再生計画策定のための交渉を関係当事者間の繰り返しゲームでなくしてしまい，再生手続中に行われるべき関係特殊的投資[721]を破壊，あるいは，新たな関係性構築のための取引費用を高め，ひいては，そのような投資を抑制してしまう危険があるからだとする[722]。そして，チャプター 11 が関係特殊的投資を動機付ける仕組みであるにもかかわらず，クレーム・トレーディングによって参入してくる投資家が「短期的視点」しか有さず[723]，チャプター 11 の達成すべき目的たる事業再生が妨げられる可能性がある場合には，チャプター 11 の中に具体的な明文規定がなくとも，裁判所がエクイティ上の救済として，一般規定である連邦倒産法 §105(a) の解釈適用を通じて[724]対応してきたという[725]。その具体例の 1 つとして挙げられるのが，§382(l)(5) に関する事件である[726]。

Ames 事件[727]では，上場されているものを除く全てのクレーム・トレーディングについて Ames 社に告知の上，反対する機会を設けるべきことが命じられた。

また，Pan Am 事件[728]は，再生企業である Pan Am が，その再生計画において，NOL を＄5 億の財産として評価しており[729]，この価値がクレーム・

---

721) Id. (citing Oliver E. Williamson, *Transaction-Cost Economics: The Governance of Contractual Relations*, 22 J. L. Econ. 233, 238-245 (1979)).
722) *See* Tung, *supra* note 330, at 1719-1726.
723) *See also* Harvey R. Miller, *Chapter 11 Reorganization Cases and the Delaware Myth*, 55 Vand. L. Rev. 1987, 2014-2015 (2002); Harvey R. Miller & Shai Y. Waisman, *Is Chapter 11 Bankrupt?*, 47 B.C. L. Rev. 129, 153 (2005). しかし，近年ではヘッジ・ファンドの戦略も，事業を再生してから売却する方針が中心的となっているといわれる。参照，注 708; Paul M. Goldschmid, *More Phoenix Than Vulture: The Case for Distressed Investor Presence in the Bankruptcy Reorganization Process*, 2005 Colum. Bus. L. Rev. 191, 272-273; Jiang et al., *supra* note 707, at 555.
724) 11 U.S.C. §105(a). *In re* Ionosphere Clubs, 119 B.R. 440, 445 (Bankr. S.D.N.Y. 1990).
725) Tung, *supra* note 330, at 1740. それ以前にこの可能性を示唆するものとして，Fortgang & Mayer, *1990, supra* note 700, at 113.
726) Tung, *supra* note 330, at 1742-1743.
727) *In re* Ames Dep't Stores, Inc., Nos. 90-B-11233 through 90-B-11285 (Bankr. S.D.N.Y. Aug. 12, 1991).
728) *In re* Pan Am Corp., Chapter 11 Case Nos. 91 B 10080 (CB) through 91 B 10087 (CB) (Bankr. S.D.N.Y. Sept. 24, 1991).
729) 当時の倒産実務における企業価値評価においても一般的だった。*See* Chaims J. Fortgang & Thomas Moers Mayer, *Valuation in Bankruptcy*, 32 UCLA L. Rev. 1061, 1129-1130 (1985).

トレーディングによって失われる危険にさらされたため，債務者がその禁止を求めた事案である。裁判所は，かつて再生企業の NOL が連邦倒産法 §541 (a) (1) の規定する「倒産財団 (bankruptcy estate)」[730]を構成する「財産 (property)」であると判断した Prudential Lines 判決[731]を引用して，さらなるクレーム・トレーディングによって NOL が使えなくなることは，自動的停止に反し，告知・意見聴取・裁判所の承認なくクレームの移転をすることはできないとして，上場されているものを含む全てのクレーム・トレーディングの仮差止め (preliminary injunction) を命じた。

これらの事件は，1991年8月に改正されたばかりの連邦倒産規則 (Bankruptcy Rule) §3001 (e) がクレーム・トレーディングに対する裁判所の干渉をなくす方向での改正をした直後であったにもかかわらず，これを禁じた点で注目に値する。特に Pan Am 事件では，§3001 (e) (2) が明示的に手続的規制の対象外とした上場社債まで含めてその取引が規制された。

しかし，このような裁判所の対応には批判もあった。第1に，法律論として，連邦倒産法上に明文規定を欠くというもの[732]，第2に，仮に §105 (a) が根拠規定となるとしても，§382 (l) (5) は必ずしも §382 (l) (6) の場合よりも常に有利であるとはいいきれず，§382 (l) (5) に拠った場合の方が有利であることを示す必要があるというもの[733]，第3に，端的に市場メカニズムを最大限活用すべきとの倒産政策上の立場から，§382 (l) (5) がクレーム・トレーディングを歪めるべきではないとするもの[734]，である。

これらの批判はあるものの，その後も，破産裁判所は，NOL が「財産」的

---

730) 「倒産財団」と訳すが，日本法とはニュアンスが異なり，倒産手続に服する財産が広く含まれる。参照，田頭章一「Bankruptcy Estate」中島弘雅＝田頭章一編『英米倒産法キーワード』136頁〔弘文堂，2003〕〔初出2000〕。
731) *In re* Prudential Lines, Inc., 928 F.2d 565 (2d Cir. 1991), *cert. denied sub nom.* 同事件では，親会社が，債権者申立てによりチャプター11の手続下にあり，連結納税の対象となっている子会社の株式を無価値化したものとして課税上損失控除（前掲注230）しようとするが，これにより，所有変化ルールにおける二重控除防止規定 (I.R.C. §382 (g) (4) (D)) が適用されてしまうところ，その仮差止めを命じた破産裁判所の判断の当否が争われた。第2巡回控訴裁判所は，NOL が倒産財団を構成する価値ある財産であるとして，連邦倒産法 §105 に基づき上記処理を禁じた地方裁判所の判断を是認した。*See also, e.g.,* Nisselson v. Drew Indus., Inc., 222 B.R. 417, 424 (Bankr. S.D.N.Y. 1998); Gibson v. U.S., 927 F.2d 413, 417-418 (8th Cir. 1991).
732) Herbert P. Minkel, Jr. & Cynthia A. Baker, *Claims and Control in Chapter 11 Cases: A Call for Neutrality,* 13 CARDOZO L. REV. 35, 46 (1991).
733) *Id.* at 50.
734) Rasmussen & Skeel, *supra* note 700, at 102.

価値を有するとの前提の下で,しばしばクレーム・トレーディングに介入する姿勢をみせ[735],また,倒産実務が事前に所有変化を予防する手立てを講じるようになっている。

第2款　租税実務の対応

クレーム・トレーディングという事業再生手法に対して租税実務は対応をみせるが,もともとのNOL売買防止という租税政策とのかみ合わせの悪さから,企業再生税制と租税回避防止規定がうまく整合せず,結果として,事業再生局面を念頭に設けられた§382 (l) (5) はあまり使われなくなるという帰結をもたらした。

1　§382 (l) (5)

チャプター11の申立て後,債権者らはクレームの届出をした後にクレームを譲渡する。すると,債権を株式に交換したときの債権者がold & cold要件を満たすのは難しい。そこで,これに対応する形で1991年9月に内国歳入庁は新たな財務省規則[736]を提案した。その内容は,大要,登録されている,常時50人を超える者によって「広く保有されている債務 (indebtedness)」については,交換日に「5%未満受益者 (less-than-five-percent beneficial owner)」によって保有されているのであれば,現実にどのくらいの期間,当該債務が保有されていたかにかかわらず,その一定割合を常に同じ適格債権者となる受益者 (beneficial owner) によって保有されていたものとして取り扱うというものであった。他方,5%未満受益者によって保有されていないときは,債務者法人は,債権者ごとにその保有期間を確認しなければならなかった[737]。これは,5%未満受益者によって保有されるものについて,債権者ごとに保有

---

735)　*See* HENDERSON & GOLDRING, *supra* note 174, at 559. 但し,傍論ではあるが,所有変化について,破産裁判所の介入の正統性に疑問を投げかける判決として,see *In re* UAL Corp., 412 F.3d 775, 777-779 (7th Cir. 2005) (United Airlinesのチャプター11手続における,従業員持株プラン (ESOP) の解散に伴う株式の移転の事案で,第7巡回区控訴裁判所 (Frank H. Easterbrook判事) は,投資家への流動性にも配慮すべきとして,破産裁判所の差止め権限に疑問を呈した)。*See also* Erik Stegemiller, Note, *Winning Losses: Trading Injunctions and the Treatment of Net Operating Loss Carryovers in Chapter 11*, 32 YALE J. ON REG. 161, 187-190 (2015).

736)　Prop. Treas. Reg. §1. 382-3 (d) (3), 56 Fed. Reg. 47,921 (Sep. 23, 1991).

737)　*Prop. Regs. Provide Rules for Loss Carryforwards in Title 11 Cases*, 52 TAX NOTES 1579, 1579-1580 (1991).

期間を確認する手間を省く側面があり，また，5% という基準によって，（意図されたものか明らかでないが）ヘッジ・ファンド等とそれ以外の債権者を区別する機能を果たしうるものであった。この財務省規則のためか，Pan Am 事件においては，クレーム・トレーディングの禁止が命じられたにもかかわらず，5% 未満受益者間のクレーム・トレーディングでは §382 (l) (5) の制限がかからず，禁止の対象とならないため，反対の声は上がらなかったといわれる[738]。

しかし，上記財務省規則も，クレーム・トレーディングの基本構造に鑑みると不十分なものであった。すなわち，クレーム・トレーディングにおいては，基本的にヘッジ・ファンド等が，小口で分散した債権を買い集めることで，これらの者に対し，費用のかかるチャプター11の手続から解放される機会を提供し，早期のキャッシュ・アウトを可能にする点に利点の1つがある。にもかかわらず，上記財務省規則は，そのような機能を果たすクレーム・トレーディングをカバーするものではなかったからである[739]。

その後，1993年5月には上記財務省規則は撤回されて新たな規則が提案され，それが1994年に最終規則となった[740]。最終規則の下では，§382 (l) (5) の対象となる「適格債務 (qualified indebtedness)」を保有する「適格債権者 (qualified creditor)」であるためには，所有変化直前において，適格債務の「受益者 (beneficial owner)」であることが要求され[741]，所有変化直後に「5% 株主 (5-percent shareholder)」又は5% 株主によって間接的に保有される「5% エンティティ (5-percent entity)」のいずれにも当たらなければ，欠損法人は債務が受益者によって保有されていたものと扱ってよいこととされた[742]。

§382 (l) (5) とクレーム・トレーディングとのかみ合わせの悪さが old & cold 要件にとどまらないことは容易に想像されよう[743]。§382 (l) (5) (D) は，最初の所有変化から2年以内に再度の所有変化が起きた場合，それ以降，§382 (l) (5) の適用はなく，通常の NOL 控除限度額はゼロとすることを規定して

---

738) Fortgang & Mayer, *1993. supra* note 700, at 758.
739) *See* Lee A. Sheppard, *Preserving NOLs in Bankruptcy: More Obstacles for The Vultures*, 53 TAX NOTES 272, 273 (1991).
740) HENDERSON & GOLDRING, *supra* note 174, at 299.
741) Treas. Reg. §1. 382-9 (d) (1).
742) 但し，再生計画作成に参加したために債券保有期間が必要な期間に満たないことが欠損法人に明らかになった場合は除かれる。Treas. Reg. §1. 382-9 (d) (3) (i). また，欠損法人の実際に有していた情報も加味される。Treas. Reg. §1. 382-9 (d) (3) (ii).
743) *See* Lee A. Sheppard, *The Unused Bankruptcy Exceptions*, 92 TNT 225-15 (Nov. 9, 1992).

いる。実際，倒産手続中，old & cold 要件の場合と同様，しばしば破産裁判所に株取引の制限が請求され，これを命じる事例がみられた[744]。そこで，実務的には，この再度の所有変化による制限がかかるのを避けるため，定款変更によって，2年間の株式の売却を禁ずるような「ロックアップ条項」や5％以上に持株比率が増加するような株式の移転を禁ずるないし無効とすることが定められることもあった[745]。

さらに，定款変更よりも簡易に所有変化を未然に防ぐ手法として，必ずしも事業再生局面に限らないが，取締役会限りでNOLポイズン・ピルを導入する方法が考案された。すなわち，5％株主が出現しそうになった場合にライツ・オファリングをしたり，株式配当をしたりする形のポイズン・ピルが導入される事例が頻繁に現れた[746]。そして，このようなNOLポイズン・ピルの適法性に関しては，近時，事業再生の事例ではないものの，デラウェア州最高裁判所が，NOLを保護に値する価値ある資産 (assets) だと認めてこれを適法とする判決[747]を下している。しかし，コーポレート・ガバナンスの観点からは，5％という低い発動要件でもポイズン・ピルを適法とするものであり，企業支配権市場を歪め，現経営陣への規律を緩める可能性があることが批判されている[748]。これは，1986年の内国歳入法典改正前から予測されていた[749]，所有変化アプローチの大きな弊害である。

一方，§382 (l) (6) については，その解釈を緩和する財務省規則が提案された。具体的には，それまで同条を満たす債権と株主との交換は，同一の者が行う必要があると解する余地もあったが，直接債権者が株式と交換するも

---

[744] *E.g., In re* Phar-Mor, Inc., 152 B.R. 924 (Bankr. N.D. Ohio 1993). *See* HENDERSON & GOLDRING, *supra* note 174, at 556.

[745] *See* HENDERSON & GOLDRING, *supra* note 174 at 204-205; Merle Erickson & Shane Heitzman, *NOL Poison Pills*: Selectica v. Versata, 127 TAX NOTES 1369, 1374 (2010).

[746] *See* Erickson & Heitzman, *supra* note 745, at 1375-1377; HENDERSON & GOLDRING, *supra* note 174, at 205.

[747] Selectica, Inc. v. Versata Enterprise, Inc., 5 A.3d 586 (Del. 2010). 同判決の紹介として，矢崎淳司「アメリカにおけるポイズンピルをめぐる近時の動向」東京都立大学法学会雑誌53巻2号69頁，78-92頁 (2013)；久保佳納子「五％の株式取得を発動条件とするNOLポイズン・ピルの有効性」商事法務2005号48頁 (2013)。

[748] Peter B. Siegal, *Using Appraisal to Protect Net Operating Loss Carryforwards*, 106 Nw. U.L. REV. 927 (2012) (NOLポイズン・ピルは現経営陣への規律を弱めると批判し，代わりに会社から所有変化のトリガーを引いた株主に対して，§382 NOL控除制限に係る損害賠償請求を認めることを提案)。*See also* Christine Hurt, *The Hostile Poison Pill*, 50 U. C. D. L. REV. 137 (2016)。

[749] *See* ALI, *supra* note 447, at 222 (所有変化による控除制限が株取引市場を歪めることを指摘し，このアプローチの範囲内でこの歪みを回避する方法はないと述べる)。

のに限らず，株式を発行して現金を調達した上で，その現金を以て債務を弁済するという方法についても認められることが明らかにされた[750]。これにより，なるべく早く倒産手続から解放されたい債権者と，株主となって企業経営に対する支配権を及ぼしたい新規株主という，事業再生局面における各プレイヤーの利益状況に沿った処置が容易になる。このような事情もあり，実務的には，§382 (l) (6) の選択を促したといわれる[751]。

2 §269

一方，租税回避目的での企業支配権の取得を対象とする §269 については，その運用を厳格にする方向の財務省規則が提案・制定された。もともと，事業再生においては，従前の債権者が再生企業の弁済原資の不足等のためにやむなく株式の交付を受けるのが通例であったこともあり，それまで §269 の適用も現実的にはほとんど想定されていなかった[752]。

しかし，当時，連邦倒産法 §1129 (d) を理由に再生計画が認可されなかった事例はなかったこともあり[753]，内国歳入庁は §269 の運用を強化した。1990年 8 月に提案され，1991 年 12 月に最終規則となった財務省規則 §1. 269-3 (d) では，§382 (l) (5) の適用対象となる所有変化に関連した支配権又は財産の取得は，倒産手続中及びその後に，重要でない程度を超える (more than an insignificant) 積極的な事業 (trade or business) が継続されない限り，租税回避目的だと推定されることが規定された。ここでの積極的な事業の継続の有無は COBE や §1. 368-1 (d) とは別個に判定され，積極的な事業において引き続き用いられる事業資産の量や，雇用を継続される従業員数を含むあらゆる事実関係・状況が総合考慮される[754]。また，再生計画認可にあたって，連邦倒産法 §1129 (d) の問題として破産裁判所が審査する租税回避目的に係る判

---

750) *See IRS Issues Proposed Regs on Insolvency Reorganizations,* 92 TNT 160-27 (Aug. 6, 1992).
751) *See* Sheppard, *supra* note 743. 前掲注 715 も参照。
752) 第 2 編第 4 章第 2 節第 2 款 6，第 2 編第 5 章第 2 節第 4 款，第 2 編第 5 章第 3 節第 2 款。
753) 参照，前掲注 440 及びそれに対応する本文。のちに，§1129 (d) によって破産裁判所が再生計画を認可しなかった事例として，see *In re* Scott Cable Communications, Inc., 227 B.R. 596 (Bankr. D. Conn. 1998); *In re* South Beach Securities, Inc., 421 B.R. 456 (N.D. Ill. 2009) *aff'd* 606 F.3d 366 (7th Cir. 2010). 後者は，再生企業の資産に NOL しかなく，また唯一の債権者も関係者であった事案である。
754) 但し，ここでの積極的な事業は，必ずしもそれまでの事業である必要はない。Treas. Reg. §1. 269-3 (d).

断は，§269適用の判断を支配するものではないとされた[755]。この規則は，必ずしもヘッジ・ファンド等によるNOL売買のみを念頭に置いたものではなく，債権者となった時の目的は問題とせず，債権者が株式の交付を受けると決めたときの目的のみを問題とする規定であると説明された[756]。そのため，もともと§382(l)(5)の規律が，事業再生においては，従前の債権者が半ばやむなく再生企業の株式の交付を受けるという実態に鑑みてAlabama Asphaltic理論を取り込む形で立法されたという歴史的経緯からは，従前の債権者についても重要でない程度を超える積極的な事業の継続がない限り租税回避目的を推定するとの財務省の提案規則に対して，ニューヨーク州法曹協会やアメリカ法曹協会から強い反対があり，§269の適用にあたって，そのような租税政策に則った形での具体的な考慮要素を列挙する代替提案が示された[757]。

これらの実務家の反応からは，クレーム・トレーディング等によって新たに現れた債権者については，租税回避目的が認定されてもやむをえない一方，従前の債権者であればそうではなく，ヨリ緩やかにNOLの利用が認められるべきであるとの認識[758]をうかがうことができる。しかし，このような区別は，従前の債権者にNOLに係る租税上の利益を付与するという目的との関係では合理的とは思われない。租税属性の価値が（譲渡対価の増加分に係る課税

---

755) Treas. Reg. §1. 269-3 (e). この点につき，See Allis-Chamers Co. v. Goldberg, 141 B.R. 802 (Bankr. S.D.N.Y. 1992).

756) See Lee A. Sheppard, *New Tax-Avoidance Regs Avoid Bankruptcy Court*, 92 TNT 8-8 (Jan. 13, 1992).

757) New York State Bar Association, *Report on Proposed Treasury Regulations under Sections 269 and 382*, 50 TAX NOTES 399 (1991) [hereinafter *NYSBA §269 Report*]; Peter L. Faber, *ABA Members Find Regs on Ownership Changes Inconsistent with Tax Laws*, 91 TNT 203-33 (Oct. 1, 1991) [hereinafter *ABA §269 Report*].

　ニューヨーク州法曹協会の提案では，①事業の継続性，②損失に対する債権者の関係性，③所有の変化，④§382(l)(5)(B) & (C) による租税属性の削減量，⑤清算ではなく再生する目的等の他の事業目的を挙げる。See *NYSBA §269 Report, supra* note 757, at 402.

　アメリカ法曹協会の提案では，支配債権者の債権取得時期が既に損失が生じていた時期であったか，債権取得時に既に債務超過状態や倒産が見込まれていたか，所有変化後に新規資金や利益の出ている事業の注入があったか等の8つの要素を挙げる。See *ABA §269 Report, supra* note 757.

　両提案の比較として，Terrence R. Chorvat, *Continuity of Business Requirements for N.O.L.S in Bankruptcy: The Economic Effects of §1. 269-3 (d)*, 42 CLEV. ST. L. REV. 61, 95-103 (1994).

758) See *ABA §269 Report, supra* note 757 (従前の株主であれば，既存事業を廃止し新規事業へ移行した場合に，既存事業による損失をもって新規事業の利益を相殺できることを挙げ，従前の債権者にも同様の地位が認められるべきだとして，事業継続の要素や，新規資金及び利益の出ている事業の注入について緩やかに解すべきだとする）.

も含めて)債権譲渡対価に反映されている限りは，従前の債権者はその価値を回収できる[759]。しかし，§269による否認リスクがあると，その分譲渡対価が割り引かれ，否認されなかった場合には，譲受人に偶発的利益が生じることになろう。そうすると，従前の債権者は，十分な対価を享受できなければ残存することになり，事業再生について専門性のある者の関与が阻害され，結果的に，効率的な事業再生が阻害される可能性がある。但し，もちろん，組織再編成と関連づけて租税上の利益を認める[760]ということは，文字通りNOLに係る租税上の利益のみを目的とするクレーム・トレーディングにより再生企業の支配権取得が計画される可能性があり，それをどう評価するかという問題も生じる。

第3節　考察——倒産政策と租税政策の(不)整合性

　クレーム・トレーディングという新たな事業再生手法は，倒産政策上も賛否両論があった。そのため，事業再生局面においてNOLが再生企業の重要な「財産」的価値を有するとの倒産政策上の価値判断の下で，これを警戒する立場は，企業再生税制において採用された事業再生局面の例外の規律を所与として，(特に破産裁判所が)NOL保全のためにクレーム・トレーディングを規制するという方向に展開した。一方，倒産政策上，クレーム・トレーディングを効率的な事業再生手法として肯定的に評価する立場，特に事業再生局面においても平時と同様に企業支配権市場の機能を重視する立場からすれば，租税政策上の理由によりこれが阻害されてしまうことは望ましくなかった。このように，事業再生局面の例外という企業再生税制の規律への評価は，採用する倒産政策上の価値判断に応じて異なった。
　これに対し，租税政策の側では，クレーム・トレーディングという新たな事業再生手法の発展を念頭に置かずに§382 (l) (5)の規律を立法しており，それが(容易に想像されるように)その複雑さをもって事業再生手法に影響を及ぼすこととなって対応を迫られた。
　§382 (l) (5)は，一方で，§382 (a)がM＆Aを通じた租税属性の売買，市

---

[759]　このとき，債権者レベルでの譲渡損の計上は，再生企業レベルでCODとして課税の対象になる限度で打ち消しあう。
[760]　この点については，第3編第1章第2節第2款2。

場を通じた租税上の利益の回収を厳格に禁ずるという原則ルールを租税政策として採用しているにもかかわらず，他方で，事業再生局面においては，NOLという租税属性に「財産」的価値を見出し，従前の債権者にその価値の享受を認めるという例外的取扱いを認める規定である。そして，その価値の享受は，基本的に再生企業が生む収益から控除するという租税上の利益の形態をとる。かかる形態は，解決が容易でない問題を生じた。すなわち，事業再生の中心的なプレイヤーとなりつつあるクレーム・トレーディングにより従前の債権者から新たに債権を譲り受けた債権者による利用を妨げる形の制限規定 (old & cold 要件，再度の所有変化に係る要件，§269) を置くという構造に対しては，従前の債権者が，クレーム・トレーディングによって欠損金利用価値の回収を図る方法は不利に取り扱い，再生企業に残存して株式の交付を受けるという方法は有利に取り扱うことにした理由が明らかでないことを指摘できる。また，仮にそのような区別に合理性を認めず一切の制限を設けないならば，NOLのみを目的とするクレーム・トレーディングによる新規参入者にも租税上の利益を認めることになろうが，それを租税政策上はもちろん，倒産政策上の事業再生という目的との関係でどう評価するのかという問題を生じる。

既に述べたように，Alabama Asphaltic 理論のような，倒産局面においては債権者が企業の残余権者・企業財産の支配権者であるとの理由づけ[761]は，そうであるからといって，なぜ従前の債権者に限って，引き続き株主としての地位を維持した場合にのみ，従前の事業の継続は要求することなく (但し一定の事業資産の継続利用等は要求される。) 欠損法人の租税属性引継が認められるのかについて合理的理由を提供していない。

Alabama Asphaltic 理論は，当時，クレーム・トレーディングという事業

---

761) 事業再生局面における租税政策として，課税上の優遇をすべきであるとの政策決定をすることは，本文での理由づけの下に従前の債権者に限って直接的にこれを認めることにはただちにはつながらないであろう。*But see* Chorvat, *supra* note 757, at 90 (従前の債権者は望まずして株主となるのであるからこれらの者に NOL の利用と認めたとしても通常の§382 の局面と違って課税が組織再編成を歪める可能性は低いとする); Diane Lourdes Dick, *Bankruptcy's Corporate Tax Loophole*, 82 FORDHAM L. REV. 2273, 2312 (2014) (債務超過状態の企業については債権者がその真の所有者であるとの理解の下，チャプター 11 では，従前の債権者がその債権額に応じて課税上の優遇を受けるようにすべきだと論じる。ここでは，新価値の例外の下で旧株主が株主としての地位を維持し，再生後の NOL による租税上の利益を享受できるのに対し，再生企業の株主とならなかった債権者である国が，再生計画においてその価値を十分に享受できていないとして，再生計画が§1129 (d) により認可されるべきでないと主張した *In re* Solyndra LLC, Case No. 11-12799 (MFW) (Bankr. D. Del. 2012) が念頭に置かれている).

再生手法が想定されておらず，従前の債権者がやむなく再生企業の株主となる事業再生実務が所与として存在したところ[762]，これらの者に対し，一定の救済を与えつつ，事業再生を阻害しないという倒産政策上の観点[763]から租税優遇をすべきとの規範的判断が先行して存在したために生み出された理由づけであり，その規範的判断をその後の立法が受け継ぎ，発展させてきたものとみるのが適切ではないか。租税政策上の論点は，NOLの繰越・繰戻の制度があくまで平準化目的のものであり，平時においては租税属性の売買は基本的に認めないとの政策決定を前提に，仮に上記のような倒産政策を踏まえた課税上の優遇をすべきことを決定したとして，制度設計上，その優遇（NOL及び資産含み損失という租税属性）を誰に，どれだけ，どのように配分するのが政策目的実現のために効率的か，というものであるべきように思われる。そして，このような問題は，一般的に議論される，（経済的欠損とは区別される形での）租税優遇（誘因）措置に基づく租税属性の移転の実効性の問題[764]と同様の構造だとみることができる。

その観点からは，§382や§269の規律には問題がある。なぜならば，再生企業の価値にNOL分が反映されるとしても，その評価は，2年以内の再度の所有変化や，§269による否認の可能性という不確実性を伴い，その分，再生企業買収提示価格が割り引かれ[765]，売却した従前の債権者は，その価値を十分に享受することができないのに対し，結果的にNOL利用制限にかからなければ，買収者が偶発的利益を得ることになるからである[766]。この点において，§382 (l) (5)の仕組みは，倒産政策上の配慮を，租税優遇措置として行う手法として，事業再生実務の発展とともに時代にそぐわなくなったものと

---

[762] 先行するKitselman判決では，債権者の譲渡損が不認識とされていたことにも注意する必要がある。第2編第3章第3節第2款。
[763] ここでの倒産政策上の配慮の機能的分析の試みは，参照，第3編第2章第3節。
[764] *See, e.g.,* Alvin C. Warren, Jr. & Alan J. Auerbach, *Transferability of Tax Incentives and the Fiction of Safe Harbor Leasing,* 95 HARV. L. REV. 1752 (1982); ALI, *supra* note 447, at 215–216; 岡村・前掲注150) 311–315頁；増井良啓「租税属性の法人間移転」『結合企業課税の理論』265頁, 293–296頁, 318–322頁（東京大学出版会, 2002); Ronald W. Blasi, *A Proposal for an Elective Tax Benefits Transfer System,* 10 FLA. TAX REV. 267 (2010); Mihir Desai et al., *Tax Incentives for Affordable Housing: The Low Income Housing Tax Credit,* 24 TAX POL. & ECON. 181 (2010); Thomas W. Giegerich, *The Monetization of Business Tax Credits,* 12 FLA. TAX REV. 629 (2012).
[765] *See* Gilson et al., *supra* note 334, at 46–47, 57–58（サンプル中に，再生企業の価値評価に際してNOLの利用制限を加味するものがあると指摘）。
[766] 第3編第1章。

評価できる。なぜなら，事業再生実務が，従前の債権者に対して再生企業の債権の流動性提供機能を果たしうるクレーム・トレーディングという新たな潮流を通じて，再生企業に係る支配権移転市場に組み込まれることになり，NOL 売買防止という伝統的な租税政策上の目的と不整合をきたすことになったからである。すなわち，アメリカ法においては，再生企業の租税属性が従前の債権者にとっての引当財産となる「財産」的価値を有するとの倒産政策上の決定を行ったものと理解できるが，その租税属性という「財産」的価値の効率的な配分方法 (delivery) の点では，平時における租税政策上の決定がこれを妨げる構造[767]を有していることが，クレーム・トレーディングの発展とともに明らかになったのである。

さらに考慮を要するのは，同じ租税属性の移転であっても，それに対する政治的受容の程度によって，法制度としての安定性には大きな差異が生じる点である。この点は，たとえば，セーフ・ハーバー・リースの仕組みが，政治的な不人気がその一因となって1年足らずで廃止された一方[768]，同じく，市場による税額控除の移転を認める低所得者向け居住用住宅供給税額控除 (Low Income Housing Tax Credit, LIHTC) については，政治的に人気であること[769]からもうかがうことができる。このような政治的受容可能性は，現実的な制度設計を志向する上では考慮に入れざるをえない。少なくとも完全市場の前提の下では，経済的に同等である制度の安定的な運用の成否には，当該制度の政治的受容の程度が影響すると思われるからである[770]。

以上を踏まえると，企業再生税制の在り方を考える上での課題は2つに分けられる。第1に，事業再生局面において誰かに，何らかの租税優遇措置を認めるべきか，である。第2に，租税優遇措置を認めるとすれば，それはいかなる仕組みを利用するのが最も効率的であり，またそれが政治的に受容されるものか，である。そして，アメリカの企業再生税制は，特に§382 (l) (5) に係る規律に関しては，第1の点につき，「再生企業の株式の交付を受ける従

---

[767] 但し，事業再生を目的としないクレーム・トレーディングによる参入者をどう評価するかも問題となり，仮に，従前の債権者が事業再生を行うことを条件に租税上の利益を与えるという倒産政策であるなら，市場を通じた租税上の利益の移転を認める必要はなくなる。

[768] *See* Daniel N. Shaviro, Taxes, Spending, and the U.S. Government's March Toward Bankruptcy 18 (2007).

[769] *See* Desai et al. *supra* note 764, at 182, 186.

[770] 第4編第1章第2節第2款も参照。

前の債権者」に「租税優遇措置を認める」との政策決定をしてきたのであり，第2の点については，市場メカニズムを利用するのが最も効率的となる可能性があるが，それは（市場の不完全性のせいもあり）政治的に受容不可能なものと理解されている。また，市場を通じた配分を貫徹すると，事業再生を目的としない者にも租税上の優遇を与えることになるが，それは倒産政策との関係で整合するか疑問が生じてくる。このような分析は，これまでのアメリカの企業再生税制に関する先行研究が，特に§108の規律に関して，第1の点につき，投資家レベルでなく法人レベルの「再生企業」を対象に租税優遇措置を認め，第2の点につき，租税属性引下げによる取戻し課税の型をとると分析してきたのとは異なる新たな視点を付加するものである。

第4節　小　括

本章では，クレーム・トレーディングという事業再生の早期化・M＆A化・市場化の潮流に即した新たな事業再生手法に，企業再生税制がいかに作用するか，また，クレーム・トレーディングに対する倒産政策上の評価に応じて企業再生税制がどう位置づけられるかに関する議論と租税実務上の対応を追い，企業再生税制に係る政策論上の論点を提示した。

クレーム・トレーディングは，情報開示制度の拡充をはじめとする取引環境の改善が必要であるものの，基本的には，市場メカニズムを活用し，効率的な事業再生の実現に資する可能性のある事業再生手法だと理解できた（第1節）。

そして，倒産法（・会社法）上の配慮からこれを警戒する立場や，租税属性の価値の保全を重視する立場からは，既存の企業再生税制の構造を所与として，これを破産裁判所が規制することが正当化された。他方，これを肯定的に評価する立場からは，§382の規律は効率的な事業再生手法の阻害要因と目された（第2節）。

この一連の経緯は，もともとの租税法上の規律の理論的・政策論的根拠の脆弱さを明らかにし，租税政策が倒産政策とうまく整合しない場合に租税政策はいかにこれに向き合うべきかという，これまでもみてきた課題を，別の角度から照らし出すものであった。具体的な企業再生税制に係る政策論上の論点としては，第1に，倒産政策上，誰かに租税優遇措置を与えるべきか，

第2に，与えるとして，いかなる方法によることが効率的であり，またその方法は政治的に受容可能なのかを考える必要があると論じた (第3節)。

第 8 章　金融危機への政府の対応

　本章では，2008 年以降のアメリカの金融危機への政府の対応を題材に，事業再生手法と企業再生税制との関係性について考察を加える。ここでは，国家が事業再生に直接関与するようになる点で，新たな問題が生じる。これまで，単純に図式化すれば「私的」[771]な事業再生を「公的な」企業再生税制が「歪める」という基本的視座の下で分析してきた。本章では，国家が事業再生の主体として関与するようになる点で，「企業倒産と公的支援」という倒産法学における重要論点と「政策目的実現のための租税優遇措置」という租税法 (財政法) 学における重要論点とが交錯する。必然的に，議論の対象は，個別企業のミクロの事業再生にとどまらず，マクロ経済全体に及ぶ公的支援・破綻処理政策へと拡大する側面があり，マクロ経済政策の手段としての租税[772]を意識させる。このことは，倒産という事象がマクロ経済の影響を受けるものであることからすれば自然なことであり，また，倒産法制も，マクロの経済状況の影響を受けて形成されてきたことは，前章までで明らかである。

　本章では，企業再生税制が関係する金融危機への対応として，2 つの手法を取り上げる。それらは，内国歳入法典の改正による §108 (i) の創設 (第 1 節) と，財務省の主導による §382 の規律の緩和である (第 2 節)。

　予め問題の構図を述べておく。§108 (i) は，広く企業一般を対象に，従来の §108 より早い段階でのデット・リストラクチャリングを促進するものであり，手続法的には，租税法令中に明示的な根拠規定が置かれ，また，租税支出として位置づけられたため，(一応の) 財政法上の統制が及んだ。対照的に，§382 の緩和については，金融危機への政府の対応の一環として，特定の個別企業の具体的な事業再生スキームの実施を前提に，それを課税が阻害しないようにすべく緊急的に行われた。そのため，法律上の根拠が疑わしく，

[771) 但し，裁判所や SEC による介入については焦点を当ててきた (第 2 編第 1 章第 4 節)。
[772) 序第 3 節第 2 款。

また，財政法的統制も及ばなかったのだが，実体法上の観点からは，§382 の構造にも問題があった。

第1節　デット・リストラクチャリングの促進と §108 (i)

第1款　§108 (i) の創設

2009 年 2 月 17 日に，2009 年アメリカ復興・再投資法 (The American Recovery and Reinvestment Act of 2009, ARRA) によって，新たに内国歳入法典 §108 (i) が創設された[773]。同規定は，金融危機への政府の対応の一環として，企業のデット・リストラクチャリングを促進し，ひいては雇用の維持・創出及び景気回復につなげるために設けられた。具体的には，2009 年と 2010 年に「適用対象債務証書 (applicable debt instrument)」[774] について，発行者ないしその関連者[775]による「再取得 (reacquisition)」[776]，すなわち各種のデット・リストラクチャリング[777]が行われた場合，その際生じる COD は，納税者の選択により，当該再取得を行ったのが 2009 (2010) 年であるときは，それを行った課税年度に引き続く 5 (4) 課税年度目以降，5 年にわたって案分して総所得

---

[773] The American Recovery and Reinvestment Act of 2009 §1231, Pub. L. 111-5, 123 Stat. 115. 本文で述べるもののほか，§1211 が，中小企業向けに 2008 年に生じた NOL の繰戻を最大 5 年まで認めるなどの租税法上の対応がとられた。I.R.C. §172 (b) (1) (H) (2009). のちに，TARP 対象企業を除く納税者一般にも拡大された。Worker, Homeownership, and Business Assistance Act of 2009, Pub. L. 111-92, 123 Stat. 2983.

　NOL の繰戻期間の延長については，企業部門 (TARP 対象企業は除く) に対して 2008 (2009) 年にそれぞれ＄190 億 (＄340 億) の流動性を供給する効果があり，その恩恵を受けるのは，金融機関等，金融危機前 3-5 年に大きな利益を計上していた企業となると推計されている。しかし，これらの流動性供給が，新たな収益性のある投資に回され，経済政策として機能したかは未解明である。See John R. Graham et al., *The Effects of the Length of the Tax-Loss Carryback Period on Tax Receipts and Corporate Marginal Tax Rates*, 62 NAT'L TAX J. 413 (2009).

　また，危機対応として，事後的に，過去に既に生じた NOL について繰越期間を延長する等の措置は，リスク・テイキングへの中立性を回復する効果は有さず，景気刺激策としても，収益を上げる企業ではなく，敗者への補助金となり，方向性を誤っているとの指摘がある。See Daniel N. Shaviro, *Income Tax Reform Implications of the Financial Crisis, in* TAXATION AND THE FINANCIAL CRISIS, 174, 183, 189 (Julian S. Alworth & Giampaolo Arachi eds., 2012).

[774] I.R.C. §108 (i) (3).

[775] I.R.C. §108 (i) (5) (A).

[776] I.R.C. §108 (i) (4).

[777] 現金による取得，Debt-for-debt exchange (債務の変更で Debt-for-debt exchange とみなされるものを含む)，Stock-for-debt exchange，債権者からの債務免除等が含まれる。I.R.C. §108 (i) (4) (B). また，新たな債券を発行し，その発行代り金をもって直接又は間接に既存の債券の買入償還を行った場合も Debt-for-debt exchange と同様に扱われる。I.R.C. §108 (i) (2) (B).

に算入される[778]。これも§108 (b) 同様，一種の課税繰延としての性格を有するが，§108 (i) に特徴的なのは，§108 (a) に列挙された連邦倒産法の手続の下にある場合や，債務超過の場合に該当しないデット・リストラクチャリングについても適用対象となりうる点である。これは，事業再生が早期化し，私的整理を活用していく潮流に対して，§108 の規律がうまく適合していなかったこと[779]に対して，企業再生税制の適用を前倒しする形で境界を調整し，経済情勢の回復につなげることを意図した措置とみうる[780]。もちろん，事実上その適用対象企業が，金融危機以前に過剰に負債比率を高めていた企業やプライベート・エクイティとなるとの認識から，景気刺激策ではなく，これらの企業及びその投資家らへのベイルアウトにすぎないとの批判もあった[781]。他方，これを肯定的に評価する立場からは，§108 (i) の処置を恒久化すべきとの提言があった[782]。

§108 (i) は，あくまでデット・リストラクチャリングを通じた事業再生を促進するための手当であるため，納税者が，死亡，清算，実質的に全ての資産の売却 (連邦倒産法及びそれに類する場合におけるものを含む)，事業の廃止[783]及びこれらに類する状況となったときは，繰り延べられた COD をただちに総所得に算入しなければならない[784]。また，Debt-for-debt exchange では，COD と同時に新たに OID が生じうるが，この場合，新たに生じた OID については，COD について総所得算入が繰り延べられるのと同様に，同額の控除が繰り延べられる[785]。併せて，2008 年 9 月 1 日以降 2009 年 12 月 31 日まで

---

778) I.R.C. §108 (i) (1).
779) 第 2 編第 6 章第 3 節第 1 款第 2-5，第 2 編第 6 章第 3 節第 2 款第 3。
780) *See* Glenn Yago & Tong Li, *Deleveraging Corporate America: Job and Business Recovery Through Debt Restructuring,* 23 J. APPL. CORP. FIN. 77, 79 (2011) (企業が売り圧力のかかった債券について自らデット・リストラクチャリングをすることにより，発行体と投資家との間の情報の非対称性が改善されることが期待されるが，1990 年改正以降の COD ルールがこれを妨げていると分析した上で，§108 (i) がこの障碍を除去し，結果的に経済を安定させるための景気対策になるとする).
781) Citizens for Tax Justice, *The Six Worst Tax Cuts in the Senate Stimulus Bill,* 5-6 (Feb. 10, 2009), http://www.ctj.org/pdf/sixworsttaxcuts.pdf.
782) Martin A. Sullivan, *Economic Analysis: 10 Tax Changes to Prevent the Next Fiscal Crisis,* 124 TAX NOTES 1295 (2009) (open letter to Paul Volcker).
783) §381 (a) の適用がある取引によって資産が取得される場合には除外されている。Treas. Reg. §1. 108 (i) (b) (2) (ii) (B).
784) I.R.C. §108 (i) (5) (D) (i).
785) I.R.C. §108 (i) (2).

に発行された一定の債券について生じたOIDについては，AHYDOルール[786]の適用が停止された[787]。§108 (i) が適用される場合，§108 (a) の適用はなく[788]，したがって§108 (b) が定める租税属性引下げルールの適用もなくなる。

あくまで事後的な検証によるべきであるが[789]，このような形での税制によるデット・リストラクチャリングの促進は，国家にとっては，企業のデット・リストラクチャリングの遅れに伴う倒産コストの増加や，倒産に伴う長期失業による労働力の毀損，同時に生じる社会保障給付の増大といったコストに比べ，一時的な課税繰延による税収減というコストの方が安価であると見込まれる場合には，有効な政策目的実現手段になろう。また，制度設計の適切性という観点からも，政策目的の明確性，適用対象の適切性，金融危機への対応という緊急性・時限性の観点から[790]，効果的かつ適切なものとみることができる。暫定的ながら，§108 (i) 創設の結果，デット・リストラクチャリングの件数は急増し，多くの雇用が維持され，さらには幅広い産業において経済活動が創出されたと推計されている[791]。

第2款　租税支出としての財政法的統制

§108 (i) は，租税実体法上，企業一般に，事業再生の早期化を促す (早期の事業再生を妨げない) 立法だが，財政法上は，これが，いわゆる「租税支出 (Tax Expenditure)」であったため，一定の手続的統制が及んだ点で重要である。

アメリカにおける租税支出予算の法的仕組みやその導入の背景，理論的問

---

786)　第2編第6章第3節第1款7。
787)　I.R.C. §163 (e) (5) (F). さらに，財務長官は2010年以降についてもAHYDOルールの適用を除外することを決定でき，実際にこの措置を1年間延長した。Notice 2010-11, 2010-4 I.R.B. 326.
788)　I.R.C. §108 (i) (5) (C).
789)　上院予算委員会に提出された2012年12月28日付の議会調査局 (Congressional Research Service, CRS) の調査報告書によれば，§108 (i) はARRAの目的達成のために合理的な処置であると認められるが，税収減というコストに見合ったものか評価を下すにはまだ早いとしている。CONG. RESEARCH SERV., TAX EXPENDITURES: COMPENDIUM OF BACKGROUND MATERIAL ON INDIVIDUAL PROVISIONS, at 559 (Dec. 28, 2012).
790)　See JCT, infra note 797, at 62-67 (租税支出を用いる場合の制度設計の評価指標として，透明性 (Transparency)・対象選択 (Targeting)・確実性 (Certainty) を挙げる)。
791)　Yago & Li, supra note 780, at 80-82 (雇用1単位当たり$40,000の租税支出が生じたことになるが，これは他の景気刺激策よりも効果的であるとする等，§108 (i) の経済効果を肯定的に評価)。

題点と存在意義については，わが国にも豊富な紹介があるためここでは繰り返さない[792]。1974年議会予算及び執行留保統制法[793]により法制化された制度の下では，両院の予算委員会は，毎会計年度，「租税支出」[794]のリスト（租税支出予算（Tax Expenditure Budget））を含む報告書を作成し議会に報告することが求められ[795]，これを補助するため，議会予算局（Congressional Budget Office, CBO）が毎会計年度，租税支出予算を作成している。また，大統領（執行府）も，毎会計年度議会に提出する大統領予算教書において租税支出予算を含むべきことが規定されており[796]，そのため財務省が別個に租税支出予算を作成している。

　2008年の両議院税制委員会の報告書（Edward Kleinbard委員長）[797]において示された新たな方針によれば，租税支出予算は，もはや，その提唱者であるStanley Surreyが構想[798]したような，包括的所得概念や「一般に受け入れられた純所得の概念」をもとに「租税支出」を括り出し，「租税支出予算」の定期的な公表をすることで，租税支出が公平性・効率性・簡素性といった租税政策上の原則に反することを議会に認識させ，その削減を図らせるための租税政策立案者に見通しを与えるものとしての機能[799]は期待されておらず，直接支出との経済的な同等性を前提に，政策立案者にとって個別の税制改正提案や全体的な税制改革を行うに際しての有用で中立的な分析道具となるよう，情報提供機能に純化した活用が念頭に置かれたものと位置づけられるように

---

792)　畠山武道「租税特別措置とその統制――日米比較」租税法研究18号1頁，11-21頁（1990）；藤谷武史「非営利公益団体課税の機能的分析（1）――政策税制の租税法学的考察」国家学会雑誌117巻11＝12号1021頁，1090-1129頁（2005）；同「米国における租税支出分析（Tax Expenditure Analysis）の動向と示唆」ファイナンス468号45頁（2004）；渡瀬義男「租税優遇措置――米国におけるその実態と統制を中心として」レファレンス平成20年12月号7頁；吉村政穂「予算審議過程における租税移転（Tax Transfers）把握の試み――租税歳出予算の新たな枠組み」フィナンシャル・レビュー103号125頁，128-134頁（2011）；藤谷武史「アメリカ　主要先進国における政策税制の研究」海外住宅・不動産税制研究会編著『欧米4か国における政策税制の研究』58頁，71-85頁（日本住宅総合センター，2014）（以下，「藤谷（2014）」という）．
793)　Congressional Budget and Impoundment Control Act of 1974, Pub. L. 93-344, 88 Stat. 297.
794)　2 U.S.C. §622 (3).
795)　2 U.S.C. §632 (e) (1), (2) (E).
796)　31 U.S.C. §1105 (a) (16).
797)　STAFF OF J. COMM. ON TAX'N, 110TH CONG., A RECONSIDERATION OF TAX EXPENDITURE ANALYSIS, MAY 12, 2008 (JCX-37-08) [hereinafter JCT, RECONSIDERATION].
798)　See generally STANLEY S. SURREY, PATHWAYS TO TAX REFORM (1974); STANLEY S. SURREY & PAUL R. MCDANIEL, TAX EXPENDITURES (1985).
799)　See JCT, RECONSIDERATION, supra note 797, at 2-3.

なってきている[800]。

ここでは，予算作成実務におけるこのような租税支出の新たな意義づけの提案があったことを念頭に置きつつ，租税支出としての§108 (i) の位置づけを検討する。但し，現実には，2008年に示された新たな方針に沿った租税支出予算作成[801]は継続されておらず，§108 (i) が創設されたときの2009-2013年の会計年度における租税支出予算作成は，（租税支出への分類が規範的評価を含意しないものの）従来の方法に従っている[802]。そこでの両議院税制委員会の見積もりによれば，§108 (i) 創設による租税支出額は，2009年度から順に，法人について，112，211，69，5，3（億ドル），個人について，9，17，6，5未満，5未満（億ドル）であり，これは2009・2010年度に関してはビジネス・商業部門の租税支出としてそれなりに大きいものである[803]。

もともと，倒産局面におけるCODの総所得不算入と対応する租税属性引下げを規定する§§108 (a) (1) (A) & (B), 108 (b) については，租税支出としては位置づけられていないようであり[804]，Surreyが構想した租税支出論を念頭に置くのであれば，「一般に受け入れられた純所得の概念」が曖昧であるとの伝統的批判に依って，ここでも，ともに一種の課税繰延措置であるにもかかわらず，租税支出と分類されるか否かが異なることへの批判が可能である。

他方，仮に2008年の両議院税制委員会の方針に従っていた場合，租税支出か否かは，現行の租税法令の同定可能な一般ルールとの意図した不整合の有無により判断され，その際，一般ルールとして内国歳入法典の規定の文言（及び立法資料）が参照されるため[805]，§108 (a) (b) の分類に関係なく，§108 (i) について租税支出額を算定することになっていたであろう。このような形で租税支出予算へ計上することは，負債比率の高い企業のデット・リストラク

---

800) *See id.* at 1, 7-8. 同報告書の詳細や近年における租税支出予算の果たす機能については，吉村・前掲注792) 131-134頁；藤谷 (2014)・前掲注792) 80-85頁。
801) STAFF OF J. COMM. ON TAX'N, ESTIMATES OF FEDERAL TAX EXPENDITURES FOR FISCAL YEARS 2008-2012, (JCS-2-08) (October 31, 2008).
802) *See* STAFF OF J. COMM. ON TAX'N, ESTIMATES OF FEDERAL TAX EXPENDITURES FOR FISCAL YEARS 2009-2013 (JCS-1-10) 3-5 (January 11, 2010).
803) *Id.* at 11, 36. 但し，課税繰延による租税支出についてのコスト算定手法と，現金主義予算の下でのその過大評価の問題につき，参照，神山・前掲注536) 336-340頁，344-346頁。
804) *See* JCT, *supra* note 802, at 5-10. なお，§108 (a) (1) (D) が定める適格不動産事業債務の債務消滅益についての総所得不算入については，額が僅少なため租税支出予算には計上されていない。*See id.* at 23-24.
805) JCT, RECONSIDERATION, *supra* note 797, at 39-40.

チャリングを促進するという特定の政策目的実現手段としての有効性・適切性の定量的な評価を多少なりとも可能にするために政策立案者が活用しうる情報の提供に資する。確かに，租税支出予算という手続的統制手法自体には，租税支出の直接支出との経済的な同等性[806]にもかかわらず，その立法過程[807]が直接支出と異なる等，政治家にとっては相対的に利用しやすいという傾向が指摘されている[808]。そのため，政策目的実現のために必ずしも優れた手段[809]でなくとも租税支出の法形式がとられることが多い等の問題が残されている。そうはいうものの，上述のような情報提供機能という点については一応の財政法上の規律を及ぼすことができるであろう[810]。特に§108 (i) に限れば，政策目的実現のために租税支出の形式をとることを肯定的に評価しやすかったと思われ，上記の濫用問題はそれほど問題にならなかったのではない

---

806) *See* Daniel N. Shaviro, *Rethinking Tax Expenditures and Fiscal Language,* 57 TAX L. REV. 187 (2004)（租税支出と直接支出の経済的同等性を指摘し，むしろ政府の私的経済における資源配分機能と私的主体間の所得分配機能に着目すべきだとする）。

807) アメリカの予算過程の概観につき，参照，渕圭吾「アメリカ連邦予算過程に関する法学研究の動向」フィナンシャル・レビュー103号174頁，175-178頁（2011）。

808) 租税支出と位置づけられたとしても，租税法令は，直接支出に係る立法とは別の委員会を経て立法され，また，直接支出には裁量的支出（discretionary spending）の上限制等の規律が存在するため，政策立案者にとっては，租税支出の方が利用（濫用）しやすいという構造がある。*See* Edward D. Kleinbard, *The Congress Within the Congress: How Tax Expenditures Distort Our Budget and Our Political Processes,* 36 OHIO N.U.L. REV. 1, 18-20, 28 (2010)（実質的な政府支出増加を可能にする租税支出と，代替財源を要求するPAYGOルールによって，議会において租税立法（歳入）を担当する委員会が，具体的な政策に係る歳出予算を担当する諸委員会を差し置いて，歳出決定にまで影響力を強めていると指摘）; Edward D. Kleinbard, *Tax Expenditure Framework Legislation,* 63 NAT'L TAX J. 353 (2010)（予算制定過程で一部の直接支出と同等の規律を設ける提案をする）。

しかも，主要な租税支出はむしろ富裕層への移転を生じさせている。*See* EDWARD D. KLEINBARD, WE ARE BETTER THAN THIS: HOW GOVERNMENT SHOULD SPEND OUR MONEY 256-258 (2014) [hereinafter KLEINBARD, BETTER]。

また，租税支出の公へのみえにくさ（low-salience）と，他の直接支出（特に裁量的支出）に比べた場合の財政法上の統制の緩さが，租税支出をめぐるレント・シーキングを生み，社会的費用を増加させうる点にも注意する必要がある。*See* Jason S. Oh, *The Social Cost of Tax Expenditure Reform,* 66 TAX L. REV. 63 (2012)（ビジネスに関する租税支出をめぐるレント・シーキングから生じる非効率性を減少させるため，静的な統制枠組みを超えた動的な統制枠組みの提示を試みる）。

809) David A. Weisbach & Jacob Nussim, *The Integration of Tax and Spending Program,* 113 YALE L. J. 955 (2004)（租税支出か直接支出かの選択は，政策目的実現のための効率性で決定すべきだとする）。なお，藤谷武史「論文紹介　租税制度と財政支出の統合的分析・序説」アメリカ法2005-2号362頁（2006）。

810) *See* Oh, *supra* note 808, at 85-86（租税支出と財政赤字への意識が高まっている状態では，議会がレントを供与する能力にソフトな制約がかかる可能性を指摘）。

かと想像される。

第2節　Too-big-to-fail 企業の救済と §382

第1款　§382 をめぐる財務省の対応

金融危機への対応として検討された課税上の措置は多岐にわたる[811]。そのうち，特に，前章まででみてきた効率的な事業再生手法との関係で問題になったのが，§382 に関する部分である。その特徴は，国家（中央銀行含む。）が支配株主として事業再生に関与する点である。本章は，倒産手続か個別のベイルアウトかといった金融危機への対応方法や破綻処理制度の在り方を包括的に検討するもの[812]ではない。そこで本節では，事業再生と課税とが関連する部分に対象を限定し，Too-big-to-fail 企業をめぐる政府の危機対応[813]を素材に，一方で，事業再生に国家が関与する場合の財政法的側面からの手続的統制の問題の存在を示し，他方で，ここでも租税実体法上，事業再生手法と企業再生税制の基本構造のかみ合わせが悪いことを明らかにする。なお，ここでは，広く，国家が経済的苦境に直面した民間企業の破綻を防ぐため，特に個別に救済ないし干渉することをベイルアウトと呼ぶ。これは，租税法・財政法学の関心からは，ベイルアウトという用語で通常想起されるような危機時における国家による救済に限らず，あらゆる局面における明示・黙示の形での国家による個別企業の救済を議論の射程に捉えるためである[814]。

---

811) *See generally* STAFF OF J. COMM. ON TAX'N, DESCRIPTION OF THE AMERICAN RECOVERY AND REINVESTMENT TAX ACT OF 2009 (JCX-10-09) (January 23, 2009).

812) *See, e.g.,* Kenneth Ayotte & David A. Skeel, Jr., *Bankruptcy or Bailouts?*, 35 J. CORP. L. 469 (2010); Adam J. Levitin, *In Defense of Bailouts*, 99 GEO. L. J. 435 (2011); DAVID A. SKEEL, THE NEW FINANCIAL DEAL 117-173 (2011); BANKRUPTCY *Not* BAILOUT: A SPECIAL CHAPTER 14 (Kenneth E. Scott & John B. Taylor eds., 2012).

　わが国には90年代以降の経験があり，公的資金投入をめぐる議論も盛んだが，その検討は本書の目的を超える。この点に関し，参照，岩原紳作「金融危機と金融規制」前田重行古稀『企業法・金融法の新潮流』393頁，422-424頁（商事法務，2013）（ドッド・フランク法やそれに関する議論を俯瞰した上で，わが国が金融機関倒産に関する特別の手続や公的資金投入を含む仕組みを通常の倒産法制とは別建てにしたことを肯定的に評価）。

813) 金融危機への対応をめぐる一連の事実経過のまとめとして，see Steven M. Davidoff & David Zaring, *Regulation by Deal: The Government's Response to the Financial Crisis*, 61 ADMIN. L. REV. 463, 471-531 (2009); Kahan & Rock, *infra* note 865, at 1307-1313.

814) *See* Cheryl D. Block, *Overt and Covert Bailouts: Developing a Public Bailout Policy*, 67 IND. L. J. 951 (1992) [hereinafter Block, *Bailout Policy*]（明示・黙示の各種ベイルアウトの類型を整

1 GM, Citigroup, AIG

　政府による巨大金融機関や自動車産業の救済は，2008年緊急経済安定化法 (Emergency Economic Stabilization Act of 2008, EESA)[815]に基づく不良資産救済プログラム (Troubled Asset Relief Program, TARP) を通じて，優先株式の引受け等によるFRB，財務省からの資金供給や金融支援の形で行われた[816]。そして，この救済的資金供給が，事業再生手法との関係で課税上の問題を引き起こした。すなわち，アメリカ政府は，TARP等によりCitigroupやAIG, GM等の特定企業に，劣後債や優先株式の引受け，債務保証の形で多額の資金供給をした。そして，これらの救済的資金供給の結果，政府が企業の株式を相当の割合で保有するようになる事例が現れた。そこで問題になったのが，§382 (g) の所有変化に該当してNOLの控除制限がかかるのではないか，という点である。

　このような問題に対応するため，財務省は，EESA[817]や§382 (m) で認められている規則やガイダンスの制定権を根拠に，一連のNoticeを出した[818]。TARP実施前のものでは，Notice 2008–76が，2008年9月7日以降，2008年住宅・経済復興法 (Housing and Economic Recovery Act of 2008) の下でのアメリカ政府による欠損法人の株式取得日及びそれ以降の期間を，所有変化の有無を判断する算定日 (testing date)[819]に含めないこととした[820]。これは，連邦住宅金融機構 (Federal Housing Finance Agency) がFannie MaeとFreddie Mac.の株式を取得することを受けたものであった。さらに，政府 (FRB) が$850億の救済融資を行うのと引き換えに，財務省 (を受益者とする信託) がAIGの議

　理し，公共政策としての一貫したベイルアウト政策の法的統制制度の設計を試みる); Cheryl D. Block, *A Continuum Approach to Systemic Risk and Too-Big-To-Fail*, 6 Brook. J. Corp. Fin. & Com. L. 289 (2012) [hereinafter Block, *Continuum Approach*]（事前規制－事後の破綻処理の軸，公－私の軸を連続的にみて，リスク配分を考えるアプローチ (Risk-based Continuum Approach) によって，システミック・リスクとToo-big-to-failへの透明で衡平な対処法を論じる).

815) Pub. L. 110–343, 12 U.S.C. 5311.
816) *See generally* Baird Webel, Cong. Research Serv., R41427, Troubled Asset Relief Program (TARP): Implementation and Status (June 27, 2013) [hereinafter CRS, TARP].
817) Pub. L. 110–343, 122 Stat. 3765, Sec. 101 (c) (5).
818) J. Mark Ramseyer & Eric B. Rasmusen, *Can the Treasury Exempt Its Own Companies from Tax?: The $45 Billion GM NOL Carryforward*, 1 Cato Papers on Pub. Pol'y 1, 7–23 (2011). 紹介として，池上恭子「企業再生における繰越欠損金の意義」熊本学園商学論集18巻1号 (2013).
819) Treas. Reg. §1. 382–2 (a) (4).
820) Notice 2008–76, 2008–39 I.R.B. 768.

決権 79.9％ 相当[821]の議決権付き転換可能利益参加型優先株式を保有するようになると[822]，財務省は，アメリカ政府が欠損法人の 50％ 超の持分権者（全ての種類の株式の総価値の 50％ 超又は全ての種類の議決権付株式及びそのような株式を取得できるオプションの合計した議決権の 50％ 超を保有する者）となって以降の日は，同じく所有変化の算定日に含まない旨を Notice 2008-84 によってアナウンスした。

TARP による救済的資金供給の下でも，Notice 2008-100[823]が，優先株式やワラントの形での救済プラン（Capital Purchase Program, CPP）によって財務省が優先株式を取得しても，所有変化の算定に反映しないものとし，また，これら株式の最終的な償還をしても §382 の制限を引き起こさないこと等を明らかにした。これにより，そのままでは G 型組織再編成に該当しない AIG や Citigroup の再生プランが §382 の制限を免れることになった[824]。Notice 2009-14[825]では，Notice 2008-100 の取扱いを CPP 以外の資本注入プログラムにも拡張することを明らかにした。そして Notice 2009-38[826]によって，自動車産業資金供給プログラム（Automotive Industry Financing Program）にも対象を拡張した。

これら一連の Notice については ARRA において部分的な処置がなされた。すなわち，新たに内国歳入法典に §382 (n) が創設され，§382 (n) (1) では，EESA の下での財務省との間のローン契約又は融資枠契約において要求されるものであって，かつ，納税者のコストや資本等の合理化を目的とするリストラ計画に従って生じた所有変化については，§382 (a) の制限の適用外とすることが規定された[827]。これは GM 救済立法であるともいわれた[828]。

---

821) 79.9％ という割合が設定されたのは，80％ 以上になると，連邦政府の貸借対照表上にこれら企業の資産等の計上を要する等の事情によると推測されている。See Davidoff & Zaring, *supra* note 813, at 489, 496.
822) 所有変化の有無の判断に際し，§382 の「株式」には，転換可能株式も含まれる。Treas. Reg. §1. 382-2 (a) (3) (ii).
823) Notice 2008-100, 2008-44 I.R.B. 1081.
824) Ramseyer & Rasmusen, *supra* note 818, at 21.
825) Notice 2009-14, 2009-7 I.R.B. 516. ここでは，Citigroup と Bank of America のみを対象とする TIP（Targeted Investment Program），AIG 救済プログラム，自動車産業救済プログラムがその対象として明示された。
826) Notice 2009-38, 2009-18 I.R.B. 901.
827) Pub. L. 111-5, §1262.
828) Amy S. Elliot, *Could the New GM Take Advantage of NOLs?*, 2009 TNT 106-3 (June 5, 2009).

しかし，最初の所有変化に引き続く再度の所有変化については，基本的に上記のような制限の適用外とはされなかった[829]。そのため，法律上の根拠に疑義が呈されたのが，2010年1月にNotice 2009-38に代わって出されたNotice 2010-2[830]である。これは，財務省がTARPに従って資本注入した株式を公衆に売却しても，所有変化が生じないこととする内容であった。

このNoticeが関係したのが，GMやCitigroup[831]，AIGの再生であった。GMは，TARPによる資金供給を受けたのちに，2009年6月にチャプター11の申立てをするに至り，連邦倒産法§363に基づいて事業を売却する[832]第二会社方式での再生を試みた。その際，既存の債権に対しては，新法人（新GM）の普通株式や優先株式，ワラントが交付された（持株比率61％）。そして，その対価は旧法人（旧GM）のNOL相当額の価値を反映して決定していた。このような§363による譲渡は，内国歳入法典上，G型組織再編成に該当すると判断される[833]。そのため，最初の債権から株式への交換の段階では§382の制限は問題にならず，したがって§382(n)をあえて創設する必要はなかったことになる。その後，2010年11月の株式公開によって持株比率が33％に下がった段階では，財務省やその他の5％株主が22％以上の株式を移転すれ

---

829) I.R.C. §382 (n) (2).
830) Notice 2010-2, 2010-2 I.R.B. 251.
831) Amy S. Elliott, *Criticism of Notice Allowing Citigroup to Keep NOLs is Unfounded, Official Says,* 2009 TNT 240-2 (Dec. 17, 2009). Notice 2010-2 は，もともと，自己資本規制との関係でCitigroup に NOL を計上させることが念頭に置かれたものだと批判された。See also CONG. OVERSIGHT PANEL, *infra* note 847, at 14–15.
832) 倒産法学では，チャプター11の下で，再生計画認可を経る前に，§363を根拠に事業全体を譲渡できるかという1990年代初頭に盛んとなった論点との関係で議論された。See, e.g., Douglas G. Baird & Robert K. Rasmussen, *Chapter 11 at Twilight,* 56 STAN. L. REV. 673 (2003); Mark J. Roe & David Skeel, *Assessing the Chrysler Bankruptcy,* 108 MICH. L. REV. 727 (2010) (Chryslerの§363事業譲渡の場合，売却価格決定にあたって公正な競売条件が整っておらず，廉価販売であったために，優先関係が崩されたと批判する); Douglas G. Baird, *Lessons from the Automobile Reorganizations,* 4 J. LEGAL ANALYSIS 271 (2012); Mark J. Roe & Joo-Hee Chung, *How the Chrysler Reorganization Differed from Prior Practice,* 5 J. LEGAL ANALYSIS 399 (2013) (Chryslerの再生では，通常の§363による事業譲渡の場合よりも債務全体に対する債務引受け額の割合（特に労働者に対する年金・健康保険に係る債務）が大きいことを実証データにより明らかにし，優先関係が崩されやすいことを指摘）。

再生計画外での事業譲渡に関するわが国の議論として，参照，山本和彦「営業譲渡による倒産処理」石川明古稀『現代社会における民事手続法の展開（下）』603頁（商事法務，2002）；神作裕之「更生計画外の営業譲渡」判例タイムズ1132号91頁（2003）。

833) *In re* Motors Liquidation Co., 430 B.R. 65 (S.D.N.Y. 2010); Ltr. 8503064 (Oct. 24, 1984); Ltr. 8521083 (Feb. 27, 1985).

ば，§382 (n) によるカバーが及ばず，所有変化による §382 の制限にかかるところであった[834]。ところが，Notice 2010-2 によってこれを免れさせようとしたのである。現に，AIG や Citigroup に関しては，再度の所有変化を生じていたが，この Notice の適用が認められている。ある試算によれば，GM については，政府（財務省）は，見かけ上，§363 に基づく売却によって当初の担保付き融資額 $495 億に対するところの $75 億（資金供給額比 15%）の損失を被るにとどまるが，実際には，仮に NOL の引継が認められなければ，本来制限されるべき NOL の利用可能額（$450 億）による税負担減少分（$180 億（簿価），$120 億（推定市場価値））のうち，財務省以外の投資家が享受する分（$120 億×39%＝$46.8 億）まで含めて，$121.8 億（資金供給額比 35%）の損失を被ることになる[835]。かかる手法は，税制の複雑さを利用（濫用）してベイルアウトのコストをごまかすものだと批判された[836]。このような批判のためか[837]，その後，GM について，財務省は再度の所有変化が生じないよう株式を処分し，最終的に 2013 年 12 月に全株式を処分した[838]。

2　Wachovia 買収

§382 NOL 控除限度額の問題として，引き継いだ資産の未実現含み損失の控除可能性についても問題となった[839]。

銀行の取付けや連鎖倒産を防ぐべく，危機に瀕する Wachovia の救済的 M＆A が必要とされていたが，2008 年 9 月 27，28 日段階では，連邦預金保険公社（Federal Deposit Insurance Corporation）関与の下で，Citigroup が約 $20 億での買収を提示するのみであり，Wells Fargo も Wachovia に対し競合しない旨を伝えていた。しかし，9 月 29 日に，Citigroup が政府の援助を受け

---

834) Ramseyer & Rasmusen, *supra* note 818, at 19.
835) *Id*. at 7-9.
836) *Id*. at 5. 特に，Obama 政権が，その支持母体であり，GM に対する $210 億の退職年金にかかる無担保債権を有していた全米自動車労働組合に，優先権を有する財務省ら債権者を差し置いて，隠れた資金提供をしようとするものだと批判する。
837) Tax Prof Blog, Rasmusen, *How I Came To Be Suing Citigroup For $2.4 Billion As A Tax Whistleblower* (Oct. 21, 2015), http://taxprof.typepad.com/taxprof_blog/2015/10/rasmusen.html
838) U.S. Treasury Department Office of Public Affairs, GM TIMELINE, http://www.treasury.gov/press-center/press-releases/Documents/GM%20Timeline.pdf.
839) 以下の事実経過は，see Davidoff & Zaring, *supra* note 813, at 509-511; George White, *Happy Anniversary, Wells Fargo and Wachovia!*, 2010 TNT 208-15 (Oct. 28, 2010); Cheryl D. Block, *Measuring the True Cost of Government Bailout*, 88 WASH. U. L. REV. 149, 218-220 (2010).

てWachoviaの救済を行う旨をアナウンスした翌日に，(Wells Fargoのロビイングの甲斐もあって) IRSがNotice 2008-83[840]を出し，§382の所有変化が生じた銀行であっても，§382 (h) との関係で，貸倒れ債権等を原因とする未実現含み損失については，所有変化にもかかわらずその後も控除可能であることを明らかにした。当時，Wachoviaは，$740億の貸し倒れたモーゲージ関連債券を有しており，これにより$250億の節税が可能だと見積もられていた。すると，まもなくWells Fargoは，Wachoviaを政府の援助なしで，約$150億で買収する方針へと切り替え，結果的にWells Fargoによる買収が成立した。

この過程に対しては，Notice 2008-83には法的根拠がないとの批判が向けられ，このNoticeによる税収減少額も，全体の合計で$1050-1100億や$1400億と巨額に上るものと見積もられた。しかし，ARRAでは，§382の解釈を明確化する形でNotice 2008-83の合法性が事実上否定されたものの，信頼保護のため2009年1月16日以前には法的に有効なものと取り扱われることとされた[841]。

第2款　論　点

上記の金融危機への対応に係る財務省を通じた§382の緩和につき，租税・財政法の側面からの手続的統制に関する論点と，租税実体法の側面からの，事業再生手法との整合性に関する論点を提示する。

1　手続的統制に関する論点

§382関連の対応は，いずれも財務省がNoticeを矢継早に出す形でなされた点に特徴がある。Noticeは，内国歳入法典や財務省規則上に根拠規定がなく，その法的な位置づけが必ずしも明らかでないが，実務的には内国歳入法典についての実体面の解釈も含む行政の指針を示すことがあるものと理解されている[842]。いずれのNoticeも，問題となった取引が行われるにあたって，機動的に出されている。しかし，このような財務省による機動的な対応は，

---

840)　Notice 2008-83, 2008-42 I.R.B. 905.
841)　Pub. L. 111-5, §1261. 判例法に照らし，遡及的な効力の否定も可能と論ずるものとして，see Lawrence Zelenak, *Can Obama's IRS Retroactively Revoke Massive Bank Giveaway?*, 122 TAX NOTES 889 (2009).
842)　*See* Irving Salem et al., *ABA Section of Taxation Report of the Task Force on Judicial Deference*, 57 TAX LAW. 717, 730-732 (2003).

第1に，租税実体法の形成に関する法の支配 (rule of law) との関係，第2に，租税支出としての財政法的統制との関係で問題がある。

第1の点は，Notice 2010-2 について Ramseyer & Rasmusen が明らかにしたように，財務省による解釈通達としての位置づけを有するにすぎない Notice が，現実には内国歳入法典の定めを超え，事実上の租税支出として特定の者に利益を供与している点に問題がある。しかも，現状ではこの問題を，司法を通じて解決することには限界がある。なぜなら，連邦法上これを訴えるための原告適格を有する者がいないからである[843]。

他方，Notice 2010-2 以外の Notice のうち，§382 (n) でカバーされたものについては，事後的に，仮に特定企業を念頭に置いた規定であるとしても，一応の租税実体法の形成に係る法の支配が及ぶ形でベイルアウトが認められることとなった。だが，Notice 2008-83 については，その合法性に疑問が投げかけられたものの，ARRA による明確化前のものについては法的有効性が認められた点で，やった者勝ちという側面は否定できなかった。

また，Notice の形をとることで，議会という租税法の制定過程を経なかった点のほか，(租税立法に限らず) 行政手続に関する規律も潜脱されることになった。財務省は，議会を通じた立法によらずとも，内国歳入法典§7805 (a) により，同法典を執行する上で必要な規則を制定することが認められている。そして，その場合，立法的な規則 (legislative regulation) の制定にあたっては，本来，行政手続法 (Administrative Procedure Act, APA) 上の手続的統制を受けることになり，告知の上，パブリック・コメントを求める必要がある[844]。財務省が規則ではなく，Notice の形式を採用したのは，迅速性が求められる危

---

843) Ramseyer & Rasmusen, *supra* note 818, at 31-34; Lawrence Zelenak, *Custom and the Rule of Law in the Administration of the Income Tax*, 62 DUKE L. J. 829, 851 (2012)（第三者に原告適格がないと，財務省や IRS が納税者を有利に扱う限り，事実上の内国歳入法典改正権を有し，法の支配 (rule-of-law) が脅かされかねないと危惧する）. 但し，近時，Citigroup に対しては，Rasmusen 自身によるニューヨーク州不当請求法 (New York State False Claims Act) 上の訴え (case #1:15-cv-7826, U.S. District Court, Southern District of New York, *State of New York ex rel. Eric Rasmusen v. Citigroup, Inc.*) が提起され，州税法に関して司法的解決が試みられている。*See* New York State ex rel. Eric Rasmusen v. Citigroup, Inc. Page (Feb. 7, 2016), http://www.rasmusen.org/citigroup/ (last visited on September 1, 2016). また，連邦法上の不当請求法においても，租税支出が対象となるべきだとの議論として，see Ian Ayres & Robert McGuire, *Using the False Claims Act to Remedy Tax Expenditure Fraud*, http://papers.ssrn.com/abstract=2821606.

844) 5 U.S.C. §553 (b).

機対応の性質上，これらの手続を意図的に省くためであったとすら推測できる。

このように，財務省の対応は法の支配を潜脱するものであるとの批判が可能である。

第2の点は，租税立法に係る固有の手続的統制手法に関連する。すなわち，具体的には，Notice 2010-2 や，Notice 2008-83 は，特定の者への租税法を通じた支出，すなわち「租税支出」に位置づけられるべきものであろう。既にみたように，租税支出については，他の直接支出と一体となって予算に計上されるものではなく，直接支出に比べてみえにくい性質のものだという問題点はあるものの[845]，毎年の租税支出予算への計上が求められ，議会に対する情報提供機能が期待されている。しかし，Notice 2010-2 に係る取扱いは租税支出予算に反映されていないどころか[846]，むしろ租税法令の複雑さの傘の下で，特定の者が利益の享受者であることを国民や議会にみえにくくするものであった[847]。これは，政府へのアクセスが容易なごく一部の者のみを利するもので，民主的政治過程の観点からは正当化困難であろう[848]。

また，このような潜脱を挟むことで，国庫の負担の把握も難しくなり，予算上のトリック（Budget gimmick）が起きかねない[849]。たとえば，Notice 2008-83 については，のちに議会によりその合法性に疑問が呈されたが，その際，両議院税制委員会が作成する税収見積もり[850]の上では，新たな税収項目として計上された[851]。これは，Notice 2008-83 が正式には無効だとは宣言されていないため，この Notice 2008-83 が適法であるとの仮定の下で見積もりを作成したためであった[852]。しかし，Notice 2008-83 を出した時には租税

---

845) Block, *supra* note 839, at 211; 前掲注 808 及びそれに対応する本文。
846) *See* STAFF OF J. COMM. ON TAX'N, ESTIMATES OF FEDERAL TAX EXPENDITURES FOR FISCAL YEARS 2010-2014, (JCS-3-10) (Dec. 21, 2010).
847) *See* Block, *supra* note 839, at 212. *See also* CONG. OVERSIGHT PANEL, JANUARY OVERSIGHT REPORT: EXITING TARP AND UNWINDING ITS IMPACT ON THE FINANCIAL MARKETS 15-16 (2010).
848) Block, *supra* note 839, at 218.
849) *See id.* at 222-223.
850) 2 U.S.C. §601 (f). 立法にあたって，両議院税制委員会は議会予算局に，租税立法による税収見積もりを提供することになっている。*See also* ALLEN SCHICK, THE FEDERAL BUDGET: POLITICS, POLICY, PROCESS, 66-67 (3d ed. 2007)（見積もり方法について略述する）。
851) STAFF OF J. COMM. ON TAX'N, ESTIMATED BUDGET EFFECTS OF THE REVENUE PROVISIONS CONTAINED IN THE "AMERICAN RECOVERY AND REINVESTMENT ACT OF 2009" (JCX-18-09) (Feb. 12, 2009).
852) *See* Block, *supra* note 839, at 222（当時の両議院税制委員会の委員長 Edward D. Kleinbard への電話インタビュー（2009年3月6日）を引用）。

支出予算には計上されておらず、そのため、歳入を減少させる又は支出を増加させる立法を行うにあたっては代替的な歳入増加ないし支出削減の手当を要求する PAYGO ルール[853]の下で、代替財源が提供されていないにもかかわらず、ARRA 立法時には、新たな税収項目として計上されたがゆえに、これを引当として新たな支出が可能となってしまう。

以上のように、§382 をめぐる財務省の一連の対応は、法の支配に反する形で一部の者に租税上の利益が与えられるという点のみならず、租税法・行政法・財政法上の手続的統制を逸脱するものであったという点で、問題があったといえる。だが、その一方で、財務省の対応は、機動的な危機対応として一定の成果を残したものと肯定的にみる余地もある[854]。そこで次に、租税実体法における企業再生税制の建て付けが、ベイルアウトとしては、実体法上望ましい当事者の行為を阻害していた可能性を探る。

2 租税実体法と事業再生手法の関係

§382 が所有変化を基準に NOL の利用を制限する構造をとっていることが、債権や株式の取得時期や売却時期について納税者の行動に影響を及ぼすことは既にみた[855]。

ここではさらに、国家がベイルアウトの一環として救済的な資金供給を行う形で事業再生に関与する過程で、§382 の規律がいかなる不都合を惹起するかをみていく。そのために、国家が再生企業の株主として事業再生に関与することになる仕組みと、そこから生じうる問題点を明らかにし、これに対する暫定的な対応方法の1つとして、事業再生後可及的速やかにその保有株式を売却するのが望ましいことを論じる。そして、§382 の構造は、国家が事業再生の過程で株主となる場合に、純粋に私的な事業再生におけるのとはまた

---

853) *See generally* SCHICK, *supra* note 850, at 58. なお、PAYGO ルールは、2002 年をもって、一旦制定法上の根拠が失われ、各院の議院規則となっていたが、2010 年に改めて法制化された。Statutory Pay-As-You-Go Act of 2010, Pub. L. 111-139, 124 Stat. 11 (codified at 2 U.S.C. §§931-939).

854) White, *supra* note 839 (Notice 2008-83 について、目的は手段を正当化すると論じる); Sullivan, *supra* note 782, at 1295 (Notice 2008-83 に言及しつつ、危機時には資金供給をした買収企業に NOL を使うことを認めるよう立法すべきだと主張する); Efraim Benmelech, *Comment*, 1 CATO PAPERS ON PUB. POL'Y 43, 44-45 (2011) (Notice 2010-2 について、経済合理性の観点から、GM の事業再生が失敗していたら、退職者らへの社会保障給付等で国庫の負担はむしろ増加していた可能性があるとして正当化する)。

855) 第2編第7章第2節。

別の理由により社会的非効率性を生じさせる危険があり，租税実体法（のみ）の観点からは Notice 2010-2 が正当化される可能性があることを明らかにする。

(1) 国家が株主として関与する可能性

金融危機においてみられたように，国家（特に中央銀行）は，いわゆる「最後の貸し手（Lender of Last Resort）」として，危機に瀕する企業へ救済的資金供給をすることがあり，その是非が論じられる。ここでは，国家の事業再生への関与の仕方としてこのような形が現実にありうることに鑑み，その仕組みと前提を必要最低限度で直感的な説明により確認しておく。

国家が，経済的に困窮した企業に救済的な資金供給をするのは，主に金融市場において流動性が枯渇した場合である。通常，倒産状態にある企業であっても，その継続企業価値が清算価値を上回る場合には，事業を存続させるのが社会的には望ましい。そして，投資家にとっても，情報の非対称性がなく，そのような事業への投資の純現在価値が正ならば，投資するのが合理的である。しかし，倒産企業は，負債比率が高いのが通常であり，この場合，過剰債務（debt overhang）の問題[856]が起こる。すなわち，再生企業に投資しようとしても，既存債権者がいる場合，彼らも投資収益の配分に与れてしまうため（株式投資であれば優先し，貸付による場合も同順位以上にいる場合はそうである。），過少投資の可能性が生じる。また，再生企業の既存の債権者や株主と，投融資をする投資家との間に再生企業の価値に関する情報の非対称性がある場合にも，いわゆる逆選択の問題[857]により流動性供給が過少になる可能性がある。すなわち，新規の投資家からすると，既存の債権者が再生企業に追加融資をしないのは，自らの観察不能な再生企業の収益力に関するネガティブな情報を有しているからだと想定して，公正価格よりも提示価格を下げてしまい，結果的に投資が成立しなくなる可能性がある。そして，金融危機においては，サブプライム・ローンの組み込まれた証券化商品への不安から，上記の仕組みを通じて一種の取付けが起きた。その結果，ファンドに資金が集まらなくなり，流動性が枯渇することになった。このような金融市場における流動性の枯渇は，それによる破綻が，個々の企業の破綻にとどまらず，同種の資金

---

856) Stuart C. Myers, *Determinants of Corporate Borrowing*, 5 J. Fin. Econ. 147 (1977).
857) George A. Akerlof, *The Market for Lemons: Quality Uncertainty and the Market Mechanism*, 84 Q. J. Econ. 488, 489 (1970).

調達を行う企業への波及効果を有しうる等,いわゆるシステミック・リスク[858]を伴うものであり,その破綻が当該企業関係者だけでなく,社会全体に負の波及効果をもたらす可能性があった。そのため,そのようないわゆる「大きすぎてつぶせない (Too-big-to-fail, TBTF)」企業については,政府が救済的資金供給プログラム[859]を通じて公的資金を原資に大規模に資金を供給することが正当化される余地があった[860]。そして,この資金供給の対価として普通株式への転換可能優先株式等の発行を受け,政府が民間企業の支配株主となる事例がみられるようになった[861]。

但し,TARP対象企業の中でもGMやChryslerについては,もはやそのままでは継続企業価値が清算価値を上回るとはいえない状態にあったとの評価もあり[862],そうであれば,単に,一定の国家による再分配政策を行うことを前提として,破綻による地域経済・雇用に及ぼす影響を社会保障等で引き受けるか,自動車産業 (の労働者) へのベイルアウトとして引き受けるかという政治的観点からの選択であったとみることもできる[863]。

(2) 弊　害

危機時に,国がTBTF企業に対して,最後の貸し手・リスクマネジャーとして救済的な資金供給をする場合が,(規範的には評価が分かれうるが) 事実上存在することは確かであろう。しかし,仮に国が,そのようにして再生企業

---

858) システミック・リスクの厳密な定義は存在しないが,最大公約数的な理解では,個別の企業の破綻が,広く経済全体に大きな負の影響を及ぼすリスクと理解される。See Levitin, supra note 812, at 444 (学説のシステミック・リスクの定義をまとめる)。ビジネス・モデルとの関係で,特に巨大金融機関を対象に議論される (See, e.g., Steven L. Schwarcz, Systemic Risk, 97 GEO. L. J. 193 (2008)) が,必ずしもそれに限られない。現に,GMやChryslerの一連の救済も自動車産業全体への影響が慮られたベイルアウトだとの理解がある。See Levitin, supra note 812, at 453–454; Block, Continuum Approach, supra note 814, at 376–381.
859) See CRS, TARP, supra note 816, at 1.
860) Lucian A. Bebchuk, Buying Troubled Assets, 26 YALE J. ON REG. 343, 347 (2009). 但し,その場合も買取資金は民間から競争的に募るなど,市場メカニズムに沿う制度設計をすべきだと指摘された。See id. at 347–351. また,システミック・リスクへはチャプター11による処理もありえたと指摘された。See Ayotte & Skeel, supra note 812, at 488–491.
861) See Block, Continuum Approach, supra note 814, at 374–382.
862) Baird, supra note 832, at 274, 279. 但し,実証データに基づくものではない。See Roe & Chung, supra note 832, at 411.
863) See Roe & Chung, supra note 832, at 405; Roe & Skeel, supra note 832, at 760–761. See also Zachary Liscow, Counter-Cyclical Bankruptcy Law: An Efficiency Argument for Employment-Preserving Bankruptcy Rules, 116 COLUM. L. REV. 1461 (2016) (不況時には,継続企業価値が清算価値を下回る場合でも,企業を継続させ雇用を守ることで失業者への給付等を減らすことが,全体としては効率的な政策となりうると主張)。

に対する(株式の形に限らず)支配権を有するようになった場合,私的な事業再生主体としての側面と,公共政策の遂行主体・規制主体としての側面とを併せ持つことで弊害が生じうる。以下,そのような観点からの理論的分析を俯瞰する。

Marcel Kahan & Edward Rock は,政府が再生企業の支配株主となる場合には,公共政策の遂行主体・規制主体としての地位を併有することから,純粋に私的な支配株主の存在から生じる問題[864]が,以下のような形で拡大すると指摘する[865]。第1に,支配株主となった政府は,規制主体や,TARPのような救済的資金供給における債権者としての地位を併せ持つために,再生企業への影響力が大きくなる。第2に,自己取引のような形で問題になる支配株主と少数株主との間に生じる利害対立の監視が難しくなる。なぜなら,政府が支配株主の場合は,金銭的利益ではなく,多様な政治的・政策的目的実現のために企業支配権を行使する可能性があるからである。第3に,政府は必ずしも一体ではなく,各省庁間の利害の不一致や立法府の影響まで踏まえると,判断はさらに難しくなる。しかも,これらに対しては,一般的な形にせよその同意がなければ国家は損害賠償責任を訴訟において追及されないという主権免責(Sovereign Immunity)の法理論のため,州会社法上の責任追及という形でのエンフォースメントが困難である[866]。そして,一連の金融危機への対応において,政府は現に救済的資金供給をした再生企業の企業価値最大化に沿わない行為に及んだことが指摘されている[867]。

解決策として,Kahan & Rock は,政府の株式保有に関する(事前(ex-ante)の)法制度設計が重要であると論じ,その際の要考慮事項として,①政府が

---

[864] 支配株主と少数株主の利害対立に関する先駆的な比較法研究として,江頭憲治郎『結合企業法の立法と解釈』(有斐閣,1995)。

[865] Marcel Kahan & Edward B. Rock, *When the Government Is the Controlling Shareholder*, 89 TEX. L. REV. 1293, 1317-1318 (2011).

[866] *See id.* at 1325-1347 (デラウェア州会社法,国家賠償法(Federal Tort Claims Act, FTCA),Tucker Act,行政手続法,情報公開法(Freedom of Information Act, FOIA)のそれぞれについて検討し,公法上の仕組みでは不十分であり,デラウェア州裁判所の下で支配株主の責任追及をすることも難しいと論じる)。

[867] たとえば,次のような事例が紹介されている。
① GM と Chrysler の,販売代理関係を大幅に減少させる内容の再生計画について,上院での委員会で激しく非難された結果その実施が延期され,さらには,販売代理関係の復活計画がアナウンスされた。*Id.* at 1304-1305.
② Fannie Mae が自らは使い切れない税額控除を Goldman Sachs と Berkshire Hathaway に売却しようとしたところ,財務省が拒否権を発動した。*Id.* at 1305-1306.

株式を保有することの目的，②政府が関与する期間，③どの程度企業の意思決定を政治的影響から遮断するか，④政治的・法的メカニズム等，いかにして意思決定者の答責性 (accountability) を保つか，といった点を挙げる[868]。そして，アメリカは (金融危機への対応も含め) 歴史的に企業価値最大化以外の (政策) 目的のために支配株主として企業の意思決定を左右することが望ましくないとの政治的選択 (「自由主義コンセンサス」と呼んでいる。) をしてきたとの認識の下[869]，これを前提とすれば，①株式か負債か，②議決権付か無議決権か，③直接保有か間接保有か，④無期限か期限を設定するか，といった具体的な制度設計上の選択肢の中から，政治介入の影響力及びその機会を減らし，介入の政治的なコストも高くなるよう設計すべきであり，そのために，法的拘束力のある，政治的圧力からの遮断と迅速な退出 (quick exit) の仕組みをつくるべきであると論じる[870]。

J. W. Verret[871] も，政府が企業の支配権を握る場合[872]に生じうる (また，実際に TARP の実施に際して生じた) 問題[873]を指摘して政府が主体として関与する場合の証券取引法上の規制や責任追及の仕組みに不十分な点があることを論ずる点[874]で，Kahan & Rock と類似の立場に位置づけられる。Verret に特徴的なのは，国家がある企業の支配株主となることで，当該企業が利益集団への利益分配の新たな経路・仲介機関となる可能性を指摘する点である[875]。すなわち，利益集団による通常のレント・シーキングは，政治家に働きかけて，業界への新規参入規制を設けさせること等によってレントを得るのが典型的であるところ，これに加え，政府が支配権を握る企業を通じて，これに対する規制の減免・緩和や債務保証をするなどしてレントを生じさせ，それを，

---

[868]　*Id.* at 1347–1348.
[869]　*Id.* at 1348–1349.
[870]　*See id.* at 1360–1363.
[871]　J. W. Verret, *Treasury Inc.: How the Bailout Reshapes Corporate Theory and Practice*, 27 YALE J. ON REG. 283 (2010).
[872]　Verret は，TARP では多くがそうであったように，政府が無議決権株式を有するにとどまる場合でも，その経営に影響を及ぼせる場合には「支配」が認められると論ずる。*See id.* at 301.
[873]　*See id.* at 315–326 (エージェンシー理論や，株主価値最大化モデル等，中心的な会社法理論のいずれもが，公開会社において支配株主としての政府の存在を支持しないと論ずる).
[874]　*Id.* at 326–344 (公募に係る証券の登録や，目論見書作成交付義務，インサイダー取引規制，デラウェア州会社法上の支配株主の責任等について論じる).
[875]　*Id.* at 348; J. W. Verret, *The Bailout Through a Public Choice Lens: Government-Controlled Corporations as a Mechanism for Rent Transfer*, 40 SETON HALL L. REV. 1521 (2010); *see also* A. Michael Froomkin, *Reinvigorating the Government Corporation*, 1995 U. ILL. L. REV. 543, 596–603.

利益集団と母集団が一致する当該企業の取引関係者（労働者・消費者等）に移転するという，レント移転（rent transfer）という形のレント・シーキングとして機能するようになると論ずる[876]。かかるレント移転は，特に政府・政治家にとって都合のよい仕組みである[877]。なぜなら，政府が支配権を握る企業は，それ自体は連邦の会計上連結して計上されることはなく，連邦予算過程に服することもないため，財政法上の統制が及ばず，レント配分にあたっての政治的コストを安価に済ませられるからである[878]。そして，少なくとも理論的には，政府はこの都合のいいレント移転手段を手放すのが惜しく，株式売却へのディスインセンティブを有してしまい，結果的に企業の支配権市場が不完全となる可能性が生じる[879]。このような問題が生じることから，Verretは，政府への支配株主責任追及を認めることや，議決権の行使を制限することのほかに，証券取引法上の規制と類似の形で，政府に株式の売却計画等を予め設定させるべきであるとする[880]。

(3) §382との関係

Kahan & RockやVerretは，政府が民間企業への救済的資金供給を行う過程で，（規範的評価は措き）その支配株主となってきたという事実を所与とした上で，そこから生じうる弊害を最小化するための法制度設計が重要だとして具体的提言を行う点で共通する。このような立場は，企業経営を基本的に民間（市場）に任せるとの政策決定をした場合には適切なものであろう。そして，そこでは，Kahan & Rockにみられるように，政府による株式の早期売却が重要な選択肢となっている。しかし，§382 (l) (5) は，その文言による限り，倒産手続等の申立て18か月前から債券保有者であることを要求しており，さらに，それを満たした場合でも，交換後2年以内に再度の所有変化があれば控除制限にかかってしまうため，政府が主体として関与する事業再生における望ましい倒産政策との関係でかみ合わせが悪い。以下では，TARPでみられた株式の早期売却計画を例にとる。

---

876) Verret, *supra* note 875, at 1532; J. W. Verret, *Separation of Bank and State: Consolidation Bailed-Out Companies into the U.S. Debt Ceiling and Government Financial Statements*, 2011 BYU L. Rev. 391, 407–408.
877) Verret, *supra* note 875, at 1532.
878) なお，Verretはこの問題への解決策として，それ自体問題の多い連邦予算過程よりも，債務上限（Debt Ceiling）による統制を提案する。*See* Verret, *supra* note 876, at 421–430.
879) *See id.* at 408–410.
880) Verret, *supra* note 871, at 349–350.

TARP の実施にあたって，政府は，少なくとも表向きは，支配株主として積極的に企業支配権を行使することは避ける方針であった[881]。たとえば，財務省が61％の株式を保有するようになったGMの救済にあたっては，Obama 政権は，政府が支配権を有するようになった企業の運営について核となる方針を示しており，その中には，実行可能になれば可及的速やかにその持分を譲渡することが含まれていた[882]。そして，実際に2010年11月以降売却を進め，再度の所有変化との関係で時間を置いた2013年12月に完了した。

他方，Citigroupについても，2009年2月末に，財務省は，TARPによる救済的資金供給で取得した無議決権優先株式を普通株式に転換するに際し，普通株式の33.6％を保有することになったが[883]，その取り決めの中で，財務省は，取締役の選解任，定款変更，会社の売却等の重要事項の決定を除き，他の普通株主と比例的に議決権行使することで意思決定に影響を及ぼさないようにし，さらに，交換から10年以内に株式を政府以外の主体に売却する義務が課されることに合意していた[884]。そして，Notice 2010-2 のおかげもあり，2010年12月までに財務省は全ての株式を売却した[885]。

これらの経緯を踏まえると，Notice 2010-2 は，租税実体法上，政府が支配株主となることによる企業経営への歪みから生じる非効率性を防ぐための政策税制として一定の合理性を有するものだったと評価することも不可能ではない[886]。しかし，既に述べたように，手続的統制の観点からは，法律によらずに§382の規律を緩めることは，その対象となる企業周辺の一部の利益集団に，手続を経ずに政治的にもみえにくい形で租税支出を分配し，またベイルアウトをするもの[887]とみることもできる。これは，Verret が指摘した，政府が支配株主である企業を通じてレントを移転する場合と構造的に類似し，同様の批判が妥当するのではないか。また，Notice 2010-2 については，一

---

881) *See* Kahan & Rock, *supra* note 865, at 1313.
882) OFF. OF THE SPECIAL INSPECTOR GEN. FOR THE TROUBLED ASSET RELIEF PROGRAM, QUARTERLY REPORT TO CONGRESS 111 (July 21, 2009). 但し，その違反についての罰則等は定められていなかった。
883) CRS, TARP, *supra* note 816, at 14.
884) *See* Kahan & Rock, *supra* note 865, at 1353-1354.
885) *Id.* at 1354.
886) *See* KLEINBARD, BETTER, *supra* note 808, at 415-416（GMを典型に，TARPにおける政府の介入は，市場リスクに限界を設け，ごく限られた期間のものであったため，例外的に正当化可能であったと論じる）．
887) *See* Block, *Continuum Approach, supra* note 814, at 372-373.

見，ベイルアウトに反対し，破綻処理は市場メカニズムを重視して倒産手続によるべきだとする立場からさえも，市場メカニズムに沿った効率的な事業再生及び再生後の企業経営実現のために政府による早期の株式売却を妨げないため，という建前の下で正当化できてしまいそうである。しかし，このような正当化をしたところで，実際には隠れたベイルアウトをしており，政治的答責性・正統性を欠くものだと批判できることに変わりはない[888]。

以上より，租税実体法上，ベイルアウトに伴う弊害を避けるための方策と企業再生税制の建て付けのかみ合わせが悪くとも，理想的には，それを是正するために既存の手続法上の統制を潜脱することなく，透明性を確保した形で行う必要があり，そのための制度設計が必要であるといえよう。

第3節　小　括

本章では，金融危機への政府の対応を題材に，事業再生手法と企業再生税制との関係を分析した。特に，企業のデット・リストラクチャリングを促進するために§108(i)が創設され，事業再生のためのM&Aを促進するために§382の規律が緩和されたことに焦点を当てた。

前者について，租税実体法的側面からは，一般的にデット・リストラクチャリングに伴うCODへの課税を緩和することで，早期の事業再生促進による財務困難コスト・倒産コストの低減という倒産政策を達成すべく，企業再生税制の射程を広げ，1990年以降批判のあった企業再生税制の適用対象となる事業再生局面の境界をめぐる問題を解消しようとするものと評価できた。また，租税・財政法上の手続的統制の側面からは，明示的に租税支出と位置づけることで，少なくとも租税支出予算による透明化という統制を及ぼすものであった（第1節）。

後者については，§382が定める所有変化に伴う租税属性の控除制限を，一部の者に対して，立法によらずに緩和するものであり，法の支配・租税支出

---

[888] ベイルアウトに関し，倒産法学においては，これを否定的に評価する立場が強いと見受けられるが（参照，前掲注812のLevitin以外の文献），Levitinは，ミクロの倒産が社会的に受忍できないマクロ経済の影響を及ぼすリスクという政治的な形でシステミック・リスクを定義する。See Levitin, *supra* note 812, at 446-451. その上で，事前規制による対処の限界を指摘して，事後のベイルアウトの余地を認め，これに対する政治的答責性・正統性を調達する仕組みを考えるべきだと論じる。See *id*. at 501-507.

に係る財政法的統制の観点からは問題があった。その一方，政府が事業再生過程で支配株主となる場合に生じうる弊害を防ぐためには早期の株式売却が望ましい，という倒産政策（公的支援政策）との関係で，株式売却時期の選択の判断に大きな影響を及ぼす§382の規律はうまくかみ合わず，租税実体法としては改善の余地があることも確かであった。しかし，政府の支配株主としての地位を利用して行われる利益集団へのレント移転防止が期待できるとはいえ，既存の手続的規制を遵守せず，政府が一部の利益集団を念頭に§382の規律を変更することもまた同様の問題を孕むものであった（第2節）。

第9章　アメリカ企業再生税制のまとめ

　本編では，アメリカにおける企業再生税制の法形成過程を観察してきた。ここではそれをまとめた上で特徴を指摘し，次編以降の検討課題を示したい。なお，日本法との総合的な比較は，第4編において行う。

第1節　企業再生税制の法形成過程

　アメリカでは，企業再生税制の在り方を考える上で前提となる企業の資金調達手法と事業再生法制の仕組みとして，証券を中心とする資金調達手法と私的なエクイティ・レシーバーシップの制度が発達した。しかしそれがニューディール期の倒産政策により改革され，法的整理が重視され，国家の介入が強化されるようになった (第1章)。企業再生税制の第1の柱となる債務消滅益の取扱いについては，Kirby Lumber 判決に始まる判例法の学説による分析・理論構成を確認し，借入元本理論ないしタックス・ベネフィット・ルールによる発想が，原則と例外を整理するのに有用であることを明らかにした。その上で，現実の法形成としては，Kirby Lumber 判決のもたらしうる帰結を事業再生局面において例外的に緩和するニューディール期の判例法と，総所得不算入及び財産ベイシス引下げから成る COD ルールの立法により，アメリカ企業再生税制の基本構造の萌芽が芽生えたことをみた (第2章)。しかし，資本再構成方式については，責任置換理論に基づく Stock-for-debt exception，第二会社方式については，Alabama Asphaltic 理論という形で，それぞれ COD ルールを回避する仕組みが判例法により形成され，これがそのまま 1954 年内国歳入法典において，基本構造として整理された (第3章)。1954年法では，新たに一般的な租税属性引継ルールが導入されたが，まもなく債権者による組織再編成について，事業再生実務との関係でその具体的適用が問題になった。しかし，株式と負債を厳格に峻別する法人税の構造の下で，

第 9 章　アメリカ企業再生税制のまとめ　285

その峻別を相対化する契機を孕む債権者による組織再編成は，理論的に解決困難な問題を数多く生じた (第 4 章)。これに立法的に対処したのが，1978 年連邦倒産法改正に伴う 1980 年倒産租税法であったが，基本的には従来の判例法を法典化し，細部のルールを整備するにとどまった。そして，1986 年の内国歳入法典改正時にも，放置された問題はそのまま存続し，むしろ平時の組織再編成に係る規律に新たに接木された使い勝手の悪い複雑な制度が形成されるに至った (第 5 章)。

　他方で，事業再生局面に限らず，企業の財務リストラクチャリングは，企業再生税制を考える上で重要な問題を生じる。それは，Debt-for-stock exchange や，Debt-for-debt exchange・Stock-for-debt exchange といった資本再構築手法において，従前の債権債務関係に係る租税属性をいかに引き継がせるか，という問題である。元本と利子の厳格な区別を前提に，包括的所得概念を理念型として経済的に「適正」とみなされる利子相当部分を債権者・債務者双方において発生主義的に課税することを試みる OID ルールは，COD ルールとも相まって，交換 44 のタイミングで債券の租税属性ごとに異なる課税上の取扱いをするものであったため，平時の財務リストラクチャリング，事業再生局面のデット・リストラクチャリングとの関係で無用なプランニングの余地を生じた。このような状況に対し，租税政策上，判例法に端を発する責任置換理論から立法による公正市場価値アプローチへの転換という対応がなされた。しかし，倒産政策と租税政策の調和を考える上では，租税政策としての OID ルールや公正市場価値アプローチにはそれほど強固な基盤がないことも意識されるべきであり，特に公正市場価値アプローチによる企業再生税制の適用局面の区切りが，必ずしも事業再生手法の潮流と整合しないため，実務的には不人気なものとなった。このことに鑑み，租税政策による明確な基準を示すものであることを認めつつも，過度にこれに固執することなく，効率的な事業再生手法に沿った企業再生税制を設計する視点を持つべきことを論じた (第 6 章)。

　1990 年代には，市場メカニズムを活用した事業再生手法としてクレーム・トレーディングが行われるようになった。当初はこれを倒産政策上警戒する立場があり，事業再生における NOL の「財産」的価値を重視し，その保全のために §382 の規律を所与として取引に規制をかける判断も示された。しかし，§382 の規律 (特に §382 (l) (5)) にも，公正市場価値アプローチ同様，そ

れほど強固な理論的基盤がないため，むしろ効率的な事業再生手法ひいては支配権市場の障碍とならないよう改善する余地があることが明らかとなった。さらに，企業再生税制に係る政策論上の論点として，誰かに対して租税優遇措置を与えるべきか，与えるとしていかなる方法が効率的で，それは政治的に受容されうるものかを考える必要があることを指摘した（第7章）。

　最後に，金融危機への対応においては，一方で，早期の私的整理による事業再生の促進という倒産政策に沿うよう，§108(i)を創設し，租税支出としての手続的統制には服させつつ，企業再生税制の適用対象時期を前倒しする措置がとられた。他方で，TARPの実施にあたっては，事業再生に国家が支配株主として関与するという例外的状況が生じたが，ここでは，その弊害を防ぐべく早期の株式売却を図ろうとしても，§382の規律がそれを妨げかねないことを明らかにした。しかし，議会を経ない事実上のベイルアウトとして場当たり的にこの障碍を除去することには，機動性という利点はあるものの，法の支配や租税・財政法上の手続的統制の面からは問題があると論じた（第8章）。

第2節　企業再生税制の特徴

　アメリカの企業再生税制については，次の特徴を指摘できる。法形成過程面と法内容面に分けて述べる。

第1款　法形成過程面

　まず，法形成過程面について，第1に，ニューディール期の判例法が決定的に重要な役割を果たした。基本的には，Stock-for-debt exceptionでの責任置換理論や，Alabama Asphaltic理論が，その後の企業再生税制の法改正において，長らく経路依存性を有したことは明らかである。ただ，立法はもとから無条件に判例法に委ねてきたわけではなく，チャンドラー法や1939年歳入法において，財産ベイシス引下げルールという，倒産政策と租税政策の調和を図るアメリカ企業再生税制の基本構造を採用する等の対応をしていた。しかし，判例法によってこの規律は回避され，むしろこちらが立法に取り込まれることになった。但し，次に述べるように，経路依存性によって全てが決まることはなかった。

第2に，立法は，判例法の影響を受けながらも，企業再生税制の立法自体は頻繁に行っており，ときに判例法を塗り替えた。それが，責任置換理論を放棄して，公正市場価値アプローチを採用するに至った過程である。この動きを生んだのは，平時における財務リストラクチャリングを通じた租税回避の試みである。特に，Stock-for-debt exception や OID ルールと COD ルールをめぐって，プランニングの機会が生じ，これに対応する形で公正市場価値アプローチによる整理が進んだ。

　第3に，平時を念頭に置いた租税政策上の立法が，のちに事業再生やデット・リストラクチャリングの阻害要因となることがあった。その例が，AHYDO ルールや，§1275 (a) (4) である[889]。また，平時における NOL 売買防止を念頭に置いた所有変化アプローチを事業再生局面にもスライドさせた §382 (l) (5) の規律も同様のものとみうる。

　第4に，事業再生手法と企業再生税制がうまくかみ合わないときは，時として財務省が柔軟な対応をすることがあった。たとえば，事業の継続性や所有変化のように，事業再生局面において実際的でない可能性のある要件は，財務省規則による緩やかな解釈によって対応された。しかし，このような対応は，金融危機への対応に係る §382 の問題にみられたように，法の支配に反しかねない場合があった。

　　第2款　法内容面

　法内容面については次のことがいえる。

　第1に，アメリカの企業再生税制は，立法において，倒産政策と税収確保の調和という観点から，タックス・ベネフィット・ルールや包括的所得概念，組織再編税制，租税属性引継ルール，OID ルールといった鍵となる基本的な租税政策上の構造を土台としつつ，そこに随時，倒産政策上の配慮を加味する形で平時の規律を類推し，微修正する手法により形成されてきたものとみることができる。しかし，そこには自ずと限界があった。

　まず，そもそもこれらの原則となる租税政策自体に，必ずしも強固な基盤があるわけではなかった。

　また，類推や微修正による対応はただちに新たな問題を生じた。すなわち，

---

889)　但し，§1275 (a) (4) の規律が再生企業にとって望ましい点につき，第2編第6章第3節第1款4・5。

株式と負債を厳格に峻別する構造を有する法人税の論理や構造に，事業再生局面における配慮を，私法上（会社法・倒産法上）の論理を媒介して解釈論・立法論として持ち込むこと（Stock-for-debt exception, Alabama Asphaltic 理論, §382 (l) (5)）には，もともと無理があったように思われる。しかし，私法的には，債務超過状態での債権者への支配権の移転も平時のM＆Aと厳格に区別すべきものではなく，企業支配権の取引にすぎないものとみた場合，そのような類推がなされたことは理解できなくはない。ここで生じる無理は，企業再生税制の問題のみに収まるものではなく，株式と負債を峻別する法人税の構造自体の問題へと波及することが避けられないであろう。さらに，仮に峻別を維持した場合でも，Alabama Asphaltic 理論やG型組織再編成，§382 (l) (5) に係る租税属性引継ルールが，要は，再生企業（及び投資家）にとって課税上有利な租税属性の利用を認めるための仕組みにすぎないとみるのであれば，むしろ制度設計の在り方としては，（国家全体の再分配政策を踏まえ企業再生税制に係る政策論としてどの程度税収を放棄するかの決定を所与とした上で）事業再生局面における租税属性の利用を，いかに政策目的にかなうよう効率的な方法で認めるか，またそのような手法は租税立法として政治的受容が見込めるかを問うべきであったように思われる[890]。

　第2に，仮に上記のような形で企業再生税制を自覚的に倒産政策に配慮した租税特別措置と位置づけたとしても，それで問題は解決しない。なぜなら，どこから企業再生税制による優遇を認めるべきかについての明確な線引きが難しいからである。それが，法的整理や債務超過時とそれ以外とで企業再生税制の適用の有無を変えてきた立法への不満や，これに制限を設けなかった場合の「濫用」の動きへの対応，NOL売買への警戒とクレーム・トレーディングの発展との関係である。したがって，事業再生の早期化・M＆A化・市場化の潮流がみられる中，所与の租税政策との関係で，どこから優遇的な企業再生税制の対象とすべき「事業再生局面」として括り出すかの適切な政策決定が求められ，税収確保目的や租税回避防止目的との関係での均衡点（妥協点？）を探す作業が必要となる。また，そのような「企業再生税制」の効果的で現実的な実施方法を考える必要がある。

---

890)　第2編第7章第3節。

第3節　次編以降の検討課題

以上を踏まえ，次編では以下のことを検討課題とする。すなわち，企業再生税制の半ば不可避的な政策性を述べるだけでは不十分であるため，政策税制としての企業再生税制を，機能的な観点から，平時における租税政策論の延長線上に位置づける必要がある。そのためには，「倒産」という事後の観点からだけでなく，事前の観点からの機能的分析によってその政策性の内容を充塡する必要がある。

倒産という事象を事前の観点から考える上で，具体的に注目すべきは以下の2点である。第1に，NOL（及びCOD）である。これは，企業のリスク・テイキングとの関係で倒産と密接に関係する。また，株式と負債を峻別する現行法人税において，株式の払込金と異なり，借入元本はCODとして課税される[891]が，これを打ち消す役目を果たすものとして重視されるのがNOLであった。第2に，利子控除である。過剰なレバレッジは倒産リスクを高めることから，それを促進する可能性のある利子控除についての分析が必要である。これらにつき，既に本編でも歴史的な側面からの準備作業は行ってきた。すなわち，利子控除目的での財務リストラクチャリングやLBOの動きを紹介し，また，NOLの利用可能性が事業再生局面において重要な関心事であったことをその淵源から観察してきた。そこで，次編ではこれらに関する機能的分析を行う。

---

[891]　なお，岡村忠生「グループ内再編──出資の非課税からの考察」ジュリスト1445号36頁，36頁（2012）は，法人が出資を受け入れたときにその時価を取得価額とし，それをもとに各種控除が認められることを「出資の非課税」と呼んで，所得課税の原則からの逸脱であると論じるが，これは法人と出資者の異法人格性に重きを置き，さらに株式と負債を区別する法人所得課税を受け入れた上での記述である。本書の関心からは，むしろ，裏側からみて，法人は株式と負債を区別せずに投資家からみた場合の資金の提供先（器）にすぎず，債務消滅益に課税されることが「出資の課税」として抽出されることになろう。

第3編　企業再生税制の機能的分析

本編では，企業再生税制の在り方を機能的に分析するために，事前の観点からの分析を中心的に行う。特に注目するのは，現行法人所得課税制度に内在する2つの大きな歪みである，欠損の非還付の取扱い（第1章）と，利子控除（第2章）である。

検討の結果，以下の点を政策論上の論点として提示できる。第1に，平時において，租税上の欠損について完全還付を行わないことは，租税法上，経済的所得の正確な算定が現実的でない現状に鑑みれば，租税政策論的にやむをえないが，事業再生局面をはじめとする倒産局面において，欠損の利用制限を緩和しておくことは，リスク・テイキングへの中立性を部分的に回復する措置として正当化する余地がある。この観点からは，事業再生がしばしばM&Aの手法によって行われることとの関係で，欠損金利用価値の自由な売買を認めておくことにも合理性を見出す余地が出てくる。第2に，投資家レベルでの課税まで踏まえると，法人レベルと投資家レベルでの二段階の課税を行う現行法人税の構造の下では，欠損の取扱いに関して，法人レベルで生じた欠損を事業再生局面においていかに処理すべきか，という租税政策上の決定をする必要がある。このことは仮に株式と負債の中立性を達成する課税方式を採用した場合にも変わらない。第3に，有限責任制度についての理論モデルや各当事者が直面する局面に応じ，欠損の非還付や利子控除が，税のない世界における問題を矯正する機能を果たすことがあり，そのような機能に着目し，政策目的実現のための法制度として用いる可能性が考えられる。しかし，そのために既存の法人税制を用いることには限界があり，ビジネス・モデルをはじめとする，政策目的に関連する特徴に応じた規律を別途設けるべきであって，租税法は，基本的には中立的な取扱いをすべきである。そして，複数の歪みを改善していく際には，改善の優先順位や他の歪みへの影響を考えることが租税政策論として重要となる。

第1章 欠　損

　本章では，企業再生税制の在り方を事前の観点から分析する作業として，租税欠損（tax loss）の取扱いに関する法的仕組みの理論を再検討する。そして，リスク・テイキングへの課税の中立性という租税政策を採用した場合，その実現のために完全還付以外の方法が制度設計としてありうるかという問題を提起し（第1節），制度設計の観点から，租税欠損の取扱いについて分析する論文を紹介し，検討する（第2節）。さらに，同論文の視点に示唆を受け，事業再生局面に限り平時と異なる規律をすることを租税政策・倒産政策の観点から正当化することを試み，同時に課題を指摘する（第3節）。最後に，法人課税との関係では，たとえ株式と負債を中立的に取り扱う制度を採用したとしても，事業体レベル・投資家レベルの二段階課税の下では，租税欠損の取扱いについて租税政策上の決定をすることが不可避であることを明らかにする（第4節）。

第1節　リスク・テイキングへの課税の中立性

第1款　前提条件としての完全還付

　リスク・テイキングへの課税の中立性を達成することを租税政策上の目標とした場合，その前提条件として，課税上，利益と損失を対称的に取り扱うことが必要であり，そのためには，リスク・テイキングの結果，利益が出たときには課税するが，同時に，損失が出た場合には，利益が出た場合と同一税率で，その課税年度において国家から納税者への還付（完全還付（full loss offset, full refundability））を行うことが必要条件となる[1]。このことを簡単な数

---

[1] Evsey D. Domar & Richard A. Musgrave, *Proportional Income Taxation and Risk-Taking*, 58 Q. J. Econ. 388 (1944); Mark Campisano & Roberta Romano, *Recouping Losses: The Case for Full Loss Offsets*, 76 Nw. U. L. Rev. 709, 722 (1981).

値例により直感的に確認しておく。

　納税者は，税引後の期待ペイオフの正負によって投資判断を決定するものとする。いま，ある投資単位には，投資元本100を要し，これを自己資本により賄う。

　この投資プロジェクトの成功する確率は30％で，成功時には400のリターンが，失敗する確率は70％で，失敗時には0のリターンが見込まれる。貨幣の時間的価値の問題を捨象するため，この投資の結果は即時に判明するものとする。この投資プロジェクトの，課税がない場合の期待ペイオフは，$(-100+400) \times 0.3 + (-100+0) \times 0.7 = 20$ であり，この投資プロジェクトを行うことは，（リスク中立的な）納税者にとって望ましく，社会にとっても望ましい。

　次に，単一税率40％の所得課税がある場合を考える。このとき，(i) 一切の還付を行わない場合と，(ii) 完全還付を行う場合のそれぞれについて考える。

　(i) 一切の還付を行わない場合，期待ペイオフは，$(-100+400) \times 0.3 \times (1-0.4) + (-100+0) \times 0.7 = -16$ となり，納税者はこの投資プロジェクトを行わなくなる。

　かかる課税の影響を社会的には望ましくないと考える場合，リスク・テイキングへの課税の中立性を達成するための前提条件の1つとして，完全還付が要請される。

　(ii) 完全還付を行う場合，期待ペイオフは，$(-100+400) \times 0.3 \times (1-0.4) + (-100+0) \times 0.7 \times (1-0.4) = 12$ となる。このとき，納税者にとっての期待ペイオフは，課税がない場合に比べ減少しているが，その減少率は，税率と同率であり，期待収益率は変わらず，リスク計測の指標である分散が減少している。すなわち，納税者のリスク・テイキングの一部を，税率の割合で政府（国庫）が引き受けていることを意味する（「サイレント・パートナー」としての政府（国庫））。課税の影響により，納税者は，税引前のペイオフを再現すべく行動を変化させ，リスク・テイキングの総量を $1/(1-0.4)$ 倍に増加させる（グロス・アップ）結果，社会全体でのリスク・テイキングの総量が増加する，というのがリスク・テイキングと課税の問題に関する嚆矢に位置づけられる Domar & Musgrave のモデルの帰結であった[2]。しかし，のちに Louis Kaplow

---

2) Domar & Musgrave, *supra* note 1, at 390.

の一般均衡モデルによる分析では，納税者が課税による影響を受け，課税前のリターンを再現すべく，借入れ等を通じてリスク投資の総量をグロス・アップする形でポートフォリオを組み替えるのと同様，政府（国庫）も，財政支出のための収入を一定にするために，納税者と同一の投資機会を有し，かつ，反対方向のポジションを取る形でポートフォリオを組み替えるとの仮定の下で，社会全体の総リスク量は増加しないとの結論が導かれている[3]。

この帰結が成立するためには，以下の前提条件が特に重視される[4]。すなわち，完全還付つきの比例税率であること[5]，である。「完全還付つき」といった場合に重点が置かれるのは，投資の結果として欠損が出た場合に，その欠損に税率を適用して算出される税額分だけ政府（国庫）からの給付がなされる点であり，完全還付がなされることと，比例税率による課税がなされることを独立の条件とみる必要は特にない。完全還付がなされない場合，ネットでみた場合の欠損については比例税率での課税がなされないことになるからである[6]。

この条件を前提に，現実の所得課税制度が完全還付を行っていないことを挙げて，リスク・テイキングへの課税の中立性が達成されていないと議論されるのが通例である。しかし，現実の法制度との関係を考えるのであれば，完全還付のない点を攻撃するだけでは不十分である。なぜなら，現実の法制度における所得課税は，理念的な包括的所得概念に忠実に発生主義的に課税所得を算定するのではなく，資産評価や納税資金への配慮から原則として実現主義を採用しているため，納税者にとっては利益と損失の選択的実現により，含み益への実効税率引下げが可能だからである。そのため，アメリカに

---

[3] *See* Louis Kaplow, *Taxation and Risk Taking: A General Equilibrium Perspective*, 47 NAT'L TAX J. 789 (1994); *see also* David A. Weisbach, *The (Non) Taxation of Risk*, 58 TAX L. REV. 1, 17-19, 53-54 (2004); *but see* David Hasen, *The Treatment of Risk-Taking Under an Income Tax*, http://papers.ssrn.com/abstract=2544565（政府のポートフォリオ組替えの仮定に疑問を呈する）。また，神山弘行「租税法における年度帰属の理論と法的構造（1）」法学協会雑誌128巻10号2399頁，2422-2431頁；同「租税法における年度帰属の理論と法的構造（4）」法学協会雑誌129巻2号331頁，377-399頁（2011）は，政府（国庫）の視点と納税者の視点の峻別の視座から，政府の割引率についての検討を深める。

[4] Kaplow, *supra* note 3, at 796. さらに，神山（4）・前掲注3）375-376頁は，政府のリスク許容度が市場参加者と同程度であること，所得が事後の視点から把握されることを付加する。

[5] なお，ここでは，税率構造が比例税率であること（複数税率でないこと）が必要なのであり，比例税率での課税に各個人に均一な給付を認める形での「累進性（progressivity）」自体は排斥されない。*See* Weisbach, *supra* note 3, at 39.

[6] *See id.* at 33-34, 38-42.

おけるキャピタル・ロスへの課税ルールのような一定の損失や欠損への控除制限は，実質的に利益と損失への実効税率を同等にする機能を果たす可能性が指摘されている[7]。

第 2 款　「次善の策」としての法人間移転／繰越・繰戻？

現実には，完全還付制度を採用している国は見当たらない。国家の税収確保という現実的な理由はともかく，その最も合理的な正当化理由は，現実の税制が，必ずしもリスク・テイキングの結果生じた正確な経済的所得を発生主義的に算定していない点に求められている[8]。課税所得と経済的所得の乖離については具体的に以下の点が挙げられる。

第 1 に，上記のような利益と損失の選択的実現の点である。第 2 に，租税誘因措置に基づく，立法による政策的（意図的）な経済的所得からの乖離である[9]。第 3 に，不正申告・脱税・人為的な課税上の損失の作出による経済的所得の計測の失敗である[10]。これらに起因して計上された課税上の欠損について，リスク・テイキングへの中立性を理由に完全還付を認める必要性はおよそ存在しない。これらの要因のため，たとえ純粋に経済的な観点からは完

---

[7] David A. Weisbach, *Taxation and Risk-Taking with Multiple Tax Rates*, 57 NAT'L TAX J. 229, 237 (2004)（キャピタル・ロスに関する §1211 をそのように位置づける）; *see also* Daniel N. Shaviro, *The Economics of Tax Law*, *in* THE OXFORD HANDBOOK OF LAW AND ECONOMICS (Francesco Parisi ed., forthcoming), http://papers.ssrn.com/abstract=2380898.

[8] 増井良啓「所得税法上の純損失に関する一考察」日税研論集 47 号 65 頁，87-88 頁 (2001)（以下，〔純損失〕という）; 同『結合企業課税の理論』265 頁，290 頁（東京大学出版会，2002）（以下，〔法人間移転〕という）; 同「連結納税制度をめぐる若干の論点 (III)——法人税制の変容を中心として」税研 93 号 124 頁，134 頁 (2000)（以下，〔連結〕という）; Satya Poddar & Morley English, *Treatment of Tax Losses: Lessons from the Canadian Experience*, *in* TAXATION TOWARDS 2000, 479 (John G. Head & Richard Krever eds., 1997); Thomas Abhayaratna & Shane Johnson, *Revisiting Tax Losses*, 24 AUSTL. TAX F. 59, 64-66 (2009); Michael J. McIntyre, *Identifying Tax Losses Entitled to Full Loss Offsets in a Business Profits Tax under the Domar-Musgrave Risk Model*, 24 AUSTL. TAX F. 77 (2009)

[9] Graham Glenday & Jack M. Mintz, *The Nature and Magnitude of Tax Losses of Canadian Corporations*, *in* POLICY OPTIONS FOR THE TREATMENT OF TAX LOSSES IN CANADA 2:7 (1991) [hereinafter POLICY OPTIONS]; Poddar & English, *supra* note 8, at 493; Abhayaratna & Johnson, *supra* note 8, at 65.

[10] 増井〔法人間移転〕・前掲注 8) 291 頁; Poddar & English, *supra* note 8, at 494; Abhayaratna & Johnson, *supra* note 8, at 65. 本書では，国際的側面については検討対象外としているが，金融取引・組織再編成・関連会社間の所得振替等の技術により，国家間の税制の違いを利用した二重控除のためのタックス・プランニングが問題となっている。*See* OECD, CORPORATE LOSS UTILIZATION THROUGH AGGRESSIVE TAX PLANNING, 47-59 (2011), http://dx.doi.org/10.1787/9789264119222-en.

全還付が望ましいとしても,現実の所得課税制度の下では,損失の控除には制限が設けられることが正当化される[11]。但し,租税誘因欠損については,政策目的との関係で還付の可能性が残されていると論じられる[12]。

以上の議論は,現実の課税制度において,完全還付制度がとられていないことの合理的正当化に成功している。そして,この議論は,経済的所得を正確に把握できるのであれば,同一の法人格内で完全還付を行うことを許容するであろう[13]。では,別の角度から,制度設計として「理想的」法人間移転を採用することで完全還付制度に代える可能性はあるだろうか。

経済的所得の算定が可能であれば完全還付制度を許容する立場にある増井良啓は,経済的所得の正確な把握に成功しているという意味での理想的完全還付制度に比べ,「欠損金利用価値の法人間移転[14]は,次善 (second best) の策にすぎない」と位置づけ,いわゆる,セカンド・ベスト・アプローチ[15]に依拠して,一方で「法人間移転は,完全還付よりもすぐれて中立性の目標を達成することはありえ」ず,他方で「完全還付にはなかった欠点を伴う」と論じる[16]。しかし,増井が,法人間移転を次善の策にすぎないと言明する直前の箇所で具体的に検討した法人間移転の手法は,社債の代替としての優先株の利用・減価償却資産のリース・組織再編成等,既存の法制度の枠内での法人間移転である[17]。セーフ・ハーバー・リースや組織再編成における租税属性の引継に一定の制限がかかることから明らかなように,これらは,何ら制

---

11) 現実の所得課税制度に限らず,フラット・タックスのような事業体レベルでのキャッシュ・フロー型消費課税を導入したとしても,なおも完全還付を認めないという租税政策の余地はありえ,欠損金利用価値の移転の是非についても見解が分かれる。See Joseph Bankman & Michael L. Schler, *Tax Planning under the Flat Tax, in* TAXING CAPITAL INCOME 245, 252-254, 261-262 (Henry J. Aaron et al. eds., 2007).
12) 増井〔法人間移転〕・前掲注8) 296頁;増井〔純損失〕・前掲注8) 94-95頁。
13) *See* Daniel N. Shaviro, *Selective Limitations on Tax Benefits*, 56 U. CHI. L. REV. 1189, 1257 (1989). 増井〔純損失〕・前掲注8) 88頁も,「理想的には,所得の測定を改善することにつとめ,かつ,完全還付の可能性を探る,という道がありうる」と述べる。
14) 「欠損金の租税価値の『移転 (transferability)』とは,ある法人の計上する欠損金を別の法人が税額算定上利用することをさす」と定義する(増井〔法人間移転〕・前掲注8) 297頁)。
15) パレート効率性達成のための条件が全て満たされている「最善の (first-best)」の状態と対比し,それが1つでも満たされない場合は,他の条件を満たすことができるとしても,必ずしも最適状態への接近を意味するかは明らかでないことをいう。参照,J.E. スティグリッツ(藪下史郎訳)『公共経済学(第2版)(下)』704-705頁(東洋経済新報社,2004)。
16) 増井〔法人間移転〕・前掲注8) 314頁。ここでの欠点につき,第1編第2章第3節第1款3(1)。
17) 増井〔法人間移転〕・前掲注8) 299-314頁。

限のない純粋な租税属性の法人間移転を認める制度ではない。すると，経済的欠損に係る租税価値を自由に取引することを認めるという意味での「理想的」法人間移転については検討していないことになる[18]。また，増井が引用するMark Campisano & Roberta Romano論文の該当箇所では，完全還付制度の，上記の意味での「理想的」法人間移転と同じものと解される「自由取引 (Free Transferability)」に対する優位性が述べられているが，そこで優位性を基礎づける理由として挙げられているのは，欠損金利用価値の購入者をみつけるための取引費用をはじめとする制度の複雑さや，監視 (audit) コストの増加である[19]。これらは，「理想的」法人間移転を「次善の策」であると位置づけるというよりも，むしろ欠損金利用価値を納税者に及ぼすための制度設計の選択の観点から完全還付制度が優越すると述べているものと思われる。この観点からは，「理想的」完全還付についても，その実施のため，現実の法制度を設計する上での条件についてヨリ詳細に探究し，「理想的」法人間移転との間で条件の達成のしやすさなど，法制度としての特徴を比較する必要があろう。

同様に，欠損金の繰越・繰戻の制度も「次善の策」であると理解されるが[20]，「理想的」繰越・繰戻の制度を設計することがそもそも可能なのか，可能であればそのための条件は何か[21]，を検討しておく余地が残されていよう。

このような理想的な制度を想定した上で制度としての優位性を比較検討する思考は，単なる空想的な理論的関心にとどまるものではない。既にみてきたように，事業再生局面においては，再生企業のNOLが，倒産政策上，肯定的に「財産」的価値を有するものとして取り扱われており，また，事業再生局面に限らず，支配権市場を通じて，否応なくこれら租税属性の価値が売買価格に反映されて取引されるという現実が存在するからである。

---

18) なお，増井〔連結〕・前掲注8) 134頁も，繰越欠損金の買取制限は応急措置でしかない旨を述べ，理想的法人間移転の余地を認めているようにみえる。
19) Campisano & Romano, *supra* note 1, at 741-742.
20) 増井〔純損失〕・前掲注8) 88頁。
21) 中里実「法人課税の時空間（クロノトポス）——法人間取引における課税の中立性」杉原泰雄退官『主権と自由の現代的課題』361頁，367頁（勁草書房，1994）は，利子つき，かつ，繰越期間無制限の繰越控除制度を提案するが，増井〔法人間移転〕・前掲注8) 292-293頁は，制度の複雑化を挙げ，完全還付本来の利点を十分に達成することができない，と述べる。

第2節　欠損の取扱いに係る制度比較

第1款　Nussim & Tabbach の問題提起

Jacob Nussim & Avraham Tabbach は，2014 年の論稿[22]において，事業欠損 (business loss) についての課税上の取扱いについて，従前の法学研究が，既存の法制度の制約に囚われていたため，制度設計の観点を欠き，所得課税における欠損の取扱いについて，真に租税政策上考えるべき問題を見落としてきたと主張した。以下，その要旨を紹介する。

1　課税上の欠損とその取扱いの3類型

Nussim & Tabbach は，課税上の欠損が生じるのは，所得の発生にはばらつきがあるのに，予め固定された課税年度によって区切られるためであり，基本的には，費用が所得算定において控除されるのと同様，このような期間的欠損 (periodic loss) についても，租税上の利益が付与されるべきであるとする[23]。この点は，わが国でもつとに (時間的単位だけでなく空間的単位についても併せて) 指摘されている[24]。

その上で，上記のような形で生じた欠損について租税上の利益を及ぼすための課税上の取扱いについて，3類型の制度があるとする。

第1に，税還付 (tax-refundability) 制度であり，期間的欠損についての租税価値 (tax value) を政府 (国庫) が追加的条件なしに納税者に提供する義務のある制度と定義する[25]。通常，完全還付については，欠損が出た場合に即時還付されることが想定されているが，彼らは，これは還付制度に本質的なものではないとして，即時性を税還付制度の定義に含めない[26]。

第2が，欠損相殺 (loss-offset) 制度であり，納税者に，自らの期間的欠損による租税上の利益を，当該納税者が十分な量の利益を累積した場合にのみ与える制度と定義する[27]。ここでは，しばしば通常の欠損の繰越・繰戻制度

---

22)　Jacob Nussim & Avraham Tabbach, *Tax-Loss Mechanisms,* 81 U. Chi. L. Rev. 1509 (2014).
23)　*See id.* at 1515–1520.
24)　中里・前掲注 21) 364–365 頁。
25)　Nussim & Tabbach, *supra* note 22, at 1521.
26)　*Id.*
27)　*Id.* at 1522.

にみられる期間制限は問題とせず,また,利益と欠損を対当額で相殺することも要求しない。Nussim & Tabbach の定義によれば,欠損の課税上の取扱いが,他の課税年度に実現した利益に依存する不確実なものとなり,その結果,欠損に係る租税上の利益が与えられるタイミングや欠損への適用税率が利益の発生に左右されることになる[28]。

第3が,欠損移転 (loss-transferability) 制度であり,納税者に,購入した租税欠損 (tax loss) を即時又は将来的に自らの利益と相殺することを許容し,租税欠損の市場取引を円滑にする制度と定義する[29]。この制度は,欠損を生じた納税者に,利益の生じている納税者との市場取引を通じて租税上の利益を提供するものである。納税者に供される租税上の利益は,欠損を購入する者の適用税率に依存して決まることになり,欠損移転制度に内在する税率構造は存在しない。またそのタイミングについて,ほとんどの課税期間で経済全体で累積した利益が欠損を上回る限り,納税者が欠損を被ったときに,即時に租税上の利益を提供することが期待できる[30]。

2 経済的同等性確保のための制度設計
(1) 基本的特徴と経済的同等性

まず,Nussim & Tabbach は,上記租税欠損に係る制度 (Tax-Loss mechanism) について,それぞれを異なる制度ならしめるものと考えられる基本的特徴を明らかにする。続いて,明らかにした基本的特徴がそれぞれの制度について無効化 (neutralize) されれば,各制度が経済的には同価値であることを示そうとする。基本的特徴として挙げられるのは,第1に,貨幣の時間的価値 (time value of money),第2に,経済活動の継続期間 (duration of economic activity),第3に,税率構造 (tax-rate structure),第4に,複雑性 (complexity) である[31]。第1の貨幣の時間的価値の点は,インフレ率や実質金利が正の場合,欠損に起因する租税上の利益をただちに受けられないことは,納税者にとってその価値が減ぜられることを意味するものとして用いている。第2の経済活動の継続期間の点は,通常,経済活動には終わりがあることに着目している。自

---

28) *See id.*
29) *Id.* at 1523.
30) *Id.* at 1524.
31) *See id.* at 1532–1534.

然人については死亡によって終了を迎えるが,法人や信託についても,倒産や清算により経済活動が終了するとして,経済活動が限られた期間内で行われるとの認識を採用するのである。第3の税率構造には,租税の衡平との関係で累進税率構造が採用されていることを挙げる。第4の複雑性には,徴税コストと納税協力コストが含まれる。

　そして,上記基本的特徴のうち前3つがないと仮定した場合,すなわち,①貨幣の時間的価値がなく,②経済活動は無限期間 (infinite time horizon) で行われ,③単一比例税率である場合には,各制度は経済的に同等であるとする[32]。具体的には,税還付制度と欠損相殺制度とは,租税上の利益の与えられるタイミングが異なりうるが,①によりその租税上の利益の価値は等価である[33]。さらに,欠損移転制度と他の2つの制度についてみてみると,①により,租税上の利益が生じるタイミングの違いによる価値の差は生じなくなり,③により,租税上の利益が与えられる場合,全ての納税者についてその価値は同一になる。②について,欠損について経済活動が無限期間行われる場合,期待値が正の経済活動をしている限り,いつかは租税上の利益を受けることができるようになるという[34]。欠損移転制度では,欠損を被った者が享受できる経済的価値は,欠損の買主の支払価格により決まり,買主は,享受できる租税上の利益によって支払価格を決めるが,十分に市場が競争的で,かつ市場全体で利益が欠損を上回っていれば,当該欠損のもたらす租税上の利益の価値まで上がる[35]。恐慌時のように市場全体がマイナス成長である場合には,欠損の売主は十分な租税上の価値を享受することができず,買主に偶発的利益が生じてしまいそうであるが,この場合でも仮定上,①貨幣の時間的価値が問題とならないので,経済が持ち直すまで売却しなければよく,このようにして,欠損移転制度は,他の2つの制度との経済的同等性を確保できる[36]。

---

32) *Id.* at 1534.
33) *Id.* at 1535.
34) *Id.* at 1535 n.86. ここでは,経済活動が無限期間行われるとの仮定を置いているため,その期待値も正であるというさらなる仮定を置いている。
35) *Id.* at 1536.
36) *See id.* at 1536–1537.

(2) 貨幣の時間的価値

次いで，上記基本的特徴についての仮定を緩めていくと，各制度で差異が生じるが，それは，制度設計の工夫次第で調整できることを論証する。

第1に緩められるのが，貨幣の時間的価値がゼロであるとの仮定である[37]。通常そうであるように，貨幣の時間的価値が正であれば，租税上の利益を受けるタイミングが遅れることによってその価値が減じる。このとき，欠損相殺制度と欠損移転制度の下では，過去の利益との相殺を可能にする繰戻制度が認められれば即座に租税上の利益を享受できる。また，過去の利益では相殺しきれない場合には，適正な利子率をつけて繰り延べることで経済的同等性を維持できる。租税上の利益は，欠損相殺制度では，欠損を生じた納税者自身の利益のばらつきに依存するが，欠損移転制度では，市場全体の利益のばらつきに依存することになる。

ここで問題になるのが，繰り延べられた欠損に係る適切な利子率の設定である。通常，納税者ごとの課税繰延の利益については，各人のリスク・プレミアム部分も加味した適切な利子率は異なり，これを法制度によって設定することは極めて難しいことが認識されている[38]。しかし，Nussim & Tabbach は，欠損についての適切な割引率は，全ての納税者について均一に，1年国債の税引後利子率に設定すべきだとする[39]。なぜなら，欠損についての租税上の利益の繰延は，政府（国庫）がただちに租税上の利益を与えた上で，その同額を，政府を債務者，納税者を債権者として貸し付けた（納税者による短期国債の購入）ものとみることができ[40]，問題になるのは，（各納税者ではなく）政府（国庫）の割引率であるからだとする。このようにして，3つの制度は，貨

---

37) See id. at 1537-1543.
38) この点は，課税繰延について租税支出予算に計上する際に，国債利率を用いることへの批判として包括的に展開されている。参照，神山（4）・前掲注3）377-399頁。
39) Nussim & Tabbach, supra note 22, at 1540-1541.
40) 自発的な国債購入と，強制的な欠損の繰延とでは性質が異なるとの見解に対しては，納税者は自らの反対方向にポートフォリオを組み替えることにより，これを免れることができるため無関係だとしている。たとえば，$100,000・税引後利子率2%の国債を保有している納税者について，$40,000の欠損が生じたとする。税率を20%とし，一切の還付が認められない場合，納税者は$8,000（＝$40,000×0.2）の追加的で強制的な政府への貸付をしたものとみることができるが，納税者は同額の国債を売却（ないし空売り）することで，国債への投資額を回復できる。そして，翌課税年度に，繰り延べられた欠損について税引後国債利子率がつくと，$408,000となって$8,160の租税上の利益を受けられ，同時に同額の国債を購入することで当初のポートフォリオを回復できる。See id. at 1541-1543.

(3) 経済活動の有限期間性

次に緩められるのが，経済活動が無限期間行われるとの仮定であり，代わりに，自然人については，退職や死亡，法人についても，倒産や解散といった形で，その経済活動がいずれ終了する（有限期間性）との仮定が置かれる[41]。有限期間性の下では，納税者は，欠損を残したまま経済活動を終了する可能性がある。税還付制度では，そのような場合でも即時に租税上の利益分の税還付がなされるため問題とならないが，欠損相殺制度では納税者自身が終了時に欠損を被っている場合，欠損移転制度では終了時に市場全体が欠損を生じている場合，納税者は十分に租税上の利益を受けることができない。そこで，Nussim & Tabbach は，これらについて，経済活動の「最後の年度（last period）」を観念し，そこにおいて，欠損相殺制度については，（貨幣の時間的価値分の調整もした上で）部分的に税還付制度を導入し，欠損移転制度についても，購入した欠損を将来ないし過去の利益に対しても利用可能にすることで調整できるとする[42]。

(4) 累進税率構造

最後に，比例税率構造の仮定を緩め，現実の実定法がそうであるように，累進税率構造を導入した場合でも，予め外生的に (exogenously) 決定された累進税率構造があるのであれば，3つの制度を同等に仕組むことができるという[43]。ここで，Nussim & Tabbach は，欠損にいかなる税率構造を適用すべきか，という問題を提起し，（純）利益について累進税率構造を採用している場合に，欠損に適用すべき税率構造は実のところ明らかでないと論じる[44]。そして，欠損に適用すべき所与の累進税率構造を想定した上で，それを各制度の下でいかに実現すべきかを考える。税還付制度では，そのまま所与の累進税率構造を適用すれば足りる。他方，欠損移転制度の下では，欠損を生じた納税者が享受できる利益は，買主に適用される税率構造によって決まり，市場全体で利益が十分に欠損を上回る場合には，最高限界税率で課税される者が最高価格を提示でき，欠損を生じた者は最高限界税率で計算した租税上

---

41) *See id.* at 1544-1545.
42) *See id.* at 1545.
43) *See id.* at 1545-1552.
44) *Id.* at 1546 (Campisano & Romano, *supra* note 1 は，累進税率構造の下でも，利益と欠損を対称的に扱うべきと述べるが，その論証が不十分だと批判する).

の利益を得られるとする。また，欠損相殺制度の下では，欠損を生じた納税者は自らの過去及び将来の利益としか相殺できないから，当該過去・将来の利益に適用される（ばらついた）限界税率に基づく租税上の利益を受けることになる。しかし，この場合も，納税者がどの課税年度の利益と相殺できるかを選択できるようにすれば，全体として十分に利益が生じている場合，最高限界税率が適用される利益と相殺できるようになるという。このように，欠損移転制度と欠損相殺制度の下では，相殺できる利益の量に応じて欠損に適用される税率が決定されるものの，外生的に与えられた社会的に望ましい累進税率構造を適用するよう制度設計すれば，累進税率構造の均一でない効果を無効化するであろうと論じる。

3 租税政策上の考慮要素の抽出

Nussim & Tabbach は，以上のような形で，制度設計次第では，税還付制度，欠損相殺制度，欠損移転制度を同等に仕組める可能性を論じ，さらにそこから，制度設計上の規範的含意を導き出す。

まずは，第4の基本的特徴である制度の複雑性についてである[45]。第1から第3の基本的特徴について同等に仕組めるのなら，その選択にあたっては，複雑性の低い制度を採用すべきことが含意される。たとえば，欠損相殺制度では，必然的に過去・将来の課税年度に依存することになるため，各課税年度の正確な所得情報の蓄積，貨幣の時間的価値やインフレ調整，「最後の年度」の特定，累進税率構造の下での欠損移転への制限等が必要になる。また，欠損移転制度では，伝統的な納税者と課税庁との関係に，必然的に第三者との取引を加えるものであるので，市場における取引と，第三者と課税庁との間の取引を要し，欠損の取引の真正性の審査など，多くの取引費用がかかる点が要考慮事項となる。税還付制度については，ある課税年度における欠損の額を把握するだけで足りるが，累進税率構造の下では，自ら税還付を受けるよりも，適用限界税率の高い他の納税者に欠損を移転した方が有利となり，組織再編成等によって，欠損を1つの納税者に集中させる誘因が生じ，それを防ぐのであれば，複雑な制限規定を設ける必要が出てくる点について考慮する必要が出てくる。

---

45) *See id.* at 1554-1556.

だが，貨幣の時間的価値，経済活動の有限期間性，累進税率構造という3つの基本的特徴について，前2者は，(新規事業にとっては重要だが) 実際のところ重大な違いをもたらすものではないとする。まず，貨幣の時間的価値については，政府の借入利率であれば，ばらつきがあるとはいえ歴史的に極めて低いことからそれほど重大な問題ではない[46]。また，経済活動の有限期間性については，市場全体で相殺する利益がないような状態が長引くのは，不況時にも稀であることから，欠損移転制度では，それほど重大な問題とはならないとする。他方，自らの利益としか相殺できない欠損相殺制度では確かに影響が大きくなるが，不況が短期間であり，国債利率が低く，一定の繰戻が認められるのなら，貨幣の時間的価値分はさほど問題とならず，また，貨幣の時間的価値の調整と経済活動終了時の還付を行うことで治癒できるという[47]。そして，3つの制度の間の中心的な差異は，欠損に適用する(累進) 税率構造であるとし，社会的に望ましい欠損への適用税率構造を決定することに力が注がれるべきだと結論づける[48]。

まとめとして，彼らの租税欠損の取扱いに係る事実解明的な分析は以下の3点で建設的であるとする[49]。第1に，税還付制度は，唯一，政策決定者に欠損に係る税率構造について明示的な政策決定を要求する制度である点で，よいベースラインとなること，第2に，欠損相殺制度と欠損移転制度では，欠損への適用税率が内生的に決まることを明らかにし，欠損への適用税率という規範的な問いを目立たせたこと，第3に，欠損への適用税率は，累進税率構造全体により決まるが，欠損移転制度では，最高限界税率が問題となり，税還付制度の下では独立に決まるといった事実を明らかにし，これらの事実は，税率表のありうべき改革を評価する際に考慮すべき事実だという。

第2款　検　討

1　欠損への累進税率構造を考えることの意義

はたして，Nussim & Tabbach の問題提起にはどのような意義があるか。まず，彼らの規範的含意としては最大の主張である，欠損に適用すべき社会

---

46)　*Id.* at 1560.
47)　*See id.* at 1560-1561.
48)　*See id.* at 1561.
49)　*See id.* at 1565.

的に望ましい累進税率構造の決定が租税政策上の重要な考慮事項である，との問題提起には注意を要しよう。彼らは，Campisano & Romano が，累進税率構造の下でも，欠損と利益の対称的な取扱いを主張したこと[50]に対し，その根拠が明らかでないと論ずる[51]。この点につき，Campisano & Romano は，完全還付制度の導入を，公平性・効率性・簡素性の 3 つの視点から主張しており，特に公平性の観点については，包括的所得概念と累進課税を主張した Henry Simons を引照する[52]。しかし，この引照が法人課税との関係では妥当でないことは既に増井により指摘されており[53]，租税政策の評価基準として，公平性が効率性より強い影響力を有していた時代に引きずられた記述ともみうるから，この部分に疑問を投げかけることがそれほど有益とは思われない。また，累進税率構造への着目の点については，伝統的には，ネットの所得が生じた場合を念頭に[54]，たとえば Simons においては経済的資源の再分配の観点から累進所得税が論じられてきた[55]。そのため，累進税率構造の存在を，現実的には完全還付制度を容易に採用できない理由として持ち出すことは合理的だとしても[56]，効率性・公平性の観点からは何ら租税政策上の含意を得られないとしてネットの欠損について独立に適用すべき累進税率構造を論じていく意義は乏しいのではないか[57]。とりわけ事業欠損については，（Nussim & Tabbach は法人課税に限定する議論を展開しておらず，この点で誤っているわけで

---

50) Campisano & Romano, *supra* note 1, at 713.
51) 効率性に関して，Nussim & Tabbach, *supra* note 22, at 1562 では，次のような事例が挙げられている。
   利益と欠損のそれぞれについて対称的に，1000 までは 20%，1000 以上は 40% の適用税率である。いま，成功時のペイオフが 2000，確率が 2/3，失敗時のペイオフが −4000，確率が 1/3，期待ペイオフが 0 である投資プロジェクトについて，上記累進税率構造の下での税引後ペイオフは，1400×2/3−2600×1/3=66.6>0 となってしまう。
52) Campisano & Romano, *supra*, note 1, at 713 n.18, 716, 718.
53) 増井〔法人間移転〕・前掲注 8) 289 頁。
54) 増井〔純損失〕・前掲注 8) 77-78 頁。
55) Henry Simons, Personal Income Taxation: The Definition of Income as a Problem of Fiscal Policy viii, 15, 18-19, 49 (1938). 参照，藤谷武史「非営利公益団体課税の機能的分析 (2)——政策税制の租税法学的考察」国家学会雑誌 118 巻 1=2 号 1 頁，34 頁 (2005); Daniel Shaviro, *The Forgotten Henry Simons*, 41 Fla. St. U. L. Rev. 1, 22-23 (2013).
56) 増井良啓『租税法入門』170 頁 (有斐閣，2014)。なお，American Law Institute, Federal Income Tax Project Subchapter C: Proposals on Corporate Acquisitions and Dispositions (reporter William D. Andrews) 212 (1982); 岡村忠生『法人税法講義 (第 3 版)』477 頁 (成文堂，2007) も参照。
57) 税還付制度を採用するとした場合に適用すべき累進税率構造を論ずるものとして，see Poddar, *infra* note 63, at 5: 12 to 5: 13.

はないものの)理論的には累進税率構造を採用すべき特段の根拠を見出すことが難しい法人課税が中心になるであろうから[58]，あえてそれを論じる必要性があるのか疑問である。個人について考える場合でも，再分配目的での国家からの給付に関しては，既に税と社会保障の統合の文脈でヨリ精緻な議論が(筆者自身によっても)展開されている[59]。確かに，彼らの主張する通り，効率性の観点，特に事前の観点からのリスク・テイキングへの中立性は，累進税率構造の下では利益と欠損を対称的に取り扱うだけでは達成されないであろう。しかし，少なくとも包括的所得概念を暗黙に前提とするのであれば，欠損に適用すべき社会的に望ましい累進税率構造という形で問題を定式化し，青写真を描くための制度設計論として積極的に論じていく意義は乏しいのではないか。

他方，欠損金の繰越・繰戻の制度やLibson Shops判決におけるようなNOL引継に係る伝統的な説明である所得平準化に内在的価値を見出す[60]，あるいは，これを無批判に所与とする[61]のであれば，この点を論じる実践的な必要性は高いということになろうか(その場合，平準化目的を事業レベルでみるか，法人レベルでみるか，法人の株主レベルでみるかで制度設計が異なってこよう)。

2 欠損の取扱いの制度設計上の考慮

(1) 具体的な制度設計上の考慮

むしろ，Nussim & Tabbachの企ての意義は，税還付制度，欠損相殺制度，欠損移転制度の経済的同等性達成の可能性に光を当て，議論を整理した点に

---

58) 但し，立法史的には，法人への累進課税が小規模法人への配慮から規定されたことを前提とすれば，欠損に累進税率を適用することは，巨額の欠損が生じる大企業への優遇であるとの批判が可能となる。See George K. Yin, *Of Diamonds and Coal: A Retrospective Examination of the Loss Carryover Controversy*, 48 N.Y.U. ANN. INST. ON FED. TAX'N §41, at 41-28 to -29 (1990).

59) *See, e.g.*, David A. Weisbach & Jacob Nussim, *The Integration of Tax and Spending Program*, 113 YALE L. J. 955 (2004).

60) *See* William Vickrey, *Averaging of Income for Income-Tax Purposes*, 47 J. POL'Y ECON. 379, 393-394 (1939) (法人についても，限定的であるものの平準化の利点を認める)；岡村・前掲注56) 478頁；*see also* ALI, *supra* note 56, at 212-213, 241. なお，個人所得税について参照，増井〔純損失〕・前掲注8) 78-97頁(個人所得税について事前の観点から完全還付制度を検討してその限界を見出したのち，平準化という制度趣旨から現行法の取扱いを正当化するアプローチをとる)；増井良啓「累進所得税の平準化」税研144号68頁 (2009) (基礎控除について繰越控除や繰戻還付導入の試案を提示) も参照。

61) まさに，この平準化という説明に代えて完全還付は提案されたのであった。*See* Campisano & Romano, *supra* note 1, at 710-711.

あろう。この発想を受け，断片的であるが，具体的な制度設計上の考慮事項について3点付言する。

第1に，Nussim & Tabbach は，租税優遇措置について，還付制度や移転制度が採用されていることがあることから，同様に（経済的）欠損についても，これらの手法を活用する可能性を模索するが[62]，そもそも両者を同様に考えることは可能であろうか。まず，所得課税における経済的所得算定上は，真正の費用（expense）であれば当然に控除されるため，当事者がそのような取引をするインセンティブ構造は存在せず，それを売却することを考える必要は基本的に存在しない。しかし，恣意的な課税年度の区切りのために生じ，マイナスの（純）所得という形で最終的な租税負担に十分に反映されていない経済的欠損については，リスク・テイキングへの中立性を確保するため，それを被る者が少なくとも現在価値で同等の経済的利益を享受する機会があることが必要である。そして，政府（国庫）がその機会を提供しないのであれば，欠損を移転する取引を行う必要性が出てくるのであり[63]，（取引費用がかからない完全市場であれば）市場全体で十分な利益が生じている場合，税還付制度と同等の現在価値を享受できるであろう。そこで，制度設計上は，欠損金利用価値の買い手となる者の範囲が問題となりうる。Nussim & Tabbach の想定では，欠損は自由に取引されるから，その制限は存在せず，（共時的にみて）市場全体で利益が欠損を上回る限り欠損の移転取引は成立することになる[64]。

そこで第2に，（各人の適用税率が同一であれば）欠損金利用価値の移転に一定の条件を設けることは，理想的な欠損移転を妨げる，という点に注意する必要がある[65]。現実の法人課税においては，一旦，欠損の引継制限にかからなければ，法人間移転の後に引き継いだ欠損によって，移転先のもともとの事業から生じる所得もシェルターできる。それにもかかわらず，たとえば第2編でみたように，Libson Shops 判決における同一事業継続性の要件や，§382(c)(1)の定める COBE と同等の事業の継続性の規定，財務省規則 §1.269-3(d)の租税回避目的の推定規定のような形で，欠損移転に一定程度の事業の

---

62) Nussim & Tabbach, *supra* note 22, at 1527-1531.
63) *Cf.* Satya Poddar, *Refunding the Tax Value of Unutilized Losses, in* POLICY OPTIONS, *supra* note 9, at 5:10（欠損法人は租税移転証明書（tax transfer certificate）を発行・売却し，その売却代金を所得に含め，買主は証明書により控除を受けられる仕組みを考える）.
64) 中里・前掲注 21) 366 頁は，法人部門全体を連結したような課税を行う，と表現する。
65) *See* Poddar, *supra* note 63, at 5:11.

継続性・同一性が要求されることがある[66]。このとき，買主が，売主と類似事業しか行っていなければ，その提示価格は，当該事業の収益力が上限となり，当該産業の収益性に影響される可能性がある[67]。すると，マクロの影響により産業全体の収益性が落ちている場合，欠損を被った者が十分にその欠損金利用価値を享受する形での欠損移転がなされない。あるいは，買主が類似事業を行っておらず，他の事業の利益をシェルターする目的である場合，引き継いだ不採算事業を継続することになってしまいかねない[68]。

また，現実の法制度にみられる欠損移転制度では，一定割合以上の所有変化によって移転に制約をかけるルールが設けられるのが通例である。内国歳入法典では，租税属性の引継を認める組織再編成であっても，§382の所有変化ルールによる制限，§269による否認の可能性を残している[69]。§§381, 382に関しては，欠損移転制度と欠損相殺制度の折衷的性格を有しているとみうる。すなわち，§381は，一定の組織再編成の場合に租税属性の引継を認めており，また，§382による制限がかかる場合も，旧欠損法人の純資産価値×長期非課税債の利子率分の価値については控除を認め，この限りにおいて法人間での欠損金利用価値の移転を認めているから，欠損を被った者（株主）が取引相手からその分の価値を受け取る点では，欠損移転制度としての性格を有している。他方，事業レベルでみれば，§382による制限がかかった場合，旧欠損法人の純資産価値を出資した場合の長期非課税債利子率相当の擬制収益分しか利益をシェルターできず，欠損金利用価値の売買が制限されていると観念できる点では，欠損相殺制度としての性格を有している。しかし，毎期，長期非課税債の利子率という低く見積もられた価値しか租税上の利益を得ることができなくなる点では，NOLの繰越に利子率分の調整がなされず，その繰越には期間制限もあるため，不十分な制度となる[70]。

---

[66] 参照，増井〔連結〕・前掲注8) 130-131頁（Libson Shops判決や§§381, 382の規律等を参考に，企業再編成にかかる租税属性引継ルールの体系的整備を行うことが望ましいとしていた）。

[67] Cf. Robert Couzin & Thomas E. McDonnell, *Policy Options: Reforming Current Provisions*, in POLICY OPTIONS, *supra* note 9, at 9; 11 (利益の出ている事業セクターでは，欠損の価値が高まると指摘).

[68] ALI, *supra* note 56, at 218–219; 岡村・前掲注56) 475頁，480頁。

[69] このこと自体はかねてより指摘されてきた。*See, e.g.*, J. Clifton Fleming, Jr., *Reflections on Section 382: Searching for a Rationale*, 1979 BYU L. REV. 213, 222.

[70] 他方，Yinは，低い価値で見積もった欠損金利用価値しか移転を認めない点に，1986年法の所有変化ルールの利点を見出す。*See* Yin, *supra* note 58, at 41–43.

第3に，欠損移転制度を，他の私法上の取引や事業内容に結びつけて部分的に認めることは，私法上の取引やインセンティブ構造自体を歪め，かえって社会的非効率性を生じる可能性がある。まず，租税属性の移転に組織再編成という株や資産の取引を媒介する必要があるために，本来のM&Aによるシナジーが認められない場合にも，多大な取引費用をかけて，これが行われる可能性がある[71]。このような租税負担軽減のみを目的とする私法上の取引が起きてしまうことこそが，欠損金売買が直感的に否定的に評価される理由であろう[72]。現在では，比較法的には一定範囲の結合企業にのみ結合企業内部での欠損移転を認めるという線引きに落ち着き，結合企業への欠損の持ち込みの防止が論じられる傾向にある[73]。しかし，資本関係を基準とした結合企業の線引きは，法人格を課税単位とする規律からくる不合理性をある程度緩和することには資するとしても，同一課税単位の下でのコングロマリット化による非効率性やスタート・アップ企業へのリスク・テイキングへの萎縮効果の放置など，以前から指摘されている問題を何ら解決するものではない。

　また，所有変化アプローチでは次のようなインセンティブの歪みも生じる。すなわち，NOLポイズン・ピルがデラウェア州最高裁で認められたように，所有変化を避けるために支配権取引を制限することが正当化されることがある。これは，経営者への規律を緩め，エージェンシー・コストを大きくする可能性があるという形で，租税法適用の前提となる私法上の規律に影響を及ぼしうる[74]。

---

71) 資産や株という私法上の財産・取引客体に着目して課税要件を定める点で，租税法上，独立に「組織再編成」にかかる規律を設けたところで，私法上の取引を歪めることに変わりはない。問題は，租税法上の目的に沿った租税立法であっても，少しでも私法に着目すれば，私人の行動に歪みが生じるという点である。

72) 参照，渡辺智之「企業組織再編税制とコーポレート・ガバナンス：無形資産・二重課税・租税回避」税研116号69頁，71頁 (2004)（シナジー効果が認められないにもかかわらず，課税上のメリットを実現するためにのみ行われる企業組織再編成について租税回避と認定される可能性を指摘）；ALI, *supra* note 56, at 209; 岡村・前掲注 56) 475-476頁。増井〔法人間移転〕・前掲注 8) 316頁が所得振替の問題点として挙げる「価格形成への介入」もここに位置づけられようか。

73) 増井〔法人間移転〕・前掲注 8) 322頁；Yoshihiro Masui, *General Report, in* Cahier de droit fiscal international Vol. 89B, 21, 46-51 (2004); Maureen Donnellly & Allister Young, *Policy Options for Tax Loss Treatment: How Does Canada Compare?*, 50 Can. Tax J. 429, 469 (2002); Antony Ting, The Taxation of Corporate Groups under Consolidation: An International Comparison 139-175 (2013); 岡村忠生「二重連結損失とハイブリッド・ミスマッチ」法学論叢176巻2=3号173頁 (2014)。

74) David M. Schizer, *Tax and Corporate Governance: The Influence of Tax on Managerial Agency Costs, in* The Oxford Handbook on Corporate Law and Governance, at 9 (online ver. July 2015).

同様に，事業の継続性の要求される水準によっては，非効率な事業の継続を余儀なくされる危険を孕んでいることは既に指摘した通りである。特に，Libson Shops 判決のような同一事業の利益と損失の平準化という制度趣旨から，事業の継続性を要求することには注意が必要である。平準化といった制度趣旨からすると，要求される事業の同一性の水準が高ければ，リスク・テイキングの結果，ある事業に収益性がないことが明らかになったのちも，欠損金の利用のために当該事業の継続が選択されてしまうかもしれない。リスク・テイキングへの課税の中立性の観点からは，賭けの結果，ある事業が失敗に終わった後にまで当該事業を継続させる必要はなく，ただちに撤退させるべきである。また，仮に租税法上異なる事業と評価されるものであっても，欠損を生じた事業で用いられた資産等が買収法人の事業との関係でシナジーを生じるのであれば[75]，それを租税法上の理由により妨げるべきではない。この意味で，仮に欠損移転制度に何らかの事業の継続性に関わる制約を設けるとすれば，当該 M&A により引き継がれる事業や資産等によりシナジーが生じることを要求すべきである。

(2) 欠損移転制度と税還付制度の優劣

以上の点を踏まえながら，欠損移転制度には，税還付制度よりも制度として優位な点があるかを検討する。

まず，理想的欠損移転制度を実現するためには，取引費用がゼロであるという条件が必要であり，現実にはその達成は困難であることは否定しがたい[76]。しかし，制度としては，税還付制度に勝ると評価しうる点もある。それは，欠損を生じた者がその分の租税上の利益の価値を，政府（国庫）ではなく，取引相手から享受する点である。これは，経済的所得を課税上正確に算定できない可能性がある場合に，完全還付制度を導入すれば，国庫が直接給付を行わねばならなくなることへの制度的歯止めとなることを意味する[77]。欠損移転制度の下では，欠損の買主はあくまで自らの利益の範囲内で租税上

---

[75] Treas. Reg. §1. 269-3 (d) は，このようなものを要求していると解されようか。参照，第 2 編第 7 章第 2 節第 2 款 2。

[76] 増井〔法人間移転〕・前掲注 8) 316 頁。

[77] ALI, *supra* note 56, at 213. 岡村・前掲注 56 は，納税者の観点から，事実上取引が可能でない場合を想定して，なぜむしろ還付を認めないのかが問われるべきであるとするが（478-479 頁），還付をしないことについては，現行法上の問題点を一定の範囲に押さえ込むための線引きとして受容している（477 頁）。

の利益を享受するにとどまるからである。そして，市場を用いれば，国家からの直接の出捐なくして，適時に大規模な資金が集まる可能性もある[78]。また，欠損移転制度の下では，欠損の真正性について，取引相手が関心を有するため実効的な監視者となりえ[79]，税還付制度におけるよりも政府（国庫）による監視費用が低下する可能性も全くないとはいい切れない。さらに，欠損を生じる者は，自ら取引相手を探し，取引成立のために欠損の真正性を示す必要が生じるため，税還付制度よりも，虚偽の欠損を生じようとのインセンティブ[80]が減殺されるかもしれない。

　しかし，これらの点を加味しても，次のような制度的な課題は避けられないであろう。まず，他の市場におけるのと同様，法制度の整備をはじめ，政府が競争的な欠損移転市場の整備に必要最低限の関与をせざるをえなくなるであろう。また，欠損の買主への租税上の利益の付与にあたっての監視は，買い受けた欠損と買主の申告する利益の関係性が存在しないため，政府による監視[81]が難しく，結果的にヨリ費用がかかることもありうる。買主も，政府による不真正な欠損の発見の可能性が低いと予期すれば，監視を十分に行わない可能性がある。また，監視を行う買主が単に値段の引下げを要求し，偶発的利益を享受してしまう方向に作用するかもしれない[82]。このように，現実的には，最終的に政府が負担する監視費用や取引当事者に生じる取引費用は，税還付制度や欠損相殺制度におけるよりも大きくなる可能性が高いと予想される[83]。

　以上の検討より，欠損移転制度について，現在の法制度は必ずしも十分に機能するための条件を備えていないこと，また，（必ずしも網羅的ではないもの

---

78) 但し，資金調達の大きさでいえば，政府は課税による資金調達が可能であろうが，法律に基づき課税する必要があり，また，その支出に係る財政的統制にも服す可能性がある。

79) *See* Alvin C. Warren, Jr. & Alan J. Auerbach, *Transferability of Tax Incentives and the Fiction of Safe Harbor Leasing,* 95 HARV. L. REV. 1752, 1777-1778 (1982) （ACRS と ITC について，自由取引を活用した制度設計を考える上で，この点を指摘）．

80) 増井〔法人間移転〕・前掲注 8) 291 頁。

81) LIHTC について，投資家による監視のインセンティブが生じるかは，最終的な政府によるプログラムの監督に依存し，現実に税額控除の取戻し (recapture) が少ないのは，実効的なモニタリングのおかげか，単に政府の監督が効いていないかであると分析されている。*See* Mihir Desai et al., *Tax Incentives for Affordable Housing: The Low Income Housing Tax Credit,* 24 TAX POL. & ECON. 181, 194-195 (2010).

82) *See* ALI, *supra* note 56, at 214. この場合，ただちに収益が見込まれないことによる割引については，貨幣の時間的価値の調整によって対処できる。

83) *See* Campisano & Romano, *supra* note 1, at 741; Poddar, *supra* note 63, at 5 : 10 to : 11.

の）上記のような種々のありうべき考慮がなされてはじめて欠損金利用価値の法人間移転を「次善の策」と評価できるようになるとの結論が得られる。

第 3 節　事業再生局面への含意

次に，租税法における欠損の取扱いを論じた Nussim & Tabbach 論文が，企業再生税制を構想するにあたって，いかなる含意を有するかを考察する。

第 1 款　倒産局面における期限切れ欠損金の利用

Nussim & Tabbach は，「経済活動の終了」時を観念し，欠損相殺制度の下では，その時点で税還付を行うことで，税還付制度との経済的同等性を達成できる旨を述べる。特に，法人については，倒産時を「経済活動の終了」時として挙げる[84]。この点，Nussim & Tabbach は，倒産について「経済活動の終了」としか捉えておらず，清算と再生の関係に無頓着であり，また，倒産時の債務消滅益への課税を考慮せずに税還付を主張している点で，その検討にはやや不十分なところがある。そうではあるものの，「経済活動の終了」時を観念し，そこにおいて特別の課税上の取扱いを考える点は，有用かもしれない。わが国では，平時には，欠損金額の繰越控除に控除限度額や繰越期間制限を設けつつ，倒産時にのみ期限切れ欠損金の利用を認めている[85]。この仕組みは，平時には，課税上，経済的所得を正確に算定していないことに鑑みて青色欠損金額の利用には制限を設けつつも，倒産局面においては，それまでのリスク・テイキングが失敗に終わったとみなし，この時点において期限切れ欠損金の利用を認めることを担保しておく制度と理解すれば，単なる倒産政策上の優遇措置としてだけでなく，リスク・テイキングへの中立性を確保するための仕組みとして租税政策論的に正当化する余地を見出せるかもしれない[86]。

---

84)　Nussim & Tabbach, *supra* note 22, at 1544-1545.
85)　第 1 編第 1 章。
86)　*See* Nussim & Tabbach, *supra* note 22, at 1558（経済活動終了時に欠損について租税上の利益を与えないのは，事前の観点からは，収益のボラティリティの高い活動に対する重課となり，そのような活動を委縮させると指摘）； *see also* Poddar & English, *supra* note 8, at 495（公衆の反対はともかく，経済的観点からは，LBO が失敗に終わり，財務的困難や倒産に陥ったときに還付を認めることは，リスク・テイキングへの萎縮バイアスを避けるために本質的な部分だとする）．

他方，この構成による期限切れ欠損金利用の正当化には問題もある。第1に，貨幣の時間的価値の調整はなされない。第2に，倒産局面といった場合には，清算と事業再生を同列に扱ってよいかが問題になろう。事業再生か清算かは，継続企業価値が清算価値を上回るかで選択されるべきであり，事業再生は，既存の事業の収益力を前提とする点で，清算と同列に扱うべきではないという議論が考えられる。この点については，事業の収益性を前提とするとしても，倒産に至ったからには，投資の意思決定をする時点において想定されていた収益を上げることができず，予定していた債務の弁済ができなかったものとして，リスク・テイキングが失敗に終わった側面があると観念できよう。そして，通常の事業再生実務で行われるように，過剰債務（debt overhang）状態を解消しつつ新たな資金拠出者をみつけ，事業の選択と集中を進めた上で，事業再生時の資金拠出者からすれば新たな投資プロジェクトを始めるものとみうるとすれば，事業再生局面に入ったことを法的に[87]「経済活動の終了」と観念することがおよそ不可能とまではいえないと思われる。むしろ，アメリカにおいて事業再生時に厳格な事業の継続性を要求することに謙抑的な法制度が漸次的に形成されてきた歴史は，このように観念することをサポートする事実といえよう。

　この点を日本法の企業再生税制の基本構造に即してまとめると次のようになる。すなわち，株主の所得への課税の前取りと構成された現行法人所得課税の構造の下で，株主が投資決定を行うものと株式会社の基本構造を想定すれば[88]，株主は，法人を通じて，リスク・テイキングをしているとみることができ，そのための投資プロジェクトに必要な資金として借入れによる資金調達を行うことがある[89]。そして，借入金を元手に，事業に係る費用を支払

---

[87] 厳密な経済分析では，リスク・テイキングの結果は即時に判明すると仮定することが多く，わざわざ「経済活動の終了」という区切りを設けることで，現実の倒産法制の利用のタイミングと結びつけるための法的な道具立てとしうる，という理解である。

[88] ここでは，債権者もリスク・テイキングを負担し，倒産前から既に実質的な支配権を行使しているとの精確な議論（*See, e.g.,* Douglas G. Baird & Robert K. Rasmussen, *Private Debt and the Missing Lever of Corporate Governance,* 154 U. PA. L. REV. 1209 (2006)）は捨象している。このことはすなわち，経済学的観点からは，株主の所得への課税の前取りと構成して法人所得課税を設計することには自ずと限界があることを意味しようか。

　また，ここでは，経営者・株主間のエージェンシー問題をないものとしていることから，株主については，所有者経営者を典型的なものとして想定することになろうか。

[89] 租税法学において，リスク・テイキングへの課税が論じられる場面でのモデルでは，無リスク金利による借入れを行うと想定されるのが通例である。*See, e.g.,* Weisbach, *supra* note 3, at 15-17. すなわち，（株式と負債ではなく）time value と bet に分けて考察すべきことになる。

い，その分は課税所得算定上控除されるのが基本である。そして，課税所得が負になった部分については，完全還付はされず，青色欠損金額として繰り越される。他方，借入元本理論の発想からは，借入時に課税されず，課税所得算定上さらに控除された部分については，債務消滅時には取戻し課税を行うべきことになる[90]。しかし，債務消滅益に取戻し課税を行おうとする場合，債務消滅益に対応する欠損金額の中には，期限切れになってしまい，実質的に租税上の利益を受けていない部分もある。にもかかわらず，「経済活動の終了」時である倒産局面においてその利用を認めないままであれば，事前の観点からリスク・テイキングを萎縮させる。したがって，倒産局面では期限切れ欠損金まで含めて債務消滅益と相殺して控除できるようにしておくことが正当化される，と考えるのである[91]。

第2款　平時と倒産局面との異なる規律

では，仮にリスク・テイキングへの課税の中立性を部分的に確保するための仕組みとみた場合，「経済活動の終了」時点において平時と異なる規律をすること自体はどのように評価できるであろうか。

倒産という現象が，マクロ経済の動向に影響を受けやすいことに鑑みると，予め法律という一般的な法形式で仕組みを整備していることは，アメリカにおける金融危機への対応が，危機が生じてから事後的な対応としてなされたことや[92]，システミック・リスク回避の観点からベイルアウトとして場当たり的になされ[93]，事前の投資決定の時点で予測がつかず，リスク・テイキングへの中立性の確保自体には役立たないことに比べると正当化しやすいであろう。

しかし，同時に欠点を見出すこともできる。このように，倒産局面に限っ

---

[90] 第2編第2章第1節第3款。
[91] 但し，現実には，事業の開始から終了までに複数の意思決定が行われるであろうから，このような説明は観念的であることは否めない。本書の手に余るが，租税法における利益と損失の非対称的な取扱いに係る動態的な分析として，see Alan J. Auerbach, *The Dynamic Effects of Tax Law Asymmetries*, 53 REV. ECON. STU. 205 (1986).
[92] 第2編第8章第1節第1款注773。
[93] 但し，ベイルアウトとして行うのであれば，モラル・ハザードを防ぐために，そのような救済は事前に予測できないことが望ましい。*See* Steven L. Schwarcz, *Systemic Risk,* 97 GEO. L. J. 193, 231 (2008). もちろん，事後的なベイルアウト政策と事前における投資決定と倒産の関係は異種のものと理解すべきかもしれない。

て，法律によって明示的に平時と比べて有利な取扱いを認めることは，事業の性質上収益のボラティリティが大きいなど，相対的に倒産しやすい産業の企業にのみ，その機会を与えることになり，場合によっては，事実上，一定産業を優遇することになるおそれがなくもない[94]。このような事業再生局面における相対的に有利な取扱いが見込まれると，事前の観点からは資本コストの低減という形で優遇の効果が現れるかもしれない。ただ，その場合でも，事業再生局面に入った後の事後の観点からはともかく，少なくとも事前の観点からは同一産業内の競合企業とは中立的に取り扱われていることになろう。平時と事業再生局面との区別に関しては，本編第2章を踏まえて改めて述べる[95]。

第3款　投資家レベルへの着目

倒産局面を「経済活動の終了」時と法的に観念し，そのタイミングで期限切れ欠損金の利用を可能にしておくという日本の企業再生税制の基本構造については，法人レベルのみを考えた場合，期限切れ欠損金の利用をリスク・テイキングへの中立性確保のための部分的な制度的措置とみうることを述べた。しかし，日本の法人税法は，必ずしも投資家レベルにまで着目して企業再生税制や組織再編税制を設計していない。そこで，法人レベルでの欠損金利用価値を実際に享受する主体が誰であるかに注意する必要がある。

この点について，アメリカ法では，所有変化ルールが投資家レベルに着目するものであるため把握しやすい。すなわち，Alabama Asphaltic 理論や §382 (l) (5) の規律は，従前の債権者で再生企業の株主となった者に再生企業の租税属性の利用を認める租税特別措置とみることができ[96]，結果的に失敗に終わったリスク・テイキングを行った（経営者を選任した）株主が欠損金利用価値を享受するのではないから，§382 (l) (5) について，株主によるリスク・テイキングへの中立性確保のための措置とはみにくい。

日本法についても投資家レベルまで考えてみる。まず，法人レベルの課税では，債務超過状態にある企業について既存株主が排除（いわゆる100％減資）

---

94) 但し，収益のボラティリティが大きい企業は，一方で倒産を未然に防ぐべく負債比率を低くする可能性がある。参照，後掲注122。
95) 第4編第1章第2節。
96) 第2編第3章第3節第2款3，第2編第7章第3節。

される場合，法人レベルで残存する，債務消滅益等による相殺後の欠損金額について，その欠損金利用価値を享受するのは，事業再生後に株主となる債権者や新規出資者だとみうる。そして，株主となる債権者や新規出資者は，事業再生により享受できる欠損金利用価値の「財産」的価値を，いわば事業再生により生じる「余剰価値」[97]として織り込んで債務免除額を決定したり，出資して再生企業の株式を引き受けたりするであろう。この点で，日本法も，再生企業のNOLが実質的に売買の対象となるアメリカ法の構造に類似する部分があるといえる。このようにみると，日本の現行法上，ひとたび企業再生税制の範疇に入れば，所有変化による制限がかからないという構造は[98]，仮に従前の債権者がクレーム・トレーディングによってこの租税上の利益を回収する場合，欠損金利用価値を価格に反映させるにあたって，再度の所有変化が起きる可能性という不確実性に伴うディスカウントが生じないという点で，欠損移転制度としての利点を見出すことができるかもしれない。

　その一方で，投資家レベルでの課税にも注意する必要がある。すなわち，現行法人課税が，法人レベルと投資家レベルでの二段階での課税を行うという構造についてである。この点，アメリカ法では，1987年歳入法により，§382(g)(4)(D) が設けられ，50%以上を保有する株主によって保有される株式が，当該株主によって，課税上無価値化したものとして損失計上され，そのまま保有されているときは，その株式を当該株主が翌課税年度初日に取得し，それ以前には保有していなかったものと取り扱われ[99]，したがって所有変化が生じ，法人レベルでのNOL利用に制限がかかることとされた。さらに，Prudential Lines 判決では，親会社が，自ら保有する子会社株式について，課税上の損失を計上することが破産裁判所により差し止められ，新たに再生企業の株主となる従前の債権者が旧株主たる親会社より優先するとの判断が示されたことには既に触れた[100]。

---

97) このような租税価値を，事業再生法制によって保護すべき余剰価値とみるかはそれ自体倒産政策上の決定を要しよう。
98) 所有変化アプローチ導入の可能性について，参照，第1編第2章第3節第1款1(1)。
99) §382(g)(4)(D) の創設前には，親法人がNOLの生じている子法人Aに利益の出ている子法人Bを買収させ，かつ，子法人Aの無価値化した株式について損失控除した場合に，親法人と子法人の異法人格性などを理由に二重控除を認めた Textron, Inc. v. U.S., 561 F.2d 1023 (1st Cir. 1977) があった。
100) 第2編第7章第2節第1款注731。

これに対し，日本法では，個人株主の株式の無価値化に伴う損失計上が限定的であるため[101]，見方によっては（株主と法人という異なる法主体における）損失の二重控除の問題に個人株主の犠牲の下で歯止めがかかっているとみることもできる。その一方，法人株主であれば，排除された既存株式について，完全支配関係がある場合を除けば[102]，原則ルールとして資産の評価損計上が可能である（法税33条2項，法令68条1項2号）。したがって，事業再生後に再生企業レベルに残った欠損金によって，事業再生後に生じる利益をシェルターできるため，株主レベルと再生企業レベルでの二重控除の問題[103]が残っているとみることも可能であろう。

このように，事業再生局面での期限切れ欠損金の利用を，リスク・テイキングへの中立性確保のための制度的措置とみた場合でも，投資家レベルまで踏まえると，その理由づけには弱いところがあることが明らかとなった。

第4節　BEITモデルからみる法人・投資家二段階課税と欠損

本節では，次章で取り扱う株式と負債の区分に関し，仮に両者を課税上中立的に取り扱うという租税政策を設定した場合の理想モデルの1つとなるBEIT (Business Enterprise Income Tax) を題材に，リスク・テイキングと欠損の取扱いに関する制度設計モデルを検討し，仮に，両者の中立性が達成され

---

101) 参照，佐藤英明「投資の失敗と所得税」税務事例研究47号23頁 (2003)。裁判例においては，そのままでは損失計上が難しい無価値化した株式を譲渡した事案において，（理由づけには問題があろうが）譲渡所得を発生させる「資産」に該当しないとの判断が示されている（東京高判平成18年12月27日訟月54巻3号760頁，東京地判平成27年3月12日裁判所HP〔その控訴審東京高判平成27年10月14日裁判所HP〕）。但し，特定管理株式等については政策的に手当されている（租特法37条の11の2）。
102) 平成23年6月改正によって，完全支配関係のある法人の清算等に伴う欠損金の引継（法税57条2項）の場合には，子法人の株式についての評価損が損金に算入されないこととされ（法税33条5項，法令68条の3），この場合には二重控除が防止される（『平成23年度 税制改正の解説』275頁〔椎谷晃＝藤田泰弘＝有利浩一郎〕）。
103) 参照，岡村忠生「法人課税の意味」同編『新しい法人税法』1頁，11-12頁（有斐閣，2008）（法人について計算される損失が法人にとどまることで，個人所得税による損失のコントロールを遮蔽すると指摘の上，法人が被った損失は，株式の値下がりという形で株主に利用されているとして，法人レベルで計算される損失に対し，個人所得税の観点からコントロールする必要性を唱える）。増井良啓「日本における連結納税制度の方向性——投資修正は必要か？」租税研究624号11頁，12-14頁 (2001) は，会社レベルと株主レベルでの調整がなされていないと整理する。他に，参照，酒井貴子『法人課税における租税属性の研究』133-227頁（成文堂，2011）；同「租税属性についての基礎的研究」租税研究788号218頁 (2015)。

第1章 欠損　319

たとしても，リスク・テイキングと課税の問題との関係では，事業体レベルと投資家レベルとの二段階課税を行う限り，事業体レベルで生じた欠損の取扱いについて租税政策上の決定が避けられないことを明らかにする。

第1款　BEIT モデル

Edward Kleinbard によって考案された BEIT[104]は，端的にいえば，事業体レベルでは株式と負債を区別せず，共通の資本コストに係る通常収益率分の控除を認め，均衡点では消費課税が行われるようにし，投資家レベルで通常収益への課税を行って所得課税を維持する仕組みである。すなわち，事業体レベルでは，これまで通り資産について減価償却を行いつつ[105]，毎期その資産のベイシスの総計に一定の通常収益率をかけて算出される資本コスト控除 (Cost of Capital Allowance, COCA) を認め，投資家側では，現実の支払の有無にかかわらず，強制的に投資家側における証券（株式及び負債）のベイシスに一定の収益率をかけて算出される最低算入額 (minimum inclusion) に課税するみなし通常利益課税を行う。

そして，BEIT の下では，組織再編税制が廃止され，支配権取引は，全て対象企業の資産の売却と当該企業の清算と同等に扱われる[106]。これは，BEITでは，事業体レベルでの将来の資産に係る減価償却費の総和の現在価値と将来の COCA の額の総和の現在価値が等しくなるため，結果的に即時償却控除を認めた場合と経済的に等価になることを利用している[107]。即時償却控除を認めた場合同様，たとえ支配権取引に伴い所得を実現・認識したとしても，売主と買主を総合すれば，全体として税収が生じることはない。

第2款　事業体レベルでの欠損の取扱い

では，株式と負債を課税上中立的に取り扱う BEIT の下では，企業再生税制はどのような形で存在するであろうか。

---

104) Edward D. Kleinbard, *Rehabilitating the Business Income Tax* (The Hamilton Project Discussion Paper 2007-09, 2007).
105) このとき，必ずしも経済的減価償却を要求しない。加速度減価償却のような形で，事業体レベルで過大に控除された部分は，資産のベイシスを参照して計算される COCA の額が小さくなる形で相殺される。また，投資家側の最低算入額も，投資家が実際に証券取得に要した費用をもとにするため，事業体レベルでの資産のベイシスに左右されない。*See id.* at 29.
106) *See id.* at 32, 55-56.
107) *Id.* at 30-31, 55-56.

上記の通り，倒産局面に突入した企業の支配権の取得も，一様に，当該企業の資産の売却と，当該企業の清算とみる。その場合，再生企業に生じていた事業欠損も消滅してしまうことになるか。しかし，仮にそうなれば，M＆Aの手法を用いた事業再生に大きな萎縮効果が生じてしまうであろう[108]。Kleinbardによれば，仮に完全還付を認めない場合，まず，（COCA率の）利子つきでの繰越によって処理することが考えられる[109]。

では，組織再編成を通じた欠損の移転によることはできるか。この場合，買収企業が被買収企業の欠損を買収対価に反映しつつ，引き継ぐことになる。Kleinbardはこの点につき，次のような問題を指摘する[110]。すなわち，被買収企業の一部のみが取得される場合，欠損を按分して引き継ぐことになるのか，また，その按分比率はどのように決めるのか，という問題である。経済学的には，この問題につき，ルールさえ明確であれば当事者の交渉によって解決されることになろうが，アメリカにおけるNOL売買防止のための議会や内国歳入庁の歴史的に活発な動きに鑑みると，完全還付よりも一層政治的に実現が難しいと考える。

そして，実際的な試論として，事業体レベルでの欠損は，他の事業体によって，その資産や支配的投資持分が取得されたときに消滅させることにする。もし，（分割のような形で）全てに満たない資産を移転したときは，欠損は移転元にそのまま残存し，同時に，現行の§382による制限は残す。但し，基本的にはグループでの連結を認めるため，その適用が問題となるのは，欠損の出ている企業を用いて利益の出ている事業を買収し，その利益をシェルターするような場合に限られるという。さらに，欠損の出ている事業体が売却ないし清算される場合，事業体レベルで欠損を消滅させることの代替として，投資家レベルでの通常所得としての損失控除を特別に認めるという提案をする。これは，利益については投資家に分配することができても，損失についてはできないという法人税の構造に対する例外的な取扱いである。このように，二段階の課税を維持する限り，株式と負債を中立的に取り扱うだけでは問題は解決せず，別途欠損の取扱いに関する政策決定を要することになる。Kleinbardの提案によれば，もともと法人レベルの所得を株主の所得の前取

---

108) 第2編第8章第2節第1款。
109) See Kleinbard, supra nete 104, at 39, 56.
110) See id. at 39, 56–57.

りと捉えながら，事業再生局面についてのみ§382 (1) (5)のような形で，従前の債権者を対象に租税上の利益を提供する現行法の規定は消えることになろう。

第5節　小　括

　本章では，リスク・テイキングへの課税の中立性確保という事前の観点からの租税政策との関係で，欠損の取扱いを分析した。まず，リスク・テイキングへの中立性確保のためには，完全還付制度が前提条件となるが，その代替措置として，法人間移転や欠損金の繰越・繰戻の制度がいかなる意味で「次善の策」であるかは明らかにされていないと問題提起した（第1節）。次いで，租税欠損の取扱いに係る仕組みを制度設計の観点から事実解明的に分析し，政策論上の規範的含意を導出したNussim & Tabbach論文を紹介・検討し，上記の「次善の策」との評価の内容を充塡した（第2節）。続いて，Nussim & Tabbach論文の，倒産局面を「経済活動の終了」時と観念する発想に示唆を受け，倒産局面における期限切れ欠損金の利用を正当化する見方を提示し，また，再生企業の事業体レベルに残る欠損金を経済的に享受する投資家にまで着目する必要があると論じた（第3節）。最後に，BEITモデルを題材に，仮に株式と負債の中立性が達成されたとしても，事業体と投資家の二段階課税を行う限り，リスク・テイキングと課税の問題に関しては，再生企業に残存する欠損金の取扱いにつき租税政策上の決定を要すると論じた（第4節）。

第2章 株式と負債

　本章では，企業再生税制の在り方を事前の観点から考察するため，企業が投資プロジェクトを実施するための資金調達手法に目を向ける。なぜなら，現在の法人所得課税制度の下では，株式と負債という資金調達手法の違いにより，課税上の帰結が異なるからである。また，租税のない世界においても，企業法上，株式と負債の区別は存在し，企業経営との関係で租税とは別個独立の作用を生じている。そのため，「租税『立』法と私法」論の観点からは，効率的な税収調達のための租税政策論及び政策目的実現手段としての租税，の双方を論じる上で，これらの作用と課税との関係性に目配りをする必要がある。

　以下では，コーポレート・ファイナンスの分野におけるいくつかのモデルに依拠しつつ，資金調達手法と課税との (無) 関係性についての機能的分析を行い，その上で，モデルに対応する租税政策上の含意を導き出す[111]。なお，包括的なサーベイを行うものではない[112]。また，法人税改革の一環として株式と負債の中立的な課税方法の探究を行うこと自体も目的としない[113]。とこ

---

[111] 同種の分析として，国枝繁樹「コーポレート・ファイナンスと税制」フィナンシャル・レビュー 69 号 4 頁，17-26 頁 (2003)。

[112] ここで参照している包括的なサーベイとして，John R. Graham, *Do Taxes Affect Corporate Decisions?: A Review, in* HANDBOOK OF THE ECONOMICS OF FINANCE VOL. 2A, ch.3, 123, 134 (George M. Constantinides et al. eds., 2013). 同サーベイでは，課税制度は所与としているが (*Id.* at 124-125)，本書では租税政策論に結びつけようとする点で独自性を有する。

[113] この点については，わが国にも，ミード報告書，CBIT 報告書，BEIT 提案，マーリーズ・レビュー等を踏まえた数多くの研究がある。その一部として，中里実「法人課税の再検討に関する覚書——課税の中立性の観点から」租税法研究 19 号 1 頁 (1991)；吉村政穂「出資者課税——『法人税』という課税方式 (4・完)」法学協会雑誌 120 巻 7 号 1339 頁 (2003)；岡村忠生「アメリカにおける包括的事業所得税構想について (資料)」税法学 509 号 1 頁 (1993)；岡村・前掲注 103；同「これからの法人課税と税法学の課題」税研 146 号 15 頁 (2009)；田近栄治「日本の法人税をどう設計するか——課税ベースの選択と国際化への対応」フィナンシャル・レビュー 102 号 104 頁 (2011)；神山弘行「法人・リスク・課税」租税研究 776 号 61 頁 (2014)；同「法人課税とリスク」金子ほか編・後掲注 154) 321 頁；岡村忠生「法人税の課税ベースと消費課税」『税制改革と

ろで，株式と負債という法的な括り自体に意味がないことは，ファイナンス理論におけるセキュリティ・デザインの議論や[114]，租税法学における time value と bet の議論[115]で既に明らかにされている。しかし，現実にはセキュリティ・デザインにかかる取引費用が高い等の理由から伝統的な株式と負債が用いられる局面が多く，企業の資金調達と課税の関係を鳥瞰するためには，伝統的な株式と負債の括りの下での理論を整理しておくことに意義がある。また，利子控除については，特に各国の税率の違いを利用した租税負担減少の動きが真の問題であるとも指摘されるが[116]，国際的側面については取り扱わない。

第1節　静的トレードオフ・モデルと Miller 均衡

第1款　静的トレードオフ・モデル

Modigliani & Miller によって，情報の非対称性がなく，取引費用のかからない完全市場においては，税と倒産がなく，投資家と企業の借入コストが同一である場合に，投資家レベルでのポートフォリオ調整により同一の収益を達成でき，企業レベルでの資本構成は企業価値に関係しないことが明らかにされたことはよく知られている（MM 理論）[117]。そして，法人所得課税の存在を加味した場合，企業の利払いは課税所得を減少させるため，十分な収益がある場合，毎期，利払額×税率分だけ税引後キャッシュ・フローが増加し，その現在価値の総和分だけ企業価値が向上することも明らかにされた[118]。し

国際課税（BEPS）への取組（公社）日本租税研究協会第67回租税研究大会記録2015』(2015)；浅妻章如「分析道具としての CBIT・BEIT の理念的モデル」トラスト未来フォーラム『金融取引と課税（4）』39頁(2016)。

114)　藤田友敬「会社法と関係する経済学の諸領域（3）」法学教室261号72頁，76-77頁(2002)；森田果『金融取引における情報と法』9-38頁（商事法務，2009)。

115)　橋本慎一朗「OID ルールのデリバティブへの拡張」国家学会雑誌118巻5＝6号600頁(2005)。

116)　See Ilan Benshalom, *How to Live with a Tax Code with which You Disagree: Doctrine, Optimal Tax, Common Sense, and the Debt-Equity Distinction,* 88 N.C.L. Rev. 1217, 1259, 1271 (2010).

117)　Franco Modigliani & Merton H. Miller, *The Cost of Capital, Corporation Finance, and the Theory of Investment,* 48 Am. Econ. Rev. 261 (1958). 藤田友敬「会社法と関係する経済学の諸領域（2）」法学教室260号63頁，63-68頁(2002) も参照。

118)　Franco Modigliani & Merton H. Miller, *Corporate Income Taxes and the Cost of Capital: A Correction,* 53 Am. Econ. Rev. 433 (1963). なお，元本 D，利率 r_D，満期なし，法人税率 θ_C とすると，その法人税額減少により増加する企業価値は，$\theta_C D \; (= \dfrac{\theta_C r_D D}{r_D})$ である。

かし，そうすると，企業の最適資本構成は100％負債ともなりそうであるが，現実にそのような企業は存在しない。そこで，負債に係るコストとして，倒産コストをはじめとする，財務困難コストが考えられるようになり，これに伴う企業価値減少分と併せて，両者の均衡点が，企業価値が最大となる最適資本構成となるとの理論モデル（静的トレードオフ・モデル）がつくられた[119]。

第2款 Miller 均衡

しかし，Merton Miller は，法人税率の引上げにもかかわらず，現実には負債比率がそれほど高くならなかったことや，実際には倒産コストはそれほど大きくないとの実証研究があったことから，負債による資金調達の利益が，現実にはそれほど大きくない可能性を考えるようになり，法人所得課税のみならず，個人所得課税をも加味したモデルを考案するに至った[120]。

Miller のモデルによれば，投資家は，法人所得課税と個人所得課税の双方を合わせた税引後利益を最大化させるように投資決定をする。その場合，投資1単位につき，負債を通じた投資が株式を通じた投資よりも有利となるのは，次の式を満たす場合である。

$$1-\theta_P > (1-\theta_C)(1-\theta_{PE})$$

ここで，θ_P は，負債を通じた投資リターンへの個人所得税率，θ_C は，法人所得税率，θ_{PE} は，株式投資リターンへの個人所得税率を表す。

すると，これを満たさない場合には，負債よりも株式の方が有利となる可能性が出てくる。たとえば，適用される負債のリターンへの個人所得税率が高く，法人所得税率が低く，株式のリターン（配当やキャピタル・ゲイン）への適用税率が低い場合には，負債を通じた投資の方が不利となることが想定される。市場全体の限界投資家にとって，次の式のように，負債，株式双方の投資の税引後収益率は均衡し，企業にとっては，負債と株式の資本コストが等しくなる均衡点（Miller 均衡）が存在する。このことは，適用される個人所得税率が高い投資家は，ヨリ高い税引前リターンを要求するようになり，法

---

[119] Alan Kraus & Robert H. Litzenberger, *A State-Preference Model of Optimal Financial Leverage*, 28 J. Fin. 911 (1973).
[120] Merton H. Miller, *Debt and Taxes*, 32 J. Fin. 261 (1977).

人からすれば，法人レベルでの利子控除による節税利益が打ち消されることを意味する[121]。

$$1-\theta_P=(1-\theta_C)(1-\theta_{PE})$$

　こうして，個々の企業の限界的な負債比率の変更は企業価値に影響しないこととなり，法人課税上の利子控除という利益があり，倒産コストが小さいとしても，負債比率がそれほど高くならないことが説明される。

　また，Miller均衡のモデルにおいては，十分な課税所得があり，利子控除分全てが法人レベルでの課税所得をシェルターするのに用いられると仮定されていた。しかし，現実には，利子控除以外の課税所得減少要因(non-debt tax shield, NDTS)が存在し，これらのNDTSを織り込んだ場合，利子控除に係る限界租税利益に相当する θ_C は，NDTSの減少関数で表現されるものとなり，各企業のNDTSに応じて最適な資本構成は異なるとの含意が導かれている[122]。

　利子控除による租税上の利益については，Debt-for-stock exchange 等にみられる負債比率を高める財務リストラクチャリングによる株価上昇を（もともと最適な水準よりも低い負債比率であったとの暗黙の前提の下に）このような観点から説明する立場がある[123]。但し，Miller均衡のモデルは，現実には，法人所得税率が個人所得税率よりも高い場合にも広く株式保有が観察されるなど，現実を十分に説明しきれていない側面もある。

---

121) 企業価値の増分の現在価値は，割引率と，個人所得税率を加味して決定するため，次のようになる。

$$[(1-\theta_P)-(1-\theta_C)(1-\theta_{PE})]r_DD/(1-\theta_P)r_D$$

また，$\theta_P=\theta_{PE}$ のとき，$\theta_C D$ となる。See id. at 267-268.

122) See Harry DeAngelo & Ronald W. Masulis, *Optimal Capital Structure under Corporate and Personal Taxation*, 8 J. Fin. Econ. 3 (1980). このことから，同じ法人課税を受ける企業でも，利子控除による租税上の利益を安定して享受できる成熟企業よりも，収益が安定せずにNOLなどのNDTSが発生しやすく，また，資産の構成要素に無形資産が多く，倒産コストが大きいために業態上負債比率が低くなるスタート・アップ企業が不利になる（投資家から要求される税引前収益率が高くなり，ひいては企業部門での資金配分に歪みが生じる）と述べるものとして，Michael S. Knoll, *Taxing Prometheus: How the Corporate Interest Deduction Discourages Innovation and Risk-Taking*, 38 Vill. L. Rev. 1461 (1993).

123) 第2編第6章第2節注487及びそれに対応する本文。

第3款　租税政策上の含意

これらのモデルでは，利子控除による租税上の利益の存在自体が，モデルの中に組み込まれている。そして，利子控除を認めることによる企業の資金調達への歪みから生じる厚生損失は望ましくないから，税制が企業の資金調達に対して中立的であるべきだとの租税政策上の含意が導き出されるのが通例である。

また，厳密には，Miller 均衡のモデルが明らかにしたように，個人レベルでの適用税率が高いなど，負債への投資に係る適用税率が法人への株式投資と個人レベルでの株式投資への適用税率の総計よりも高い場合，納税者は株式への投資によって課税上相対的に有利となることもある。そして，このように，納税者に自らの適用税率に応じた選択の余地があることから生じる厚生損失（ここには租税法上の性質決定を操作するために生じる租税法以外の目的達成について生じるコストが含まれる。）や，立法府が個人レベルについて設定した税率構造に基づく課税を達成できないことを念頭に，租税法上，株式と負債を中立的に取り扱うべきであるとも論じられる[124]。

ただ，租税法上，株式と負債を中立的に取り扱うべきであるとの結論を導くためには，もう1点考慮しておいてよいと思われる事項がある。それは，他のコーポレート・ファイナンスのモデルによれば，利子控除という歪みが，そのモデルの中で生じている非効率性を改善する役割を果たす可能性についてである。したがって，次節以降では，他のモデルに依拠した場合の租税政策上の含意を得ることを目的とする。

第2節　ペッキング・オーダー理論

第1款　ペッキング・オーダー理論

企業と投資家との間の情報の非対称性に基づく逆選択に着目し，レモン・モデルによって企業の資金調達行動を説明するのがペッキング・オーダー理論である[125]。直感的に説明すれば次のようになる。

---

124)　*See* DANIEL N. SHAVIRO, DECODING THE U.S. CORPORATE TAX 97-99 (2009).
125)　Stewart C. Myers & Nicholas S. Majluf, *Corporate Financing and Investment Decisions When Firms Have Information That Investors Do Not Have*, 13 J. FIN. ECON. 187 (1984); Stewart C. Myers, *The Capital Structure Puzzle*, 39 J. FIN. 575, 582-585 (1984).

企業経営者は，外部投資家よりも企業の経営状況その他の事情をよく知っているものとする。いま，経営者がある投資プロジェクトのために資金調達するにあたって，新株を発行しようとする。このとき，経営者が既存株主の利益に忠実に行動し，既存株主は経営に受け身であるとする。すると，自らが情報劣位にあることに自覚的な外部投資家は，資金調達を外部投資家への新株発行によらないことを，経営者が「良い情報」を有していることの，逆に，新株発行の試み自体を，経営者は市場で明らかになっていない「悪い情報」を有している，つまり経営者は外部投資家が株式価値を過大評価していると考えていることのシグナルとして受け止め，経営者が提示した価格での発行には応じなくなる。そのため，経営者は株式よりもリスクの低い負債による資金調達を図る。さらに，負債による場合も，合理的な外部投資家は，同様に情報の非対称性があるために，貸倒れリスクの評価に際し，それがない場合よりも過大な利子率を要求する。そのため，経営者は，資金調達にあたって内部留保を優先する，という理論である。なお，ここでは租税については捨象されている。

第2款　租税政策上の含意

　租税政策の観点，特に，政策目的実現手段としての租税の観点[126]から，ペッキング・オーダー理論の下では，株式と負債の区別による課税上の歪みが上記非効率性の改善に資するとの仮説を提示するものがある。Roger Gordon[127]は，現実には，業績のよい企業でも負債比率の低い企業が存在する等の実証研究から，静的トレードオフ・モデルに疑問を呈する。そして，ペッキング・オーダー理論の観点から，負債による資金調達では情報の非対称性がない場合よりも過大な利子率が要求されているため，課税上，利子控除を認めることは，むしろ矯正的な補助金として正当化されうると論じる。そして，真に補助を与えるべき業績のよい企業の累進税率構造の下での適用税率は高く，収益も安定し欠損も有していないとの前提の下で，欠損の完全還付を行わず，累進税率構造をとることで，業績のよい企業に相対的に大きな租税上の利益が及ぶようにし，逆に業績が悪いと想定される企業には相対的に小さな租税

---

126) 序第3節第2款。
127) Roger H. Gordon, *Taxation and Corporate Use of Debt: Implications for Tax Policy*, 63 NAT'L. TAX J. 151, 160-165 (2010).

上の利益しか及ばないようにしている現行法の仕組みは，過小となっている負債による資金調達を優遇しつつも，その対象を，ヨリ情報の非対称性に苦しむ企業に大きな租税上の優遇を与える形で限定しているものとみることができるとする。このようにして，利子控除を認める租税政策を，情報の非対称性に起因する資金配分の問題を緩和するのに資する，と正当化するのである。

しかし，Gordon のモデルに対しては，次のような批判がある[128]。まず，ペッキング・オーダー理論とは逆に，負債による資金調達は，経営者が返済に必要なだけの十分なキャッシュ・フローを生み出せる見込みがあることのシグナルとなるとのモデルも存在し，実証的にはいずれも決定的ではないため[129]，仮にこのモデルが正しい場合はかえって不要な優遇を与えることになるとの留保がある。また，仮にペッキング・オーダー理論が妥当するとしても，Gordon のモデルでは，外部投資家からの資金調達は，全て負債の形をとるとの仮定が置かれているが[130]，同様のことは負債市場だけでなく株式市場にも妥当し，双方の市場における情報の非対称性を織り込んだモデルの下では，過剰な負債による資金調達につながるとの研究があるとの批判がある。ペッキング・オーダー理論の下では，株式よりも負債が好まれるという命題も（むしろヨリ）重要であるから，負債による資金調達にのみ租税法上の優遇をすれば，株式による資金調達がますます過小になることが想定される[131]。さらに，負債による資金調達への租税上の優遇が許容される余地があるとしても，利子控除という一律の方式は，大雑把にすぎるとの批判が妥当しよう。すなわち，情報の非対称性からくる信用の制約に最も苦しむのは，有形資産が少なく，大きな投資機会を有する小規模なスタート・アップ企業であろうが，現行法の構造上，利子控除の便益を最も享受できるのは，既に外部の負債市場へのアクセスがあり収益の安定した成熟企業であるとの批判[132]は強力であろう。

---

128) Ruud A. De Mooij, *Tax Biases to Debt Finance: Assessing the Problem, Finding Solutions*, 33 FISCAL STUD. 489, 499 (2012).
129) Gordon は，このモデルは実証研究に反すると論じている。*See* Gordon, *supra* note 127, at 166-167.
130) *Id.* at 163.
131) *See* SHAVIRO, *supra* note 124, at 93-94.
132) 前掲注 122 も参照。

Gordon のモデルは，利子控除を認めることが，欠損金の非還付の制度と相まって，情報の非対称性から生じる非効率性を緩和する機能を果たす可能性を示すものであり，現行法を正当化する余地が全くないわけではない。しかし，正反対の結論を導く他のモデルがあるにもかかわらず，前提とする特定のモデルの正しさに依存するのは危険である。また，仮にモデルが妥当するとしても，事実上の対象企業等の点で，政策目的実現手段として大雑把にすぎると評価せざるをえない。少なくとも，現行法上の枠組みのまま，政策目的実現のための租税としてこれを積極的に推進するのは難しい。

第3節　エージェンシー理論

第1款　エージェンシー理論

　Jensen & Meckling の著名な研究は，利子控除による租税上の利益が導入される以前から負債が用いられていたこと[133]に着目して企業の資金調達行動を分析するもので，静的トレードオフ・モデルに対抗する側面を有する[134]。また，ペッキング・オーダー理論では，経営者が既存株主の利益に忠実に行動するとの仮定が置かれていたが，経営者と株主の利益は常に一致するわけではない。これに対して，エージェンシー理論では，それぞれプリンシパルとエージェントである株主と経営者の利害対立，債権者と株主の利害対立から生じる非効率性の問題に焦点が当てられる。

　経営者と株主の間のエージェンシー問題に対しては，負債比率を高め，固定利払いを増やすことにより，経営者に収益を生む動機づけを与え，また，経営者が自己の個人的効用のために用いてしまう可能性のあるフリー・キャッシュ・フローを強制的に減少させる規律機能が期待できることは既にみた[135]。

　他方，株主と債権者との間では，株主が，有限責任制度の下で，リスク・テイキングの結果，利益が出ればそれを享受し，損失が出ても自己の出資の限度でしかそれを負担しないことから，社会的に非効率な投資であっても株

---

133)　第2編第1章第1節。
134)　Michael C. Jensen & William H. Meckling, *Theory of the Firm: Managerial Behavior, Agency Costs and Ownership Structure*, 3 J. Fin. Econ. 305, 333 (1976).
135)　第2編第6章第3節第1款2。

主の利益にはなる可能性があるためこれを行う誘因があり（資産代替効果）[136]，これを予期した債権者による自衛のためのコベナンツ等による監視にかかるコスト（モニタリング・コスト）や，規律コストといった負債のエージェンシー・コストが生じ，結局，基本的にその負担は所有者 (owner) に帰着すると説明される[137]。Jensen & Meckling の理論によれば，所与の企業の規模・外部資本に対して，このような株式と負債それぞれのエージェンシー・コストの総和が最小になるところで企業の所有構造 (ownership structure) が決まるとされる[138]。さらに，事前に自衛できない不法行為債権者を典型とする非自発的債権者が，このような株主の機会主義的行動により損害を被る問題が法学的にも議論されている[139]。

また，株主を投資決定者として想定した場合だけでなく，経営者を投資決定者と想定した場合も，経営者が債権者の犠牲の下に過大なリスク・テイキングを行う誘因を有する局面がある。まず，特に上場企業では，所有と経営が分離していることが想定されるが，この場合，経営者は，自らの出資分の有限責任しか負わず，ポートフォリオ投資を行える株主よりもリスク回避的であると想定されるのが通例である[140]。それは以下の事情による。第 1 に，経営者は，企業倒産によって自らの地位を危うくし，報酬も受けられなくなる可能性が高い。第 2 に，経営者は，企業特殊的な経営能力しか有さない場合があり[141]，また，一旦企業を倒産させてしまうと，経営者としての評判を下げる可能性が高く，経営者としての次の職務機会に悪影響を受けかねない[142]。そして，負債比率が高まると，上記のような負債の規律効果が期待できる一方，財務困難に陥れば，ますます倒産を恐れてリスクの低い経営を行

---

136) 後藤元『株主有限責任制度の弊害と過少資本による株主の責任』95-102 頁（商事法務，2007）。
137) Jensen & Meckling, *supra* note 134, at 334-343.
138) *See id.* at 343-351. なお，単に株式と負債の割合だけでなく，経営者の株式所有にも着目することから，「最適資本構成」という用語は用いていない。のちの関連する研究のサーベイとして，Milton Harris & Artur Raviv, *The Theory of Capital Structure*, 46 J. Fin. 297, 300-306 (1991).
139) *See, e.g.*, Henry Hansmann & Reinier Kraakman, *Toward Unlimited Shareholder Liability for Corporate Torts*, 100 Yale L. J. 1879 (1991); Frank H. Easterbrook & Daniel R. Fitschel, The Economic Structure of Corporate Law 52-62 (1991); 後藤・前掲注 136) 117-120 頁。
140) John Armour et al., *Transaction with Creditors*, *in* The Anatomy of Corporate Law: A Comparative and Functional Approach 115, 117-118 (Renier Kraakman et al. eds., 2d ed. 2009); Lucian Bebchuk & Jesse Fried, Pay without Performance: The Unfulfilled Promise of Executive Compensation 16 (2004).
141) Jensen & Meckling, *supra* note 134, at 340 n. 52.
142) 第 2 章第 6 章第 3 節第 1 款 2 注 557。

うものと想定される[143]。このようにして，株式のエージェンシー・コストが生じる。そこで，このコストを減少すべくストック・オプション等のインセンティブ報酬が付与されることがある。しかし，たとえば倒産が見込まれ，いずれにせよ自らの地位が危ないような局面で顕著なように，インセンティブ報酬を付与された経営者には，一か八かに賭けて過大なリスク・テイキングをするインセンティブが生じかねず，株主と債権者の利害対立の問題と構造が類似してくる[144]。このような問題に対しては，会社法上の議論として，経営者にも優先権のない一般債権を持たせるといった対処法[145]が論じられている[146]。ここでは，株主にしろ，経営者にしろ，特に倒産局面が見込まれれば，過大なリスク・テイキングをする誘因があることを確認しておく。

第2款　租税政策上の含意

1　政策目的実現手段としての租税の限界

エージェンシー理論との関係では，租税政策上，次のような論点が考えられる。

第1に，デット・バイアスが，エージェンシー問題に及ぼす作用である。まずいえることは，デット・バイアスにより，税がない状態で達していたであろう企業の所有構造に係る均衡点におけるのとは異なる所有構造をもたらし，歪みを生じさせる，ということである[147]。この点につき，Jensen &

---

[143]　*See* Armour et al. *supra* note 140, at 117.

[144]　*See id.* at 118; Kelli A. Alces & Brian D. Galle, *The False Promise of Risk-Reducing Incentive Pay: Evidence from Executive Pensions and Deferred Compensation*, 38 J. CORP. L. 53, 59 (2012).

[145]　*See* Edward Rock, *Adapting to the New Shareholder-Centric Reality*, 161 U. PA. L. REV. 1907 (2013).

[146]　*See* Jensen & Meckling, *supra* note 134, at 352-353; Frederick Tung, *Pay for Banker Performance: Structuring Executive Compensation for Risk Regulation*, 105 NW. U. L. REV. 1205 (2011); *but see* Alces & Galle, *supra* note 144（内部債権を持たせる提案はコストがかかり効果も大きくないとする）.

　他方，実証的には銀行 CEO のインセンティブ報酬と金融危機との間に相関関係が示されていないことについて，銀行 CEO が年金等の形で内部債権を有していたからであるとするものとして，Frederick Tung & Xue Wang, *Bank CEOs, Inside Debt Compensation, and the Global Financial Crisis* (Bos. Univ. Sch. of Law Working Paper No. 11-49, 2012), http://papers.ssrn.com/abstract=1570161.

[147]　*See* SHAVIRO, *supra* note 124, at 93; Daniel N. Shaviro, *Income Tax Reform Implications of the Financial Crisis, in* TAXATION AND THE FINANCIAL CRISIS, 174, 177 (Julian S. Alworth & Giampaolo Arachi eds., 2012).　Jensen は，課税が理由となって，配当が抑制されることを懸念し，支払配当の控除を認めることでデット・バイアスを取り除くことを想定していた。*See* Michael C.

Mecklingは，負債のエージェンシー・コストは基本的に所有者経営者（owner-manager）に帰着するにもかかわらず，なぜ負債が用いられることがあるのかを考察する中で，その一要因として，利子控除による租税上の利益は最終的に株主に発生するとの想定で，株主にとっての租税上の利益による限界便益が，負債のエージェンシー・コストの限界資産効果（marginal wealth effects）と等しくなるまで負債が用いられるであろうと指摘していた[148]。この点についての具体的な影響としては次のようなものが考えられる。

　株式のエージェンシー・コストについていえば，デット・バイアスによる負債の増加分だけ負債の規律効果が増え，フリー・キャッシュ・フローを用いた自己消費の追求の余地は減るかもしれない。他方，一旦負債比率が高まり，ヨリ倒産しやすくなると，（特にインセンティブ報酬を受けていないような）経営者が倒産を恐れるあまり，その後のリスク・テイキングが過小になるという方向での作用が考えられる。また，負債のエージェンシー・コストについては，財務困難コストを大きくする方向に作用するであろう[149]。さらに，経営者の行動を考慮に入れた場合，特にインセンティブ報酬を付与されている経営者について，企業が倒産しても次の就職機会があると見込まれる場合や，負債比率が高まり倒産しやすくなっている状態で，倒産が見込まれたような場合には，今度は逆に過大なリスク・テイキングを助長することにつながる。このように，デット・バイアスによる歪みが社会的費用（但し，ここでは所有者に帰着すると想定される。）を増加させる可能性がある。

　確かに，仮にシグナリング効果など何らかの理由により，税がない状態の最適な所有構造よりも負債比率が過小になっている場合には，利子控除がこれを矯正する機能を果たす[150]可能性が考えられなくはない。そして，これにより一旦負債の利用が増加すれば，上述の負債の規律効果により，一方で，

Jensen, *Active Investors, LBOs, and the Privatization of Bankruptcy*, 2 J. APPL. CORP. FIN. 35, 44 (1989).

148)　Jensen & Meckling, *supra* note 134, at 342-343.
149)　*See* Knoll, *supra* note 122, at 1484-1485（税がないと仮定した場合のエージェンシー・モデルにおけるよりも，税がある場合には利子控除による利益によって引き受けられる財務困難コストが大きくなろうが，租税上の利益は政府から納税者への移転にすぎないのに対し，財務困難コストは社会的なコストであるとする）.
150)　利子控除のためにデット・ファイナンスの相対価格が減少し，負債の利用が増えることによる限界的な期待倒産コスト等の増加分を，負債の増加のために経営者規律効果が増えることによる株式のエージェンシー・コスト減少分が上回る場合には矯正的な機能を果たしうることになろうか。

フリー・キャッシュ・フローの濫費に伴う株式のエージェンシー・コストを減らすことになろう。しかし，このような場合がありうるとしても，利子控除があるから企業が負債比率を増やすと考えるよりも，負債の規律効果は，LBO の時代に見られたように，レバレッジを活用した敵対的買収によって負債比率が高まったことの結果，発揮されたものとみるべきかもしれない。すなわち，所有と経営の分離を前提とすれば，むしろ，静的トレードオフ・モデルの下で，成熟企業の経営者が，利子控除の利益があるにもかかわらずその利益のために存分に負債を用いなかった理由を説明するのに資するものと理解しておくのが適切かもしれない[151]。

また，そもそもいかなる条件の下で負債比率が過小になるかは明らかでない上，エージェンシー理論の下での最適な所有構造自体も，容易には予測できず，実証研究によるべき性格を有する[152]。仮に利子控除を認めることで，企業の所有構造に関する非効率性の一部を改善する可能性があったとしても，「法人」税という，基本的には産業構造やビジネス・モデルに関係なく法人に対して一律に適用される仕組みによって，個々の企業で異なることが想定される最適な企業の所有構造へと誘導するのは大雑把にすぎ，その役割を全うすることは期待できないと考えるべきである[153]。

租税政策として最低限いえることは，資金調達手法に意図しない歪みが生じることは望ましくない，ということである。税収調達目的とは別に，利子控除にコーポレート・ファイナンスに係る効率性改善の可能性があるとしても，一律に株式と負債を非中立的に取り扱う法人税の仕組みを以てその役割を引き受けることを積極的に望ましいと評価することはできない。

第 2 に，デット・バイアスとリスク・テイキングとの関係である。株主の有限責任や，インセンティブ報酬を付与された経営者の過大なリスク・テイキングの可能性によるエージェンシー・コストについては，債権者の自衛な

---

151) *See* Stewart C. Myers, *Capital Structure*, 15 J. ECON. PERSPECT. 81, 98-99 (2001).
152) *See* Jensen & Meckling, *supra* note 134, at 346（エージェンシー・コストにかかる関数の形状は実証研究によるべき問題だとする）; Schizer, *supra* note 74, at 9（負債利用のエージェンシー・コストに対する差引での影響は，一般的な市場環境や，事業の成熟度，産業，担保資産，債務超過による負の外部性等の種々の事情に左右されるとする）.
153) *See* Schizer, *supra* note 74, at 16. *See, e.g.*, Mark J. Roe & Michael Tröge, *Systemic Financial Degradation Due to the Structure of Corporate Taxation*, at 14-15, http://ssrn.com/abstract=2767151（金融機関については，そのビジネス・モデルの関係で負債の規律効果の便益は限定的だとする）.

どを通じて所有者に帰着すると想定される。しかし，場合によっては，事前に自衛できない非自発的債権者や，預金債権者のように事実上自衛することを期待できない自発的債権者に帰着する可能性，さらにはその対応措置としてとられる大規模損害賠償基金や預金保険機構・TBTF 企業の救済というように政府（国庫）＝国民全体（累進課税制度の下では高額所得者[154]）が負担するといった形で負の外部効果をもたらす可能性がある。この点について，デット・バイアスがもたらす厚生損失の定量的な計測は現段階では難しいとされている[155]。

　この問題との関係では，租税法上，完全還付制度が採用されておらず，リスク・テイキングを抑圧する構造を有していることが，有限責任制度がもたらす弊害を小さくするための政策目的実現手段として正当化される可能性が考察されている[156]。このような考察の中には，過大なリスク・テイキングの結果生じた外部効果への対応を，いわば「究極のリスクマネジャー」としての政府（国庫）[157]が負担することの見返りに，平時の非還付の取扱いは，その

---

[154] See J. Mark Ramseyer, *Why Power Companies Build Nuclear Reactors on Fault Lines: The Case of Japan*, 13 THEORETICAL INQ. L. 457, 483-484 (2012); J. マーク・ラムザイヤー「累進課税とモラル・ハザード」金子宏ほか編『租税法と市場』54 頁, 69-72 頁（有斐閣, 2014）。

[155] なお, Alfons J. Weichendrieder & Tina Klautke, *Taxes and the Efficiency Costs of Capital Distortion*, 1-2 (CESifo, working paper No. 2431, 2008) は, 企業が税のない状態で最適資本構成をとっていると仮定した場合の, デット・バイアスによる限界的な厚生損失を株主資本の 0.05-0.15％ でそれほど大きくないものと見積もっている。この研究に対しては, システミック・リスクのような, ある企業が破綻した場合の他への影響は考慮に入れていない等の点で不十分であり, もともと歪みがあったところへのデット・バイアスの導入による歪みがそれを拡大する可能性があると指摘されている。*See* Michael Keen et al., *Tax and the Crisis*, 31 FISCAL STUD. 43 (2010), *reprinted in* TAXATION AND THE FINANCIAL CRISIS, *supra* note 147, at 28, 35; De Mooij, *supra* note 128, at 500. なお, 金融危機との関係では, 急激な負債比率上昇が観察されたわけではないことなどから, デット・バイアスが直接に金融危機を引き起こしたわけではないが, 金融危機による被害を大きくした可能性があると理解されている。*See* Keen et al., *supra*, at 29.

[156] *See, e.g.*, Shaviro, *supra* note 147, at 182-183; Keen et al., *supra* note 155, at 53.

[157] DAVID A. MOSS, WHEN ALL ELSE FAILS: GOVERNMENT AS THE ULTIMATE RISK MANAGER 53-151 (2002)（デービッド. A. モス（野村マネジメント・スクール訳）『民の試みが失敗に帰したとき——究極のリスクマネジャーとしての政府』（野村総合研究所, 2003））（有限責任制度, 預金保険制度をはじめとする銀行制度, 倒産法制を, アメリカにおける資本主義発展を支えた政府によるリスク・マネジメント政策の一環とみる）。その理論の要旨については, 参照, 神山・後掲注 158) 26-28 頁。政府が, 国債制度や租税制度を用いて強制的に世代間のリスク共有を行う仕組みを備えている点で民間の保険よりも優れている可能性を指摘し, そのための制度的条件を検討するものとして, 神山 (4)・前掲注 3) 380-381 頁; 神山弘行「財政問題と時間軸——世代間衡平の観点から」公法研究 74 号 197 頁, 205-206 頁 (2012)。

保険料として徴収しているものとみる余地を見出すものがある[158]。そして，この方向の議論を展開するある論者は，平時の損失控除制限を，特に過大なリスク・テイキングが生じやすく，損失の選択的実現を行いやすい金融市場について正当化しつつ，例外的に，その破綻がシステミック・リスクを顕在化させる企業の事業再生時には，事後的な観点からリストラクチャリングを促進するための政策目的措置として欠損の還付を許容する，というような立論をする[159]。

しかし，このような形で完全還付制度の不採用を正当化することには限界がある。

第1に，このような保険制度を念頭に現行の所得課税制度[160]が整備されたわけではないことは明らかであって，適切な保険料相当額が徴収されているとみうるのかという疑問がごく自然に湧くであろうし，立法論としても法人税の枠内でこれを行うのが適切なのかという問題がある[161]。後者の点については，まず，法人所得課税の被課税主体が株式会社に限られないことを指摘できる。さらに，構造上は有限責任制度があれば，過大なリスク・テイキングの問題は生じるであろうが，同じ株式会社であっても，ビジネス・モデルや産業によって，その危険の顕在化のしやすさは大きく異なるであろうし，個々の企業が直面する事業局面によっても異なろう。たとえば，金融危機で明らかになったように，巨大金融機関はそのビジネス・モデル上，預金債権

---

[158] *See* Tim Edgar, *Financial Instability, Tax Policy, and the Tax Expenditure Concept*, 63 S.M.U. L. REV. 969, 1023-1024 (2010)（金融市場について，政府が「最後の貸し手」としての役割を果たすことの保険料として，非還付の取扱いを正当化する）；神山弘行「不確実性の下での財政と市場の役割——リスク再分配政策の観点からの導入的検討」フィナンシャル・レビュー113号21頁，26, 33-34頁 (2013)（現行法上の繰越欠損金制度が完全還付を達成していないことを論じた上で，政府による損失還付制限を通じて，リスク引受けの対価を享受しているのかを問い，少なくとも日本の現行法についての現状の説明としては説得力を欠くと論じる）。

[159] Edgar, *supra* note 158, at 1026. しかし，システミック・リスクを孕む TBTF 企業にのみこのような相対的優遇が認められると，TBTF 企業への補助金が事前に見込まれることで負債資本コストを引き下げ，この事実上の補助金を上回る利益が見込まれなければ，支配権移転を通じたリストラのインセンティブが生じず，事実上のポイズン・ピルとして機能しうること，TBTF 企業であり続けるインセンティブとなってリストラを妨げること等の弊害が指摘されている。*See* Mark J. Roe, *Structural Corporate Degradation Due to Too-Big-To-Fail Finance*, 162 U. PA. L. REV. 1419 (2014).

[160] 個人の破産制度についても，機能的には一種の有限責任制度とみることができるため，ここでの議論は法人所得課税に限られるものではない。

[161] 参照，神山・前掲注158) 34頁；Edgar, *supra* note 158, at 1023-1026（巨大金融機関に限定した議論をする）.

をはじめとして恒常的に負債比率が高い状況にあり,しかも,預金保険制度があれば預金者による実効的なモニタリングは期待できない[162]。また,預金保険制度やそれ以外の種々の金融規制の下での政府によるモニタリングも,政府には自らの資金を提供する銀行貸付債権者のように,限界費用と限界便益を均衡させる最適なモニタリングを行うインセンティブが生じず,限界があるといわれる[163]。さらに,ストック・オプション等の形でのインセンティブ報酬が積極的に用いられており,過大なリスク・テイキングの誘因が強い[164]。そして,このような目的と関連性のある特徴に着目して,対象を巨大金融機関に限定した形で,矯正税の設計が検討されている[165]。

第2に,経営者による過大なリスク・テイキングとの関係では,完全還付を認めないことによっても過大なリスク・テイキングの抑制にはつながらない可能性がある。インセンティブ報酬を受ける金融機関の経営者は,同一企業に長期間勤めることは予定しておらず,リスク・テイキングの結果がのちに凶と出るとしても,その時には既に転職していることが当然に想定される[166]。

以上の検討からは,完全還付制度を採用しないことを,過大なリスク・テイキングの抑制や保険料の徴収という政策目的実現手段として正当化する議論には限界があるというべきである。

---

162) Lucian A. Bebchuk & Holger Spamann, *Regulating Banker's Pay*, 98 GEO. L. J. 247, 251-252 (2010).

163) Tung, *supra* note 146, at 1214-1215.

164) *See* Bebchuk & Spamann, *supra* note 162, at 262-266. この場合,自発的債権者も危機時における政府による救済を見込んで,インセンティブ報酬禁止のコベナンツを仕込む等の自衛措置を行わなくなる。*See id.* at 266-267.

165) *See, e.g.,* FINANCIAL SECTOR TAXATION: THE IMF'S REPORT TO THE G-20 AND BACKGROUND MATERIAL (Stijn Claessens et al. eds., 2010); Douglas A. Shackelford, Daniel N. Shaviro & Joel Slemrod, *Taxation and the Financial Sector*, 63 NAT'L TAX J. 781 (2010), *reprinted in* TAXATION AND THE FINANCIAL CRISIS, *supra* note 147, at 148; TAXATION AND REGULATION OF THE FINANCIAL SECTOR (Ruud de mooij & Gaëtan Nicodème eds., 2014); Tim Edgar, *Corrective Taxation, Leverage, and Compensation in a Bloated Financial Sector*, 33 VA. TAX REV. 393 (2014). 金融機関への特別税に関する分析として,藤谷武史「投資リスクと税制」租税法研究41号47頁,57-58頁(2013)(ミクロの観点から投資リスクにかかる所得課税の困難性を分析したのち,マクロの制度としての対応の可能性に視野を広げつつ,再度ミクロの観点からの租税行政や解釈論における実践的対処方法の方向性を展望する)。矯正税としてではないが,過大なリスク・テイキングの問題が特に起きやすい金融機関を対象に,自己資本比率規制水準を超える部分の株式資本コストについて一定の控除を認めることで株式と負債の非中立性を緩和すべきとの提案として,see Roe & Tröge, *supra* note 153, at 22-24.

166) *See* Shaviro, *supra* note 147, at 182-183; *but see* Tung, *supra* note 146.

2　アメリカ法の機能的観点からの説明

ところで，このような機能的な観点から，アメリカの，Alabama Asphaltic 理論から派生した §382 (l) (5) の仕組みの歴史的な法形成過程の説明を試みると次のようになる。すなわち，Alabama Asphaltic 判決は，株主がリスク・テイキングを負担し，債務超過により株式が無価値となるとの株式会社の構造の（やや不正確な）理解[167]を主張していた SEC のアミカス・ブリーフを受けて，William Douglas が法廷意見を書いた Los Angeles Lumber 判決を引用している。そして，同判決が書かれた当時の Douglas の事業再生実務に対する認識に鑑みると，Alabama Asphaltic 理論は，当時，事実上大衆化した個人投資家である債券保有者[168]が事前に自衛することを期待できず，株主（時代的には所有者経営者や親会社）による過大なリスク・テイキングの結果が凶と出た場合に，再生企業の株式の交付を受けるしかなかった従前の債権者らに対し[169]，事後的な観点から，租税属性（ここでは財産のベイシス）の引継を認めることで国家（裁判所）による（無意識的にせよ）救済措置を行うための理論構成として形成されたとみることができるかもしれない[170]。そして，Alabama Asphaltic 理論から派生して §382 (l) (5) の規律が漸次的に形成されてきたとみるのである[171]。すると，平時において NOL の繰越期間制限やキャピタル・ロスの控除制限，租税属性の移転の制限を設けつつも，事業再生局面で従前の債権者に対してこの制限を緩和することを正当化する余地が出てくる。

---

167) Los Angeles Lumber 判決が下されるにあたっての SEC (Jerome Frank 委員長) のアミカス・ブリーフでは，絶対優先原則がとられるべきことの前提として，株式会社の基本構造につき，株主がリスク・テイキングを負担し，債務超過により，株式が無価値となり，株主は排除されるべきであるという理解が示されていた。See Brief for the United States Amicus Curiae at 15–16, Case v. Los Angeles Lumber Prods., 308 U.S. 106 (1939). このような理解は，株式のオプション・バリューを無視しており，また，実際は債権者もリスク・テイキングを負担し，倒産前の段階から既に各種のコントロール権を行使している点で誤っているとの批判として，see Douglas G. Baird, *Present at The Creation: The SEC and the Origins of the Absolute Priority Rule,* 18 Am. Bankr. Inst. L. Rev. 591, 599–605 (2010). なお，前掲注 88 及びそれに対応する本文も参照。
168) 第 2 編第 1 章第 1 節注 22。但し，Alabama Asphaltic 判決の事案自体は，再生企業の親会社が，無担保約束手形によって資金提供していたものが，債務超過となった事案であるため，株主というより経営者のエージェンシー問題が中心かもしれない。他方，同日の Palm Springs 判決では，社債権者は株主であったわけではなく，この説明に親和的である。
169) 第 2 編第 1 章第 4 節。
170) それ以前に，Kitselman 判決は，社債券保有者の貸倒れ損失計上を認めなかった。第 2 編第 3 章第 3 節第 2 款 1・2。
171) 第 2 編第 3 章第 3 節，第 2 編第 5 章第 2 節第 4 款，第 2 編第 7 章第 2 節第 2 款。

しかし，既にみた通り[172]，§382 (l) (5) の規律は，従前の債権者に救済を与える制度としては不十分なものである。Alabama Asphaltic 理論形成時や 1980 年倒産租税法立案時，1986 年改正時には想定されていなかったクレーム・トレーディングを通じた租税上の利益の回収方法には制限がかけられている。また，もともと過大なリスク・テイキングによって最も被害を受けやすい不法行為債権者などの非自発的債権者がその対象として念頭に置かれているわけではない点も大きな欠陥である。したがって，以上のような説明は，機能的観点からの歴史的な法制度の形成動態の説明を可能にする側面があるものの，これを，実務の発展に伴って問題を生じている現行法を正当化するための議論として援用することには限界があるといえる。

結局のところ，租税法が，何らかの政策決定に基づく私法上の法制度から生じる問題を改善する可能性があるとしても，それを租税法の側で意識的に引き受けて，政策目的実現手段としての租税という形で独立かつ綿密に制度設計したのでない限り，効果的な制度として機能することは期待できない。したがって，租税法が事実上果たしている (部分的な)「機能」と「目的」は分けて考えるべきである。そして，現実的には，一定の納税義務者と括られた主体に一般的・強制的に適用される現行の租税法規定が，私法上の取引に (意図せず) 及ぼしている作用[173]のマイナス面とプラス面を明らかにし，課税の中立性を確保していくことに注力すべきである。

この観点からは，本書が試みる「租税『立』法と私法」論について以下のような政策論を展開する可能性が開ける。①租税法が必然的にもたらす私人の行動への歪みに対するプラス面とマイナス面を把握する。② (通常そうであるが) マイナス面の方が大きい場合には，課税の中立性を確保していく方針をとる。③所与の複数の歪みのある現行制度からの漸次的改善を図る上では，それぞれの歪みを除去した場合の，他の歪みに対する影響を斟酌し，他の歪みに対する附随的な副作用が最も小さくなるよう優先順位を決定する，というものである[174]。

次のような思考は，その一例に位置づけることができよう。すなわち，こ

---

172) 第 2 編第 7 章第 3 節。
173) *See* Schizer, *supra* note 74, at 2-4.
174) 増井〔法人間移転〕・前掲注 8) 315-316 頁は，複数の歪みをそのままにしたまま「完全還付」に移行することには問題があると指摘していた。

こでみられるのは，資金調達とリスク・テイキングに対する法人所得課税の2つの非中立性である。現行法は，完全還付制度をとらずに，欠損金利用価値（及び含み損失）の自由な移転に（恣意的ともいえる）制限を設けており，このことが，「事後」である事業再生局面におけるM＆Aの手法に制限を設けていることはこれまで既にみてきた[175]。そのため，第一義的には，完全還付制度や自由な欠損金利用価値の移転，利子つきでの欠損金額の繰越控除制度を採ることが考えられる。しかし，これを真っ先に導入すれば，税収減にとどまらず，リスク・テイキングを（現行法上におけるよりは）助長する側面があり，また，NDTSを減らすことにつながるため，利子控除の価値が高まりデット・バイアスを悪化させる方向に作用しよう[176]。この点に配慮すれば，いきなり完全還付制度を導入するよりも，むしろまずはデット・バイアスをなくすことで，欠損金利用価値の移転の（恣意的な）制限をなくすことをはじめとする欠損の利用の緩和に伴う上記弊害を限定することができる。こうすることで，たとえば，特にTBTF企業の典型である巨大金融機関についていえば，危機時に欠損金利用価値の移転ができるようにしておくことで，それが認められず，破綻を免れなかった場合に預金保険機構制度等にかかる負担の軽減を見込むことができるかもしれない[177]。

第4節　小　括

本章では，法人所得課税における，株式と負債の峻別を題材に，事前の観点から，企業行動に及ぼす影響を分析した。特に，コーポレート・ファイナンスの分野における中心的ないくつかのモデルの前提と帰結，留保を確認しつつ，租税政策上の含意を導き出した。その結果，モデルによっては，現行法人所得課税上の歪みが，私法上の政策決定により生じる弊害や私法上の情報の非対称性に伴う非効率性を改善する余地があることが明らかになった。しかし，かといってこれを法人税の枠内で行うことには限界があり，このような部分的に果たしうる機能によって現行法の歪みを正当化することには無理があることを論じた。

---

[175]　第2編第7章第2節，第2編第8章第2節，第3編第1章第2節第2款・第3節。
[176]　第3編第2章第1節第2款。
[177]　Keen et al., *supra* note 155, at 54 (Wachovia買収時のNotice 2008-83を念頭に置く)。

このように，租税政策として，株式と負債の中立性を確保すべきであるという結論を導出するに至る思考プロセスに，政策目的実現のための租税としての機能の検討を加えることで政策論の内容を充塡し，さらに，課税の中立性を達成するための具体的方策を考えていくという政策論の可能性を提示した。

第3章　機能的分析のまとめ

　本章では，現行の法人課税制度にみられる大きな歪みである，欠損の非還付の取扱いと利子控除を題材に，主に事前の観点から，企業再生税制が問題になる以前の平時におけるリスク・テイキングと資金調達手法の関係についてみてきた。事前の観点から考察することで，倒産後の処理という事後の観点 (のみ) から考察するのが通例である企業再生税制を平時における法人課税の延長線上に位置づけることを試みた。

　その結果，欠損の取扱いに関しては，平時において非還付の取扱いを正当化しつつも，事業再生局面においては，期限切れ欠損金の利用を認めるという形でリスク・テイキングへの非中立性を緩和する構造をとっているものとみて，そのようなタイミングでの緩和を，租税政策の観点からも正当化する可能性とその問題点を考察した。さらに，事業体レベルと投資家レベルとの二段階課税をとる限り，リスク・テイキングと課税の問題は租税政策上の決定を必要とすることを明らかにした (第1章)。また，デット・バイアスについては，有限責任制度 (及び倒産法制) 自体が，情報の非対称性による資金調達への歪みやエージェンシー問題を抱えており，デット・バイアスがこれを改善する可能性があることや，有限責任制度に基づく過大なリスク・テイキングの誘因に対し，欠損の非還付というもう1つの歪みを，その抑止機能や保険機能として位置づける可能性を検討した。しかし，これらの歪みを改善する余地が可能性としては存在しても，制度設計としての限界から，これを既存の法人税制が引き受けるべきでなく，歪みの解消の優先順位として，まずは株式と負債の取扱いの非中立性を改善していくべきであるとの結論を導いた (第2章)。

第4編　評　価

本編では，総括として，第1編で設定した問題について，前2編での検討を踏まえた考察を加え，わが国の企業再生税制を評価し，さらなる改善のための要考慮事項を整理する。併せて，本書に残された課題にも触れる。

その前に，第3編までの議論を簡単に確認しておく。

第1編では，わが国の企業再生税制の分析を行った。特に，企業再生税制の基本構造について，期限切れ欠損金の利用の可否をはじめ，企業再生税制の適用対象となる事業再生局面と，それ以外の局面とで，課税上の取扱いに大きな違いがあることをいかに政策的に正当化できるか，という課題を設定した。また，個別の資本再構築手法についても，検討すべき事項があることを明らかにした。

第2編では，比較法研究の一環として，アメリカの企業再生税制の法形成過程を観察した。アメリカでは，債務消滅益を総所得不算入とする代わりに租税属性（当初は財産ベイシス）を引き下げるという実質的な課税繰延ルールが立法により導入されたものの，判例法がこれを実質的に回避することを可能にした。そして，その後は，租税属性の移転を制限するルールをはじめ，平時のルールに接木する形で企業再生税制が整備され，ときに，平時の租税政策と倒産政策がかみ合わない状態が生じた。

第3編では，企業再生税制を平時における規律の延長線上に位置づけるため，欠損の非還付と利子控除についての機能的分析を試みた。検討の結果，現行の法人所得課税に存在する2つの歪みは，政策税制として機能する側面があるものの，これを現状のまま正当化することには無理があり，むしろ，歪みを中立化していくための優先順位や他の歪みへの影響を意識することの必要性を論じた。

第1章　企業再生税制の基本構造

　まず，企業再生税制の基本構造について，日本とアメリカにおける法形成過程の動態を比較したのち（第1節），日本法についての今後の展望と政策論上の要考慮事項を述べる（第2節）。

第1節　法形成過程の動態

　日本とアメリカの法形成過程の動態を一般化することは難しく，また不可能であろう。しかし，これまでの観察を踏まえ，以下のようなストーリーを立てることは許容されるのではないか。ここでは，企業法と租税法の相互作用及び実質的な法形成の主体に特に着目してまとめる。

第1款　アメリカ法の法形成過程の動態

　アメリカでは，資本主義の黎明期において，鉄道会社をはじめとして，投資銀行を介した証券による資金調達が中心的であった[1]。そして，本格的に企業倒産という事象が起きるようになったときには，そのような資金調達手法の影響から，ウォール・ストリートの投資銀行や弁護士が主導的な役割を果たす私的性格の強いエクイティ・レシーバーシップの制度が企業破綻処理制度として用いられるようになった[2]。しかし，ニューディール期には，このような私的な倒産法制に対する公的な介入を強める倒産政策上の動きが生じ，法的整理を重視する倒産法制への転換がなされた[3]。租税政策の側では，企業再生税制として，債務消滅益の総所得不算入と，財産ベイシス引下げと

---

1)　第2編第1章第1節。
2)　第2編第1章第2節。
3)　第2編第1章第4節。

いう形で事業再生と税収確保を調和させるための構造を採用するという対応をした[4]。しかし，大恐慌の下では，このような立法は裁判所の柔軟な判断によって容易に回避された[5]。同時に，そのような判例による法形成は半ば必然的に不完備なものとなり，多くの解釈問題を生じた[6]。そして，企業再生税制の在り方に関する明確な立法指針がない状態で，判例法が経路依存的にそのまま法典へと取り込まれた[7]。その後，平時における規律について，租税政策の側で，租税属性引継ルールという重要な政策決定がなされたが，企業再生税制は，あくまで，法人税における周縁的な制度であったから，根本的な制度設計に係る検討がなされることはなく，脆さを内包したままその一部として組み込まれるという対応がなされたにすぎなかった[8]。1978 年に，ニューディール期以来の倒産政策が見直され，再び倒産法制に大きな変革が加えられたとき[9]も，企業再生税制については，基本的に経路依存的に従前の判例法の法典化と，混在した制度の整理・統合がなされるにとどまった[10]。

しかし，かかる租税政策を動かしたのは，市場であった。具体的には，租税回避と目される動きである。平時における Stock-for-debt exception の「濫用」[11]，Debt-for-debt exchange による OID ルール回避[12]のための財務リストラクチャリング，NOL 売買，といった積極的な節税の動きは，租税立法者が，OID ルールの精緻化や公正市場価値アプローチの拡張[13]，所有変化ルールの整備[14]のような形で，平時を念頭に，意識的な租税政策上の決定をしていくことを促した。これにより，企業再生税制と平時における課税の規律には明確に線が引かれることになった。同時に，そのような政策決定の下で，議会や内国歳入庁が市場に対してヨリ介入的に振る舞うようになったと評価することもできるのではないか。

---

4) 第 2 編第 2 章第 2 節。
5) 第 2 編第 3 章第 2 節，第 2 編第 3 章第 3 節。
6) 第 2 編第 3 章第 3 節第 4 款。
7) 第 2 編第 3 章第 4 節。
8) 第 2 編第 4 章。
9) 第 2 編第 5 章第 1 節。
10) 第 2 編第 5 章第 2 節。
11) 第 2 編第 5 章第 2 節第 3 款 4。
12) 第 2 編第 6 章第 2 節第 2 款 3。
13) 第 2 編第 5 章第 2 節第 3 款 4，第 2 編第 6 章第 3 節第 1 款 3・4，第 2 編第 6 章第 3 節第 2 款。
14) 第 2 編第 5 章第 3 節。

平時における規律についての明確な租税政策上の決定は，平時における特定類型の取引を念頭に置いた「硬い」ものであり，これに「接木」して形成された企業再生税制が，事業再生を阻害するとの声がしばしば上がった[15]。特に，1978年改正後の倒産法制の非効率的な規律[16]にもかかわらず，市場が，自律的に事業再生手法自体を平時における企業支配権取引に接近させる方向へと進化させたことで[17]，平時における規律に「接木」した企業再生税制の建て付けとのかみ合わせの悪さは顕著になった[18]。

このような動きを観察すると，私法や市場に対して立法という形で法制度を構築し，これに手を加えようとする場合には，それに対して市場がいかなる反応を示すか，市場におけるプレイヤーの行動にいかなる変化をもたらすかという点に細心の注意を払うべきことが強く意識される。なお，ここで，注意を払うべきであるとの言明の前提には，市場機能を手放しに礼賛するというものではなく，いかなる理想の下に法制度を構築しようとも，不可避的に生じる市場の動きを把握しなければ，法制度の適用が回避されることによって，本来の税収調達目的は達成されずに租税法の外における非効率性のみが生じ，市場による効率的な資源配分の達成を租税制度が妨げてしまう帰結となることに自覚的であるべきであるとの認識がある。

第2款 日本法の法形成過程の動態

これに対し，日本では，本格的な事業再生法制は，第二次大戦後に会社更生法という形でアメリカから移植され，しばらくは定着しなかった[19]。そのように，外部からの移植であったためか，会社更生法における租税に関する規定も，主税局のインプットを経て，それ以前から存在する通達に倣うもので，それがのちに税制調査会において破産との平仄を合わせることが意識されて法人税法に取り込まれた[20]。アメリカでは，債務消滅益に対して，財産ベイシス引下げによる事実上の課税繰延という形で一定の課税権確保が試みられたのとは対照的に，日本では，企業破綻処理制度（ここでは破産），法人税

---

15) 第2編第6章第3節，第2編第7章第2節。
16) 第2編第5章第1節第2款。
17) 第2編第6章第3節第1款1・2，第2編第7章第1節。
18) 第2編第6章第3節第1款3-7，第2編第7章第2節，第2編第8章第2節。
19) 第1編第2章第1節第1款。
20) 第1編第2章第1節第2款。

法双方における既存の建て付けと平仄が合わせられ，過去に発生していた欠損によって債務消滅益等を相殺するという形で，形式上は課税権が確保されるが，実質的には事業再生時に課税が生じないようにするという構造が採用された。

では，なぜこれが制度として定着したのか。もともと，日本では社債市場が相対的に発展しておらず，負債は銀行貸付によるものが中心的であったから，倒産実務としては，事業再生手法も私的整理での債務免除による手法が中心的であり，法的整理に至る段階では清算されることが多かった[21]。そして，バブル崩壊後の倒産処理に関して問題となったのは，むしろ債権者側の貸倒損失の計上に関するものであった。すると，倒産実務からすれば，それほど中心的でなかった事業再生時の債務者側に有利な取扱いをあえて修正する動機はなく，大蔵省（財務省）としても，事業再生局面自体には財源として多くを期待できないことから，全体として制度の構造転換を図る機運が生じないのはごく自然なことだったといえる。しかし，その一方で，次節で述べるような事情から，このまま現行制度に対する認識に変化が生じないといいきるのも躊躇われる。

第2節　今後の展望と政策論的正当化の必要性

ここでは，企業再生税制に対する認識の変化が生じる可能性の背後にある事情と立法政策論上の要考慮事項を示す。事業再生の在り方の変化と，企業再生税制に対する各主体の認識の変化の可能性に分けて述べる。

第1款　事業再生の在り方の変化

第1に，事業再生法制の整備に伴い，事業再生を積極的に活用していく方向性は既に生じているという事情がある[22]。そして，この方向性に沿って，一方で，租税法学において髙橋（2004）がアメリカ法を参照しつつ日本法の特徴を明らかにした上で，事業再生局面にはない競合企業との租税負担の平等の観点から提言を行い，他方で，倒産実務家である岡がこれに反対している

---

21)　第1編第2章第2節第1款。
22)　第1編第2章第2節第1款2(1)。

こと[23]も自然な流れとして受け止められる。

　第2に，事業再生の活用に伴い，事業再生手法もヨリ支配権の移転の様相を呈してくる可能性が生じてきているという事情がある[24]。バブル崩壊後の事業再生では，銀行の保有する価値の下落した貸付債権を外国のファンドが買い取る動きがみられたが，今後，社債も含め，事業再生が見込まれる企業の債権が流通するようになれば，その動きは加速する可能性がある。その場合，アメリカ法の観察で明らかになった，欠損金利用価値の移転への警戒と，事業再生局面における NOL 等の「財産」的価値をめぐる動向[25]を踏まえれば，企業再生税制の適用対象となる「事業再生局面」とそれ以外の場合とで，欠損金利用価値の移転に対する態度が大きく異なる日本法の構造については[26]，今後政治的な受容可能性の問題が生じる可能性を孕んでいると評価できる。これはすなわち，現在のところ，法人レベルでは，税収調達目的での租税政策が倒産政策に譲歩する形となっているが，次款で述べるように，租税政策の側で，欠損金利用価値の移転を認めないという法人税法上の政策決定の重要性が増すにつれ，その関係に変化が生じる可能性があることを意味する。仮にそのような変化が，次に述べるように，租税回避行為の否認という形で課税の現場の最前線に立つ課税庁の処分や裁判所の判決を通じてアドホックに現れるのであれば，租税法律主義の観点から望ましくない。そこで，改めて立法による明示的な政策決定をしておく必要があるのではなかろうか。市場が国際化していく中では，事業再生に関与する主体は共通化してくる傾向があろうから，その主体の行動様式に十分注意する必要がある。

第2款　企業再生税制に対する認識の変化の可能性

　企業再生税制に対する認識の変化の可能性としては，次の3点が挙げられる。

　第1に，立法府の，欠損金の課税上の取扱いに対する姿勢である。青色欠損金額の繰越控除制度については，平成23年12月改正，平成27年度税制改正，平成28年度税制改正と，法人税率引下げの代替財源として毎課税年度の控除可能額への制限が強化される傾向にあり，また，欠損金額の繰越可能期

---

23)　第1編第2章第3節第1款。
24)　第1編第2章第2節第1款2(2)。
25)　第2編第7章第2節。
26)　第1編第2章第3節第1款。

間は，延長していく傾向にあるものの，NOL の繰越を 20 年間認めるアメリカよりも，はるかに限定的である (但し，アメリカではキャピタル・ロスについての控除は限定的である)[27]。このことは，平時と事業再生局面との取扱いの差異を大きくしていることを意味する。差異が大きくなれば，境界事例を中心に，そのような制度の建て付けに対する政治的な認識に大きく作用してくることが見込まれる。また，租税政策論として，そのような差異への賛否を問う動きは増すであろう。実際に，近時の JAL の再生については，（公的支援と寡占市場における競争関係という考慮要素も踏まえる必要があるが) 平成 23 年 12 月改正における青色欠損金額の控除制限に対する特例が認められたことや，もともとの期限切れ欠損金の利用が認められている企業再生税制の基本構造に対して，政治的にも，学説における租税政策論としても，疑問が提起された[28]。

第 2 に，裁判所や課税庁の処分について，組織再編成を通じた欠損金額をはじめとする租税属性の移転に対する警戒姿勢が観察されること，である。仮に，事業再生局面において，欠損金利用価値の移転に対する認識が変化すれば，組織再編成に係る行為計算否認規定 (法税 132 条の 2) 等の行為計算否認規定の運用・解釈適用にその認識が反映され，倒産実務に不確実性が生じる可能性を孕んでいるとはいえないか。ヤフー事件[29]では，みなし共同事業要件である特定役員引継要件 (法税 57 条 3 項，旧法令 112 条 7 項 5 号 (平成 22 年改正前のもの)) の形式的な充足に対する否認の可否が問題となったが，翻って，事業再生局面において，買収者から再生企業に経営者が送り込まれる[30]等の倒産実務[31]との関係を整理しておく必要があるのではないか[32]。

---

[27] 第 1 編第 2 章第 2 節第 2 款。
[28] 第 1 編第 2 章第 3 節第 1 款 1 (3)・3 (3)。
[29] 最判平成 28 年 2 月 29 日民集 70 巻 2 号 242 頁 (ヤフー事件)。第一審判決の解説である岡村忠生「組織再編成と行為計算否認 (2)」税研 179 号 65 頁, 69 頁 (2015) は，「欠損金の引継ぎを認めることは特別な利益を与えることになるというような観念」が裁判所にあった可能性を指摘する。
[30] この点につき，長戸貴之「組織再編成における事業の継続性と繰越欠損金の引継制限」論究ジュリスト 18 号 234 頁, 237 頁 (2016)。
[31] 会社更生実務における適格合併を通じた繰越欠損金の引継の事例紹介として，松下淳一＝事業再生研究機構編『新・更生計画の実務と理論』569-570 頁 (商事法務, 2014)〔須賀一也＝溝端浩人＝大橋修〕。
[32] たとえば，「一定の私的整理」に該当するものとして，法人税法 59 条の適用により期限切れ欠損金の利用という有利な扱いを受けつつ，事業再生後に繰り越される青色欠損金額を引き継ぐため，みなし共同事業要件を満たす形で適格合併が行われる場合，法人税法 57 条の適用上，同 57 条の 2 第 1 項第 3 号・第 4 号との関係で，否認する誘因が生じないか。

第3に，現実にそのようなことが起こるかは予測がつかないが，私人の側で，課税関係を考慮しなければ継続企業価値が清算価値を上回るといえない場合であっても，企業再生税制の適用と，収益性のある事業の再生企業への移転によって欠損金の有効な活用が見込めるために会社更生法等の法的整理手続の申立てをした場合，事業再生法制の利用を認めるかが問題になるかもしれない。現に，アメリカ連邦倒産法 §1129 (d) によって再生計画の承認が得られなかったのは，NOL 以外になんら資産を持たない再生企業の NOL を利用して，他の法人の収益性のある事業から生じる利益を相殺しようとする事案であった[33]。

　このような事情からは，現在の企業再生税制に対する租税政策の側の認識に今後変化が生じる可能性がないとはいいきれない。

第3款　租税政策上の対応

　そこで，仮に企業再生税制の適用を限定する規定を設けるとすれば，どのような形になるだろうか。以下，具体的に検討する。

　まず，継続企業価値が清算価値を上回らないにもかかわらず，企業再生税制の適用を目的に会社更生法や民事再生法上の手続の利用が図られる場合，このような「濫用」の可能性について，開始決定申立てを棄却できるかについて議論が必要である。たとえば，会社更生法41条1項3号については，事業の継続を内容とする更生計画案の作成若しくは可決の見込み又は事業の継続を内容とする更生計画の認可の見込みがないことが「明らか」といえることは稀であろうし，「事業の継続」を要求しない民事再生手続の場合はさらに棄却の結論を導く解釈は難しいであろう（民再法25条3号）。すると「不当な目的」（会更法41条1項4号，民再法25条4号）で申立てがなされたものと解釈できるかが問題となるかもしれない。また，計画認可段階ではそのような足掛かりとなる規定は特に見当たらない（参照，会更法199条，民再法174条2項）。欠損金利用価値の理想的法人間移転を租税政策として採用するのでない限り，事業再生法制の側にこれを妨げる規定がないのであれば，基本的には租税法令において一定の制限を設けることで対処することになる。

　租税法令上の対応としては，まず，企業再生税制の射程に入る場合にも欠

---

33)　*In re* South Beach Securities, Inc., 421 B.R. 456 (N.D. Ill. 2009), *aff'd* 606 F.3d 366 (7th Cir. 2010). 第2編第7章第2節第2款2。

損金利用価値の移転に所有変化アプローチによる制限を導入するという方法が考えられる。この場合，欠損が生じた時点での株主に欠損金利用価値の利用を認め，その売買は基本的に認めないとの政策決定をすることになろうか。このとき，排除される旧株主を基準とするのであれば，従前の債権者が株主となる場合には，再生後に残る青色欠損金額の引継は認められないことになろう。

他方，アメリカ法のように，倒産局面では従前の債権者こそが「真の所有者」だと観念する場合，あるいはヨリ分析的に，法人レベルで残存する欠損金利用価値は債権者の引当財産としての「財産」的価値を有するものと観念する場合，クレーム・トレーディングを通じた租税利益の回収方法に制約を設けることにすべきか否かの政策決定が求められることになろう。仮に，一定以上の所有変化をトリガーとして制限を設ける規定を導入するとすれば，その実施にあたって，所有変化の計測の手間や，トリガー周辺を中心に支配権市場に歪みが生じるのは不可避であることに十分配慮する必要がある[34]。

また，平成27年度税制改正でみられたような，再上場をトリガーとして，平時の青色欠損金額の控除制限に対する適用除外をなくすような措置は，事前の観点からは，ただちに上場することによる資本調達コストの低下や上場企業としてのブランド等の租税以外の利益が，これにより減少させられる欠損金利用価値による節税利益を上回らない限り，再上場を遅らせるだけであり，同様に支配権市場を歪めるおそれがある。仮に公的支援が介在している場合，政府が支配株主となる場合に生じうる非効率性の問題[35]を拡大する方向に作用する可能性がある[36]。

また，事業の継続に係る制限を設ける場合，たとえば合併における欠損金額の引継に係るみなし共同事業要件を，立法時にいわれた「支配の継続」[37]ではなく，事業の継続性を要求しているものと解する場合[38]，アメリカ法に

---

[34] 但し，所有変化の有無をアメリカ法のように5%株主を基準にして計測するわけではないのであれば，NOLポイズン・ピルのような低いトリガーによる形の対応がなされる見込みは低いと思われる。

[35] 第2編第8章第2節第2款2。

[36] JALは，企業再生支援機構の出資（2010年12月1日）から2年以内に再上場（2012年9月19日）を果たした。

[37] 税制調査会「会社分割・合併等の企業組織再編成に係る税制の基本的考え方」（平成12年10月3日）第一第四。

[38] ヤフー事件高裁判決（東京高判平成26年11月5日民集70巻2号448頁）は，学説による批

おける，Libson Shops 判決の同一事業継続性アプローチ，COBE，§382 (c) (1) の事業継続要件，§269 の適用の在り方が，事業再生のM＆A化の潮流に合わせて混乱を生じたことや，欠損金利用価値の移転可能性に不確実性を生じさせることで移転元・移転先に偶発的利益を生じさせやすくなるとの機能的分析が参考になる[39]。すなわち，事業再生自体は，既に収益性のある事業の再生を目的とするものであるが，同時に不採算事業の廃止や事業リストラを柔軟に認めるべきであるから，何らかの事業の継続性を要求するのであれば，同一事業から生じる所得の平準化という論理に過度にこだわって事業の継続性を厳格に要求するのではなく，シナジーが生じる見込みがあることを推認させる事実に着目した要件を設けるべきであろう[40]。現行法の下でも，事業の継続が一旦認められてしまえば，同一法人内の他の事業から生じる所得も引き継いだ欠損金によってシェルターできてしまうという不完全さがあり，厳格な同一事業からの所得の平準化を志向しているわけではない[41]。このような観点から，経営者の送り込みや，事業の選択と集中の方法など，事業再生実務を注視する必要がある。

ところで，このような種々の政策論上の論点があるものの，そもそもの，現行法上の企業再生税制の基本構造を正当化する議論については，未だに課題が残っている。これまでの分析から，所得課税の下では，発生した欠損について，人為的な課税年度による区切りに囚われることなく，いずれかのタイミングで控除が認められるべきであるとの伝統的な議論のほかに，倒産局面における期限切れ欠損金の利用について，リスク・テイキングへの中立性を部分的に確保するための制度的措置という見方を提示した。しかし，なお残る課題として，法人レベルだけでなく，法人レベルの欠損金利用価値を享

判もあり，原審の示した「移転資産に対する支配の継続」という趣旨を経営面からみた共同の事業の継続へと改め，さらに最高裁判決（前掲注29）は，法人税法57条3項1号から4号までに掲げる要件を「合併後には共同で事業が営まれているとみることができるかどうかを事業規模から判定するもの」，同項1号及び5号に掲げる要件を「双方の法人の経営の中枢を継続的かつ実質的に担ってきた者が共同して合併後の事業に参画することになり，経営面からみて，合併後も共同で事業が営まれているとみることができる」と分けて解した。なお，みなし共同事業要件を，事業の継続性を要求したものと理解するものとして，朝長英樹『組織再編成をめぐる包括否認と税務訴訟』331頁（清文社，2014）・岡村忠生「組織再編成と行為計算否認(1)」税研177号73頁，82頁(2014)。

39) 第2編第5章第2節第2款3，第2編第7章第2節第2款2，第3編第1章第2節第2款2。
40) 第3編第1章第2節第2款2。
41) 岡村忠生『法人税法講義（第3版）』480頁（成文堂，2007）も参照。

受する投資家レベルにまで着目しなければならず，その分析は容易ではないことを論じた[42]。すると，今後，上記のような再生企業の欠損金利用価値の移転と市場機能を活用した事業再生の境界事例が出てくるのに伴い，企業再生税制の基本構造一般に対する認識にも変化が生じ，もともと潜在していた過度な租税優遇であるとの見方が強まるかもしれない[43]。そして，（清算時にはまだしも）事業再生局面において，平時には認められない期限切れ欠損金の利用が認められることに対し，仮に，伝統的な，「事業再生を阻害しないために租税法が譲歩すべきである」という倒産政策に基づく正当化理由では，税収確保や平時にある企業との中立性・公平性の観点から不十分である，との認識が出てきた場合，これを租税政策の側から（投資家レベルまで踏まえると）十分に正当化する論理は持ち合わせていないことになる。そうであれば，平時と企業再生税制の対象となる事業再生局面とで，あまり大きな差異を設けない制度が求められるのではないか。その一案として，一方で（税収確保の面は他の方法により補うものとした上で）平時においても，毎課税年度における欠損金額の控除限度額の制限や繰越期間制限をなくし，他方で，損失の選択的実現に係る個別の控除制限規定を設け，法人への租税優遇措置を廃止していく方向で，法人課税における経済的所得計測の正確性を担保していく[44]，という方策が，従来からいわれてきたことではあるが，穏当な選択肢の1つとなるであろう。

---

[42] 第3編第1章第3節第3款。
[43] 第1編第2章第3節第1款1。
[44] 経済的所得が正確に算定されていない限りにおいては，控除制限を行うことや，さらには外形標準化することは合理的である。参照，中里実「最近の地方団体の新税案について」税56巻6号14頁, 19-20頁 (2001)；岡村忠生「神奈川臨時特例企業税再考──『外形化』の意味」地方税66巻1号2頁, 8頁 (2015)。

第2章　個別の資本再構築手法

　次に，企業再生税制の基本構造についてではなく，個別の資本再構築手法について論点を整理する。具体的には，企業再生税制の対象となる「事業再生局面」の区切り（第1節），交換募集・DDSにおける取扱い（第2節）に分けて，アメリカ法における議論を踏まえ，日本法における取扱いを検討する。

第1節　企業再生税制の適用対象の区切り

　日本法の下では，DESについて，法人税法59条の対象となる場合には，これにより消滅した債務に係る利益の額については，期限切れ欠損金を含む設立以来欠損金額によりこれを打ち消すことができるよう整備された[45]が，同条の対象とならない場合には，解釈上の取扱いが必ずしもはっきりしないことを述べた[46]。ここでは，DESについて，特に，非適格現物出資にあたる場合について[47]，企業再生税制の対象となる事業再生局面とそれ以外の局面とで異なる課税上の取扱いをした場合の帰結について考える。
　まず，券面額説のような形で，DESにより消滅する債務額と現物出資された債権の評価額との間に差額があるにもかかわらず，債務消滅益について益金算入しないこととした場合，差額について益金算入することになる企業再生税制におけるよりも，この点だけみれば債務者にとって有利な取扱いになるであろう[48]。この場合，アメリカ法においてみられたStock-for-debt excep-

---

45)　第1編第2章第2節第2款。
46)　第1編第2章第3節第2款1。
47)　DESについて適格現物出資となるのは，事実上，債権者・債務者間に完全支配関係がある場合に限られる（太田洋＝北村導人「デット・エクイティ・スワップ（DES）に関する租税法上の問題」経理研究55号307頁，309頁（2012））。
48)　なお，現物出資をした債権者側では，DESにより取得した株式の取得価額は，現物出資した債権の価額（時価）とされ（法令119条1項2号），帳簿価額との差額につき譲渡損益を計上する。

tionのような形で，特に課税庁からすれば「濫用」と目されるような動き[49]が出てくる可能性がある。ここで日本法に特徴的なのは，既に企業再生税制の対象となる事業再生局面においては，アメリカ法における公正市場価値アプローチに類する形での整備がなされている点である。また，債権者側では，時価譲渡による譲渡損益が計上されることとなっている。これを前提とすれば，仮に，券面額説のような課税上の取扱いを認めた場合，財務リストラクチャリングに意識的な企業については，法人税法59条の適用がない場面で，これを積極的に行うようになるかもしれない。また，一旦，業績の悪化してしまった企業からすれば，場合によっては，課税上の理由で事業再生法制[50]の利用に萎縮が生じる方向に作用する可能性がないとはいえない。但し，その一方で，同条の適用対象となれば，期限切れ欠損金の損金算入が可能となることから，それにより債務消滅益等を打ち消せるのであれば事業再生法制の利用を阻害することにはならないとも考えられる。このように，債務者企業の行動に及ぼす影響は一概にいうことができない。そうであるならば，（法人税法59条の取扱いを所与とする場合）資本再構築により生じる債務消滅益に関しては，企業再生税制の対象となる事業再生局面とそれ以外の局面とで中立的な取扱いをする，というのが穏当な租税政策であろう。但し，これはあくまで解釈論ではなく[51]，立法で租税法令上，「別段の定め」を規定することによって対処するのが望ましい。

　しかし，法人税法59条の取扱いを所与とすると，その適用対象となる場合にはDESによって債務消滅益が発生しても期限切れ欠損金によって実質的に課税を生じなくすることができるのに対し，その適用がなければ課税が生じる点でかえって非中立的である。そこで，むしろDESについて券面額説に親和的な取扱いをして債務消滅益を発生させないことが，法人税法59条が適用される場合とされない場合との間の中立性に資するとの見方も可能かもしれない。この点については，一方で，財務的に健全な企業が節税目的での財務リストラクチャリングを行うことへの警戒も必要であることに鑑みると，原則としては，評価額説に親和的な形で債務消滅益の発生を認めつつ，企業再

---

49) 第2編第5章第2節第3款4。
50) ここには，法的整理のみならず，ソフトローによる私的整理手続も含まれることに留意されたい。
51) 第1編第2章第3節第2款1。

生税制の適用の有無を決する境界線となる「一定の私的整理」の射程を実務の発展に合わせて機動的に調整していく方法が望ましいと思われる。すなわち，当初想定されていた既存の「一定の私的整理」[52]に当たらない場合であっても，事業再生手法として合理的であれば，企業再生税制の適用を認めるべきである。たとえば，企業再生ファンドが，現在「一定の私的整理」に当たると考えられている法制度を用いずに，事業再生を行う場合について，企業再生税制の外延を微調整していくことが考えられる。日本では，私的整理のためのソフトな法制度が充実してきているが，債権者平等を図りつつも，租税法上の理由のために不要な法制度の利用が誘発[53]されないようにしておくことが必要である。

第2節　交換募集・DDS における取扱い

日本法では，現行法上，DDS についての課税上の取扱いがはっきりせず，交換募集についてはおよそ検討されていないことを指摘した[54]。しかし，事業再生を阻害してしまう，という懸念への配慮のために，事実上，運用によって債務消滅益への課税が控えられてしまうのであれば，合法性の原則や課税の公平の観点から望ましくない。また，課税上の取扱いが不明確であることによって，交換募集のような新たな資本再構築手法の採用に萎縮が生じることは望ましくない。そこで，ここでは Debt-for-debt exchange のような形での交換募集や DDS のような債権の劣後化の課税関係について，DES との関係も踏まえて考察する。

仮に Debt-for-debt exchange によって，旧債券（額面発行とする。）の券面額が新債券の評価額よりも大きい場合には，債務消滅益が生じることになろう。このとき，債務者側では，法人税法22条2項によれば，「別段の定め」がなければ，「その他の取引」として益金算入が求められようが，法人税法59条

---

52) 実務的には，私的整理に関するガイドライン及び同Q&Aに基づき策定された再建計画，「中小企業再生支援協議会の支援による再生計画の策定手順（再生計画検討委員会が再生計画案の調査・報告を行う場合）」に従って策定された再生計画，「RCC企業再生スキーム」に基づき策定された再生計画，事業再生ADRの手続による再生計画，企業再生支援機構の支援による再生計画が主要なものとして想定されている。
53) 第2編第5章第3節第2款，第2編第6章第3節第1款4・5。
54) 第1編第2章第3節第2款2。

は，DES のように，債務免除以外の事由により消滅した債務に係る利益の額についても適用対象としているから，Debt-for-debt exchange についてもその適用があると解される[55]。

では，Debt-for-debt exchange について，交換のタイミングで課税することに特に問題はないであろうか。ここでも，DES の場合と同様，法人税法59条の適用対象となる場合であれば期限切れ欠損金の利用が可能である点で債務者企業にとって有利であり，特に債務消滅益を計上することに問題はないであろう。また，DES や債務免除と平仄を合わせ，同様に取り扱うことが資本再構築手法への課税の中立性の観点から望ましい[56]。

他方，法人税法59条の適用対象とならない段階では，青色欠損金額の利用可能額の多寡によって Debt-for-debt exchange の利用が左右されるかもしれず，場合によっては，デット・リストラクチャリングのタイミングでの課税に批判[57]が生じるかもしれない。この点については，DES について述べたのと同様，企業再生税制の対象となる事業再生局面の外延を実務的な観点から調整していくことで対応すべきであろう。日本法では，法人税法59条の適用対象となる「一定の私的整理」について，条文の文言上解釈の幅にゆとりがあり，（もちろん最終的には裁判所による判断の機会を残しつつ）実務の発展に合わせた機動的な調整を期待できるのではないか。

仮にこのタイミングでの所得の実現を肯定する場合，課税上の取扱いが不明確であるという事実だけで，取引への萎縮が生じることが予想される。そのため，Debt-for-debt exchange や債権の劣後化に無用の萎縮が生じないよう，法令上，課税適状に係る判断基準やディスカウント・プレミアムの取扱いを明確に設定しておくことが必要であろう。この点では，アメリカ法における取扱いが参考になる。そこでは，「法的権原」に着目して実現を認めた Cottage Savings 判決を受けて，弁済の見込みの変化といったヨリ経済的実質に着目した財務省規則が定められた[58]。Debt-for-debt exchange や債務の変更については，債権の法的同一性が異なるからといって，ただちに実現を

---

55) 但し，法人税基本通達12-3-6は，「当該債権が債務の免除以外の事由により消滅した場合」に含まれるものとして，株式や新株予約権が発行される場合についてしか言及していないが，Debt-for-debt exchange による債務消滅がここに含まれないと解する理由はないであろう。
56) 第2編第6章第3節第3款。
57) 第2編第6章第3節第1款4。
58) 第2編第6章第3節第1款6。

認め，債券の厳密な評価を要求することは，場合によっては倒産実務にそぐわないことも想定されるから，弁済の見込みの変化に重点を置く財務省規則には一定の合理性が認められよう。他方，詳細なルール化に伴うコストにも配慮する必要がある。たとえば，仮に，交換募集を行う際，実務上必然的に評価額が算定されるのであれば，そのタイミングやそこでの評価額を課税上も用いることが税務執行や納税協力（価格算定の手間）の観点から都合がよいという可能性もある。

第3章 結論
―― わが国の企業再生税制の評価と本書に残された課題

　本編では，企業再生税制の基本構造と個別の資本再構築手法に分けて，アメリカ法との比較法研究や機能的分析の成果を踏まえ，わが国の企業再生税制の法的意味づけと今後の立法政策論上の要考慮事項の析出を試みた。

　まず，日米の企業再生税制の基本構造についての法形成過程の動態を，実質的な法形成主体に着目しながら概観し，そこでは，その基本構造の創設期における，前提となる企業法や倒産政策の在り方が大きな影響を及ぼしていることを確認した。そのうえで，今後，日本の企業再生税制に対して，平時との規律の違いを十分に正当化できるのかという問題が生じうるとの展望を示し，改めて立法による政策決定をしておく必要性を指摘した（第1章）。

　次に，個別の資本再構築手法との関係で，アメリカ法の観察から得られた，当事者のインセンティブに及ぼしうる影響に注意しつつ，意図しない「濫用」の動きと取引への過度の萎縮が生じないよう，資本再構築に係る課税の在り方の制度設計をしていくための具体的な考察を加えた（第2章）。

　最後に，本書全体の総括と課題を述べる。

　本書は，企業再生税制という，法人税制において例外的取扱いと目される課税制度を題材に，企業法と租税法の統合的な政策論（「租税『立』法と私法」論）の一環として，事業再生局面における課税関係を考察した。事業再生局面は，会社法・倒産法という2つの研究領域が交錯する局面である。本書は，双方の研究の蓄積の咀嚼に努めつつ，両者を連続的なものと捉えるべきであるとの認識の下，アメリカ法との比較法研究による歴史的な法形成過程の観察と，機能的分析の手法を用いてこの問題に接近した。その成果として，わが国の企業再生税制の基本構造と個別の資本再構築手法について，いくつかの暫定的な立法政策論上の要考慮事項を析出した。

　第1編で設定した問題には，暫定的ながら次のように応えることができよ

う。

　第1に，企業再生税制が，期限切れ欠損金の利用を認めること[59]については，法人レベルのみをみた場合，平時における経済的所得の算定の困難という事情に配慮しつつ，事業再生局面まで踏まえれば，リスク・テイキングへの課税の非中立性を部分的に緩和する機能を果たすものとして正当化する可能性があることを明らかにした。また，最終的な事業の終了時ではなく，事業再生局面においてそのような取扱いを認めることについては，清算も事業再生もいずれも，それまでのリスク・テイキングが倒産という形で失敗に終わったものと法的に観念することによって正当化する可能性があると論じた。

　他方で，投資家レベルまでみた場合，再生企業レベルで残る欠損金利用価値の享受と投資家レベルの損失の二重控除の問題が残っていること，リスク・テイキングの実質的な主体と企業の意思決定の主体に関する精確な議論を反映できていないという点で問題があること，所有変化アプローチを導入する場合，事業再生局面における債権者をどのように理解するかが政策論上の論点となること，を明らかにし，これらの論点は，同時に未解決の課題ともなっている。

　第2に，個別の資本再構築手法に関しては[60]，DESを，企業再生税制の適用がない場合にも，評価額説に親和的な形で処理することが平時と事業再生局面を中立的に取り扱う観点から望ましいこと，DDSについては，まず課税上の取扱いを明らかにする必要があること，その場合は，DESとの中立的な取扱いが望ましいこと，DES・DDSに共通して，期限切れ欠損金の利用が認められる局面とそうでない局面との境界線を，倒産実務の発展に合わせて微調整していくことが必要であること，を論じた。

　これらの考察の結果，結論として，わが国の企業再生税制の基本構造は，アメリカ法と比べた場合，リスク・テイキングへの中立性を確保するという平時の観点からの正当化の余地がある点で望ましいものの，平時と事業再生局面との取扱いの差異が大きく，この点について，将来的に紛争を生じる可能性を孕んでいる制度だと評価できる。また，個別の資本再構築手法については，既存の規定の解釈や，必要に応じて適切な立法による明確化を通じて，資本再構築手法や事業再生法制の利用に係る意思決定に対して中立的な課税

---

59)　第1編第2章第3節第1款3．
60)　第1編第2章第3節第2款．

を達成していくことも可能な制度だと評価できる。

　本書は，上記の考察の妥当性・適切性自体のほかにも多くの課題を残している。

　第1に，歴史的観察について，コーポレート・ファイナンスの歴史的動態と企業再生税制の相互作用に関しては，各国で多様なものがありうる。この点に関しては，アメリカ以外の国における法形成過程の動態を踏まえることが新たな視角をもたらす可能性を秘めている。

　第2に，機能的分析について，企業法と租税法の統合的な政策論を目指し，経済学の理論モデルを参照したが，企業法上の問題に対して租税法が果たしうる機能には限界があり，結論的には，伝統的にいわれてきた私法上の行為に対する課税の中立性を企業再生税制について具体化するにとどまった。また，マクロ経済学的な視点については，分析に十分に反映することができなかった。

　第3に，企業倒産を考える上で，事業主体として上場企業のみを考えるのでは不十分である。たとえば，パートナーシップや中小企業，スタート・アップ企業についても，その事業体としての特徴を踏まえつつ，これら事業体に対する平時の課税方法も踏まえて各論として研究していく必要がある。

　第4に，国際的側面を検討対象から外した。しかし，租税欠損の利用や利子控除に関しては，多国籍企業による国際的なプランニングが問題となっている。国際課税制度の全体的な文脈・政治的な力学を踏まえた議論と関連づけて展開していく余地がある。

363

判例索引

Alcazar Hotel Inc. v. Comm'r, 1 T.C. 872 (1943) ·· 143
Allis-Chamers Co. v. Goldberg, 141 B.R. 802 (Bankr. S.D.N.Y. 1992) ···················· 253
Alprosa Watch Co. v. Comm'r, 11 T.C. 240 (1948) ·· 151
American Smelting & Refining Co. v. U.S., 130 F.2d 883 (3d Cir. 1942) ················ 198
Atchison, Topeka & Santa Fe Railroad Co. v. U.S., 443 F.2d 147 (10th Cir. 1971) ······· 198
Atlas Oil & Refining Corp. v. Comm'r, 36 T.C. 675 (1961) ····································· 145
Bowers v. Kerbaugh-Empire Co., 271 U.S. 170 (1926) ··· 110
Burnet v. Sanford & Brooks Co., 282 U.S. 359 (1931) ·· 110
C.I.R. v. Tufts, 461 U.S. 300 (1983) ··· 116
Capento Securities Co. v. Comm'r, 47 B.T.A. 691 (1942), aff'd, 140 F.2d 382
　　(1st Cir. 1944) ·· 124
Case v. Los Angeles Lumber Products Co., 308 U.S. 106 (1939) ··················· 103, 137
Cities Service Co. v. U.S., 522 F.2d 1281 (2d Cir. 1974) ·· 199
Claridge Apartments Co. v. Comm'r, 138 F.2d 962 (7th Cir. 1943) ························ 127
Clarksdale Rubber Co. v. Comm'r, 45 T.C. 234 (1965) ·· 158
Comm'r v. Auto Strop Safety Razor Co., 74 F.2d 226 (1934) ································· 118
Comm'r v. Coastwise Transp. Corp., 71 F.2d 104 (1st Cir. 1932) ···························· 196
Comm'r v. Great Western Power Co., 79 F.2d 94 (2d Cir. 1935) ···························· 197
Comm'r v. Kitselman, 89 F.2d 458 (7th Cir. 1937) ··· 133
Comm'r v. National Alfalfa Dehydrating & Milling Co., 417 U.S. 134 (1974) ········ 196
Comm'r v. Newberry Lumber & Chemical Co., 94 F.2d 447 (6th Cir. 1938) ·········· 134
Comm'r v. Palm Springs Holding Co., 119 F.2d 846 (9th Cir. 1941) ······················ 135
Comm'r v. Phipps, 336 U.S. 410 (1949) ··· 152
Comm'r v. Rail Joint Co., 61 F.2d 751 (2d Cir. 1932) ··· 112
Comm'r v. Sansome, 60 F.2d 931 (2d Cir. 1932) ··· 152
Consolidated Rock Products v. DuBois, 312 U.S. 510 (1941) ································ 103
Cortland Specialty Co. v. Comm'r, 60 F.2d 937 (2d Cir. 1932) ······························· 131
Cottage Savings Association v. Comm'r, 499 U.S. 554 (1991) ······························· 222
Credit Lyonnais Bank Nederland, N.V. v. Pathe Comm. Corp., No. Civ. A. 12150,
　　1991 WL 277613 (Del. CH, Dec 30, 1991) ·· 146
Dallas Transfer & Terminal Warehouse Co. v. Comm'r, 70 F.2d 95 (1934) ············ 111
E. B. Higley & Comm'r, 25 B.T.A. 127 (1932) ··· 111
Eisner v. Macomber, 252 U.S. 189 (1920) ··· 222
Erie Lackawanna Railroad Co. v. U.S. 422 F.2d 425 (Ct. Cls. 1970) ······················ 198
F. R. Humpage v. Comm'r, 17 T.C. 1625 (1952) ·· 153
Frederick L. Leckie v. Comm'r, 37 B.T.A. 252 (1938) ·· 134
Fulton Gold Corp. v. Comm'r, 31 B.T.A. 519 (1934) ·· 115
General Stores Corp. v. Shlensky, 350 U.S. 462 (1956) ·· 105

Gibson v. U.S., 927 F.2d 413, (8th Cir. 1991) ··248
Great Western Power Co. v. Comm'r, 297 U.S. 543 (1936) ···196
Great Western Power Co. v. Comm'r, 30 B.T.A. 503 (1934) ···196
Gregory v. Helvering, 293 U.S. 465 (1935)··172
Gulf, Mobile & Ohio Railroad v. U.S., 579 F.2 892 (5th Cir. 1978) ·····································199
Helvering v Cement Investors, 316 U.S. 527 (1942) ···140
Helvering v. Alabama Asphaltic Limestone Co., 315 U.S. 179 (1942)···························135
Helvering v. New President Co., 122 F.2d 92 (1941) ···135
Helvering v. Minnesota Tea Co., 296 U.S. 378 (1935) ···132
Helvering v. Southwest Consolidated Co., 315 U.S. 194 (1942)·······················125, 140
Huyler's v. Comm'r, 327 F.2d 767 (7th Cir. 1964) ···157
In re 620 Church St. Bldg. Co., 299 U.S. 24 (1936)···137
In re Ames Dep't Stores, Inc., Nos. 90-B-11233 through 90-B-11285 (Bankr.
　S.D.N.Y. Aug. 12, 1991)···247
In re Chateaugay Co., 109 B.R. 51 (Bankr. S.D.N.Y. 1990) ··215
In re Ionosphere Clubs, 119 B.R. 440 (Bankr. S.D.N.Y. 1990) ···247
In re Motors Liquidation Co., 430 B.R. 65 (S.D.N.Y. 2010) ··270
In re Pan Am Corp., Chapter 11 Case Nos. 91 B 10080 (CB) through 91 B
　10087 (CB) (Bankr. S.D.N.Y. Sept. 24, 1991) ···247
In re Phar-Mor, Inc., 152 B.R. 924 (Bankr. N.D. Ohio 1993) ··251
In re Prudential Lines, Inc., 928 F.2d 565 (2d Cir. 1991) ···248
In re Rath Packing Co., 55 B.R. 528 (Bankr. N.D. Iowa 1985) ···182
In re Scott Cable Communications, Inc., 227 B.R. 596 (Bankr. D. Conn. 1998) ············252
In re Solyndra LLC, Case No.11-12799 (MFW) (Bankr. D. Del. 2012) ·······················255
In re South Beach Securities, Inc., 421 B.R. 456 (N.D. Ill. 2009) ·······················252, 351
In re UAL Corp., 412 F.3d 775 (7th Cir. 2005) ···249
John A. Nelson Co. v. Helvering, 296 U.S. 374 (1935) ···132
Kansas City Ry. Co. v. Cent. Union Tr. Co., 271 U.S. 445 (1926) ·····································104
Lakeland Grocery Co. v. Comm'r, 36 B.T.A. 289 (1937) ···111
Le Tulle v. Scofield, 308 U.S. 415 (1940) ··132
Libson Shops, Inc. v. Koehler, 353 U.S. 382 (1957)··151
Marlborough House, Inc.v. Comm'r, 40 B.T.A. 882 (1939)···134
Marr v. U.S., 268 U.S. 536 (1925)···222
Mascot Stove Co. v. Comm'r, 120 F.2d 153 (6th Cir. 1941)···144
Maxwell Hardware Co. v. Comm'r, 343 F.2d 713 (9th Cir. 1965) ·······································158
Missouri Pacific Road Co. v. U.S., 427 F.2d 727 (Ct. Cls. 1970) ·····································198
Montgomery Building Co. v. Comm'r, 7 T.C. 417 (1946) ···146
Motor Mart Trust v. Comm'r, 4 T.C. 931 (1945) ··127
National Alfalfa Dehydrating & Milling Co. v. Comm'r, 472 F.2d 796 (1973) ··········198
National Alfalfa Dehydrating & Milling Co. v. Comm'r, 57 T.C. 46 (1971) ················198
New Colonial Ice Co. v. Helvering, 292 U.S. 435 (1934)···151
Newmarket Manufacturing Co. v. U.S., 233 F.2d 493 (1st Cir. 1956) ·····························151
Nisselson v. Drew Indus., Inc., 222 B.R. 417 (Bankr. S.D.N.Y. 1998)·····························248

Northern Pacific Railway Co. v. Boyd, 228 U.S. 482 (1913)··· 104, 137
Palm Springs Holding Co. v. Comm'r, 315 U.S. 185 (1942) ··· 138
Pinellas Ice & Cold Storage Co. v. Comm'r, 287 U.S. 462 (1933) ································ 132
Pollock v. Farmers' Loan & Trust Co., 157 U.S. 429 (1895)·· 98
Selectica, Inc. v. Versata Enterprise, Inc., 5 A.3d 586 (Del. 2010) ······························ 251
Southwest Grease & Oil Co. Inc. v. Comm'r, 435 F.2d 675 (10th Cir. 1971) ················ 197
Spreckels Sugar Refining Co. v. McClain, 192 U.S. 397 (1904) ·································· 100
Stanton Brewery, Inc. v. Comm'r, 176 F.2d 573 (2d Cir. 1949) ·································· 151
Templeton's Jewelers, Inc., v. U.S., 126 F.2d 251 (6th Cir. 1942)································ 144
Textron, Inc. v. U.S., 561 F.2d 1023 (1st Cir. 1977) ·· 317
U.S. Steel Co. v. U.S., 848 F.2d 1232 (Fed. Cir. 1988)··· 219
U.S. v. El Pomar Investment Co., 330 F.2d 872 (10th Cir. 1964) . ······························ 153
U.S. v. Phellis, 257 U.S. 156 (1921) ·· 222
U.S. v. Kirby Lumber Co. 284 U.S. 1 (1931)··· 109, 126
Weiss v. Stearn, 265 U.S. 242 (1924) ·· 222
Wells Fargo Bank & Union Trust Co. v. U.S., 225 F.2d 298 (9th Cir. 1955)················ 144
Western Massachusetts Theatres, Inc. v. Comm'r, 236 F.2d 186. (1st Cir. 1956) ········· 144
Willingham v. U.S., 289 F.2d 283 (5th Cir., 1961) ·· 156
Wisconsin Central R.R. v. U.S., 296 F.2d 750 (Ct. Cl. 1961) ······································ 157
Zarin v. Comm'r, 916 F.2d 110 (3d Cir. 1990) ·· 108

事項索引

数字・欧文

§1275 (a) (4)　　199, 204–206, 209, 214–218, 220, 221, 228, 240, 287
§363 事業譲渡　　270
§382 (l) (5)　　185–188, 245–250, 254–257, 280, 285–288, 316, 321, 337, 338
3S 事件　　75
5% 株主　　185, 250, 251, 270, 352
AHYDO ルール　　211, 228, 263, 287
AIG　　268–271
Boyd 判決　　104, 138, 144
Chrysler　　270, 277, 278
Citigroup　　268–271, 273, 281
COBE　　151, 152, 172, 184, 187, 188, 308, 353
COCA　　317, 320
Debt-for-stock exchange　　195–199, 218, 285, 325
DES 事件　　76, 77, 79
DIP (debtor-in-possession)　　53, 56, 103, 163–165, 188
DIP ファイナンス　　213, 214, 242
Douglas, William　　102, 104, 135, 136, 138, 140, 337
Easterbrook, Frank　　249
Fannie Mae　　268, 278
Frank, Jerome　　103, 104, 118, 337
Freddie Mac.　　268
fulcrum security　　243
GM　　268–271, 273, 275, 277, 278, 281
G 型組織再編成　　58, 163, 170–172, 180–188, 269, 270, 288
Kahan & Rock　　278–280
Kitselman 理論　　134, 135
LBO　　86, 186, 190, 209–212, 228, 241, 289, 313, 333
Levmore, Saul　　114

Los Angeles Lumber 判決　　103, 104, 137, 138, 144, 337
LTV リスク　　215, 218, 221
Marblegate 事件　　214
McLaughlin 修正　　120
Miller 均衡　　323–326
MM 理論　　7, 88, 323
NDTS (non-debt tax shield)　　325, 339
NOL の「財産」的価値　　248, 254, 285, 298, 349
NOL ポイズン・ビル　　251, 310, 352
Notice 2008–76　　268
Notice 2008–83　　272, 274, 275, 339
Notice 2008–84　　269
Notice 2008–100　　269
Notice 2009–38　　269
Notice 2010–2　　270, 271, 273–276, 281
old & cold 要件　　245, 249–251, 254
PAYGO ルール　　230, 266, 275
Plumb, William　　166
Salomon Brothers　　177
Sansome-Phipps ルール　　152, 153
Seligman, Edwin　　97
TBTF (Too-big-to-fail)　　277, 334, 335, 337
TEFRA　　200–203, 235
Verret　　279–281
Wachovia　　271, 272, 339

あ　行

青色欠損金額優先適用方式　　23, 24, 60
アミカス・ブリーフ　　337
アメリカ法曹協会 (American Bar Association)　　215, 230, 253
アメリカ法律協会 (American Law Institute)　　108, 119, 183, 306
新たなスタート (fresh start)　　73, 115, 167, 173, 174, 179, 188, 231
インセンティブ報酬　　331–333, 336

事項索引　367

インフレ・タックス　193, 194
エージェンシー問題　8, 238, 314, 329, 331, 337, 341
エンパイア・ビルディング　212

　　か　行

会社更生法（案）（昭和26年1月20日）　38
会社更生法案（昭和26年2月13日）　39, 40
会社更生法案（昭和26年2月24日）　40
会社更生法案（昭和26年3月27日）　40
過剰債務（debt-overhang）　73, 276, 314
合併アプローチ　151, 157
株式振替　77, 123
借入元本理論　107, 109, 112–116, 121, 128, 129, 234, 235, 239, 240, 284, 315
管財人の設置強制　160, 164, 188
企業再建支援税制　19, 28, 47, 52, 57, 63
期限切れ欠損金優先適用方式　23, 24, 60
旧所得税基本通達36-17　61, 62
旧法人税取扱通達247　40, 42
強圧性　214
共益債権　22, 23, 27
偶発的利益　135, 181, 184, 254, 256, 301, 312, 353
クラムダウン（cram down）　164, 168
クロノトポス　68, 298
経営者の交替　51, 55, 56, 166, 243
欠損金利用価値の「財産」的価値　317, 352
減価償却資産　61, 175, 176, 297
興銀事件　80
厚生経済学　9, 12
公正市場価値アプローチ　209, 210, 218, 219, 229, 235, 236, 240, 285, 287, 346, 356
個人事業者　5, 160
コモン・プール問題　187, 246
コングロマリット　210, 310
混合取引　76
混同　76, 77, 79

　　さ　行

債券償還プレミアム（Bond Redemption Premium）　201
債券発行プレミアム（Bond Issuance Premium）　201
最後の貸し手（Lender of Last Resort）　276, 277, 335
再上場　62, 74, 352
再生委員会（reorganization committee）　92, 94, 95, 133
財産価値最大化　29, 30, 49, 50
財団債権　26, 27
最適課税論　9, 10, 13
最適資本構成　7, 324, 330, 334
財務困難コスト　7, 236, 237, 239, 282, 324, 332
産業再生機構　48, 52
事業継続要件　187, 233, 353
事業再生ADR　3, 50, 55, 357
シグナリング　178, 332
資産解放理論　109–111, 113, 115, 120, 121, 128, 129
市場金利上昇　175, 205
市場ディスカウント（market discount）　199, 205, 208, 216, 219
システミック・リスク　277, 282, 315, 334, 335
自動的停止（Automatic Stay）　213, 214, 244, 246, 248
シナジー　310, 311, 353
資本コスト理論　199, 219
資本等取引　59, 76
社債権者集会　37, 56
社債の元金減免　56
修正発行価格（revised issue price）　208
主権免責　278
主力行　8, 52–54, 123
所得概念論　10, 108
所有と経営の分離　90, 333
書類添付方式　22, 23
新価値の例外（new value exception）　104, 168, 255
信託証書法（Trust Indenture Act of 1939）　103, 213, 214
人的資本　7, 104, 168

水平的公平　71, 231, 232, 236, 239, 240
スタート・アップ企業　73, 310, 325, 328, 362
清算価値保障原則　164
清算所得課税　43, 46, 59, 70, 71, 75
税制改正（平成17年度）　19, 46, 58, 67
税制改正（平成18年度）　59, 70, 77
税制改正（平成22年度）　59
税制改正（平成23年12月）　60, 62, 65, 349, 350
税制改正（平成25年度）　60, 62
税制改正（平成26年度）　61, 62
税制改正（平成27年度）　23, 60, 62, 349
税制改正（平成28年度）　62, 349
静的トレードオフ・モデル　7, 238, 323, 324, 327, 329, 333
整理屋　29, 50, 51, 82
セーフ・ハーバー・リース　257, 297
セカンド・ベスト・アプローチ　297
責任置換理論　126, 128, 129, 178, 179, 284–287
　　──からの脱却　218, 234, 235, 240
積極的な事業　252, 253
絶対優先原則　103–105, 137, 138, 143, 144, 158, 163, 337
　　──の適用限定　164, 168, 169, 186, 188
占領政策　31, 32, 46, 47
相互タクシー事件　75
相対優先原則　35, 104, 105
遡及アプローチ（relation back approach）　146, 169
組織再編成の計画（plan of reorganization）　142, 148, 171, 202
　　──の例外（reorganization exception）　200, 202–204
租税法律主義　13, 61, 349
「租税『立』法と私法」論　9, 14, 322, 338, 360
損金経理方式　22, 23

た　行

第二次納税義務　26
タックス・ベネフィット・ルール　107–109, 115, 116, 121, 128, 129, 234, 284, 287
チャプター7　165, 187
チャプターXI　105, 142, 160, 164
調整発行価格（adjusted issue price）　201, 202, 204–206, 208, 216, 217, 225
追加支払金（assessment）　94, 103, 104, 143, 144, 168
適格事業債務（qualified business indebtedness）　176
同一事業継続性（business continuation）アプローチ　152, 156, 157, 172, 183, 353
同一法人格アプローチ　151
倒産財団（bankruptcy estate）　248
倒産の私化（The Privatization of Bankruptcy）　165, 213
倒産法の目的　11, 187
トール・チャージ　186

な　行

二重控除防止規定　248
日本航空（JAL）　71, 73, 74, 350, 352
ニューヨーク州法曹協会（New York State Bar Association）　179, 215, 230, 253
ノンリコース・ローン　115, 116, 225

は　行

ハイ・イールド債　57, 186, 210, 211, 241
配当政策　97, 101
非課税コベナンツ（tax-free covenants）　100
引き金ルール（hair trigger rule）　223
ビジネス・モデル　277, 292, 333, 335
評価額説　76, 77, 356, 360
フィッシャーの方程式　193
　　課税調整済──　194
不健全な財務状況（unsound financial condition）　118, 147, 175
不採算事業　160, 171, 309
不足金判決（deficiency decree）　133
フリー・キャッシュ・フロー　8, 212, 238, 329, 332, 333
プレパッケージ型チャプター11　220, 221, 229

ベイルアウト　74, 262, 267, 273, 275, 277, 281, 282, 286, 315
　――のコスト　271
ペッキング・オーダー理論　326–329
法制審議会倒産法部会　28, 47
法的権原 (legal entitlement)　223, 358
法の支配 (rule of law)　273–275, 282, 286, 287
ホールドアウト　93, 214, 216, 221
保護委員会 (protective committee)　92, 94, 95, 103
ボラティリティ　191, 210, 227, 313, 316

ま　行

マッチング　200, 203, 206, 207
ミスマッチ　200, 205, 207, 228
みなし共同事業要件　350, 352, 353
民事再生法166条の2　55, 56
無形資産　73, 104, 168, 325
メインバンク　51–54

メイン寄せ　52
モニタリング・コスト　212, 244, 330
モラル・ハザード　315

や　行

ヤフー事件　350, 352
有利なスタート (head start)　73, 167, 173, 174, 179, 188, 231

ら・わ　行

レモン・モデル　327
レント・シーキング　266, 279, 280
連邦倒産法委員会 (The Commission on the Bankruptcy Laws of the United States)　166
ロックアップ条項　251

ワークアウト　180, 213–215, 220, 221, 223, 224,

Tax and Corporate Bankruptcy

Takayuki Nagato
Associate Professor
Faculty of Law, Gakushuin University

This monograph discusses the taxation of bankrupt corporations in Japan. It approaches the subject from the perspectives of comparative law analysis and functional analysis. Part 2 draws lessons from the historical development of bankruptcy taxation rules in the United States. Part 3 presents functional analyses with particular focuses on tax loss treatment and the debt / equity distinction. Part 4 integrates these analyses.

This treatise has two features. First, it reveals the dynamism of the development of bankruptcy taxation through interaction between bankruptcy policy and tax policy since the origins of capitalism in both the United States and Japan. In particular, it reveals the inconsistency of policies in these two areas of law that has developed with the prevalence of market-oriented methods of corporate reorganization. Second, it characterizes corporate bankruptcy taxation as not isolated from corporate taxation in general, but as an extension of it. To be concrete, Japan allows bankrupt corporations to use their expired net operating losses to offset cancellation of indebtedness income. This treatment can be understood and justified as a measure to partly recover neutrality on risk taking, which is severely discouraged by Japanese corporate taxation in general. When it is analyzed this way, however, the analysis cannot incorporate the structure of double taxation, where the corporation is taxed and then its shareholders are also taxed. Further work in this new research area should be able to factor in the effect of double taxation.

Introduction: Tax and Corporate Bankruptcy as a New Research Area
Part 1   An Analysis of Japanese Law and Agenda Setting
    1.1   Current Law of Bankruptcy Taxation
    1.2   Development of Bankruptcy Taxation and Theory
    1.3   Setting the Agenda
Part 2   Development of Bankruptcy Taxation in the United States
    2.1   Corporate Finance, Corporate Reorganization, and Corporate Tax
    2.2   *Kirby Lumber* and Legislation Thereafter
    2.3   Development of Case Law and Legislative Ratification
    2.4   Rules for Transfer of Tax Attributes
    2.5   Bankruptcy Tax Act of 1980 and Internal Revenue Code of 1986
    2.6   Tax and Recapitalization

        2.6.1 Background of Tax-Motivated Financial Restructuring
        2.6.2 Tax and Financial Restructuring
        2.6.3 Tax and Debt Restructuring
        2.6.4 Summary
    2.7 Claims Trading and Anti-Loss Trafficking Rules
        2.7.1 Claims Trading
        2.7.2 Claims Trading and Section 382
        2.7.3 Analysis: The Inconsistency between Bankruptcy Policy and Tax Policy
        2.7.4 Summary
    2.8 The U.S. Government's Responses to the Financial Crisis of 2008
        2.8.1 Encouragement of Debt Restructuring and Section 108 (i)
        2.8.2 Rescue of Too-Big-to-Fail Firms and Section 382
        2.8.3 Summary
    2.9 Summary of U.S. Bankruptcy Taxation
Part 3 Functional Analysis of Bankruptcy Taxation
    3.1 Tax Loss
        3.1.1 Tax Neutrality on Risk Taking
        3.1.2 Institutional Designs of Tax Loss Treatment
        3.1.3 Implications for a Phase of Corporate Reorganization
        3.1.4 BEIT Model, Corporate Double Taxation, and Tax Loss
        3.1.5 Summary
    3.2 Debt and Equity
        3.2.1 Static Tradeoff Model and Miller Equilibrium
        3.2.2 Pecking Order Theory
        3.2.3 Agency Theory
        3.2.4 Summary
    3.3 Summary of Functional Analysis
Part 4 Evaluation
    4.1 Fundamental Structure of Bankruptcy Taxation
    4.2 Specific Methods of Debt Restructuring
    4.3 Conclusion: Evaluation of Japanese Bankruptcy Taxation and Unsolved Problems

長戸貴之（ながと・たかゆき）
学習院大学法学部准教授
1988 年　埼玉県生まれ
2010 年　東京大学法学部卒業
2012 年　東京大学大学院法学政治学研究科法曹養成専攻修了
同研究科助教を経て，2015 年より現職．

事業再生と課税
コーポレート・ファイナンスと法政策論の日米比較

2017 年 2 月 22 日　初　版

［検印廃止］

著　者　長戸貴之

発行所　一般財団法人　東京大学出版会
　　　　代表者　吉見俊哉
　　　　153-0041 東京都目黒区駒場 4-5-29
　　　　電話 03-6407-1069　Fax 03-6407-1991
　　　　振替 00160-6-59964

印刷所　研究社印刷株式会社
製本所　誠製本株式会社

© 2017 Takayuki Nagato
ISBN 978-4-13-036150-7　Printed in Japan

JCOPY 〈(社)出版者著作権管理機構　委託出版物〉
本書の無断複写は著作権法上での例外を除き禁じられています．複写される場合は，そのつど事前に，(社)出版者著作権管理機構（電話 03-3513-6969，FAX 03-3513-6979, e-mail:info@jcopy.or.jp）の許諾を得てください．

国際租税法　第3版
　　増井良啓・宮崎裕子 著　　　　　　A5　3200 円

国際経済法
　　松下満雄・米谷三以 著　　　　　　A5　8800 円

現代アメリカ連邦税制
　　関口 智 著　　　　　　　　　　　A5　6400 円

英米民事訴訟法
　　溜箭将之 著　　　　　　　　　　　A5　5800 円

会社法
　　田中 亘 著　　　　　　　　　　　A5　3800 円

講義 民事訴訟　第3版
　　藤田広美 著　　　　　　　　　　　A5　3800 円

解析 民事訴訟　第2版
　　藤田広美 著　　　　　　　　　　　A5　3800 円

　　　　　ここに表示された価格は本体価格です。ご購入の
　　　　　際には消費税が加算されますのでご了承ください。